川口康平
Kawaguchi Kohei

澤田真行
Sawada Masayuki

＝著

因果推論の計量経済学

The Econometrician's Guide to
Causal Inference

日本評論社

はしがき

　本書は、「因果推論」のフレームワークでミクロ経済学の実証分析を行うために現在必要とされている知識を、半ば暗黙知となっている実践も含めて、余すことなく、統一的に解説するために書かれた計量経済学の教科書である。主に学部上級から大学院レベルの学生で、ミクロ経済学の実証研究で論文を書きたいと考えている人たちを対象に執筆した。このような教科書を書いたのは、複数の因果推論の教科書や論文を漁らなければ、現在必要とされる知識のすべてをカバーするのが難しいということに、筆者らがそれぞれの勤務校で大学院レベルの講義を準備する際に気づいたからである。

　計量経済学の分野には、理論家の手による優れた教科書がすでにたくさん存在する。しかし、それらの教科書では、経済学における伝統的な「構造推定アプローチ」、すなわち「経済理論による均衡条件の構造型の導出 → その誘導型の導出 → 最小2乗推定量 → 操作変数法 → 一般化積率法」へと進む流れで体系付けられており、現在の「潜在結果アプローチ」による因果推論は、その体系の中に埋め込まれる形で解説されるスタイルとなっている。しかしそれは、制度の記述から始まる近年のミクロ経済学の実証研究における因果推論の実践とは必ずしも一致する形とはなっていない。また、計量経済学の理論を学習するうえでは欠かせない、推定量の妥当性を保証するための漸近論に紙幅を割かざるをえないという面もある。

　加えて、実際に現実の制度とデータを前にして因果推論に基づく実証研究を行う際には、ある程度定型的に用いられる実践の「型」がある。分析方法の仮定の妥当性を検証したり、結果の解釈の妥当性を議論したりするうえで、理論の枠内には収まり難いものの、実証研究を行って論文を学術誌に出版するためには、こうした「型」の習熟が必須である。また、プログラミングを通じて実際に手法を実装する方法を学ぶことも重要である。しかし、理論家の手による教科書は理論を学ぶことを目的に書かれていることが多く、これらの点にはあ

まり言及されていない。

　一方、応用家の手による優れた教科書もすでに存在する。それらの教科書では、分析方法の仮定の妥当性を検証したり、結果の解釈の妥当性を議論したりするための実践に関する解説や、プログラミングによる実装の解説が厚く提供されている。しかし、理論的な内容の解説は必ずしも十分とはいえないことが多い。たとえば「差の差法」では、2×2の設定のような限定的なシチュエーションにおける直観的な解説にとどまっており、識別や推定量の性質に関する厳密な論証は行われないなどの傾向がある。

　このことは、応用家による教科書において、統計的推測における多重検定問題、回帰非連続デザインにおける最適バンド幅の選択、差の差法における一様信頼区間の構成など、実際に論文で頻繁に用いられているにもかかわらず、既存の教科書には解説がなく、元論文に当たるしかないような最新の手法について、厳密な議論が避けられがちになるという問題にもつながっている。また、こちらのタイプの教科書でも、意識的か無意識的かにかかわらず、やはり「構造推定アプローチ」の流れを引き継いでいることが多い。

　因果推論の活用は経済学以外にも多くの分野で広がっており、各分野で優れた教科書が複数出版されている。しかし、そうした教科書では、経済学で頻繁に用いられる各種手法の解説が手薄になっている。たとえば、「疑似実験」に含まれる回帰非連続デザインや差の差法、特にその派生的な手法が扱われていなかったりする。その代わりに、マッチングなどの実験を近似することを目的とした手法が手厚く議論されていたりする。こうした違いは、因果推論の世界には分野固有の課題に応えるために生まれた「訛り」があるため生じている。そのため、経済学が直面する課題に向き合うためには、「経済学訛りのある因果推論」の知識が必要になるのである。

　計量経済学の講義は、従来は計量経済学の理論家によって教えられることが多かったが、近年では著者の1人である川口のように応用を専門とする研究者によって教えられることも多い。そうなると、因果推論の手法の単純な局面での直観的な側面ばかりが教えられる一方、その理論的な側面や、最新の手法の裏側にある議論などがごっそりと抜け落ちてしまうおそれがある。プログラミングによる実装を教える場合にも、パッケージのどのオプションが理論のどの側面に対応するかは解説されるものの、その厳密な内容の理解が不十分なまま

になってしまうことがある。たとえば、Rのrdrobustというパッケージにおける"robust"な標準誤差は何を意味するかといった理解があやふやなままということすらある。

とはいえ、もう1人の著者である澤田のような理論家が教えればこうした問題が解決されるというわけでもない。今度は、仮定の検証や解釈の妥当性の議論といった、実践的な側面の解説が不十分になってしまう可能性がある。

また、最新の手法について解説しようにも、教科書に記述がないので、学生には元論文を参照してもらうしかない。さらに、このような講義を準備したことのある研究者の多くは実感されていると思うが、元論文はそれぞれ記法や仮定が異なっており、講義の中の統一的な解説に落とし込むのが意外に難しい。

このような、何をとっても「帯に短し襷に長し」といった現状を補完するために書かれたのが本書である。理論家が教えるにしても、応用家が教えるにしても、また、理論を志す学生が読むにしても、応用を志す学生が読むにしても、あるいはビジネスや公共政策の世界のデータサイエンティストなどといった、そのどちらの立場にもない人が読むにしても、既存の因果推論の教科書では扱いの薄かった側面まで分厚く記述されていて読み応えのある内容を目指して、応用家である川口と理論家である澤田が共同で本書を執筆した。

本書が実現しようとしている教育効果を達成するためには、従来、計量経済学の古典的な教科書に因果推論に関する各種教科書をあわせ、元論文の講読や輪講、あるいはデータ分析の実践を通じて、教育を行う必要があった。しかし、その結果として得られる知識は、今や最先端の実証研究の世界ではただのコモディティである。ただのコモディティをもったいぶって学んでも仕方がない。本書は、「そのような既存の知識は暗黙知も含めてドキュメント化してさっさと共有してしまおう。人々の貴重な時間はもっと新しくて未解決の問題について考えるために使おう」という構想のもとで書かれている。

そうした構想に従い、本書の内容はウェブ付録を含めて主に4つのパートから成り立っている。まずは、潜在結果モデルや無作為化実験のもとでの因果推論、回帰非連続デザインや差の差法などの疑似実験のもとでの因果推論に関する基礎知識をまとめた「**基礎編**」、それらの手法の実用例について議論する「**応用編**」、多重検定、クラスター頑健標準誤差、回帰非連続デザインと差の差法の最新の手法や理論的な結果についてまとめた「**発展編**」、最後に、それらの手法のRによる実装を

紹介したウェブ付録の「実装編」(本書内の該当箇所に R) である。また、数学的な証明に関する「テクニカルノート」(本書内の該当箇所に T) もウェブ上で提供している。なお、ウェブ付録は本書のサポート用 GitHub リポジトリ (https://github.com/keisemi/EconometriciansGuide_CausalInference) で公開している。扱う手法は、既存の教科書や公刊論文で導入されており、かつ (未公刊論文を含む) 最新の実証研究の論文でいくつかの応用例が認められるものに限った。したがって、最近未公刊論文として公開された手法や、学会やセミナーで発表されたような手法などは含んでいない。こうした手法は、元論文を読んでその意義と限界を自分で理解できる研究者だけが使用すべきだと考えるからである。

本書を読んだ初学者が短い期間で既存の研究者を乗り越え、それを上回る成果を発信し始めることを期待している。

* * *

本書は著者の川口と澤田が構成から内容まで、編集者とともに議論を重ねながら執筆した。その過程で、当時一橋大学の大学院生だった中井絵理奈氏には、文献調査などの面で大いに手助けいただいた。また、東京大学の奥井亮氏、重岡仁氏には、第1稿を批判的な観点から読んでいただき、さまざまな有益なコメントを頂戴した。日本評論社の編集者である尾崎大輔、杉田壮一朗の両氏には、資料の準備、文章の推敲、校正などのさまざまな面でお世話になった。彼・彼女らにここで深く感謝を捧げたい。その結果としてできあがった本書の内容の文責は、すべて川口・澤田の両著者にある。

2024 年 5 月

川口康平・澤田真行

目　次

序章　経済学の因果推論アプローチ … 1
- 1　本書のねらいと構成 … 1
- 2　「経済学訛りの強い」因果推論 … 3
- 3　なぜ潜在結果モデルで一貫させるのか？ … 7

第Ⅰ部　因果推論の基礎と無作為化実験

第1章　潜在結果モデルと因果関係　13
- イントロダクション … 13
- 1.1　潜在結果 … 14
- 1.2　因果関係 … 14
- 1.3　顕在結果 … 16
- 1.4　因果推論の根本問題 … 17
- 1.5　SUTVA … 18
- 1.6　2項処置モデル … 20
- 1.7　処置割当メカニズム … 20
- 1.8　抽出・割当に起因する不確実性 … 23
- 1.9　興味のあるパラメータ … 26
- 1.10　パラメータの識別 … 27
  - 1.10.1　識別が成立するケース … 27
  - 1.10.2　識別が成立しないケース … 31
  - 1.10.3　識別の一般的な定義 … 33
- 文献ガイド … 33

第2章　無作為化実験　35
- イントロダクション … 35

2.1	実験データ、観察データ、自然実験、疑似実験	36
2.2	無作為化実験とは？	38
2.3	フィッシャーの *p* 値	41
2.4	平均処置効果の推定	44
	2.4.1 割当に起因する不確実性のみの場合	44
	2.4.2 抽出に起因する不確実性もある場合	47
2.5	共変量の「統制」と回帰分析	49
	2.5.1 線形回帰モデルと潜在結果モデルの関係	50
	2.5.2 線形回帰モデルの最小 2 乗推定量の性質	51
	2.5.3 共変量を含む線形回帰モデル	56
2.6	共変量を利用した実験デザイン	59
	2.6.1 層化無作為化実験	59
	2.6.2 クラスター化無作為化実験	63
文献ガイド		65

第 3 章　推測・検定の諸問題　クラスター相関と多重検定問題への対処　67

イントロダクション		67
3.1	クラスター相関とクラスター頑健分散推定量	68
	3.1.1 クラスター頑健分散推定量	68
	3.1.2 クラスター頑健分散推定量の少数クラスターに対する補正	70
	3.1.3 なぜブートストラップはうまくいくのか？	72
	3.1.4 少数クラスターに対するワイルドブートストラップ法	73
	3.1.5 母集団のクラスターの数が有限の場合	76
	3.1.6 2 段階クラスターブートストラップ	77
	3.1.7 2 方向クラスタリング	78
3.2	多重検定問題とその対処	78
	3.2.1 多重検定問題とは？	78
	3.2.2 FWER を制御する検定手法	80
	3.2.3 ボンフェローニ検定の改善手法	82
	3.2.4 偽検出率制御による検定手法	87
文献ガイド		90

第 4 章　非遵守者　91

イントロダクション		91
4.1	非遵守者がいる場合の潜在結果モデル	92

- 4.1.1 処置の受取を考慮した潜在結果 92
- 4.1.2 平均処置効果 94
- 4.1.3 処置割当効果 95
- **4.2** 片側非遵守者 97
- **4.3** 両側非遵守者 103
- **4.4** 局所平均処置効果と操作変数法の関連 107
- 文献ガイド 110

第 5 章 無作為化実験の実践   113

- イントロダクション 113
- **5.1** 職業訓練は労働者の雇用と収入向上に寄与するか？ ... 114
  - 5.1.1 研究の背景と目的 114
  - 5.1.2 研究デザインとデータ 114
  - 5.1.3 推定方法とその留意点 115
  - 5.1.4 推定結果 118
- **5.2** 与信枠の設定による柔軟な貸付は零細経営者を助けるか？ ... 119
  - 5.2.1 研究の背景と目的 119
  - 5.2.2 研究デザインとデータ 120
  - 5.2.3 推定方法 122
  - 5.2.4 推定結果 123
  - 5.2.5 追加的な分析 124
- **5.3** 実験の事前登録制度と事前査読制度 125
  - 5.3.1 事前登録制度 125
  - 5.3.2 事前査読制度 127
- **5.4** 情報提供によって健康被害の少ない燃料の利用を促進できるか？ ... 127
  - 5.4.1 研究の背景と目的 127
  - 5.4.2 研究デザインとデータ 128
  - 5.4.3 推定方法 130
  - 5.4.4 推定結果 131
  - 5.4.5 事前査読制度の観点からの評価 132
- 文献ガイド 134

第 II 部　疑似実験の因果推論

第 6 章　回帰非連続デザインの基礎　　141

- イントロダクション　141
- 6.1 回帰非連続デザインとは？　142
  - 6.1.1 「合格点をとれるかどうかは運次第」を使ったデザイン　142
  - 6.1.2 回帰非連続デザインにおける識別問題と識別が成立する条件　143
  - 6.1.3 条件付き期待値の連続性による識別　146
- 6.2 無作為化と対応する近傍無作為化　147
  - 6.2.1 近傍無作為化の帰結　148
  - 6.2.2 近傍無作為化における識別　150
- 6.3 パラメトリック推定の問題点　151
- 6.4 局所線形推定量による回帰非連続推定　155
  - 6.4.1 局所近似による推定　155
  - 6.4.2 「最適」な推定量の選択とは？　157
  - 6.4.3 カーネル推定量から局所線形推定量へ　159
- 6.5 回帰非連続推定量のためのパラメータ選択と統計的推測　161
  - 6.5.1 最適な推定のためのパラメータ選択　161
  - 6.5.2 回帰非連続推定量としてのバンド幅選択　163
  - 6.5.3 信頼区間の構成とバイアス除去　167
- 6.6 回帰非連続デザインの検証プロセス　170
  - 6.6.1 密度検定　171
  - 6.6.2 共変量バランス検定、プラセボ検定　173
- 文献ガイド　174

第 7 章　回帰非連続デザインの発展的トピック　　175

- イントロダクション　175
- 7.1 ファジー回帰非連続デザイン　175
  - 7.1.1 ファジー回帰非連続デザインとは？　175
  - 7.1.2 ファジー回帰非連続デザインの検定可能制約　180
- 7.2 回帰屈折デザイン　181
- 7.3 離散スコアへの対応　185
  - 7.3.1 関数集合とその関数集合に関して「正直な」信頼区間　186
  - 7.3.2 ヘルダークラス関数に対して「正直な」信頼区間の構成　188
  - 7.3.3 既存の対処とその問題点　189

文献ガイド 190

第 8 章　回帰非連続デザインの実践　　191

イントロダクション 191
- **8.1** 滞在の合法化は移民の犯罪率を下げるか？ 192
  - 8.1.1 研究の背景と目的 192
  - 8.1.2 研究デザインとデータ 192
  - 8.1.3 研究デザインの補足情報 194
  - 8.1.4 推定方法とその留意点 195
  - 8.1.5 推定結果 196
  - 8.1.6 頑健性チェックと妥当性チェック 199
  - 8.1.7 補足的な議論 202
- **8.2** 雇用における割当の効果とその代償は？ 204
  - 8.2.1 研究の背景と目的 204
  - 8.2.2 研究デザインとデータ 205
  - 8.2.3 推定方法とその留意点 207
  - 8.2.4 推定結果 207
- **8.3** 義務教育期間を延長すると年収は増えるか？ 210
  - 8.3.1 研究の背景と目的 210
  - 8.3.2 研究デザインとデータ 211
  - 8.3.3 推定方法とその留意点 212
  - 8.3.4 推定結果 213

文献ガイド 214

第 9 章　差の差法の基礎　　217

イントロダクション 217
- **9.1** 疑似実験の評価としての差の差法 218
- **9.2** 差の差法の基本的発想と識別 220
- **9.3** 差の差法の回帰推定量 224
- **9.4** 共変量と条件付き平行トレンドの仮定 225
  - 9.4.1 条件付き独立の仮定における推定問題 229
  - 9.4.2 1 期間のデータにおける逆確率重み付け推定量 229
  - 9.4.3 1 期間のデータにおける 2 重頑健推定量 231
  - 9.4.4 差の差法における逆確率重み付け推定量 233
- **9.5** 処置群の数が限られる場合における手法：合成コントロール法 235

文献ガイド... 241

第 10 章　差の差法とその周辺の発展的トピック　243

イントロダクション... 243
10.1 より複雑な処置タイミングを伴う差の差法...................... 244
  10.1.1　2 方向固定効果回帰における処置群平均処置効果........... 244
  10.1.2　2 方向固定効果回帰の問題点.......................... 246
10.2 異なる時点に処置割当が生じる場合の分解・集計手法............ 251
10.3 差の差法の検証とその他の留意事項........................... 254
  10.3.1　事前トレンドの検定................................ 254
  10.3.2　一様検定の必要性................................. 255
  10.3.3　時間に応じて変化する共変量の扱い................... 256
10.4 複数の処置群に対する合成コントロール法...................... 257
  10.4.1　処置群が複数の場合の合成コントロール法............. 257
  10.4.2　合成差の差法..................................... 259
10.5 ファジー差の差法... 262
文献ガイド... 266

第 11 章　差の差法の実践　267

イントロダクション... 267
11.1 病院合併による雇用集中度上昇は賃金成長率を低下させるか？.... 268
  11.1.1　研究の背景と目的................................. 268
  11.1.2　研究デザインとデータ.............................. 269
  11.1.3　推定方法とその留意点.............................. 271
  11.1.4　推定結果... 273
  11.1.5　妥当性チェック................................... 274
  11.1.6　頑健性チェック................................... 275
11.2 住宅シェアリングは不動産投資を促進するか？.................. 276
  11.2.1　研究の背景と目的................................. 276
  11.2.2　研究デザインとデータ.............................. 277
  11.2.3　推定方法... 278
  11.2.4　推定結果... 278
  11.2.5　頑健性チェック................................... 279
11.3 マルクスの地位はロシア革命あってのものか？.................. 280
  11.3.1　研究の背景と目的................................. 280

11.3.2　研究デザインとデータ................................ 281
　　　11.3.3　推定結果.. 283
　　　11.3.4　頑健性チェック.................................... 285
　　　11.3.5　妥当性チェック.................................... 286
　　文献ガイド.. 286

参考文献　289

索　引　300

序章
経済学の因果推論アプローチ

1 本書のねらいと構成

　本書は、主に学部上級生から大学院生の読者を想定した、**計量経済学における因果推論**を学ぶための教科書である。一貫して**潜在結果モデル** (potential outcome model) に基づいて因果推論の議論を進めること、および直観的な議論と数学的に厳密な議論の両方を提示することの 2 点に留意して執筆した。紹介する手法は、「無作為化実験」「回帰非連続デザイン」「差の差法」など、経済学の実証研究でよく用いられるものに限定している。ただし、その基本的な理論にとどまらず、最新の実証研究でよく用いられる発展的な方法や、その実践についても詳しく解説している。また、「どのような仮定のもとで、因果関係についてどのような結論が得られるか」という理論を解説するだけでなく、それらの理論を使って分析を進める際に直面するであろう「その仮定の確からしさをどのように判断すればよいのか」「因果推論の結果をどう解釈すればよいのか」といった実践的な課題についても、最新の実証研究を紹介しつつ議論している。

　本書は、2 つの部・11 の章で構成されている。第 1～5 章からなる第 I 部では、潜在結果モデルを導入したうえで、理想的な**無作為化実験** (randomized experiment) のもとでの因果推論について議論する。第 1 章では、本書の基礎となる潜在結果モデルに基づく因果推論のフレームワークを導入する。続く 2～5 章では、主に無作為化実験を扱う。第 2 章では、さまざまな処置割当メカニズム、特に無作為化実験と呼ばれる処置割当メカニズムのもとでの平均処置効

果の推定について解説する。第3章では、そこまでの章で言及される多重検定問題やクラスター頑健標準誤差など、統計的推測に関するいくつかの論点を詳しく紹介する。第4章では、無作為化実験を行うだけでは推定の目的が達成できない場合、すなわち**非遵守者** (noncomplier) と呼ばれる、分析者の想定通りに処置に従わない者がデータに含まれる場合に、分析者が関心の対象とする処置割当効果や局所平均処置効果などのパラメータ (推定対象) を適切に推定するための仮定について議論する。第5章では、無作為化実験を用いた実証研究に基づいて、非遵守者の存在もふまえた仮定の妥当性の判断や、結論の解釈の仕方について論じる。

第6〜11章からなる第II部では、理想的な無作為化実験の想定からは逸脱しているものの、制度の知識などに基づいて実験が持つ一部の望ましい性質が成り立っていることを正当化できそうな状況、すなわち**疑似実験** (quasi experiment) のもとでの因果推論について議論する。第6〜8章では、**回帰非連続デザイン** (regression discontinuity design: RDD) について議論する。まず、第6章において回帰非連続デザインの基本的な理論を導入する。そのうえで、第7章ではファジー回帰非連続デザイン、スコア操作の可能性への対応、離散スコアへの対応などといった発展的な内容を解説する。それらをふまえて、第8章では回帰非連続デザインの実証研究を紹介しつつ、実際に分析を進めるうえで直面しうる課題と、それらへの最新の対処方法、仮定の妥当性や議論の頑健性のチェックなどについて議論する。

第9〜11章では、近年も新しい論点や手法が登場し続けている**差の差法** (difference in differences: DID) について議論する。第9章では、差の差法の基本的な理論を導入する。第10章では、異なる時点で処置の割当が生じる場合を中心に、差の差法、およびそれに関連する手法に関する近年の理論的発展を解説する。第11章では、差の差法を使った最新の実証研究を紹介しつつ、実際の分析の進め方を解説する。

本書のサポート用 GitHub リポジトリ (https://github.com/keisemi/EconometriciansGuide_CausalInference) では、本書で紹介した手法を実装するための R のサンプルコード や、数学的な証明に関する「テクニカルノート」などを別途提供している。本書の記述のどの部分がサンプルコードやテクニカルノートのどの部分に対応しているかは、本書の中でその都度、R コードの

対応箇所には R 、テクニカルノートの対応箇所には T を添えて記載している。

2 「経済学訛りの強い」因果推論

　近年、因果推論に関するさまざまな教科書が出版されている。経済学では Angrist and Pischke (2009) や Cunningham (2021) が有名だが、本書ではこれらの本よりも最新の手法を多く盛り込み、数学的な導出もより丁寧かつ厳密に行っている。その他にも計量経済学の教科書で因果推論を扱ったものはいろいろあるものの、標準的な教科書はどれも後述する**構造推定** (structural estimation) アプローチの伝統の中に潜在結果モデルに基づく因果推論を埋め込むような書き方になっている。しかし筆者らは、本書のように潜在結果モデルだけに依拠して議論を進めたほうが初学者にとっては理解しやすいのではないかと考えている。その理由については、本章の第 3 節で学説史上および教育上の意義もふまえて詳しく議論する。

　経済学以外の分野の研究者が書いた教科書としては、たとえば社会学者による Morgan and Winship (2014) や、疫学・生物統計学者による Hernán and Robins (2023) が挙げられる。これらの教科書では、経済学ではあまり用いられない考え方や手法や応用例を学ぶことができる。特に、Pearl (2001) によって導入された「有向非巡回グラフ (directed acyclic graph: DAG)」を用いた因果効果の表現、有向非巡回グラフと潜在結果モデルの関係や、それらに基づいた因果推論の考え方が詳しく解説されている。統計学者による Rosenbaum (2017) や、計量経済学者と統計学者の共著である Imbens and Rubin (2015) も、潜在結果アプローチに基づく因果推論を幅広く厳密に学ぶことのできる教科書である。しかし、これらの教科書は、それぞれの分野の関心に基づいて書かれているため、経済学でよく用いられる手法を十分に学ぶことができない。回帰非連続デザインや差の差法といった経済学で頻繁に用いられる手法に関する議論が特に弱い。この傾向は、計量経済学者であるインベンス (Guido W. Imbens) が執筆した Imbens and Rubin (2015) についても当てはまる。

　それに対して、本書は経済学が直面する問題に対して、経済学者が納得する

形で答えるための、極めて「**経済学訛りの強い**」因果推論を学ぶための本である。

異なる学問分野間で因果関係の捉え方や手法の選択に「訛り」が出る根本的な理由は、対象としている問題がそれぞれで異なるからである。経済学はおおむね、「ある制度やルールの中で、個人が将来や他人の行動を予測しつつ、自分にとって望ましい結果を得るべく意思決定している状況で、特定の仕方で制度やルールや個人に介入すると何が起こるかを予測する」という課題に答えることを目的としている。これらの問題に対する理論の検証や介入の効果の測定には、他の分野の検証や測定とは異なる要因の考慮が必要となる。たとえば、個人が将来や他人の行動を予測するし、その個人にとって望ましい結果を得ようとする、その結果として処置が選択されたり、処置に従わなかったりする、といった分野固有の事情を織り込む必要がある。

経済学では、フリッシュ (Ragnar A. K. Frisch) とともに 1969 年に最初のノーベル経済学賞を受賞した計量経済学者のティンバーゲン (Jan Tinbergen) 以来、このような問題に答えるための適切な方法は何かということが模索されてきた (Tinbergen, 1930)。そのために伝統的に採用されてきたのは、1989 年のノーベル経済学賞受賞者であるハーヴェルモ (Trygve M. Haavelmo) が提唱した「構造推定」という方法である (Haavelmo, 1943)。これは「まずその個人の意思決定や相互作用を経済理論で定式化し、その定式化の中のパラメータをデータから推定し、特定の処置の効果を定式化の一部を変化させる反実仮想 (counterfactual) として求める」という方法である。

このアプローチでは、意思決定や相互作用の複雑さゆえに、複数の経済理論の定式化やパラメータが観測と整合的になってしまい、それらを互いに区別できない**観測同値性** (observational equivalence) という問題が生じる。そのため、1930～40 年代から、どのような制約や特殊な観測があれば経済理論の定式化が一意に定まるかという問題、すなわち**識別** (identification) の問題が盛んに議論されてきた。このように構造推定アプローチでは、経済理論に基づいて設定された関心の対象の識別の成立が自明ではない状況を出発点として、そこにどのような制約を置けば識別が達成されるかが議論の焦点となってきた。

しかし、過去 30 年の間に、経済学者の因果推論に関する考え方は大幅に変化した。その 1 つのきっかけは、LaLonde (1986) だといわれている。この論文では、不利な立場にある労働者に対して提供された職業訓練がその後の所得

に与える影響をフィールド実験で推定した場合と、それまでに知られていた計量経済学の非実験的手法を用いた推定結果の間に大きな乖離があることを示した。それ以来、経済学の対象領域において因果推論を行う場合は、実験あるいは実験に近い性質を制度などに関する客観的な情報によって正当化できる「自然実験」や「疑似実験」に着目する必要があるのではないかと考える経済学者が増えていった。この変化を**信頼性革命** (credibility revolution) という (Angrist and Pischke, 2010)。

　本書で最新の実証研究でよく用いられる発展的な内容について詳しく解説することにしたのは、まさにこうした状況に対応するためである。経済学の論文で求められる議論の仕方は日進月歩で変化している。論文が書かれるたびに、この分野固有の新しい問題が認知され、その問題に対処するための方法が提案され、研究者の間で周知され、受け入れられ、広まり、一部は定着し、一部は廃れていくからである。詳しくは後の章で議論するが、たとえば、回帰非連続デザインを局所線形モデルで推定するとき、推定の対象となる範囲を定めるためのバンド幅はどのように選べばよいだろうか？　また、処置群と統制群を分けるスコア変数が離散的なときはどのように対処すべきだろうか？　差の差法で因果効果を推定しようとするとき、処置が個体間で一斉に行われるのではなくタイミングがずれている場合にはどのような定式化を用いるべきだろうか？　また、なぜそのような方法をとるべきかを説得的に説明できるだろうか？

　学術研究は研究者のコミュニティで進められるものである。論文を書いて認められるためには、コミュニティの他のメンバーと対話して説得しなければならないが、その際に最新の実践に通じていなければ他のメンバーを説得するのは難しい。その際に、コミュニティの最新の実践を「単なるお作法」として軽んじるべきではない。あるお作法の背後には、必ずそのお作法が生まれるに至った問題がある。そのお作法は、その問題に対するその時点での最良の対応であるとみなされているからこそ、コミュニティで採用されているのである。そのため、お作法に従うにせよ退けるにせよ、自分がそれをなぜ、どのように扱うかを明確に説明できなければ、説得的な議論はできない。

　本書で、無作為化実験、回帰非連続デザイン、差の差法のそれぞれにおいて、実証研究の詳細な解説を通じて、仮定の妥当性についてどう判断すればよいのか、結果をどう解釈すればよいのかについて議論することにしたのも、同様の

問題意識に基づいている。

　理論は、仮定が満たされる限りは正しい結論を与えてくれる。問題は、多くの場合その仮定が満たされるか否かが定かではないことである。そのため、実証研究では仮定から結論を導く論理的な「推論」とは別に、仮定や解釈の妥当性に関する「判断」が必要になってくる。たとえば、非遵守者が存在する無作為化実験で局所平均処置効果を識別するためには、処置が除外制約を満たしている必要がある。回帰非連続デザインでは、処置が非連続に変化する点で潜在結果の回帰関数が連続的である必要がある。分析を行ううえで、これらの理論が満たしているべき仮定が確からしいか否かをどのように判断すればよいだろうか？

　出版された論文を読むと、実験や制度のデザインに依拠してこれらの仮定が確からしいことを主張したり、補足的な分析を行うことでその確からしさの傍証を行ったりすることに多大な紙幅が割かれていることに気付く。こうした議論の仕方もまた、単なる「お作法」だと捉えることもできる。しかし、推論の仮定が常に成り立つことはありえない以上、多くのケースで仮定の妥当性に関する判断が必要となるし、そのための基準も必要である。そうした判断基準を育むことこそが、コミュニティの重要な役割である。本書ではこうした点についても、実践的に学べるようになっている。

　このように、本書は意図的に「経済学訛りの強い」因果推論の教科書として書かれてはいるが、筆者たちは経済学に直接関心のない人にとっても有益な知見を提供できると考えている。経済学が直面するような問題には、経済学を学ぶつもりのない人でも直面することがあり、その際には本書で議論するようなアプローチが必要とされるためだ。仮定の妥当性を判断したり結果の解釈を行ったりする際の議論の進め方は、データ分析の結果をマネージャーや顧客に的確に伝えることが求められるビジネスの現場でも重要である。説明責任が強く求められる政策の現場であれば一層重要となるだろう。

　計量経済学は、人間社会の相互作用に関する実証的な分析を行うための手法を開発する学問である。経済学自体に興味があろうとなかろうと、同じような問題について考えている人は、一度はこの極めて「経済学訛りの強い」因果推論の本を学んでみるべきである。経済学者である筆者たちが「疫学訛りの強い」書籍である Hernán and Robins (2023) を読んで楽しめるように、同じ概念に

ついて少し違った視点から学んでみるのもなかなか楽しいのではないだろうか。

3 なぜ潜在結果モデルで一貫させるのか？

　最後に、本書で「一貫して潜在結果モデルの枠組みで議論を進める」ということの経済学の学説史上、および教育上の意義を述べておきたい。
　古典的な計量経済学の教科書 (たとえば Wooldridge, 2010) では、線形モデルの最小 2 乗推定量の議論から始まって、同時方程式の操作変数法 (instrumental variable method)、一般化積率法 (generalized method of moments: GMM) による同時方程式の推定の議論などに進んでいくことが多い。今となっては明示的に意識されることは少ないが、実はこの背後には先に紹介した Haavelmo (1943) 以来の構造推定アプローチが想定されている。
　構造推定アプローチでは、まず経済理論を想定し、その均衡条件式を書き下す。これを **構造型** (structural form) の式と呼ぶ。次に、その式を理論の内で定まる「内生変数 (endogenous variable)」について解き、理論の外で定まる「外生変数 (exogenous variable)」だけが右辺に含まれた式を導出する。これを **誘導型** (reduced form) の式と呼ぶ (Hsiao, 1983; Matzkin, 2007)。誘導型の式のパラメータは、最小 2 乗法などで推定できる。このパラメータは、背後の構造型の式に含まれる経済理論のパラメータが組み合わさってできたものである。そこで推定された誘導型の式のパラメータから、それと整合的な経済理論のパラメータを一意に定められるかどうかを議論する。
　一方、構造型の式をショック (需要ショック、生産性ショックなどの計量経済学者に観測されない外生変数) について解いて、その積率条件 (moment condition) を利用して経済理論のパラメータを推定しようとすると、一般化積率法を用いることになる。その際、構造型の式のうち興味のある式 (たとえば需要関数) のみを定式化して、それ以外の式は定式化せずに経済理論のパラメータを推定しようとすると、操作変数法を用いることになる。
　標準的な計量経済学の教科書を用いた標準的な計量経済学の講義で学ぶ手法は、教わる学生にも教える教員にも必ずしも明確に意識されているわけではないが、こうした経済学特有の実証分析の歴史を前提とした、因果推論とはまた

別の「経済学訛りの強い」手法なのである。

　構造推定自体は、今でも産業組織論を筆頭に、国際経済学、マクロ経済学などの経済学のさまざまな分野で用いられている。しかし、経済学における因果推論の議論の多くは、潜在結果アプローチという構造推定アプローチとはまったく異なる方法によって展開されることが多くなっている。こうしたアプローチの変化に伴って、経済学の実証研究における経済理論の役割は大きく変化した。問題は、それにもかかわらず両者を明示的に区別せずに因果推論が教えられている点にある。

　構造推定アプローチの目的は、経済理論から書き下された経済モデルである構造型の式からモデルのパラメータを推定したり、構造型の式から導出された誘導型の式で経済理論の含意を検証したりすることである。まず経済理論があって、そこから推定されるべき統計モデルが導出されて、その統計モデルがデータに当てはまるか否かを検証する。そのようにしてデータに当てはまることが検証された経済理論が得られれば、次からはその経済理論から導出される統計モデルへの制約を前提としてデータの分析を行うというのが構造推定アプローチで想定されている段取りである。

　しかし、潜在結果アプローチに基づいて統計モデルを推定することによって政策の効果を分析する際には、経済理論から導出された制約を利用することは恣意的で直接検証不可能な「関数形への制約」として退けられる。そこでは、できる限り実験や制度のデザインなどの経済理論の外側にある知識や情報から「導出」された直接検証可能な制約のみを利用することが求められる。まず実験や制度のデザインがあり、そこから統計モデルが導出されて、データに当てはめられる。

　ここでは経済理論は、「このような結果が得られればこういうことを意味し、そうでなければ別のこういうことを意味する」という枠組みを、分析に先立って用意するために用いられる。このときに重要なのは、その知見は統計モデルや推定方法を導出するためには用いないという点である。そして、経済理論抜きにデータから明らかにできることを確定したうえで、結果の背後にあるメカニズムを「解釈」するために用意しておいた経済理論を参照する。これが、経済学における潜在結果アプローチの想定している段取りである。

　なお、解釈の枠組みを提示するという役割がある以上は経済理論が前提となっ

ているのだと考えれば、これもあくまで構造推定アプローチの一種だといえなくもない。実際、そのように考えることでこの2つの伝統の交わりを理解している経済学者は少なくない。

　加えて、潜在結果アプローチと構造推定アプローチの混同は、単純に術語の混乱も呼び起こしている。たとえば、潜在結果アプローチに基づく因果推論のことを「誘導型の推定」と呼ぶことがあるが、これは必ずしも正しくない。上記の通り、誘導型は特定のクラスの経済理論から導出されるものである一方、潜在結果モデルは必ずしも経済理論から導出されるわけではないからだ。

　また、推定する式の中の説明変数と誤差項の間に相関があること全般を「内生性」と呼ぶことが慣習化しているが、そこではしばしば「その変数が経済モデルの均衡条件を解いて得られる内生変数であることの含意を指す概念であって、そうした経済モデル抜きの純粋な確率的な相関を指すものではない」ということも忘れ去られている。

　本書で一貫して潜在結果モデルに基づいて因果推論の議論を進めるのは、この種の混乱を避けるためでもある。

＊　＊　＊

　以上、やや経済学内部の込み入った話に立ち入ってしまったが、本書は、人間の意思決定や相互作用を対象とした因果推論を成り立たせるために経済学が実践してきた試みを、できる限り網羅的かつ統一的に、最新の実践もふまえて解説すべく工夫した計量経済学の教科書となっている。本書をきっかけに、経済学的な実証研究やそのビジネス、政策などへの応用を志す方が1人でも増えてくれれば本望である。

第 I 部

因果推論の基礎と無作為化実験

Overview
第 I 部　因果推論の基礎と無作為化実験

　第 I 部では、本書の基礎となる因果推論のフレームワークである「潜在結果モデル」を導入する。このフレームワークは、検討されるべき因果関係とは何かという問題についての、唯一ではないが 1 つの統一的な定義と数学的表現を与えてくれる。本書では、一貫してこのフレームワークを用いる。そのうえで、この因果関係がどのような状況で識別できるか、すなわち「観測から一意に決定できるか」について議論していく。続いて、因果推論のための理想的な環境として無作為化実験を扱う。実験とは、個体への処置の割当が既知な状況のことを指し、無作為化実験とは、その中でも特に、個体への処置の割当が無作為に行われていることが分析者にとって既知であるような状況のことを指す。この状況下で行う因果推論を 1 つの理想形として、第 II 部ではそこから逸脱したケースにおける因果推論を扱うことになる。

　ただし、この理想的な無作為化実験を用いた分析でも、検討しておくべきいくつかの課題がある。まず、多重検定問題やクラスター頑健標準誤差など、統計的推測に関するいくつかの論点について立ち入る必要がある。さらに、無作為化実験を行うだけでは目的とする推定対象の識別が保証できない場合、すなわち実験者の想定通りに処置に従わない非遵守者が存在する場合に、処置割当効果や局所平均処置効果といった推定対象を識別するための仮定について議論する必要がある。これらの手法を用いた実証研究で、仮定や解釈の議論がどのように行われているかについても、最新の論文を参照しつつ論じる。

第 1 章
潜在結果モデルと因果関係

イントロダクション

　私たちは日常生活の中で、因果関係に関する言説に何気なく触れている。たとえば、「予防接種には病気の発症を防ぐ効果がある」とか、「高校進学にかかる費用を無償化すれば少子化対策になる」などといった主張を耳にすることが多いだろう。そうした主張の裏では、予防接種と病気の発症との間に何らかの生理的な因果関係があることや、家計に高校進学のための補助金を配ることとその家計の結婚や出産に関する意思決定の間に何らかの因果関係があることを、意識的に、あるいは無意識のうちに想定している。

　しかし、少し立ち止まって考えてみてほしい。そもそも「因果関係」とは何を意味するのだろうか？ それは、現実に観測できる情報のどこに、どのような形で現れるのだろうか？ 何が把握できたときに、「因果関係がある」といえるのだろうか？

　こうした疑問に答えるために、本章では、この本で解説する因果推論の計量経済学の基礎となる、「潜在結果モデル」と呼ばれる枠組みと、それに関連する重要な概念を導入する。また、潜在結果モデルに基づいて、母集団から標本を抽出して統計的推測を行う際に直面する不確実性の問題、データから推定する対象をどのように定義するか、といった点についても解説する。加えて、「どういうときに、ある推定の対象が利用可能なデータと分析における仮定から一意に定まるか？」という問題に関する「識別」という概念も導入する。

　以降の各章では、本章で導入する潜在結果モデルを用いて問題を定式化し、統計的な因果推論を行うための手法を学んでいくことになる。その際、不確実性の問題や識別の概念を考慮することが非常に重要となる。そのため、ここで解説する概念をしっかり理解するとともに、必要に応じて本章に戻りながら以降の各章を読み進めてほしい。

1.1 潜在結果

「学生に予防接種を打つ」「家計に高校進学の補助金を配る」といったように、ある**処置** (treatment) がある**個体** (unit) に適用される状況を考える。そこで、その処置がその個体に適用されたときに、その個体に生じるはずの結果のことを**潜在結果** (potential outcome) と呼ぶ。潜在結果、すなわち処置に伴う結果は個体ごとにあらかじめ定まっているものとし、この対応関係を潜在結果の**タイプ** (type) と呼ぶ。

すべての個体は、潜在結果のいずれかのタイプに属している。学生への予防接種の例では、処置として予防接種を「打つ」「打たない」の 2 値が、結果としてウイルスに「感染する」「感染しない」の 2 値が考えられる。このとき、表 1.1 に示した 4 通りの潜在結果のタイプが考えられる。

- タイプ 1 の学生は、予防接種を打っても打たなくてもウイルスに感染する
- タイプ 4 の学生は、予防接種を打っても打たなくてもウイルスには感染しない
- タイプ 2 の学生は、予防接種を打たなければ感染するが、打てば感染を免れる
- タイプ 3 の場合は、予防接種を打った場合にのみ感染して、打たなければ感染しない

タイプ 3 の潜在結果は不自然にも思えるが、ここでは排除しない。

1.2 因果関係

ある個体を前にしたとき、その個体のタイプがわからなければ処置とその処置に伴う結果の対応関係はわからない。しかし、その個体のタイプが特定できれば、処置とその処置に伴う結果の対応関係は一意に定まる。さて、予防接種の

表 1.1 潜在結果：予防接種の場合

タイプ	処置	
	予防接種を打つ	予防接種を打たない
1	感染する	感染する
2	感染しない	感染する
3	感染する	感染しない
4	感染しない	感染しない

例において、ある学生がタイプ2に属することを「その学生には予防接種が効く」と述べるのは自然なことだろう。また、「その学生に関しては予防接種と感染予防の間に因果関係がある」と述べるのも自然なことだろう。本書では、処置と結果の間の**因果関係** (causality) をこのように定義する。

すなわち、以下のような手続きによって因果関係を定義する。まず、処置とその処置に伴う結果の間の対応関係に関するタイプの集合を定義する。次に、そのうちいくつかのタイプを「因果関係がみられるタイプ」と名付ける。そして、ある個体がそのタイプに属することが判明すれば「その個体において因果関係があることがわかった」と解釈する。これが、潜在結果に基づく因果関係の定義である。

予防接種の例では、処置の集合 $\mathcal{Z} = \{$予防接種を打つ, 予防接種を打たない$\}$、結果の集合 $\mathcal{Y} = \{$感染する, 感染しない$\}$ であり、潜在結果のタイプの集合 $\mathcal{Z} \times \mathcal{Y}$ は表 1.1 に示された 4 通りのタイプで表される。予防接種の感染予防効果について「因果関係がみられるタイプ」はタイプ 2、すなわち

$$y^*(\text{予防接種を打つ}) = \text{感染しない},$$
$$y^*(\text{予防接種を打たない}) = \text{感染する}$$

であるような $y^*(\cdot)$ を指す。これを数学的な表現を用いて定義してみよう。まず、処置を $Z \in \mathcal{Z}$ とし、処置 Z のもとでの潜在結果を $Y^*(Z) \in \mathcal{Y}$ とする。ここで、$i = 1, \ldots, n$ と名付けられた n 個の個体が存在するとする。潜在結果のタイプ $Y^*(\cdot)\colon \mathcal{Z} \to \mathcal{Y}$ に基づけば、個体 i の潜在結果のタイプは $Y_i^*(\cdot)\colon \mathcal{Z} \to \mathcal{Y}$ で表される。次に、$y^*(\cdot)\colon \mathcal{Z} \to \mathcal{Y}$ を「因果関係がみられるタイプ」と定義すれば、個体 i において因果関係がみられるか否かは、個体 i がタイプ $y^*(\cdot)$ を持つ

か否かによって定義される。

1.3 顕在結果

ここまでは、ある個体の潜在的な性質である潜在結果について述べてきた。それでは、ある個体の潜在結果はどのようにして観測することができるのだろうか？ここでは改めてこの点を定義しておこう。

「個体 i に対してある処置 Z_i を適用すると、その個体の潜在結果に従って $Y_i = Y_i^*(Z_i)$ が観測される」という観測手段が利用できる状況を考えよう。ここで、個体 i の処置 Z_i を決定することを、個体 i に処置 Z_i を**割り当てる** (assign) という。また、この観測された結果 Y_i を、個体 i の**顕在結果** (observed outcome) と呼ぶ。これらに基づくと、潜在結果、処置、顕在結果の関係は以下のような数式で表現できる。

顕在結果の観測手段

$$Y_i = \sum_{z \in \mathcal{Z}} \mathbf{1}\{Z_i = z\} Y_i^*(z). \tag{1.1}$$

ここで $\mathbf{1}\{\cdot\}$ は、括弧の中の主張が真であれば 1 をとり、そうでなければ 0 をとる指示関数 (indicator function) である。

ここで、潜在結果 $Y_i^*(\cdot)$ は関数である一方、顕在結果 Y_i は値であるという点に注意しよう。また、潜在結果 $Y_i^*(\cdot)$ は直接観測できない一方、顕在結果 Y_i は上記の観測手段を用いて観測できるという点にも注意しよう。予防接種の例では、ある個体がどの潜在結果のタイプに属しているかは不明だが、実際に予防接種を打った場合にウイルスに感染するか否かは観測できる。また、予防接種を打たなかった場合にもウイルスに感染するか否かは観測できる。

状況によっては、各個体の属性などを表す**共変量** (covariate) が利用可能なこともある。たとえば、各個体の性別、年齢などといった情報がそれに当たる。各個体 i の観測可能な p 種類の属性を p 次元のベクトル $\mathbf{W}_i$ で表す。それらを n 個の個体について積み上げた $n \times p$ 次元の行列を $\mathbf{W}$ とする。同様に、各個

体 i の顕在結果 Y_i、処置 Z_i、潜在結果 $Y_i^*(\cdot)$ を n 個の個体について積み上げたベクトルと行列をそれぞれ $\mathbf{Y}, \mathbf{Z}, \mathbf{Y}^*(\cdot)$ とする。

この観測手段まで含めた設定を、**潜在結果モデル** (potential outcome model) と呼ぶ。潜在結果モデルはベクトルと行列 $\mathbf{Y}, \mathbf{Z}, \mathbf{W}, \mathbf{Y}^*(\cdot)$ の組で表現され、そのうち顕在結果 $\mathbf{Y}$、処置 $\mathbf{Z}$、共変量 $\mathbf{W}$ が観測可能なデータ、潜在結果 $\mathbf{Y}^*(\cdot)$ が観測不可能な関数である。このうち、共変量 $\mathbf{W}$ はデータに含まれていないこともある。そのような場合は、潜在結果モデルはベクトル $\mathbf{Y}, \mathbf{Z}, \mathbf{Y}^*(\cdot)$ の組で表現され、そのうち顕在結果 $\mathbf{Y}$、処置 $\mathbf{Z}$ が観測可能なデータ、潜在結果 $\mathbf{Y}^*(\cdot)$ が観測不可能な関数である。

1.4 因果推論の根本問題

1.3 節で示したような観測手段を前提とした場合には、**因果推論の根本問題** (fundamental problem of causal inference) と呼ばれる問題が生じる (Holland, 1986)。

例として、引き続き予防接種の問題を考えよう。学生 i が予防接種を打った場合は、予防接種を打ったときにウイルスに感染するか否かは観測できるが、その学生 i が予防接種を打たなかったときにウイルスに感染するか否かは観測できない。同様に、学生 i が予防接種を打たなかった場合は、予防接種を打たなかったときにウイルスに感染するか否かは観測できるが、その学生 i に予防接種を打ったときにウイルスに感染するか否かは観測できない。仮に、学生 i が予防接種を打ったときに感染しないことが観測できたとしても、その学生 i が予防接種を打たなかったときに感染するか否かは観測できない。したがって、この学生はタイプ 2 とタイプ 4 のどちらにも属する可能性があり、タイプ 2 に属するか否かは判別できない。そのため、観測のみに基づいて「その学生に関して、予防接種と感染予防の間に因果関係がみられた」と主張することは絶対にできない。

上記の例を一般化しよう。ある個体 i に処置 Z_i を適用すると、結果 $Y_i^*(Z_i)$ が観測されるが、このとき、この個体 i については別の処置 $Z_i' \neq Z_i$ を適用したときの結果 $Y_i^*(Z_i')$ を観測することはできない。一方で、個体の潜在結果の

タイプを区別するためにはすべての処置の値のもとでの結果を観測する必要があるため、個体 i の潜在結果を観測することは絶対に不可能である。これが、因果推論の根本問題である。

　この因果推論の根本問題は、潜在結果モデルによって因果関係という概念が定義されることによってはじめて明確になった問題であって、潜在結果モデルによって生じた問題ではないことに注意してほしい。むしろ、潜在結果モデルに基づいて因果関係を定義することによって、以上のような観測手段を前提とする限り、実際にはその因果関係を把握することは不可能だということが明らかになるのである。このように、観測に基づいて判別可能な因果関係の諸性質を吟味できることこそが、潜在結果モデルに基づく因果関係の定義の価値である。これらの吟味すべき性質の定義については、1.5 節で改めて解説する。

　なお、同一の個体についても、「予防接種を受けた年の結果と予防接種を受けなかった年の結果を観測すれば、すべての処置の値のもとでの結果が観測できるのではないか？」という考え方もありうる。しかしこのときは、そもそもの処置の集合 $\mathcal{Z}$ を、1 年目に予防接種を受けたか否か、および 2 年目に予防接種を受けたか否かの組み合わせに基づく 4 値で定義をしておく必要があったはずである。そう考えると、この場合でも、やはりある個体について複数の処置の値のもとでの結果を観測することは不可能だということがわかる。

　それでも、インフルエンザの予防接種など、効き目が 1 年以内に失効することがわかっているような処置であれば、2 年目の結果の 1 年目の予防接種の有無への依存は無視できると論じることはできるかもしれない。ただし、この場合は、潜在結果のタイプを表す関数 $Y_i^*(\cdot)$ にあらかじめ制約を課すことで、それが可能となっているという点に注意が必要である。因果推論の根本問題は、このような制約を課さない限り、個体における因果関係を特定できないということを意味するものであり、ある制約を課したときにそれが可能になるか否かについては何も述べていない点には注意してほしい。

1.5 SUTVA

　因果推論の文脈では、「潜在結果モデルが SUTVA を満たしている（いない）」

という議論がしばしばなされる。しかし、この SUTVA という概念がどう定義されているのか、潜在結果モデルに基づく因果推論の中でどのような意味を持っているのかについては、不明瞭なまま議論がなされることが多い。

本書では、以下で述べるような潜在結果モデルの 2 つの性質を満たすことを SUTVA (stable unit treatment value assumption) と呼ぶ。本節では、この 2 つの性質を詳しく見たうえで、この概念に関する歴史的経緯についても簡潔に解説する。なお、これら 2 つの性質は、潜在結果モデルのここまでの定義にすでに織り込まれている。

第 1 の性質は、「ある個体の潜在結果は他の個体に割り当てられた処置の影響を受けず、その個体に割り当てられた処置の影響のみを受ける」という性質である。ここでは処置が個体ごとに割り当てられるものであることも前提になっている。この性質は、数学的には 1.2 節で個体 i の潜在結果を $Y_i^*(Z_i), Z_i \in \mathcal{Z}$ と定義した時点で、すでに前提となっている。仮に、個体 i の潜在結果が個体 $j \neq i$ に割り当てられた処置にも影響を受けている、すなわち $Y_i^*(Z_i, Z_j)$ と定義すべきである場合には、この第 1 の性質が満たされていないことになる。予防接種の場合、ある学級の誰かが予防接種を受けたときに同じ学級内の予防接種を受けていない個体に対しても感染防止効果が生まれるのであれば、この第 1 の性質が満たされていないことになる。この性質は、文脈に応じて「no spillover」「no interference」などと呼ばれる。

第 2 の性質は、「ある個体にある処置が施されたとき、観測されるのはその個体の潜在結果をその処置で評価した値である」という性質である。この性質は、1.3 節で観測手段を

$$Y_i = \sum_{z \in \mathcal{Z}} \mathbf{1}\{Z_i = z\} Y_i^*(z)$$

と定義した時点で、すでに前提となっている。これによれば、Z_i という処置を行ったにもかかわらず、$Y_i^*(Z_i)$ 以外の結果が観測されるような状況では第 2 の性質は満たされていないことになる。たとえば、$Y_i^*(Z_i)$ が畝 i に品種 Z_i を植えたときの収穫量だとする。この収穫量はその年の降雨量などによっても異なるだろう。しかし、この表記ではそのような潜在結果の変動は個体 i や潜在結果 $Y_i^*(\cdot)$ の定義にあらかじめ織り込まれている。この性質は、文脈に応じて「consistency」「no multiple versions of treatment」などと呼ばれる。

1.6 2項処置モデル

本書では、もっぱら処置の値を2値に制約した**2項処置モデル** (binary treatment model) に基づいて議論を進めていくので、本節で明示的に定義しておこう。

まず、処置の値の集合を $\mathcal{Z} = \{0, 1\}$ の2値の集合とする。そして、Z_i を個体 i の処置、それらを積み上げた n 次元のベクトルを $\mathbf{Z}$ とする。典型的な解釈は、$Z_i = 0$ を非介入、$Z_i = 1$ を介入とすることである。たとえば、予防接種の例では「予防接種を打たない」ことを $Z_i = 0$、「予防接種を打つ」ことを $Z_i = 1$ とするのが自然であろう。

このとき、個体の部分集合 $\{i \in \{1, \ldots, n\} \mid Z_i = 0\}$ を**統制群** (control group)、$\{i \in \{1, \ldots, n\} \mid Z_i = 1\}$ を**処置群** (treatment group) と呼ぶ。統制群のサイズを n_0、処置群のサイズを n_1 とし、$n = n_0 + n_1$ であるとする。また、各個体の潜在結果を $Y_i^*(0), Y_i^*(1)$ とし、それらを積み上げた n 次元のベクトルを $\mathbf{Y}^*(0), \mathbf{Y}^*(1)$ とする。このとき、観測手段は以下のように定義される。

統制群・処置群を区別した顕在結果の観測手段

$$Y_i = Z_i Y_i^*(1) + (1 - Z_i) Y_i^*(0). \tag{1.2}$$

すなわち、$Z_i = 1$ であれば $Y_i^*(1)$ が、$Z_i = 0$ であれば $Y_i^*(0)$ が観測される。

1.7 処置割当メカニズム

処置の割当は、各個体について2値の潜在結果のどちらの値が観測され、どちらの値が観測されないかを決定する。以降では、処置の割当が確率的に定まるような状況を考える。たとえば、2.2節で導入する**完全無作為化実験** (completely randomized experiment) という設定のもとでは、n 個の個体から $n_1 < n$ 個

の個体を無作為に抽出し、それらの個体に介入を行う。このグループが、1.6 節で導入した処置群となる。

しかし、処置を確率的に割り当てる方法はその他にも多くのやり方が考えられる。同じく 2.2 節で導入する**層化無作為化実験** (stratified randomized experiment) という設定のもとでは、あらかじめ個体を共変量に従っていくつかの**層** (strata) に分けたうえで、既定の数の個体を無作為に抽出し、それらの個体に介入を行う。また、これらのようによく統制された方法だけではなく、銀行の融資担当者が「返済能力のありそうな企業には貸出を行い、返済能力のなさそうな企業には貸出を行わない」といった形で、意思決定者が主観的に各個体の潜在結果を見越して処置を割り当てるような場合もある。こうした状況であっても、そのように割り当てていることを知らない外部の観測者からは、処置が確率的に割り当てられているように見える。ただし、その割当が無作為であるとは限らない。

まず、これらのさまざまな状況を包括的に記述する概念として、**処置割当メカニズム** (treatment assignment mechanism) を以下のように定義する。

処置割当メカニズムとは、$\mathbf{W}, \mathbf{Y}^*(1), \mathbf{Y}^*(0)$ から $\mathbf{Z}$ への行の交換に対して不変な非負の関数 $\mathbb{P}[\mathbf{Z} \mid \mathbf{W}, \mathbf{Y}^*(1), \mathbf{Y}^*(0)]$ で、任意の $\mathbf{W}, \mathbf{Y}^*(1), \mathbf{Y}^*(0)$ に対して以下が成り立つものである。

処置割当メカニズム

$$\sum_{\mathbf{Z} \in \{0,1\}^n} \mathbb{P}[\mathbf{Z} \mid \mathbf{W}, \mathbf{Y}^*(1), \mathbf{Y}^*(0)] = 1. \tag{1.3}$$

なお、以降では、$\mathbb{P}$ はこうした確率測度を表記するのに用いる。

この定義は、処置の割当確率が潜在結果 $\mathbf{Y}^*(1), \mathbf{Y}^*(0)$ に依存することを許容している。銀行の融資担当者が企業の返済能力を鑑みて貸出の決定を行う場合などはこれに該当する。もちろんこの定義は完全無作為化実験のように、割当確率が潜在結果 $\mathbf{Y}^*(1), \mathbf{Y}^*(0)$ にも共変量 $\mathbf{W}$ にも依存しない場合も含んでいる。なおこの一般形は、ある個体が介入を受ける確率が、他の個体の共変量や潜在結果に依存することも許容している。これは一見 1.5 節で導入した SUTVA に反するように見えるがそうではない。SUTVA が除外するのは「ある個体の

潜在結果が他の個体の処置に依存する状況」であり、ここで考えているような、処置の割当確率の依存関係に関しては何ら制約を置いていない点に注意してほしい。SUTVA は、処置の因果関係を定義する潜在結果への制約であって、処置の割当確率を定義する処置割当メカニズムへの制約ではないのである。

さて、処置割当メカニズムが定まると、**個体処置割当確率** (unit treatment assignment probability) は次のように求まる。

個体処置割当確率

$$p_i\left[\mathbf{W}, \mathbf{Y}^*(1), \mathbf{Y}^*(0)\right] = \sum_{\mathbf{Z}:Z_i=1} \mathbb{P}[\mathbf{Z} \mid \mathbf{W}, \mathbf{Y}^*(1), \mathbf{Y}^*(0)]. \tag{1.4}$$

個体処置割当確率と似た概念として、**傾向スコア** (propensity score) という概念がある。これは、共変量が特定の値をとる個体群について個体処置割当確率の平均をとったものであり、次のように定義される。

傾向スコア

$$e(\mathbf{w}) = \frac{1}{\#\{i : \mathbf{W}_i = \mathbf{w}\}} \sum_{i:\mathbf{W}_i=\mathbf{w}} p_i\left[\mathbf{W}, \mathbf{Y}^*(1), \mathbf{Y}^*(0)\right]. \tag{1.5}$$

ここで、$\#\{\cdot\}$ は括弧内の集合の濃度を表す。このように、処置割当メカニズムという概念は、処置を個体に確率的に割り当てる方法を包括的に定義する。

次に、扱いやすい性質を持った処置割当メカニズムを定義する。第 1 に、処置割当メカニズムは、ある関数 $q(\cdot) \in [0,1]$ についてすべての個体 i の個体処置割当確率が

$$p_i\left[\mathbf{W}, \mathbf{Y}^*(1), \mathbf{Y}^*(0)\right] = q\left[\mathbf{W}_i, Y_i^*(1), Y_i^*(0)\right]$$

と書けるとき、すなわち、個体処置割当確率がその個体の共変量と潜在結果のみに依存するとき、**個別割当** (individual assignment) であるという。

第 2 に、すべての個体 i の個体処置割当確率が 0 でも 1 でもないとき、すなわち任意の $\mathbf{W}, \mathbf{Y}^*(1), \mathbf{Y}^*(0)$ について

$$0 < p_i\left[\mathbf{W}, \mathbf{Y}^*(1), \mathbf{Y}^*(0)\right] < 1$$

を満たすとき、処置割当メカニズムは**確率割当** (probabilistic assignment) であるという。

第 3 に、最も重要な性質として、個体処置割当確率が潜在結果に依存しないとき、すなわち任意の $\mathbf{w}, \mathbf{y}_1, \mathbf{y}_0, \tilde{\mathbf{y}}_1, \tilde{\mathbf{y}}_0$ について

$$\mathbb{P}[\mathbf{Z} \mid \mathbf{W} = \mathbf{w}, \mathbf{Y}^*(1) = \mathbf{y}_1, \mathbf{Y}^*(0) = \mathbf{y}_0]$$
$$= \mathbb{P}[\mathbf{Z} \mid \mathbf{W} = \mathbf{w}, \mathbf{Y}^*(1) = \tilde{\mathbf{y}}_1, \mathbf{Y}^*(0) = \tilde{\mathbf{y}}_0]$$

が成り立つとき、処置割当メカニズムは**条件付き独立割当** (conditionally independent assignment) であるという。この性質は「unconfoundedness」とも呼ばれる。

以上の 3 つの条件、すなわち個別割当、確率割当、条件付き独立割当が成立するとき、処置割当メカニズムは**正規処置割当メカニズム** (regular treatment assignment mechanism) と呼ばれ、次のように単純化される。

正規処置割当メカニズム

ある集合 $\mathcal{A}$ が存在し、任意の $(\mathbf{Z}, \mathbf{W}, \mathbf{Y}^*(1), \mathbf{Y}^*(0)) \in \mathcal{A}$ について

$$\mathbb{P}[\mathbf{Z} \mid \mathbf{W}, \mathbf{Y}^*(1), \mathbf{Y}^*(0)] \propto \prod_{i=1}^{n} q\left(\mathbf{W}_i\right)^{Z_i} \left[1 - q\left(\mathbf{W}_i\right)\right]^{1-Z_i} \quad (1.6)$$

であり、それ以外については $\mathbb{P}[\mathbf{Z} \mid \mathbf{W}, \mathbf{Y}^*(1), \mathbf{Y}^*(0)] = 0$.

ここで、$\propto$ は左辺が右辺の定数倍であることを表す記号である。(1.6) 式は、処置ベクトルの割当確率が、個々の個体が処置を受ける確率の積として表せることを示している。このとき、個体処置割当確率 $q(\cdot)$ は共変量 $\mathbf{W}$ のみの関数となり、傾向スコアはその個体の個体処置割当確率と一致する：$e(\mathbf{w}) = q(\mathbf{w})$。

1.8 抽出・割当に起因する不確実性

ここまでは有限の個体 $i = 1, \ldots, n$ が存在することを前提として、共変量 $\mathbf{W}$、

潜在結果 $\mathbf{Y}^*(\cdot)$ を確定した値、処置 $\mathbf{Z}$ を処置割当メカニズムによって変動しうる確率変数、そして顕在結果 $\mathbf{Y}$ をその結果として定まる確率変数、として議論を進めてきた。しかし、通常の頻度論的な統計的推測では、母集団 (population) と標本 (sample) を区別して、手元にある n 個の個体を、m 個の個体からなる母集団から何らかの手続きで抽出された標本とみなす。この母集団のサイズ m は有限であることもあれば無限であることもある。

母集団から抽出するたびに標本には異なる個体が含まれ、その個体を特徴付ける変数も異なる値をとる。これを**抽出に起因する不確実性** (sampling-based uncertainty) という。数学的には、ここまで確定した値としてきた $\mathbf{W}, \mathbf{Y}^*(\cdot)$ を確率変数とみなしたときのそれらの確率法則が、抽出に起因する不確実性である。たとえば、ある学習塾に 10 人の高校生が所属していたとする。ここで、この 10 人の高校の成績の平均値が知りたいとしよう。もし、10 人全員から高校の成績を聞き取ることができれば、その平均値は直ちに計算できる。この場合は 母集団 = 標本 なので、標本平均の分布には抽出に起因する不確実性はない。しかし、もしその 10 人から 5 人の学生を無作為に抽出して成績を聞き取るとすると、抽出をするたびに選ばれる 5 人の標本は異なるために、その標本の平均値は抽出のたびに異なるものになる。すなわち、抽出に起因する不確実性が存在する。

また、この $\mathbf{W}, \mathbf{Y}^*(\cdot)$ の抽出に起因する不確実性は以下のような**割当に起因する不確実性** (assignment-based uncertainty)[1] とは区別する必要がある。1 回の抽出の操作によって個体の $i = 1, \ldots, n$ の共変量と潜在結果 $\mathbf{W}, \mathbf{Y}^*(\cdot)$ が確定したとする。次に、ある処置割当メカニズムによって処置 $\mathbf{Z}$ が確定すると、観測される顕在結果 $\mathbf{Y}$ も確定する。このとき、因果推論の根本問題より、実現しなかった処置に対応する潜在結果の値は観測されず、未知のままとなる。抽出された標本が同じだとしても、処置 Z_i の値が変われば、観測される潜在結果 $Y_i^*(Z_i)$ も変わる。この処置の割当によって $Y_i^*(1)$ と $Y_i^*(0)$ のうちどちらの潜在結果を観測するかが変わることが、割当に起因する不確実性である。先ほどと同じく、ある学習塾に 10 人の高校生が所属している状況の例を考えよう。こ

---

[1] この概念については文脈によって design-based uncertainty、randomization-based uncertainty などさまざまな呼称が用いられている。

表 1.2 無作為抽出と無作為割当に起因する不確実性

個体	処置 0	処置 1
1	<u>**350**</u>	500
2	320	<u>**700**</u>
3	800	900
4	700	900
5	<u>**650**</u>	780
6	320	450
7	250	<u>**400**</u>
8	850	900
9	760	<u>**820**</u>
10	750	560

こで、10人の学生のうち5人の学生を無作為に選んで特別講習を施すという処置を考える。ただし、ある学生の模試の成績は、その学生が特別講習を受けた場合と受けなかった場合で異なりうるものとする。そうすると、特別講習を施す5人の学生を無作為に選び直すたびに、観測される模試の成績は異なるものになる。なお、ここで「特別講習を施す5人の学生を無作為に選び直す」という操作が不自然に感じられた方がいるかもしれないが、その感覚は正しい。実際には「特別講習を施す5人の学生を無作為に選び直す」ことはできない。これはあくまで仮想的な話である。

以上の議論をまとめると、表1.2のようになる。この表の1から10までの個体はこの学習塾に属する10人の学生を表している。これが母集団である。表の値は、それぞれの個体が特別講習を受けなかった場合 (0) と受けた場合 (1) の模試の結果 (1,000点満点) を表している。

まず、この母集団から無作為に5個の個体を選択する。この作業は、表1.2から等確率で5つの行を抜き出すことに相当する。ここで、濃いグレーの行が、抽出によって得られた個体で、白背景の行が抽出されなかった個体だとする。事前にはどの行の個体が得られるかは不確実であり、これが抽出に起因する不確実性である。次に、この5個の個体から無作為に3個の個体を選んで特別講習を施すことにする。その結果、対応する顕在結果が観測される。太字で下線が引かれた値が、割り当てられた処置に対応する顕在結果である。この例では、

個体 1, 2, 5, 7, 9 が抽出され、個体 1 は特別講習を受けなかった場合、個体 2 は受けた場合、個体 5 は受けなかった場合、個体 7 は受けた場合、個体 9 は受けた場合の模試の結果が観測される。抽出された個体のうち、事前にはどちらの潜在結果を観測することになるかは不確実であり、これが割当に起因する不確実性である。(仮想的に) 抽出をやり直すたびに異なる行の個体が選び出され、処置の割当がやり直されるたびにその個体の異なる顕在結果が観測される。

1.9 興味のあるパラメータ

1.6 節で導入した 2 項処置モデルを前提として、いくつかの**興味のあるパラメータ** (parameter of interest) を考えることができる。潜在結果を構成する $Y_i^*(1)$ や $Y_i^*(0)$ などの要素はすべて、観測の振る舞いを規定するパラメータだが、その中でも分析者が特に関心のある情報を「興味のあるパラメータ」と呼び、それ以外の情報を**局外パラメータ** (nuisance parameter) と呼ぶ。以下では、「パラメータ」といった場合には基本的には興味のあるパラメータのことを指し、特に区別が必要な場合に限って興味のあるパラメータ、局外パラメータ、と呼び分けることにする。

まず有限の標本・母集団におけるパラメータから考えよう。たとえば**個体処置効果** (unit treatment effect: UTE)

$$Y_i^*(1) - Y_i^*(0), \quad i = 1, \ldots, n$$

というパラメータが考えられる。これは、ある個体に介入がなされた場合と介入がなされなかった場合の潜在結果の差を表している。ただし、1.4 節で述べた因果推論の根本問題のために、このパラメータを推定することは絶対に不可能である。

次に、**平均処置効果** (average treatment effect: ATE)

$$\frac{1}{n}\sum_{i=1}^{n}[Y_i^*(1) - Y_i^*(0)]$$

が考えられる。他にも特定の共変量の値を持つ個体に着目した条件付きの平均

処置効果

$$\frac{1}{\#\{i:\mathbf{W}_i=\mathbf{w}\}}\sum_{i=1}^{n}\mathbf{1}\{\mathbf{W}_i=\mathbf{w}\}[Y_i^*(1)-Y_i^*(0)]$$

というパラメータも考えられる。これら以外にも、**処置群平均処置効果** (average treatment effect on treated: ATT) と呼ばれる、処置を受けた個体群の中での平均処置効果

$$\frac{1}{n_1}\sum_{i=1}^{n}Z_i[Y_i^*(1)-Y_i^*(0)]$$

など、さまざまなパラメータが定義できる。

無限の個体からなる母集団におけるパラメータを定義するときは、上記の和の演算子を期待値に変える。たとえば、無限の個体からなる母集団における平均処置効果は

$$\mathbb{E}[Y_i^*(1)-Y_i^*(0)]$$

と書ける。ここで、$\mathbb{E}$ は潜在結果 $Y_i^*(\cdot)$ に関する期待値である。

1.10 パラメータの識別

計量経済学において、利用可能な情報と仮定からあるパラメータの値が一意に定まるときに、そのパラメータは**識別** (identification) できるという。識別について議論される文脈は多岐にわたるため、この概念を正式に定義しようとすると極めて抽象的になってしまう。そこで、まずは 2 項処置モデルを例に識別とは何かを具体的に説明してから、最後に Lewbel (2019) に基づく一般的な識別の定義を導入する。

1.10.1 識別が成立するケース

議論を具体的に進めるために、1.8 節の表 1.2 で抽出された、ある学習塾に通う 5 人の学生を有限の標本として固定し、特別講習の受講が模試の結果に与える平均処置効果の識別について議論する。

個体を $i = 1, \ldots, n$、それらの潜在結果のベクトルを $\mathbf{Y}^*$ で表し、処置割当メカニズムを $\mathbf{P_Z}$ で表す。この例の場合、標本は5人の学生を含んでいるので $n = 5$ である。$\mathbf{Y}^*, \mathbf{P_Z}$ がとりうる集合と観測手段 $Y_i = Y_i^*(1)Z_i + Y_i^*(0)(1 - Z_i)$ の組を「2項処置モデル」と呼び、ありうる $\mathbf{Y}^*, \mathbf{P_Z}$ の集合を $\mathcal{M}$ と書く。

さて、$\mathbf{Y}^*, \mathbf{P_Z}$ の値が $m = (\mathbf{y}^*, \mathbf{p_z})$ に1つ定まると、表1.2の設定のように2項処置モデルの値が一意に定まる。具体的には、潜在結果 $\mathbf{Y}^*$ の値 $\mathbf{y}^*$ は前掲の表1.2の値になる。その5人から3人を無作為に選んで特別講習を割り当てるので、処置割当メカニズム $\mathbf{P_Z}$ の値 $\mathbf{p_z}$ は5つの要素から3つの要素を選ぶ組み合わせの数の逆数として

$$\mathbf{p_Z}[\mathbf{Z}] = \frac{1}{{}_5\mathrm{C}_3}$$

で表される。なお、右辺の ${}_5\mathrm{C}_3$ は、5個の要素から3個の要素を選び出す組み合わせの数を表す。

2項処置モデルの値が1つ定まると、対応する平均処置効果の値も一意に定まる。すなわち、

$$\theta = \frac{1}{n} \sum_{i=1}^{n} [y_i^*(1) - y_i^*(0)]$$

である。表1.2の場合は、計算してみると、

$$174 = \frac{(500 - 350) + (700 - 320) + (780 - 650) + (400 - 250) + (820 - 760)}{5}$$

となる。

このとき、観測されるデータの同時分布 $\mathbf{p_{ZY}}$ も一意に定まる。処置 $\mathbf{Z}$ の分布は表1.2の下線が引かれた値通りである。さらに、処置 $\mathbf{Z} = \mathbf{z}$ に条件付ければ、顕在結果の値 (すなわち分布) は $\mathbf{Y} = \mathbf{y} = \mathbf{y}^*(\mathbf{z})$ に定まるので、同時分布は

$$\mathbf{p_{ZY}}[\mathbf{z}, \mathbf{y}] = \mathbf{p_Z}[\mathbf{z}]\,\mathbf{1}\{\mathbf{y}^*(\mathbf{z}) = \mathbf{y}\}$$

となる。実際には処置の割当は一度きりしか行われないので、この同時分布 $\mathbf{p_{ZY}}$ が厳密に正確に観測されることはない。しかし、もし処置を割り当てる試行を繰り返すことができるのであれば、観測される処置、顕在結果の実現値の相対頻度分布はこの観測の同時分布に収束する。その意味で、この同時分布 $\mathbf{p_{ZY}}$ は、

ある設定下であるモデルの値が与えられたときに観測しうるデータを、理想的な形で表したものと考えればよい。

このデータの同時分布に、分析者がモデルに関して知りうるその他のすべての情報をあわせたものを ϕ と書く。この ϕ には、2項処置モデルの基本的な設定すべてが含まれているが、モデルの値 $m = (\mathbf{y}^*, \mathbf{pz})$ のうち潜在結果 $\mathbf{y}^*$ は含まれない。処置割当メカニズム $\mathbf{pz}$ は、分析者が処置割当メカニズムの設計者である場合や、設計者からその情報を入手できる場合には既知の情報 ϕ に含まれるが、処置の割当が未知の人や自然によってなされた場合には既知の情報 ϕ には含まれない。この例の場合は、処置割当メカニズムは既知であると仮定しているので、情報 ϕ に含まれている。いずれにせよ、モデルの値 m を1つ定めれば、分析者が知りうる情報 ϕ も一意に定まる。

さて、すでに述べたように、ここでは2項処置モデルの値 m を1つ選択すると、それに伴ってパラメータである平均処置効果 θ とデータから得られる情報 ϕ が一意に定まる状況を考えている。しかしこの場合であっても、一般に、複数の異なるモデルの値が同一の平均処置効果 θ とデータから得られる情報 ϕ を生成することがありうる。そこで、**構造** (structure) $s(\phi, \theta) \subset \mathcal{M}$ を、ある平均処置効果 θ とある情報 ϕ を生成しうる2項処置モデルの値の集合と定義する。そして、平均処置効果 θ と $\widetilde{\theta}$ は、ある情報 ϕ が存在して、構造 $s(\phi, \theta)$ と $s(\phi, \widetilde{\theta})$ がともに非空のとき、**観測上同値** (observationally equivalent) であるという。これは、平均処置効果 θ と $\widetilde{\theta}$ を生成する異なるモデルが、観測上同じ情報 ϕ を生成する可能性があり、その2つの平均処置効果を生成するモデルのどちらから観測が生成されているかを、観測される情報からでは原理的に区別できない場合があることを意味する。

情報が少ないとき、たとえば処置割当メカニズムに関する知識が情報 ϕ に含まれないときは、そうでないときに比べて、ある平均処置効果 θ と観測上同値な平均処置効果 $\widetilde{\theta}$ の値のパターンは一般に多くなる。したがって、ある平均処置効果 θ と観測上同値な平均処置効果 $\widetilde{\theta}$ の数を減らすためには、まず、処置割当メカニズムに関する知識を得るなどして情報を増やすことが考えられる。

ある平均処置効果 θ と観測上同値な平均処置効果 $\widetilde{\theta}$ の数を減らすためのもう1つの方法は、そもそものモデルの値がとりうる幅を狭くすることである。たとえば、2項処置モデルのうち、確率割当、個別割当、条件付き独立割当が成

立するときの処置割当メカニズムだけをモデルに含むとする。また、この例のように、処置の割当が潜在結果とは独立なものだけをモデルに含むとする。そうすれば、モデル $\mathcal{M}$ の中に含まれるモデルの値 $m = (\mathbf{y}^*, \mathbf{p_z})$ のとりうる範囲が狭くなる。すると、構造 $s(\phi, \theta)$ のとりうる値も狭くなり、ある平均処置効果 θ と観測上同値な平均処置効果 $\tilde{\theta}$ の値も少なくなる。

ここでは情報 ϕ に、処置割当メカニズム $\mathbf{p_z}$ の知識が含まれており、かつこれが 5 人の学生の中から無作為に 3 人を選んで特別講習を施す場合について考えてみよう。

情報 ϕ には顕在結果と処置の同時分布 $\mathbf{p_{ZY}}$ が含まれているので、処置群と統制群の平均値の差

$$\frac{1}{n_1}\sum_{i=1}^n Z_i Y_i - \frac{1}{n_0}\sum_{i=1}^n (1-Z_i)Y_i$$

は計算できる。この値は、潜在結果と以下のような関係にある。

$$\begin{aligned}&\frac{1}{n_1}\sum_{i=1}^n Z_i Y_i - \frac{1}{n_0}\sum_{i=1}^n (1-Z_i)Y_i \\ &= \frac{1}{n_1}\sum_{i=1}^n Z_i Y_i^*(1) - \frac{1}{n_0}\sum_{i=1}^n (1-Z_i)Y_i^*(0).\end{aligned}$$

ここで、処置割当メカニズム $\mathbf{p_z}$ はこれが 5 人の学生の中から無作為に 3 人を選んで特別講習を施すものであることから、ある学生への処置の割当 Z_i と潜在結果 $Y_i^*(1), Y_i^*(0)$ とは独立の確率変数であることがいえる。したがって、

$$\begin{aligned}&\mathbb{E}\left[\frac{1}{n_1}\sum_{i=1}^n Z_i Y_i^*(1) - \frac{1}{n_0}\sum_{i=1}^n (1-Z_i)Y_i^*(0)\right] \\ &= \frac{1}{n_1}\sum_{i=1}^n \mathbb{E}[Z_i]Y_i^*(1) - \frac{1}{n_0}\sum_{i=1}^n (1-\mathbb{E}[Z_i])Y_i^*(0) \\ &= \frac{1}{n_1}\sum_{i=1}^n \frac{n_1}{n}Y_i^*(1) - \frac{1}{n_0}\sum_{i=1}^n \frac{n_0}{n}Y_i^*(0) \\ &= \frac{1}{n}\sum_{i=1}^n Y_i^*(1) - \frac{1}{n}\sum_{i=1}^n Y_i^*(0) \\ &= \theta\end{aligned}$$

となる。処置と潜在結果の独立という仮定は最初の等号で用いている。ただし、ここでは有限の標本を考えているため、$Y_i^*(\cdot)$ は確定した値として扱われている。これはつまり、情報 ϕ が1つ与えられると、それと整合的なモデルの値の含意するパラメータの値は一意に定められるということである。言い換えれば、情報 ϕ と整合的な構造 $s(\phi, \widetilde{\theta})$ を与えるような θ と異なる値 $\widetilde{\theta}$、すなわち θ と観測上同値な $\widetilde{\theta}$ は存在しないということである。

今、このようにして、情報を増やす、またはモデルのとりうる値を減らすなどといった何らかの方法を経て、ある平均処置効果 θ に対してそれと観測上同値な別のパラメータ $\widetilde{\theta}$ が存在しないとき、そのパラメータ θ が **識別される** (identified) という。一般に、パラメータ θ がどの値をとるかは未知なので、モデル $\mathcal{M}$ が生成しうるパラメータの集合 Θ の任意の値 θ が識別できることが要求される。このことを、特に Θ が **グローバルに識別される** (globally identified) という。

識別の証明の仕方はさまざまである。先の例ではまず、最終的に興味の対象となるパラメータと必ずしも一致しないが、情報 ϕ に含まれる観測から構成できる対象として平均値の差

$$\mathbb{E}\left[\frac{1}{n_1}\sum_{i=1}^{n} Z_i Y_i - \frac{1}{n_0}\sum_{i=1}^{n}(1-Z_i)Y_i\right] \tag{1.7}$$

を考え、そのうえでさらに情報 ϕ の中に含まれる仮定を利用して、その対象が興味のあるパラメータである平均処置効果に一致することを示した。この種の識別の示し方を「識別の構成的な証明」と呼ぶ。

この例の平均値の差 (1.7) 式のように、必ずしも興味のあるパラメータそのものではないが、情報 ϕ に含まれる観測から構成できる対象一般を、本書では **推定対象** (estimand) と呼ぶ。「識別の構成的な証明」では、推定対象の1つが仮定のもとで興味のあるパラメータに一致することを示すわけである。

1.10.2 識別が成立しないケース

さて、ここまでの例を少しだけ改変して、識別が成立しない状況についても具体的に考えてみよう。今、処置割当メカニズム $\mathbf{p_z}$ は情報 ϕ に含まれるものの、それが「5人の学生の中から無作為に3人を選んで特別講習を施す」ようなものではないとしよう。極端な状況として、「5人の中で最も個体処置効果が

表 1.3　無作為抽出と無作為割当に起因する不確実性 (改変版)：θ

個体	処置 0	処置 1
1	350	500
2	320	700
3	800	900
4	700	900
5	650	780
6	320	450
7	250	400
8	850	900
9	760	820
10	750	560

表 1.4　無作為抽出と無作為割当に起因する不確実性 (改変版)：$\widetilde{\theta}$

個体	処置 0	処置 1
1	[340]	500
2	[310]	700
3	800	900
4	700	900
5	650	[790]
6	320	450
7	[240]	400
8	850	900
9	760	[830]
10	750	560

高い個体 3 人だけに特別講習を施す」ものとする。これはつまり、個体 1、2、7 が常に処置を受けて、個体 5、9 は絶対に処置を受けないということである。この状況は、表 1.3 によって表現される。

この場合、観測から計算される

$$\frac{1}{n_1}\sum_{i=1}^{n}Z_iY_i - \frac{1}{n_0}\sum_{i=1}^{n}(1-Z_i)Y_i$$

の値は、常に

$$\frac{500+700+400}{3} - \frac{650+760}{2} = -171.7$$

となる。

ここで、仮に表1.3とは異なり、個体1、2、7の$Y_i^*(0)$は10低く、個体5、9の$Y_i^*(1)$の値は10高かったとしよう。この状況は、表1.4に表現されている。しかし、それらの値は決して観測されることはないので、下線の引かれた観測値は表1.3のままである。しかし、平均処置効果はもともとのθから10上昇して$\widetilde{\theta} = \theta + 10 \neq \theta$になっている。すなわちこの状況では、$\theta$と観測上同値な$\widetilde{\theta} = \theta$が存在しているのである。

1.10.3 識別の一般的な定義

ここまでの議論をふまえて、識別は以下のように一般的に定義できる。まず、モデル$\mathcal{M}$を、特定の制約を満たす関数の集合と定義する。そして、$m \in \mathcal{M}$をモデルのある値としたときに、1つmを定めれば、データの分布が一意に定まると仮定する。次に、ϕをデータの分布やモデルに関して知りうる情報とする。

最後に、θをパラメータとする。これはモデルを特徴付ける値のうち、特に興味のある対象のことである。以下は1.10.1項の説明の繰り返しになるが、改めて整理しておこう。まず、構造$s(\phi,\theta) \subset \mathcal{M}$を、パラメータ$\theta$と情報$\phi$を生成しうるモデルの値の集合と定義する。そして、パラメータθと$\widetilde{\theta}$は、ある情報ϕが存在して、構造$s(\phi,\theta)$と$s(\phi,\widetilde{\theta})$がともに非空のとき、「観測上同値」であるという。今、パラメータθは、それと観測上同値な別のパラメータ$\widetilde{\theta}$が存在しないとき「識別される」という。一般に、パラメータθがどの値をとるかは未知なので、モデル$\mathcal{M}$が生成しうるパラメータの集合Θの任意の値θが識別できることが要求される。このことを特にθが「グローバルに識別」されるという。

以下の章では、具体的にどのような条件のもとで、1.9節で挙げた平均処置効果などのパラメータが識別できるかを解説していく。

文献ガイド

潜在結果モデルの枠組みを最初に示したのは**Neyman (1923)**であるとされてい

る。彼は、潜在結果を定義したうえで、「処置の割当が、無作為になされる無作為化実験 (詳細は 2.2 節で議論する) を通じて、特定の潜在結果が顕在結果として観測される」という枠組みを最初に提示した。一方、Neyman の枠組みを受けて、本章で解説したような潜在結果モデルの表記を導入し、普及させたのは Rubin (1974) である。Rubin は 1990 年に Neyman (1923) の英訳論文である Splawa-Neyman (1990) に寄せてコメント論文を書いている (Rubin, 1990)。なお、この分野の研究の発展に関するより詳しい Rubin 自身の見解は、Rubin (2005) にまとめられている。

また、本章の 1.5 節で導入した SUTVA という用語を最初に提示したのは、Rubin (1980) である。ただし、SUTVA が満たすべき第 1 の性質である「no spillover」「no interference」は、Cox (1958) などですでに議論されており、第 2 の性質である「consistency」「no multiple versions of treatment」も、Neyman (1923) の中ですでに考慮されている。Rubin (1980) はこれらの性質を SUTVA という概念のもとで整理し、新たな枠組みを提示したものだといえる。

第2章
無作為化実験

イントロダクション

　因果効果、とりわけ第1章で導入した平均処置効果を推定するための最もわかりやすい方法は「実験」を行うことである。たとえば、職業訓練に労働者の雇用と収入を向上させる効果があるか否かを確かめたい場合には、職業訓練を受ける権利を労働者に無作為に割り当て、職業訓練を受けた労働者たちのその後の平均的な収入と、受けなかった労働者たちの平均的な収入を計算して比較することで、職業訓練の効果がおおよそ測れるだろう。また、小規模企業の業績向上を目的として融資を行う際に、借入額や返済期限をあらかじめ定めた「期間貸付」ではなく、「与信枠」を設定して借り手が一定の枠内でいつでも自由に資金を引き出せるようにすることが業績の向上につながるか否かを考える場合にも、企業を無作為に2つのグループに分け、それぞれに異なる貸付方法を試したうえで、その後の業績を比較すればよいだろう。さらに、ある発展途上国の政府が各家庭に健康被害を引き起こさない燃料の使用を促進したいと考えたときに、家庭に健康に関する情報を提供するだけで成果が得られるのかを知りたいといった場合にも、対象となる家庭を無作為に2つのグループに分けて、情報を提供する家庭と提供しない家庭をつくったうえで、両グループの結果を比較すればよい。

　それでは、なぜ実験を行うことで平均処置効果が推定できるのだろうか？　また、実験のやり方には、各個体を無作為に複数のグループに分ける方法や、各個体を観測可能な属性に基づいて層に分け、その中で無作為に複数のグループに分ける方法などがあるが、こうした方法の違いは平均処置効果の推定にどのように影響するのだろうか？

　これらの疑問に答えるために、本章ではさまざまな実験方法の処置割当メカニズムを紹介したうえで、それぞれの利点や欠点について説明する。また、実験で得られたデータから平均処置効果を推定するための代表的な方法を導入するとともに、経済学の実証分析で頻繁に用いられる回帰分析について、潜在結果モデルとの理論的な関係

やその性質を議論する。さらに、各推定手法を通じて得られた標準誤差をどのように評価すればよいかについても解説する。

2.1 実験データ、観察データ、自然実験、疑似実験

そもそも因果推論の文脈で、**実験データ** (experimental data) や**観察データ** (observational data) とは何だろうか？ この点について明確な定義があるわけではないのだが、本書では、Imbens and Rubin (2015) にならって、「処置割当メカニズムが確率的かつ既知」な状況から得られたデータを「(無作為化) 実験データ」と呼び、それ以外の状況で得られたデータを「観察データ」と呼ぶことにする。処置割当メカニズムは、$\mathbb{P}[\mathbf{Z} \mid \mathbf{W}, \mathbf{Y}^*(1), \mathbf{Y}^*(0)]$ という関数なので、これは共変量 $\mathbf{W}$、潜在結果 $\mathbf{Y}^*(1), \mathbf{Y}^*(0)$ の組み合わせに対して、処置 $\mathbf{Z}$ が生じる確率がすべて既知だということを意味する。ということは、たとえば「潜在結果に関して積分をとった後の傾向スコアが既知である」というだけでは、実験データとは呼べないわけである。

実験データと関連して、**自然実験** (natural experiment) という概念がある。この概念についても明確な定義があるわけではないが、本書では、「自然実験データ」を「『処置割当メカニズムが確率的かつ既知』だが、処置割当メカニズムを設計したのが自然現象や政府、企業などといった分析者以外の主体である状況で得られたデータ」を指すものとする。「処置割当メカニズムが確率的かつ既知」なので、自然実験で得られたデータも本書の定義では実験データである。また本書では、「処置割当メカニズムが既知」ではない、すなわち観察データであるが、処置割当メカニズムの条件付き独立など、一部の望ましい性質が既知の制度情報などから正当化できそうな状況のことを**疑似実験** (quasi experimental) と呼び、そこで得られたデータのことを「疑似実験データ」と呼ぶ。疑似実験データの分析は、第 II 部で扱う[1]。

---

1) 分析者が処置割当メカニズムを設定していない実験のことを自然実験と呼ぶ整理の仕方は、Rosenbaum (2017) の自然実験の定義を参考にしている。ただし、Rosenbaum (2017) は実験そのものを、分析者自身が後述する無作為化実験を設計する状況として狭く定義しているため、自然実験を「研究者が処置の割付やその設定すらも行わないが、

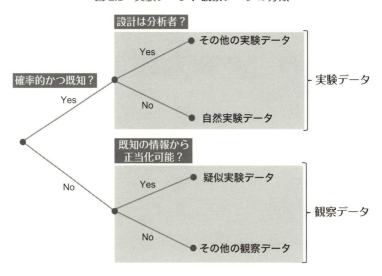

図 2.1 実験データ、観察データの分類

つまり、実験、観察、それと関連して自然実験、疑似実験といった用語は広範に用いられているものの、研究者全員が広く合意して受け入れている統一的な定義はないということである。そこで、本書では、ここまでの議論に基づいて、以下のような方針をとる (図 2.1 も参照)。

(1) **処置割当メカニズムが確率的かつ既知か否か**、で実験データか観察データかを区別する
(2) 実験データの中では、**分析者以外が処置割当メカニズムを設計したか否か**、で自然実験データかその他の実験データかを区別する
(3) 観察データの中では処置割当メカニズムの条件付き独立など、**一部の望ましい性質が既知の制度情報などから正当化できそうか否か**、で疑似実験データかその他の観察データかを区別する

この分類は、既存の文献と完全に整合的ではないものの、矛盾のない 1 つの整理の仕方ではあると考えている。

　無作為化実験の重要な要素のいくつかが自然と備わっているものをいう」と定義している。また、その定義に従って、自然実験データを観察データの一種とみなしている。

2.2 無作為化実験とは？

以上の整理を受けて、1.7節でも触れた**無作為化実験** (randomized experiment) を、ここで改めて「確率割当であり、関数形が分析者にとって既知であるような処置割当メカニズム」と定義する。さらに、その中でも特に、「個別割当かつ条件付き独立割当」であるものを、**古典的な無作為化実験** (classical randomized experiment) と定義する。処置割当メカニズムの関数形が既知の場合、その関数形は分析者にとって操作可能でもあることが多いだろう。ここでは操作可能性を明示的には想定していないが、実験の設計を考える際には、そうした操作可能性を前提としていることになる。

古典的な無作為化実験とその処置割当メカニズムの代表例として、以下の4つがある。なお、最初の2つ (完全無作為化実験、層化無作為化実験) は1.7節でも紹介したが、改めてここで詳しく定義を述べておく。

完全無作為化実験は、n 個の個体から n_1 個の個体を無作為に抽出して介入を行うような実験のことである。その処置割当メカニズムは次のように表現される。

> **完全無作為化実験の処置割当メカニズム**
> 任意の $\sum_{i=1}^{n} Z_i = n_1$ であるような $\mathbf{Z}$ に関して、
> $$\mathbb{P}[\mathbf{Z} \mid \mathbf{W}, \mathbf{Y}^*(1), \mathbf{Y}^*(0)] = \frac{1}{{}_n C_{n_1}} \quad (2.1)$$
> であり、それ以外の $\mathbf{Z}$ に関しては $\mathbb{P}[\mathbf{Z} \mid \mathbf{W}, \mathbf{Y}^*(1), \mathbf{Y}^*(0)] = 0$ である。

なお、右辺の ${}_n C_{n_1}$ は、n 個の要素から n_1 個の要素を選び出す組み合わせの数を表す。

完全無作為化実験の個別割当確率は n_1/n だが、各個体に確率 n_1/n で介入する実験とは厳密には異なる。前者の場合は、n 個の個体のうち n_1 個の個体が確率1で (つまり必ず) 介入を受ける。後者の場合は、いくつの個体が介入を受け

るかが確率的に決まり、n_1 個の個体が介入を受けるようになるとは限らない。

層化無作為化実験は、個体を性別や年代などの層に分けたうえで、その中で無作為化実験を行うような実験のことである。一般的には、n 個の個体をまず共変量の値に従って G 個の層に分け、それぞれの層の中から規定の数の個体を抽出して介入する。層 g に含まれる個体の数を n_g、個体 i が層 g に属することを表すダミー変数を G_{ig}、層 g から抽出して介入を行う個体の数を n_{1g}、$n_1 = \sum_{g=1}^{G} n_{1g}$ とする。その処置割当メカニズムは次のように表現される。

層化無作為化実験の処置割当メカニズム

すべての層 g について $\sum_{i=1}^{n} Z_i G_{ig} = n_{1g}$ を満たす任意の $\mathbf{Z}$ に関して

$$\mathbb{P}[\mathbf{Z} \mid \mathbf{W}, \mathbf{Y}^*(1), \mathbf{Y}^*(0)] = \prod_{g=1}^{G} \frac{1}{{}_{n_g}\mathrm{C}_{n_{1g}}} \tag{2.2}$$

であり、それ以外の $\mathbf{Z}$ に関しては $\mathbb{P}[\mathbf{Z} \mid \mathbf{W}, \mathbf{Y}^*(1), \mathbf{Y}^*(0)] = 0$ である。

層化無作為化実験では、各層から処置群に属する個体と統制群に属する個体の数を常に一定に保つことができる。そのため、層化が適切になされていれば、処置効果の推定量の精度を上げることができる。また、各層ごとの処置効果を推定したい場合にも都合がよい。この点を含め、層化無作為化実験については、2.6 節で改めて詳しく解説する。

また、層化無作為化実験の極端な特殊形として、**対応化無作為化実験** (paired randomized experiment) がある。これは、すべての個体を 2 個体からなる対に分類し、それぞれの対から無作為に 1 つずつ個体を選んで介入を行うものである。その処置割当メカニズムは、層化無作為化実験の表記を用いて $n_g = 2$ としたものであり、以下のように表現される。

対応化無作為化実験の処置割当メカニズム

すべての層 g について $\sum_{i=1}^{n} Z_i G_{ig} = 1$ を満たす任意の $\mathbf{Z}$ について、

$$\mathbb{P}[\mathbf{Z} \mid \mathbf{W}, \mathbf{Y}^*(1), \mathbf{Y}^*(0)] = \left(\frac{1}{2}\right)^{\frac{n}{2}} \tag{2.3}$$

であり、それ以外の $\mathbf{Z}$ に関しては $\mathbb{P}[\mathbf{Z} \mid \mathbf{W}, \mathbf{Y}^*(1), \mathbf{Y}^*(0)] = 0$ である。

クラスター化無作為化実験 (clustered randomized experiment) は、層化無作為化実験と同様に個体を共変量に基づいてクラスターに分けたうえで、規定の数のクラスターを無作為に抽出し、そのクラスターに含まれる個体すべてに介入を行うものである。個体を共変量の値に基づいてグループに分けるという意味では層もクラスターも同じものだが、その後の処置の割当方法が異なるため、このように異なる呼び方がなされている。クラスター g に含まれる個体の数を n_g、個体 i がクラスター g に属することを表すダミー変数を G_{ig}、介入を行うクラスターの数を G_1 とする。その処置割当メカニズムは、以下のように表現される。

> **クラスター化無作為化実験の処置割当メカニズム**
>
> すべてのクラスター g について $Z_i G_{ig} = Z_{i'} G_{i'g}$ かつ、$\sum_{g=1}^{G} \sum_{i=1}^{n} G_{ig} Z_i / n_g = G_1$ を満たす任意の $\mathbf{Z}$ について、
>
> $$\mathbb{P}[\mathbf{Z} \mid \mathbf{W}, \mathbf{Y}^*(1), \mathbf{Y}^*(0)] = \frac{1}{{}_G C_{G_1}} \qquad (2.4)$$
>
> であり、それ以外の $\mathbf{Z}$ に関しては $\mathbb{P}[\mathbf{Z} \mid \mathbf{W}, \mathbf{Y}^*(1), \mathbf{Y}^*(0)] = 0$ である。

クラスター化無作為化実験には、大きく以下のような2つの特徴がある。第1に、完全無作為化実験や層化無作為化実験と比べて実施コストが低くなることがある。たとえば、米国全土の郡に存在する主要なショッピングモールの売上を調べる際に、米国全土のショッピングモールから無作為にショッピングモールを抽出してから介入を行おうとすると、さまざまな郡からショッピングモールが選ばれることになる。場合によっては1つのショッピングモールに介入を行うためだけに遠方の郡にスタッフを派遣する必要が出てくる。そこで、郡をクラスターとみなせば、抽出された郡だけにスタッフを派遣すればよいことになる。

第2に、クラスター内の個体に介入を行った際に、同じクラスター内の別の個体に波及効果が発生すると予測される場合に、クラスター内のそうした波及

効果に対して頑健な、クラスター単位の効果を測定するために使うことができる。たとえば、個体を生徒、クラスターを学校とみなしたとき、学校内の複数の生徒にワクチンの接種を行うと、同じ学校の他の生徒がウイルスに感染する可能性も減少するため、純粋なワクチン接種の効果だけを推定することができない。このような場合に、個別の生徒にワクチンを接種することの処置効果の推定を諦めて、学校単位でワクチンの集団接種を行うことの処置効果の推定に関心を切り替える際などに、クラスター化無作為化実験が用いられることがある。なお、クラスター化無作為化実験については、2.6 節で改めて詳しく解説する。

2.3 フィッシャーの p 値

本節では、無作為化実験のもとでの不確実性下の潜在結果モデルにおける統計的推測の一例として、**明確な帰無仮説** (sharp null hypothesis) の仮説検定と呼ばれる問題について考えてみよう。

潜在結果モデルの文脈において、明確な帰無仮説とは、「その仮説のもとで顕在結果から各個体の観測されていない潜在結果がすべてわかるような帰無仮説」と定義される。たとえば、標本に関して次のような帰無仮説を考える。

$$H_0 : Y_i^*(0) = Y_i^*(1), \quad i = 1, \ldots, n.$$

これは、任意の個体の潜在結果の値は処置によらず同一、つまり、個体処置効果がすべて 0 という帰無仮説である。これは、職業訓練と収入の関係であれば、職業訓練を受けようが受けまいが、誰一人として収入は変わらないということを意味し、融資の方法と企業の業績との関係であれば、期間貸付であろうが与信枠であろうがどの企業の業績も一切変わらないということを意味する。これに対する対立仮説は、少なくとも 1 つの個体については非ゼロの処置効果があるということである。

この帰無仮説のもとでは、確かにすべての潜在結果の値が顕在結果から明らかである。なぜなら、個体 i について処置 Z_i が観測されているとき、顕在結果は $Y_i^*(Z_i)$ であり、観測されていない潜在結果は $Y_i^*(1 - Z_i)$ であるが、上記の帰無仮説のもとでは、$Y_i^*(1 - Z_i) = Y_i^*(Z_i) = Y_i$ となるはずなので、観測

された Y_i からすべての潜在結果の値が導出できるからである。したがって、明確な帰無仮説のもとでは、顕在結果から、任意の処置ベクトル $\mathbf{Z}$ の実現値に対してどのような顕在結果 $\mathbf{Y}$ が観測されることになるべきかがわかる。その含意として、処置ベクトル $\mathbf{Z}$ の任意の分布に対して、顕在結果 $\mathbf{Y}$ の分布がどのようになるべきなのかがわかるということになる。さらに、無作為化実験においては処置ベクトル $\mathbf{Z}$ の分布が既知であるから、処置ベクトル $\mathbf{Z}$ と顕在結果ベクトル $\mathbf{Y}$ の同時分布がわかるということになる。

では、明確ではない帰無仮説とはどのようなものかというと、潜在結果モデルの文脈では、「その仮説のもとで顕在結果から各個体の観測されていない潜在結果がすべてわかるわけではない帰無仮説」のことである。たとえば、平均処置効果が 0 であるという帰無仮説を考えてみよう。このとき、平均を 0 にするような個体別処置効果の組み合わせは無数にありうる。したがって、その帰無仮説のもとで各個体の観測されていない顕在結果がすべてわかるということはありえない。

フィッシャーの p 値 (Fisher's p-values) は、明確な帰無仮説が仮に正しい場合に、「顕在結果と明確な帰無仮説のもとでは処置ベクトル $\mathbf{Z}$ と顕在結果ベクトル $\mathbf{Y}$ の同時分布がわかる」という点に着目する統計的推測の方法である。顕在結果と明確な帰無仮説のもとで処置ベクトル $\mathbf{Z}$ と顕在結果ベクトル $\mathbf{Y}$ の同時分布がわかるということは、それらに関して定義された統計量 $T(\mathbf{Z}, \mathbf{Y})$ の分布もわかるということである。

たとえば、そうした統計量として、次のような統計量を考えてみよう。

$$T(\mathbf{Z}, \mathbf{Y}) = \frac{1}{n_1} \sum_{i=1}^{n} Z_i Y_i - \frac{1}{n_0} \sum_{i=1}^{n} (1 - Z_i) Y_i.$$

これは**平均値の差** (difference in means) と呼ばれる統計量で、処置群の顕在結果の平均値と統制群の顕在結果の平均値の差をとったものである。

今、処置ベクトル $\mathbf{Z}$ の実現値を $\mathbf{z}$、顕在結果ベクトル $\mathbf{Y}$ の実現値を $\mathbf{y}$ としよう。上記の明確な帰無仮説のもとでは処置によらず潜在結果の値は同じはずなので、任意の処置ベクトル $\mathbf{Z}$ に対して平均値の差は

$$T(\mathbf{Z}, \mathbf{y}) = \frac{1}{n_1} \sum_{i=1}^{n} Z_i y_i - \frac{1}{n_0} \sum_{i=1}^{n} (1 - Z_i) y_i$$

となる。

明確な帰無仮説のもとで、個体ごとの顕在結果の値は処置によらず一定だが、平均値の差という統計量の値は任意の処置ベクトル $\mathbf{Z}$ の実現値によって異なる。なぜなら、どの個体が処置群に割り当てられ、どの個体が統制群に割り当てられるかが処置ベクトル $\mathbf{Z}$ の実現値によって変化し、それに伴って処置群の顕在結果の平均値も統制群の顕在結果の平均値も変化するからである。これは、処置ベクトルの割当によってどちらの潜在結果を顕在結果として観測することになるかが不確実であることに起因しており、割当に起因する不確実性をとらえるものである。

標本において実現している $\mathbf{z}$ と $\mathbf{y}$ を用いれば、平均値の差は $T(\mathbf{z}, \mathbf{y})$ と書ける。明確な帰無仮説のもとでは、処置割当メカニズムによって処置ベクトル $\mathbf{Z}$ の分布が定まれば平均値の差の分布も定まるので、平均値の差の絶対値がこの値の絶対値以上大きくなる確率が、以下のように計算できる。これがフィッシャーの p 値である。

> **フィッシャーの p 値**
>
> $$p = \mathbb{P}\left[|T(\mathbf{Z}, \mathbf{y})| \geq |T(\mathbf{z}, \mathbf{y})|\right] \tag{2.5}$$

明確な帰無仮説が正しいのであれば、$T(\mathbf{z}, \mathbf{y})$ は $T(\mathbf{Z}, \mathbf{y})$ と同じ分布から生成されているとみなせるので、フィッシャーの p 値は比較的大きな値をとるはずである。したがって、明確な帰無仮説が成立するならば、極めて小さいフィッシャーの p 値が実現することはまれなはずである。明確な帰無仮説の仮説検定では、フィッシャーの p 値が「有意水準 (significance level)」と呼ばれるあらかじめ定めておいた閾値 (たとえば 0.05) を下回った場合には帰無仮説を棄却し、そうでない場合には棄却しない。無作為化実験では処置割当メカニズムが既知であるから、$\mathbf{Z}$ は既知の分布から生成することができる。フィッシャーの p 値は、既知の分布から $\mathbf{Z}$ を多数回生成し、数値的に近似した $T(\mathbf{Z}, \mathbf{y})$ の分布を観測に基づく $T(\mathbf{z}, \mathbf{y})$ の値と比較して推定されることが多い。

上記の議論は、平均値の差以外の任意の統計量 $T(\mathbf{Z}, \mathbf{Y})$ に関しても成立する。また、フィッシャーの p 値を計算する際に評価したのは「処置ベクトル $\mathbf{Z}$

の不確実性」、すなわち割当に起因する不確実性であり、無作為抽出に起因する不確実性ではないということに注意してほしい。ここで説明した無作為化実験における割当に起因する不確実性に基づいた仮説検定の考え方は、以後のいくつかの章の異なる文脈の中で登場する。

2.4 平均処置効果の推定

2.4.1 割当に起因する不確実性のみの場合

フィッシャーの p 値は、処置効果の有無について、つまり「すべての個体処置効果が 0」といった極端な仮説について検証することには使えるが、「仮に何かしらの処置効果があるとして、その効果が平均的にどの程度なのか？」といった問いについては何も教えてくれない。では、このような仮説を検定するためにはどうすればよいだろうか？ この点を考えるために、次の平均処置効果 τ をどう推定すればよいかを見ていこう。

$$\tau = \frac{1}{n}\sum_{i=1}^{n}[Y_i^*(1) - Y_i^*(0)] = \bar{Y}^*(1) - \bar{Y}^*(0).$$

上式の右辺の $\bar{Y}^*(1)$ と $\bar{Y}^*(0)$ は、介入を受けたときと受けなかったときのすべての個体の潜在結果の平均値であり、顕在結果から構築することはできない。顕在結果から構築できるのは、処置群の顕在結果の平均値と統制群の顕在結果の平均値を計算してその差をとったもの

$$\hat{\tau} = \frac{1}{n_1}\sum_{i=1}^{n}Z_i Y_i - \frac{1}{n_0}\sum_{i=1}^{n}(1-Z_i)Y_i = \bar{Y}_1 - \bar{Y}_0$$

である。

それでは、この平均値の差 $\hat{\tau}$ は、何らかの意味で平均処置効果の望ましい推定量だとみなすことができるだろうか？ また、標準誤差はどのように評価すればよいだろうか？

まず、この平均値の差が、どのような条件のもとで平均処置効果の望ましい推定量であるかを考える。ここで、無作為化実験における割当に起因する不確実性を考え、処置割当メカニズムが完全無作為化実験になっているとする。こ

のとき、平均値の差は平均処置効果の**不偏推定量** (unbiased estimator) になっていることが示せる。不偏推定量とは、推定量の期待値が関心のあるパラメータに一致するような推定量のことである。実際、平均値の差は

$$\widehat{\tau} = \frac{1}{n_1}\sum_{i=1}^{n} Z_i Y_i - \frac{1}{n_0}\sum_{i=1}^{n}(1-Z_i)Y_i$$
$$= \frac{1}{n}\sum_{i=1}^{n} Z_i \frac{n}{n_1} Y_i^*(1) - \frac{1}{n}\sum_{i=1}^{n}(1-Z_i)\frac{n}{n_0} Y_i^*(0)$$
$$= \tau + \frac{1}{n}\sum_{i=1}^{n}\left(Z_i \frac{n}{n_1} - 1\right) Y_i^*(1) + \frac{1}{n}\sum_{i=1}^{n}\left(1 - (1-Z_i)\frac{n}{n_0}\right) Y_i^*(0)$$
$$= \tau + \frac{1}{n}\sum_{i=1}^{n}\left(Z_i - \frac{n_1}{n}\right)\left(\frac{n}{n_1} Y_i^*(1) + \frac{n}{n_0} Y_i^*(0)\right)$$

と書け、かつ、完全無作為化実験では処置割当メカニズムは潜在結果に依存しないため、その処置ベクトル $(Z_1,\ldots,Z_n)'$ に関する期待値は、

$$\mathbb{E}\left[\widehat{\tau}\right] = \tau + \frac{1}{n}\sum_{i=1}^{n}\mathbb{E}\left[\left(Z_i - \frac{n_1}{n}\right)\left(\frac{n}{n_1} Y_i^*(1) + \frac{n}{n_0} Y_i^*(0)\right)\right]$$
$$= \tau + \frac{1}{n}\sum_{i=1}^{n}\mathbb{E}\left[Z_i - \frac{n_1}{n}\right]\left(\frac{n}{n_1} Y_i^*(1) + \frac{n}{n_0} Y_i^*(0)\right)$$

となるからである。なお、1 行目から 2 行目に移行する際に、処置が潜在結果と条件付き独立だという性質を利用している。

完全無作為化実験では処置群の割合は n_1/n と定められているので、

$$\mathbb{E}\left[Z_i - \frac{n_1}{n}\right] = 0$$

であるから、$\mathbb{E}[\widehat{\tau}] = \tau$ が示される。すなわち、平均値の差という推定量は、平均処置効果というパラメータの不偏推定量になっている。

以上の結果を得るために、処置割当メカニズムの性質、特に 1.7 節で説明した条件付き独立割当が重要な役割を果たしていることに注意してほしい。「銀行員が企業の返済能力を考慮して貸出の可否を決めている」場合であれば、処置 Z_i の割当確率はその個体の潜在結果 $Y_i^*(1), Y_i^*(0)$ に依存する。そのような場合には、$\mathbb{E}[Z_i \mid Y_i^*(1), Y_i^*(0)]$ は $\mathbb{E}[Z_i]$ と異なるため、上記の議論は成立せず、

平均値の差 $\hat{\tau}$ が平均処置効果の不偏推定量になるとはいえない。

また、このことを証明するうえで、どの変数を確率変数とみなしているかにも留意してほしい。上の式の期待値オペレーター $\mathbb{E}$ は、処置 Z_i に関するものであるが、これは無作為化実験による割当に起因する不確実性を考えているからである。

この期待値 $\mathbb{E}$ を計算するためには、処置割当メカニズムに関する情報が必要である。そして、上記の議論は、処置割当メカニズムが既知でそれが無作為化実験のものであれば、観測される平均値の差の期待値としてパラメータ τ が一意に定まることを示している。すなわち、平均値の差が平均処置効果の不偏推定量になっていることを示すことによって、平均処置効果がこの情報で識別できることが示されたわけである。

なお、ここでの識別の議論は情報からパラメータがどう一意に定まるかを具体的に示す構成的な証明になっている。しかし、これはあくまで1つの証明方法であって、非構成的に一意性が示せることもある[2]。また、ここでは構成的な証明が平均値の差による推定方法を同時に与えているが、一般には他にも推定方法はありうるし、そちらのほうが効率的だということもありうる。9.4.2項で説明する逆確率重み付けを用いた平均処置効果の推定などは、その一例である。

次に、この推定量の標準誤差を考える。無作為化実験における割当に起因する不確実性のもとでの平均値の差の分散 $\mathbb{V}[\hat{\tau}]$ は、次の通りである（証明はウェブ付録のテクニカルノート参照）。

> **命題 2.1**
>
> $$\mathbb{V}[\hat{\tau}] = \mathbb{E}\left[\frac{1}{n}\sum_{i=1}^{n}\left(Z_i - \frac{n_1}{n}\right)\left(\frac{n}{n_1}Y_i^*(1) + \frac{n}{n_0}Y_i^*(0)\right)\right]^2$$
> $$= \frac{S_0^2}{n_0} + \frac{S_1^2}{n_1} - \frac{S_{01}^2}{n},$$

---

2) 非構成的な証明では、必ずしもパラメータを観測で表現する公式を導出するわけではなく、観測からパラメータを一意に決定できることのみを示す。たとえば、Kasahara and Shimotsu (2009) は文脈は異なるが、マルコフ意思決定過程の観測からパラメータが一意に決定できることを非構成的に示したうえで、推定を行うための構成方法を議論している。

$$S_0^2 = \frac{1}{n-1} \sum_{i=1}^{n} \left[Y_i^*(0) - \bar{Y}^*(0)\right]^2,$$

$$S_1^2 = \frac{1}{n-1} \sum_{i=1}^{n} \left[Y_i^*(1) - \bar{Y}^*(1)\right]^2,$$

$$S_{01}^2 = \frac{1}{n-1} \sum_{i=1}^{n} \left\{[Y_i^*(1) - Y_i^*(0)] - [\bar{Y}^*(1) - \bar{Y}^*(0)]\right\}^2.$$

ここで、S_0^2, S_1^2, S_{01}^2 は順に、介入を受けなかった場合の潜在結果の分散、介入を受けた場合の潜在結果の分散、個体処置効果の分散である。

このうち、S_0^2 と S_1^2 に関しては、完全無作為化実験のもとで次のような不偏推定量が得られる。

$$s_0^2 = \frac{1}{n_0 - 1} \sum_{i=1}^{n} (1 - Z_i) \left[Y_i - \bar{Y}_0\right]^2,$$

$$s_1^2 = \frac{1}{n_1 - 1} \sum_{i=1}^{n} Z_i \left[Y_i - \bar{Y}_1\right]^2.$$

しかし、S_{01}^2 は、個体処置効果の分布に関わる値であるため、不偏推定量を得ることができない。では、どうすればよいだろうか？

代替的な方法の1つは、平均値の差の分散の不偏推定量を得ることを諦めて、大きめの標準誤差をとることである。S_{01}^2 の値は未知だが、非負であることは既知なので、

$$\mathbb{V}[\hat{\tau}] = \frac{S_0^2}{n_0} + \frac{S_1^2}{n_1} - \frac{S_{01}^2}{n} \leq \frac{S_0^2}{n_0} + \frac{S_1^2}{n_1}$$

のように、分散を上から抑えることができる。この上限を

$$\widehat{\mathbb{V}}_{neyman} = \frac{s_0^2}{n_0} + \frac{s_1^2}{n_1}$$

で推定して、標準誤差とする。これは、歴史的にはネイマンが提唱した方法である。

2.4.2 抽出に起因する不確実性もある場合

ただし、割当に起因する不確実性に加えて、1.8節で解説した抽出に起因する

不確実性がある場合には、少し話が変わってくる。今、標本 $i = 1, \ldots, n$ が母集団から無作為抽出で得られているものとする。この場合、潜在結果 $Y_i^*(1), Y_i^*(0)$（と共変量 $\mathbf{W}_i$）自体が確率変数だとみなされる。さらに、興味のあるパラメータとして、母集団における平均処置効果

$$\tau = \mathbb{E}[Y_i^*(1) - Y_i^*(0)]$$

を考える。この期待値は、確率変数とみなされる潜在結果 $Y_i^*(1), Y_i^*(0)$ に関する期待値である。

このときにも、完全無作為化実験と無作為抽出のもとで、平均値の差 $\hat{\tau}$ は母集団における平均処置効果 τ の不偏推定量となっている。なぜなら、処置ベクトル $(Z_1, \ldots, Z_n)'$ と潜在結果ベクトル $(Y_1^*(1), \ldots, Y_n^*(1))', (Y_1^*(0), \ldots, Y_n^*(0))'$ についての期待値をとると、

$$\begin{aligned}
\mathbb{E}[\hat{\tau}] &= \frac{1}{n_1} \sum_{i=1}^{n} \mathbb{E}[Z_i Y_i] - \frac{1}{n_0} \sum_{i=1}^{n} \mathbb{E}[(1 - Z_i) Y_i] \\
&= \frac{1}{n_1} \sum_{i=1}^{n} \mathbb{E}[Z_i Y_i^*(1)] - \frac{1}{n_0} \sum_{i=1}^{n} \mathbb{E}[(1 - Z_i) Y_i^*(0)] \\
&= \frac{1}{n_1} \sum_{i=1}^{n} \mathbb{E}[Z_i] \mathbb{E}[Y_i^*(1)] - \frac{1}{n_0} \sum_{i=1}^{n} \mathbb{E}[1 - Z_i] \mathbb{E}[Y_i^*(0)] \\
&= \frac{1}{n_1} n \frac{n_1}{n} \mathbb{E}[Y_i^*(1)] - \frac{1}{n_0} n \frac{n_0}{n} \mathbb{E}[Y_i^*(0)] \\
&= \tau
\end{aligned}$$

と書けるからである。なお、2行目から3行目に移行する際には、処置が条件付き独立であるという性質を利用している。

さらに、平均値の差の分散は次のように求めることができる（証明はウェブ付録のテクニカルノート参照）。

> **命題 2.2**
>
> $$\begin{aligned}
\mathbb{V}[\hat{\tau}] &= \frac{\sigma_0^2}{n_0} + \frac{\sigma_1^2}{n_1}, \\
\sigma_0^2 &= \mathbb{V}[Y_i^*(0)],
\end{aligned} \tag{2.6}$$

$$\sigma_1^2 = \mathbb{V}[Y_i^*(1)].$$

割当に起因する不確実性だけを考えた場合と異なり、ここでは個体処置効果の分散に相当する項が消えている点に注意してほしい。この場合は、$\widehat{\mathbb{V}}_{neyman}$ で推定量の分散の不偏推定量を得ることができる。

さて、上記の証明では、割当に起因する不確実性と抽出に起因する不確実性の両方を考慮したため、処置だけでなく、潜在結果も確率変数とみなしている。平均値の差が平均処置効果の不偏推定量になっていることの証明は、この場合でも、与えられた情報で平均処置効果が識別できることの証明になっている。

2.5 共変量の「統制」と回帰分析

ここまでは処置 **Z** と結果 **Y** の関係に着目してきたが、次に共変量の利用方法について議論する。

個体に関する共変量 **W** が利用可能で、かつ潜在結果と関連があるとみなされる場合は、完全無作為化実験ではなく層化無作為化実験を行うなど、実験デザインの段階でその共変量の情報を利用すべきである。また、仮に実験デザインの段階で共変量の情報を使い損ねたとしても、興味のあるパラメータが平均処置効果であれば、実験データの分析段階では共変量を無視して 2.4 節のように平均値の差を推定量とすればよい。

しかし実際には、実験データの分析段階で共変量を「統制 (control)」することがよくある。その理由として、たとえば Athey and Imbens (2017) は次の 3 つを挙げている。

(1) 共変量が潜在結果と強い関連があるのであれば、事後的な共変量の統制によって推定量の標準誤差を小さくすることができる
(2) 処置効果の個体間の異質性に関する推測ができる
(3) 実験が予定した通りに実施できず処置の割当に偏りが出たときに、事後的な共変量の統制が寄与することがある

ただし、これらの目的を達成するためには、いくつかの特殊な条件が成立していなければならない。たとえば、(1) に関しては、共変量が潜在結果と十分に強く相関していない限り、推定量の標準誤差を減らすことはできない。(2) や (3) に関しては、共変量と顕在結果の期待値の関係が正しく定式化されている (correctly specified) という強い仮定が必要になる。そのため、ここでは (2) や (3) には深入りせず、(1) の論点に注力する。

共変量を事後的に統制する方法としては、さまざまなものが考えられるが、経済学の文脈でよく用いられるのは回帰分析である。しかし、俗にいう**線形回帰モデル** (linear regression model) とここまで解説してきた潜在結果モデルとの関係や、線形回帰モデルの**最小2乗推定量** (ordinary least squares estimator: OLS) の諸性質の導出に用いられる仮定と無作為化実験の設定との関係は、意外に複雑である。

そこで本節では、これらの問題を整理しつつ、無作為化実験から得られたデータを用いて、潜在結果モデルによって定義されるパラメータを推定するに当たって共変量を統制する際に、回帰分析をどのように用いることができるかについて説明する。なお、本節では「母集団から標本を無作為抽出してその標本に無作為化実験を施す」という設定、すなわち、抽出に起因する不確実性もある場合を考え、母集団における平均処置効果をパラメータとする。

2.5.1 線形回帰モデルと潜在結果モデルの関係

まず、本節の議論のために、共変量の値 $\mathbf{W}_i = \mathbf{w}$ ごとに以下のような表記を導入する。

$$\mu_0(\mathbf{w}) = \mathbb{E}\left[Y_i^*(0) \mid \mathbf{W}_i = \mathbf{w}\right], \qquad \mu_1(\mathbf{w}) = \mathbb{E}\left[Y_i^*(1) \mid \mathbf{W}_i = \mathbf{w}\right],$$

$$\sigma_0^2(\mathbf{w}) = \mathbb{V}\left[Y_i^*(0) \mid \mathbf{W}_i = \mathbf{w}\right], \qquad \sigma_1^2(\mathbf{w}) = \mathbb{V}\left[Y_i^*(1) \mid \mathbf{W}_i = \mathbf{w}\right],$$

$$\tau(\mathbf{w}) = \mathbb{E}\left[Y_i^*(1) - Y_i^*(0) \mid \mathbf{W}_i = \mathbf{w}\right],$$

$$\sigma_{01}^2(\mathbf{w}) = \mathbb{V}\left[Y_i^*(1) - Y_i^*(0) \mid \mathbf{W}_i = \mathbf{w}\right],$$

$$\mu_0 = \mathbb{E}\left[Y_i^*(0)\right], \qquad \mu_1 = \mathbb{E}\left[Y_i^*(1)\right],$$

$$\sigma_0^2 = \mathbb{V}\left[Y_i^*(0)\right], \qquad \sigma_1^2 = \mathbb{V}\left[Y_i^*(1)\right],$$

$$\mu_\mathbf{W} = \mathbb{E}\left[\mathbf{W}_i\right], \qquad \Omega_\mathbf{W} = \mathbb{V}\left[\mathbf{W}_i\right].$$

まずは、共変量の「統制」抜きに、回帰分析が平均処置効果の推定にどう使えるかを議論する。次のような線形回帰モデルを考える。

$$Y_i = \alpha + \beta Z_i + \epsilon_i, \quad \mathbb{E}[\epsilon_i \mid Z_i] = 0.$$

この線形回帰モデルは、無作為化実験においては一般性を失うことなく、潜在結果モデルの観測式

$$Y_i = Z_i Y_i^*(1) + (1 - Z_i) Y_i^*(0)$$

と同値である。なぜなら、以下のようなパラメータの対応関係を考えられるからである。

$$\alpha = \mu_0, \quad \beta = \tau, \quad \epsilon_i = Y_i^*(0) - \mu_0 + Z_i \left(Y_i^*(1) - Y_i^*(0) - \tau\right).$$

実際、処置割当メカニズムが潜在結果に依存しないならば、

$$\begin{aligned}\mathbb{E}[\epsilon_i \mid Z_i] =& \mathbb{E}[Y_i^*(0) \mid Z_i] - \mu_0 \\ &+ Z_i[\mathbb{E}[Y_i^*(1) - Y_i^*(0) \mid Z_i] - \tau] \\ =& \mathbb{E}[Y_i^*(0)] - \mu_0 \\ &+ Z_i[\mathbb{E}[Y_i^*(1) - Y_i^*(0)] - \tau] \\ =& 0 \end{aligned}$$

である。

2.5.2 線形回帰モデルの最小2乗推定量の性質

次に、この線形回帰モデルの最小2乗推定量を以下のように定義する。

$$(\widehat{\alpha}_{ols}, \widehat{\beta}_{ols}) = \underset{\alpha, \beta}{\operatorname{argmin}} \sum_{i=1}^{n} (Y_i - \alpha - \beta Z_i)^2.$$

最小2乗推定量は解析的に解けて、以下のように書ける。

$$\widehat{\beta}_{ols} = \frac{\sum_{i=1}^{n} (Z_i - \bar{Z})(Y_i - \bar{Y})}{\sum_{i=1}^{n} (Z_i - \bar{Z})^2},$$

$$\widehat{\alpha}_{ols} = \bar{Y} - \widehat{\beta}_{ols} \bar{Z},$$

$$\bar{Y} = \frac{1}{n}\sum_{i=1}^{n} Y_i, \quad \bar{Z} = \frac{1}{n}\sum_{i=1}^{n} Z_i,$$

さらに、$\widehat{\beta}_{ols}$ の式の分子、分母を以下のように整理すると、

$$\sum_{i=1}^{n}\left(Z_i - \bar{Z}\right)^2 = \sum_{i=1}^{n} Z_i^2 - n\bar{Z}^2$$
$$= n\bar{Z}(1 - \bar{Z})$$
$$= \frac{n_1 n_0}{n}$$
$$\sum_{i=1}^{n}\left(Z_i - \bar{Z}\right)\left(Y_i - \bar{Y}\right) = \sum_{i=1}^{n}\left(Z_i - \bar{Z}\right)Y_i - \sum_{i=1}^{n}\left(Z_i - \bar{Z}\right)\bar{Y}$$
$$= \sum_{i=1}^{n}\left(Z_i - \bar{Z}\right)Y_i$$
$$= \sum_{i=1}^{n} Z_i(1 - \bar{Z})Y_i + \sum_{i=1}^{n}(1 - Z_i)(-\bar{Z})Y_i$$
$$= \frac{n_0}{n}\sum_{i=1}^{n} Z_i Y_i - \frac{n_1}{n}\sum_{i=1}^{n}(1 - Z_i)Y_i$$

となり、この結果を用いて最小 2 乗推定量は以下のように書ける。

$$\widehat{\beta}_{ols} = \frac{1}{n_1}\sum_{i=1}^{n} Z_i Y_i - \frac{1}{n_0}\sum_{i=1}^{n}(1 - Z_i)Y_i$$
$$= \bar{Y}_1 - \bar{Y}_0.$$

これにより、$\widehat{\beta}_{ols}$ が平均値の差と同値であることが示せる。したがって、平均値の差が母集団の平均処置効果の不偏推定量となる仮定のもとでは、$\widehat{\beta}_{ols}$ も母集団の平均処置効果の不偏推定量になることがわかる。

なお、$\widehat{\alpha}_{ols}$ のほうも整理すると、

$$\widehat{\alpha}_{ols} = \frac{1}{n}\sum_{i=1}^{n} Z_i Y_i + \frac{1}{n}\sum_{i=1}^{n}(1 - Z_i)Y_i$$
$$\quad - \frac{n_1}{n}\left(\frac{1}{n_1}\sum_{i=1}^{n} Z_i Y_i - \frac{1}{n_0}\sum_{i=1}^{n}(1 - Z_i)Y_i\right)$$

$$= \frac{1}{n_0} \sum_{i=1}^{n} (1 - Z_i) Y_i$$
$$= \bar{Y}_0$$

となる。すなわち、$\widehat{\alpha}_{ols}$ が統制群の結果の平均値、$\widehat{\beta}_{ols}$ が処置群と統制群の結果の平均値の差となる。

線形回帰モデルの最小 2 乗推定量は $\mathbf{X}_i = (1, Z_i)'$ として、次の一致性 (consistency) のための条件[3]

(1) $\{Y_i, Z_i\}_{i=1}^{n}$ は独立同分布 (independently identically distributed: i.i.d.)
(2) $\mathbb{E}\left[Y_i^2\right] < \infty$
(3) $\mathbb{E}\left[\|\mathbf{X}_i\|^2\right] < \infty$
(4) $\mathbb{E}\left[\mathbf{X}_i \mathbf{X}_i'\right]$ が正定値

のもとで、弱い大数の法則 (weak law of large numbers) および連続写像定理 (continuous mapping theorem) により、標本サイズ n が無限大になるとき、母集団の最小 2 乗解

$$(\alpha^*, \beta^*) = \operatorname*{argmin}_{\alpha, \beta} \mathbb{E}\left[(Y_i - \alpha - \beta Z_i)^2\right]$$

に確率収束する。この母集団の最小 2 乗解は無作為化実験の仮定のもとで、正しく母集団の平均処置効果に一致することが、以下のように示せる。

まず、この最小化問題の解は

$$\beta^* = \frac{\mathbb{E}\left[(Z_i - \mathbb{E}[Z_i])(Y_i - \mathbb{E}[Y_i])\right]}{\mathbb{E}\left[(Z_i - \mathbb{E}[Z_i])^2\right]}$$

---

[3] これらの仮定のうち、(1) はここまで説明してきた完全無作為化実験などにおいては成り立たない。これは、標本の中で処置を受ける個体の数に制約を与えているため、個体間の処置割当に弱い相関が生じるためである。本書では、十分に大きい標本がより大きい母集団から抽出されており、抽出に起因する不確実性が不確実性の大半を占めていることで、完全無作為化実験を個体ごとに独立に処置を割り当てる**ベルヌーイ実験** (Bernoulli experiment) で近似できると仮定する。このような立場は一般的であるが、有限標本において割当に起因する不確実性のみを考える場合には不適切である。そのような場合に、処置割当に関する弱い相関を無視せずに行う一致性、漸近正規性の議論は、たとえば Lin (2013) に見ることができる。

である。ここで $\mathbb{E}[Z_i] = p$ とすると、$\mathbb{E}[(Z_i - \mathbb{E}[Z_i])]^2 = p(1-p)$ であり、

$$\begin{aligned}\mathbb{E}[(Z_i - \mathbb{E}[Z_i])(Y_i - \mathbb{E}[Y_i])] &= p\mathbb{E}[(1-p)(Y_i - \mathbb{E}[Y_i]) \mid Z_i = 1] \\ &\quad + (1-p)\mathbb{E}[(-p)(Y_i - \mathbb{E}[Y_i]) \mid Z_i = 0] \\ &= p(1-p)(\mathbb{E}[Y_i \mid Z_i = 1] - \mathbb{E}[Y_i \mid Z_i = 0])\end{aligned}$$

であるから、$\beta^* = \mathbb{E}[Y_i \mid Z_i = 1] - \mathbb{E}[Y_i \mid Z_i = 0]$ となる。さらに

$$\begin{aligned}\mathbb{E}[Y_i \mid Z_i = 1] &= \mathbb{E}[Z_i Y_i(1) + (1 - Z_i) Y_i(0) \mid Z_i = 1] \\ &= \mathbb{E}[Y_i^*(1) \mid Z_i = 1], \\ \mathbb{E}[Y_i \mid Z_i = 0] &= \mathbb{E}[Y_i^*(0) \mid Z_i = 0]\end{aligned}$$

より、$\beta^* = \mathbb{E}[Y_i^*(1) \mid Z_i = 1] - \mathbb{E}[Y_i^*(0) \mid Z_i = 0]$ となる。

ここで、無作為化実験の仮定が重要な役割を果たす。その仮定によると、処置割当 Z_i と潜在結果 $Y_i^*(0), Y_i^*(1)$ は独立なので、

$$\mathbb{E}[Y_i^*(1) \mid Z_i = 1] = \mathbb{E}[Y_i^*(1)], \quad \mathbb{E}[Y_i^*(0) \mid Z_i = 0] = \mathbb{E}[Y_i^*(0)]$$

となる。したがって、

$$\beta^* = \mathbb{E}[Y_i^*(1) - Y_i^*(0)] = \tau$$

が示される。

このように、無作為化実験の仮定は線形回帰モデルの文脈ではいわゆる線形モデルの条件付き独立の性質、$\mathbb{E}[\epsilon_i \mid Z_i] = 0$、を含意し、最小2乗推定量の収束先が母集団の平均処置効果というパラメータに一致することを保証する役割を果たす。

さらに、$\sqrt{n}(\widehat{\beta}_{ols} - \beta^*) = \sqrt{n}(\widehat{\beta}_{ols} - \tau)$ は漸近正規性 (asymptotic normality) のための条件

(1) $\{Y_i, Z_i\}_{i=1}^n$ は独立同分布 (i.i.d.)
(2) $\mathbb{E}[Y_i^4] < \infty$
(3) $\mathbb{E}[\|\mathbf{X}_i\|^4] < \infty$
(4) $\mathbb{E}[\mathbf{X}_i \mathbf{X}_i']$ が正定値

のもとで、リンドバーグ=レヴィの中心極限定理により

$$N\left(0, \frac{\mathbb{E}\left[(Z_i - p)^2 (Y_i - \alpha^* - \beta^* Z_i)^2\right]}{p^2(1-p)^2}\right)$$

に分布収束 (convergence in distribution) する。この漸近分布に基づく $\widehat{\beta}_{ols}$ の**不均一分散頑健** (heteroskedasticity-robust) **分散推定量**は、以下の通りである。

不均一分散頑健分散推定量 (共変量を含まない線形回帰モデル)

$$\widehat{\mathbb{V}}_{hetero} = \frac{\sum_{i=1}^{n} \widehat{\epsilon}_i^2 \left(Z_i - \bar{Z}\right)^2}{n^2 \bar{Z}^2 \left(1 - \bar{Z}\right)^2}, \quad \widehat{\epsilon}_i = Y_i - \widehat{\alpha}_{ols} - \widehat{\beta}_{ols} Z_i. \qquad (2.7)$$

この推定量はどのような性質を持っているのだろうか？ (2.7) 式を整理すると、まず分母が

$$n^2 \bar{Z}^2 \left(1 - \bar{Z}\right)^2 = \frac{n_1^2 n_0^2}{n^2},$$

次に分子が

$$\sum_{i=1}^{n} \widehat{\epsilon}_i^2 \left(Z_i - \bar{Z}\right)^2 = \sum_{i=1}^{n} Z_i (1 - \bar{Z})^2 \left[Y_i - \bar{Y}_1\right]^2$$
$$+ \sum_{i=1}^{n} (1 - Z_i) (-\bar{Z})^2 \left[Y_i - \bar{Y}_0\right]^2$$
$$= \frac{n_0^2}{n^2} \sum_{i=1}^{n} Z_i \left[Y_i - \bar{Y}_1\right]^2 + \frac{n_1^2}{n^2} \sum_{i=1}^{n} (1 - Z_i) \left[Y_i - \bar{Y}_0\right]^2$$
$$\widehat{\mathbb{V}}_{hetero} = \frac{1}{n_1^2} \sum_{i=1}^{n} Z_i \left[Y_i - \bar{Y}_1\right]^2 + \frac{1}{n_0^2} \sum_{i=1}^{n} (1 - Z_i) \left[Y_i - \bar{Y}_0\right]^2$$

となり、漸近的に $\widehat{\mathbb{V}}_{neyman}$ と一致することがわかる。すなわち、共変量を統制しないのであれば、線形回帰モデルの最小2乗推定量は平均値の差と同じ推定量を与え、また、その不均一分散頑健分散推定量はネイマンの提唱した分散推定量と漸近的に一致するのである。

2.5.3 共変量を含む線形回帰モデル

次に、線形回帰モデルを用いて共変量 $\mathbf{W}_i$ を統制する場合を考える。たとえば、次のようなモデルを考える

$$Y_i = \alpha + \beta Z_i + \mathbf{W}_i'\gamma + \epsilon_i.$$

共変量を含まない先の線形回帰モデルと異なり、$\gamma \neq \mathbf{0}$ のとき、この線形回帰モデルが顕在結果の処置変数と共変量に関する条件付き期待値の関数形として正しいものになっているとは限らない。条件付き期待値と共変量の関係がこのような加法分離的 (additively separable) で線形の関係で表されるとは限らないからである。にもかかわらず、一定の仮定と無作為化実験の仮定のもとで、この線形回帰モデルの β の最小 2 乗推定量は、母集団の平均処置効果に対して一致性を持つ。さらに、その推定量の漸近的な分散は、平均値の差の分散よりも小さくなることがある。

この線形回帰モデルの最小 2 乗推定量は、以下のように定義される。

$$\left(\widehat{\alpha}_{ols}, \widehat{\beta}_{ols}, \widehat{\gamma}_{ols}\right) = \operatorname*{argmin}_{\alpha,\beta,\gamma} \sum_{i=1}^{n} (Y_i - \alpha - \beta Z_i - \mathbf{W}_i'\gamma)^2.$$

この最小 2 乗推定量は $\mathbf{X}_i = (1, Z_i, \mathbf{W}_i')'$ として、一致性のための同条件のもとで以下の問題の解に確率収束する。

$$(\alpha^*, \beta^*, \gamma^*) = \operatorname*{argmin}_{\alpha,\beta,\gamma} \mathbb{E}\left[(Y_i - \alpha - \beta Z_i - \mathbf{W}_i'\gamma)^2\right].$$

この線形回帰モデルは共変量と潜在結果の関係を正しく特定できているとは限らないにもかかわらず、収束先の β^* が母集団の平均処置効果 τ に一致することを以下のように示せる。

まず $\widetilde{\alpha} = \alpha - \mu_{\mathbf{W}}'\gamma$ として、上式の目的関数を以下のように書き直せる。

$$\begin{aligned}\mathbb{E}\left[(Y_i - \alpha - \beta Z_i - \mathbf{W}_i'\gamma)^2\right] &= \mathbb{E}\left[(Y_i - \widetilde{\alpha} - \beta Z_i - (\mathbf{W}_i - \mu_{\mathbf{W}})'\gamma)^2\right] \\ &= \mathbb{E}\left[(Y_i - \widetilde{\alpha} - \beta Z_i)^2\right] + \mathbb{E}\left[((\mathbf{W}_i - \mu_{\mathbf{W}})'\gamma)^2\right] \\ &\quad - 2\mathbb{E}\left[(Y_i - \widetilde{\alpha} - \beta Z_i)(\mathbf{W}_i - \mu_{\mathbf{W}})'\gamma\right].\end{aligned}$$

ここで、$\mu_{\mathbf{W}}$ の定義より

$$\mathbb{E}\left[\widetilde{\alpha}\left(\mathbf{W}_i - \boldsymbol{\mu}_{\mathbf{W}}\right)'\boldsymbol{\gamma}\right] = \widetilde{\alpha}\mathbb{E}\left[\mathbf{W}_i - \boldsymbol{\mu}_{\mathbf{W}}\right]'\boldsymbol{\gamma} = 0$$

であり、さらに無作為化実験と無作為抽出の仮定により Z_i と $\mathbf{W}_i$ は独立なので、

$$\mathbb{E}\left[\beta Z_i\left(\mathbf{W}_i - \boldsymbol{\mu}_{\mathbf{W}}\right)'\boldsymbol{\gamma}\right] = \beta\mathbb{E}\left[Z_i\right]\mathbb{E}\left[\mathbf{W}_i - \boldsymbol{\mu}_{\mathbf{W}}\right]'\boldsymbol{\gamma} = 0$$

となる。これより、目的関数はさらに以下のように書き直せる。

$$\mathbb{E}\left[(Y_i - \widetilde{\alpha} - \beta Z_i)^2\right] + \mathbb{E}\left\{\left[(\mathbf{W}_i - \boldsymbol{\mu}_{\mathbf{W}})'\boldsymbol{\gamma}\right]^2\right\} - 2\mathbb{E}[Y_i\left(\mathbf{W}_i - \boldsymbol{\mu}_{\mathbf{W}}\right)'\boldsymbol{\gamma}].$$

すると、$\widetilde{\alpha}$ と β に関与するのは第 1 項のみとなる。この第 1 項は $\widetilde{\alpha}, \beta$ に関して、共変量を含まない線形回帰モデルの母集団における最小 2 乗推定量を定義する目的関数と同じになっている。したがって、先ほどと同じ議論によって、目的関数を最小化する β の解が母集団の平均処置効果 τ に一致することが示される。

以上の議論において重要な点は、$\mathbb{E}\left[\beta Z_i\left(\mathbf{W}_i - \boldsymbol{\mu}_{\mathbf{W}}\right)'\boldsymbol{\gamma}\right]$ が無作為化実験と無作為抽出の仮定より 0 になることである。この性質のおかげで、条件付き期待値の関数形が正しくなくとも、最小 2 乗推定量は平均処置効果に対して一致性を持つことができる。

ただし、この仮定のもとでも、条件付き期待値の関数形 $\mathbb{E}[Y_i \mid Z_i, \mathbf{W}_i]$ が線形回帰モデル $\alpha + \beta Z_i + \mathbf{W}_i'\boldsymbol{\gamma}$ に一致しない場合、最小 2 乗推定量 $\widehat{\beta}_{ols}$ は一般に不偏性を満たさない。これは、線形回帰モデルの誤差項 ϵ_i について $\mathbb{E}[\epsilon_i \mid Z_i, \mathbf{W}_i] = 0$ が成り立たないことに対応しているが、以下に改めて確認しよう。

最小 2 乗推定量が最小化する目的関数について、α と β に関する 1 階条件をとれば、最小 2 乗推定量 $\widehat{\alpha}_{ols}, \widehat{\beta}_{ols}, \widehat{\boldsymbol{\gamma}}_{ols}$ は以下の等式を満たす。

$$\sum_{i=1}^{n}(Y_i - \widehat{\alpha}_{ols} - \widehat{\beta}_{ols}Z_i - \mathbf{W}_i'\widehat{\boldsymbol{\gamma}}_{ols}) = 0,$$

$$\sum_{i=1}^{n}Z_i(Y_i - \widehat{\alpha}_{ols} - \widehat{\beta}_{ols}Z_i - \mathbf{W}_i'\widehat{\boldsymbol{\gamma}}_{ols}) = 0.$$

これらを $\widehat{\alpha}_{ols}$ と $\widehat{\beta}_{ols}$ について解けば、

$$\widehat{\beta}_{ols} = \frac{\sum_{i=1}^{n} Z_i Y_i - \sum_{i=1}^{n} Z_i \sum_{i=1}^{n} Y_i}{(\sum_{i=1}^{n} Z_i)(1 - \sum_{i=1}^{n} Z_i)}$$
$$- \frac{(\sum_{i=1}^{n} Z_i \mathbf{W}_i' \widehat{\gamma}_{ols} - \sum_{i=1}^{n} Z_i \sum_{i=1}^{n} \mathbf{W}_i' \widehat{\gamma}_{ols})}{(\sum_{i=1}^{n} Z_i)(1 - \sum_{i=1}^{n} Z_i)}$$
$$= \frac{(1 - \sum_{i=1}^{n} Z_i) \sum_{i=1}^{n} Z_i Y_i - \sum_{i=1}^{n} Z_i \sum_{i=1}^{n} (1 - Z_i) Y_i}{(\sum_{i=1}^{n} Z_i)(1 - \sum_{i=1}^{n} Z_i)}$$
$$- \frac{(1 - \sum_{i=1}^{n} Z_i)(\sum_{i=1}^{n} Z_i \mathbf{W}_i' \widehat{\gamma}_{ols} - \sum_{i=1}^{n} Z_i \sum_{i=1}^{n} (1 - Z_i) \mathbf{W}_i' \widehat{\gamma}_{ols})}{(\sum_{i=1}^{n} Z_i)(1 - \sum_{i=1}^{n} Z_i)}$$
$$= n_1^{-1} \sum_{i=1}^{n} Z_i Y_i - n_0^{-1} \sum_{i=1}^{n} (1 - Z_i) Y_i$$
$$- \left(n_1^{-1} \sum_{i=1}^{n} Z_i \mathbf{W}_i' \widehat{\gamma}_{ols} - n_0^{-1} \sum_{i=1}^{n} (1 - Z_i) \mathbf{W}_i' \widehat{\gamma}_{ols} \right)$$

を得る。すなわち、$\widehat{\beta}_{ols}$ は平均値の差の推定量から、共変量に関する加重平均 $\mathbf{W}_i' \widehat{\gamma}_{ols}$ の処置群における平均値と統制群における平均値の差を引いたものとなっている。このとき、$\widehat{\gamma}_{ols}$ は Z_i に関する非線形な関数となっており、この共変量に関する項の期待値は 0 とは限らない。

たとえば、1 変数の共変量 W_i を考える場合、$\widehat{\gamma}_{ols}$ は Frisch-Waugh-Lovell 定理より、

$$\widehat{\gamma}_{ols} =$$
$$\left[\frac{1}{n} \sum_{i=1}^{n} W_i^2 - \frac{n_1}{n} \left(\frac{1}{n_1} \sum_{i=1}^{n} Z_i W_i \right)^2 - \frac{n_0}{n} \left(\frac{1}{n_0} \sum_{i=1}^{n} (1 - Z_i) W_i \right)^2 \right]^{-1}$$
$$\times \left[\frac{n_1}{n} \left(\frac{1}{n_1} \sum_{i=1}^{n} Z_i Y_i W_i - \frac{1}{n_1} \sum_{i=1}^{n} Z_i Y_i \frac{1}{n_1} \sum_{i=1}^{n} Z_i W_i \right) \right.$$
$$\left. + \frac{n_0}{n} \left(\frac{1}{n_0} \sum_{i=1}^{n} (1 - Z_i) Y_i W_i - \frac{1}{n_0} \sum_{i=1}^{n} (1 - Z_i) Y_i \frac{1}{n_0} \sum_{i=1}^{n} (1 - Z_i) W_i \right) \right]$$

で与えられる。このように、係数の推定量 $\widehat{\gamma}_{ols}$ はその分母を通じて (Z_i, W_i) の非線形な関数となっており、$(n_1^{-1} \sum_{i=1}^{n} Z_i W_i' \widehat{\gamma}_{ols} - n_0^{-1} \sum_{i=1}^{n} (1 - Z_i) W_i' \widehat{\gamma}_{ols})$ の期待値は一般に 0 とはならない。よって、$\widehat{\beta}_{ols}$ は、平均処置効果の不偏推定量とは限らない。

最後に、漸近正規性のための同条件のもとで、$\sqrt{n}(\widehat{\beta}_{ols} - \beta^*) = \sqrt{n}(\widehat{\beta}_{ols} - \tau)$

は

$$N\left(0, \frac{\mathbb{E}\left[(Z_i - p)^2 (Y_i - \alpha^* - \beta^* Z_i - \mathbf{W}_i' \gamma^*)^2\right]}{p^2(1-p)^2}\right)$$

に分布収束する。

この漸近分布に基づく不均一分散頑健分散推定量は、以下の通りである。

> **不均一分散頑健分散推定量 (共変量を含む線形回帰モデル)**
>
> $$\frac{\sum_{i=1}^{n} \left(Z_i - \bar{Z}\right) \left(Y_i - \widehat{\alpha}_{ols} - \widehat{\beta}_{ols} Z_i - \mathbf{W}_i' \widehat{\gamma}^*\right)^2}{n\left[n - 2 - \dim(\mathbf{W}_i)\right] \bar{Z}^2 \left(1 - \bar{Z}\right)^2}. \tag{2.8}$$

ここで、$\dim(\mathbf{W}_i)$ は共変量 $\mathbf{W}_i$ の次元の数を表す。共変量の統制によって予測誤差が小さくなるのであれば、推定量の漸近分散が小さくなることがわかる。推定量の不偏性を失う代わりに得られるのがこの性質である。ただし、予測の役に立たない共変量を使うと、予測誤差は小さくならない一方、分母の自由度 $n - 2 - \dim(\mathbf{W}_i)$ が小さくなることで分散推定が大きくなってしまうこともある。

2.6 共変量を利用した実験デザイン

2.5 節で述べたように、無作為化実験実施後にも共変量を統制して推定量の分散を小さくできることがある。しかし、潜在結果と関連する共変量が利用可能であるなら、本来は実験デザインそのものに組み込むべきである。本節では、そのための方法の例として、2.2 節で紹介した層化無作為化実験とクラスター化無作為化実験を、この文脈で改めて解説する。

2.6.1 層化無作為化実験

まずは層化無作為化実験について見ていこう。完全無作為化実験は、すべての処置ベクトルに等しい確率を割り振る。一方、層化無作為化実験は、大部分

の処置ベクトルに確率 0 を割り振る。たとえば、層 g において処置を受ける個体の数が n_{1g} ではないような処置ベクトルに確率 0 を割り振る。これによって、処置群と統制群に占める各層の割合が所定の値から外れる可能性を排除している。このような手続きをとるのは、処置群と統制群の間で、潜在結果と関連しうる共変量の分布をバランスさせることで、平均処置効果の標準誤差を小さくするためである。

さて、個体が共変量の値によって $g = 1, \ldots, G$ に層化されるとき、層ごとの平均処置効果を以下のように定義できる。

> **層ごとの平均処置効果**
> $$\tau_g = \frac{1}{n_g} \sum_{i=1}^{n} G_{ig}[Y_i^*(1) - Y_i^*(0)].$$

また、各層に属する個体の比率を $q_g = \frac{n_g}{n}$、各層の傾向スコアを $e_g = \frac{n_{1g}}{n_g}$ と定義する。このとき、フィッシャーの p 値や平均処置効果の推定量の計算は、完全無作為化実験とどのように変わってくるだろうか？

完全無作為化実験と同様、明確な帰無仮説の例として、$H_0 : Y_i^*(0) = Y_i^*(1), i = 1, \ldots, n$ を考える。すると、この帰無仮説の仮説検定のために、あるウェイト λ_g について、次のような検定統計量の集合を考えることができる。

$$T_\lambda(\mathbf{Z}, \mathbf{Y}) = \left| \sum_{g=1}^{G} \lambda_g \left(\bar{Y}_{1g} - \bar{Y}_{0g} \right) \right|,$$

$$\bar{Y}_{1g} = \frac{1}{n_{1g}} \sum_{i=1}^{n} G_{ig} Z_i Y_i,$$

$$\bar{Y}_{0g} = \frac{1}{n_{0g}} \sum_{i=1}^{n} G_{ig} (1 - Z_i) Y_i.$$

すなわち、層ごとに処置群と統制群の間の平均値の差を計算し、それらの加重平均をとったものを検定統計量とする。

このウェイトの付け方としては、$\lambda_g = q_g$ のように各層の個体数の比をとるような単純な方法や、処置割当のバランスがとれた層に高いウェイトを付ける $\lambda_g = q_g e_g (1 - e_g)$ のような方法がある。

処置ベクトルの実現値が $\mathbf{z}$、顕在結果の実現値が $\mathbf{y}$ であるなら、対応するフィッシャーの p 値

$$p = \mathbb{P}\left[|T_\lambda(\mathbf{Z}, \mathbf{y})| \geq |T_\lambda(\mathbf{z}, \mathbf{y})|\right]$$

を計算することによって、仮説検定を行うことができる。

層ごとの平均値の差を用いて平均処置効果の不偏推定量をつくることもできる。2.5.1 項で導入した表記を用いて、

$$\widehat{\tau}_g = \bar{Y}_{1g} - \bar{Y}_{0g}$$

とし、層ごとの個体数の比で重み付けした

$$\widehat{\tau} = \sum_{g=1}^{G} q_g \widehat{\tau}_g$$

という推定量を考えよう。

各層の平均値の差は各層の平均処置効果に等しいので、

$$\mathbb{E}[\widehat{\tau}] = \sum_{g=1}^{G} \frac{n_g}{n} \mathbb{E}[\widehat{\tau}_g]$$
$$= \sum_{g=1}^{G} \frac{n_g}{n} \frac{1}{n_g} \sum_{i=1}^{n} G_{ig} [Y_i^*(1) - Y_i^*(0)]$$
$$= \frac{1}{n} \sum_{i=1}^{n} [Y_i^*(1) - Y_i^*(0)]$$

となり、これは平均処置効果の不偏推定量になっていることがわかる。

さらに、層内の無作為化実験は、各層の平均値の差 $\widehat{\tau}_g$ が互いに独立であることを意味するので、この推定量の分散は、

$$\mathbb{V}[\widehat{\tau}] = \sum_{g=1}^{G} q_g^2 \mathbb{V}[\widehat{\tau}_g]$$

のように、各層の平均値の差の分散の加重和で表される。

各層の分散の推定量として

$$\widehat{\mathbb{V}}_{neyman,g} = \frac{s_{0g}^2}{n_{0g}} + \frac{s_{1g}^2}{n_{1g}}$$

を考え、$\widehat{\tau}$ の分散の推定量

$$\widehat{\mathbb{V}}[\widehat{\tau}] = \sum_{g=1}^{G} q_g^2 \widehat{\mathbb{V}}_{neyman,g}$$

を考えれば、これは割当に起因する不確実性のもとで値を大きめに見積もった分散の推定量を与えるとともに、割当と抽出に起因する2つの不確実性のもとでの分散の不偏推定量となっている。なお、分散の値を大きめに見積もっているということは、信頼区間を広くとっている、あるいは帰無仮説を棄却しにくくなるということを意味する。つまり、「帰無仮説を間違って棄却する可能性に対して保守的な分散の見積もりになっている」ということである。

層化無作為化実験から得られたデータの回帰分析によっても、同じ推定量を得ることができる。ただし、以下の線形回帰モデルのように、層割当ダミーを完全に交差させる必要がある。このように、個体が複数の層に分かれるときに、パラメータがそれぞれの層ごとに自由な値をとることができるように層割当ダミーを完全に交差させた線形回帰モデルのことを、**飽和した** (saturated) モデルという。

$$Y_i = \sum_{g=1}^{G} \alpha_g G_{ig} + \sum_{g=1}^{G} \beta_g G_{ig} Z_i + \epsilon_i.$$

このとき、β_g の線形最小2乗推定量は

$$\widehat{\beta}_g = \bar{Y}_{1g} - \bar{Y}_{0g},$$

すなわち、各層の平均値の差になるので、これまでの議論から、各層の平均処置効果の不偏推定量になっていると同時に、母集団の平均処置効果に確率収束することが示せる。

このことから、$\widehat{\beta}_g$ を各層の個体数の比で重み付けして集計した推定量

$$\widehat{\beta} = \sum_{g=1}^{G} q_g \widehat{\beta}_g$$

は、平均処置効果に関して不偏であり、かつ、母集団の平均処置効果に確率収束することもわかる。$\mathbf{X}_i = (G_{i1}, \ldots, G_{iG}, G_{i1}Z_i, \ldots, G_{iG}Z_i)'$ として、漸近

正規性のための同条件のもとで、$\sqrt{n}(\widehat{\beta} - \tau)$ は、

$$N\left(0, \sum_{g=1}^{G} q_g^2 \left[\frac{\sigma_{0g}^2}{(1-e_g)q_g} + \frac{\sigma_{1g}^2}{e_g q_g}\right]\right)$$

に分布収束する。ただし、各 $z \in \{0, 1\}$ について、$\sigma_{zg}^2 \equiv \mathbb{V}[Y_i^*(z) \mid G_{ig} = 1]$ である。

2.6.2 クラスター化無作為化実験

次に、個体を共変量に基づいてクラスターに分けたうえで、規定の数のクラスターを無作為に抽出し、そのクラスターに含まれる個体すべてに介入を行うクラスター化無作為化実験について見ていこう。この実験は、対象を共変量に基づいてグループ化する点では層化無作為化実験と似ているものの、定義も扱いもまるで異なるため注意が必要である。

層化無作為化実験では、標本を共変量で層に分けたうえで、各層の中で無作為に一定数の個体群を処置群として選ぶ。一方、クラスター化無作為化実験では、標本を共変量でクラスターに分けたうえで、無作為に一定数のクラスターを選び、それらのクラスターの中に含まれる標本すべてを処置群に割り当てる。たとえば、ある県の小学 1 年生を学校ごとに分けるといった割当が考えられるが、この場合は「クラスター＝学校」である。そのうえで、一定数の学校を無作為に選び、その学校に少人数学級制度を実験的に導入する。

クラスター化無作為化実験を用いる理由は主に 2 つある。2.2 節でも述べたが、改めて詳しく見ていこう。1 つ目の理由は、層化無作為化実験などと比べて実施が容易であるためである。たとえば、補習授業の提供の効果を測りたいときに、ある県の小学生を対象として各学校から一定数の処置群を選んだ場合、層化無作為化実験ではすべての学校に補習授業の教員を派遣して処置群の生徒に補習授業を提供する必要がある。一方、クラスター化無作為化実験では、処置対象として選ばれた学校にだけ補習授業の教員を派遣すれば済む。これは、統計的推測の性質の面では層化無作為化実験などの他の無作為化実験のほうが優れているものの、実施のコストを考慮するとクラスター化無作為化実験のほうが望ましいという状況の例である。

2 つ目の理由は、個体間で処置の「スピルオーバー効果 (spillover effect)」が

ある場合に、クラスター化無作為化実験で一定の対応が可能だと考えられるためである。典型的には、ワクチン接種による集団免疫などのように、処置を施された対象の周囲にいる処置を施されていない標本にも何かしらの効果が発生するような状況が考えられる。このような状況では、潜在結果モデルの仮定 (SUTVA の第 1 の性質) が満たされていないので、個体ごとに処置を割り当てたとしても、結局のところ個体レベルでの平均処置効果は推定できない。しかし、学校内ではワクチン接種による集団免疫効果が生まれるものの、学校間ではそのようなスピルオーバー効果が働かないと考えられるのであれば、学校を 1 つの標本とみなして学校単位で処置を与えればよいという話になるだろう。ただしこの場合、処置は「学校単位でワクチンを接種させること」と定義され、潜在結果 $Y_i^*(1)$ は「学校単位でワクチン接種を行ったときのある生徒の健康状態」と解釈される点には注意が必要である。これは、集団免疫などの効果抜きに「ある生徒がワクチンを接種したときの健康状態」とは異なるパラメータである。この解釈の違いは、個体ごとに処置を割り当てる場合と、学校単位で処置を割り当てる場合とで、前提としている潜在結果モデルが異なることから生じている。

クラスター化無作為化実験を行うときには、興味のある推定対象としていくつかのパラメータを考えることができる。1 つ目はこれまで通りの平均処置効果である。2 つ目はクラスターごとの平均処置効果と、その単純平均であり、以下のように考えることができる。

クラスターごとの平均処置効果とその単純平均効果

$$\tau_g = \frac{1}{n_g} \sum_{i=1}^{n} G_{ig} \left[Y_i^*(1) - Y_i^*(0) \right], \quad \tau_C = \frac{1}{G} \sum_{g=1}^{G} \tau_g. \quad (2.9)$$

政策の効果を考えるうえでは、1 つ目の平均処置効果のほうが重要であることが多い。しかし、後者の単純平均効果のほうが分析は容易である。なぜなら、「クラスター＝個体」とみなして、個体の潜在結果をクラスターレベルで平均をとったものをクラスターの潜在結果と定義し直し、クラスターレベルの完全無作為化実験を行ったと考えて分析を進めればよいからである。

単純平均効果の処置効果を推定する場合の統計的推測の方法は、クラスター

を個体とみなした完全無作為化実験の方法を考えればよい。そのため、ここではクラスター化無作為化実験のデータを用いて平均処置効果を推定する場合の方法を考える。まず、推定に当たっては、単純に平均値の差をとるか、以下のような線形回帰モデルの最小 2 乗推定量を考えればよい。

$$Y_i = \alpha + \beta Z_i + \epsilon_i.$$

ただし、クラスター化無作為化実験の場合は完全無作為化実験とは異なり、クラスター内の標本で処置 Z_i が完全に相関している。そのため、標準誤差としては、以下のように定義される**クラスター頑健** (cluster-robust) **標準誤差**を考えることが多い。すなわち、$\widehat{\alpha}_{ols}, \widehat{\beta}_{ols}$ を最小 2 乗推定量として、$\widehat{\epsilon}_i$ を予測誤差 $Y_i - \widehat{\alpha}_{ols} - \widehat{\beta}_{ols} Z_i$ として、以下のように表される (Liang and Zeger, 1986)。

クラスター頑健分散推定量

$$\left(\sum_{i=1}^{n} \begin{pmatrix} 1 & Z_i \\ Z_i & Z_i \end{pmatrix} \right)^{-1} \left(\sum_{g=1}^{G} \sum_{i=1}^{n} G_{ig} \begin{pmatrix} \widehat{\epsilon}_i \\ Z_i \widehat{\epsilon}_i \end{pmatrix} \sum_{i=1}^{n} G_{ig} \begin{pmatrix} \widehat{\epsilon}_i \\ Z_i \widehat{\epsilon}_i \end{pmatrix}' \right)$$
$$\times \left(\sum_{i=1}^{n} \begin{pmatrix} 1 & Z_i \\ Z_i & Z_i \end{pmatrix} \right)^{-1}. \tag{2.10}$$

これは、クラスター内での誤差項および誤差項と処置変数の掛け算の平均をとったうえで、クラスター間で共分散を計算したものと考えるとよい。この点については、章を改めて 3.1.1 項で詳述する。

 文献ガイド

本章で解説した古典的な無作為化実験については、Imbens and Rubin (2015) の第 II 部 (第 4～11 章) でさまざまな事例も交えて詳細に解説されている。

ここまで無作為化実験を用いて平均処置効果を推定する方法を見てきたが、そうしたパラメータを推定した後には、それらの推定値を用いて、政策の選択などの、何らかの意思決定を行うことが暗に想定されている。たとえば、平均処置効果の推定値が正であれば、執行のコストを無視すれば、普通はその処置を政策として実現したほうがよいと考えるだろう。Wald (1950) 以来の統計的意思決定理論を応用してこうした

処置を統計的に選択する手法 (statistical treatment choice) について理論的に考えるための枠組みをつくったのが Manski (2004) である。Manski (2004) は、最適な処置選択を選ぶための基準として「ベイズ基準」「ミニマックス基準」「ミニマックスリグレット基準」などを提唱しているが、先ほどの「平均処置効果の推定値が正であれば、執行のコストを無視すれば、その処置を政策として実現したほうがよい」という素朴な判断は、実は「ミニマックスリグレット基準」のもとで最適な意思決定として特徴付けることができる。

統計的処置選択の議論は、全体に対して処置を行うか否かという単純な問題から出発して、共変量ごとに最適な処置を選択するという個別化された統計的処置選択の問題まで議論が発展している。共変量が離散的な場合は、単純な処置選択問題をそのまま拡張できるものの、共変量が連続になると、そもそもそういう設定で**条件付き平均処置効果** (conditional average treatment effect) $\mathbb{E}[Y_i^*(1) - Y_i^*(0) \mid \mathbf{W}_i = \mathbf{w}]$ をどう推定するかという問題が発生するうえに、そうした推定量をどうやって意思決定問題に結び付けるかという課題が生じる。こうした課題に対して、**経験的厚生最大化** (empirical welfare maximization) アプローチという方法を提唱したのが Kitagawa and Tetenov (2018) である。日本語で読める解説文献として北川・木戸 (2024) があるので、そこから入るのがよいだろう。

第 3 章
推測・検定の諸問題
クラスター相関と多重検定問題への対処

イントロダクション

　ここまで本書では、潜在結果モデルを定式化したうえで因果関係とは何かを定義し、関連するパラメータを推定するための無作為化実験について解説してきた。本章では、統計的推測を行う際によく直面する次の 2 つの問題を取り上げ、それらの原因と対処法について議論する。

　1 つ目は、2.6.2 項で解説したクラスター化無作為化実験を実施するときに直面する問題である。そこでも述べた通り、クラスター化無作為化実験には、実験の実施コストの低さやスピルオーバー効果への対処といった利点がある。しかし、個々の生徒などの個体ではなく学校などのクラスターを無作為に抽出したり処置を割り当てたりするという状況では、統計的推測を行ううえで注意すべき問題が生じる。そこで本章では、2.6.2 項で紹介したクラスター頑健分散推定量の定義を改めて確認したうえで、具体的にどのような問題に直面するのかを解説する。そして、問題への対処法を導入し、どのような場合にクラスター頑健分散推定を行うべきかを説明する。

　2 つ目は、複数の処置効果を同時に仮説検定する場合に直面する問題である。ここまでは、1 つの処置が 1 つの顕在結果にしか結び付かない状況を暗黙に考えてきた。たとえば、「ワクチンを打つという処置を受けることで、あるウイルスへの感染をどの程度抑えられるか？」といった問題を扱う際、それ以外の顕在結果に関する仮説検定を考慮しなかった。しかし、実際に分析を行う場合には、複数の顕在結果に対する平均処置効果に興味を持つことがよくある。たとえば、「ある発展途上国において小規模貸付サービスであるマイクロクレジットへのアクセスを改善する」という処置の効果を分析するとしよう。その場合、貸付を受ける事業者に関連する観測に限ってみたとしても、分析対象の候補として「貸付残高」「売上」「収益」「家計所得」「家計消費」などといった、多種多様な顕在結果を想定することができる。このとき、同じ分析の中で複数の観測された顕在結果に対する処置効果を同時に検証することにな

るわけだが、これまで通り単に1つひとつの推定結果に対して個別に仮説検定を行ってもよいのだろうか？本章では、こうした複数の仮説を同時に検定する際に直面する問題と、それへの対処法を導入する。

3.1 クラスター相関とクラスター頑健分散推定量

3.1.1 クラスター頑健分散推定量

2.5節で説明したように、回帰係数の標準誤差の推定は、通常は不均一分散頑健分散推定量によって行うが、不均一分散頑健分散推定量は、回帰残差同士が無相関であることを仮定している。ところが、2.6.2項でクラスター化無作為化実験を紹介した際に議論したように、実際には何らかの理由で回帰残差の間に相関が生じることがある。

たとえば、ワクチン接種を処置と考えるとき、同じ学校内の生徒間にスピルオーバー効果が想定されるならば、同じ学校内で観測に相関が生じることとなる。このような場合、2.6.2項では、学校をクラスターとして、クラスター化無作為化実験を行うべきであることを解説した。

クラスター化無作為化実験においても、推定は以下のような線形回帰モデル

$$Y_i = \alpha + \beta Z_i + \epsilon_i$$

の最小2乗推定量を考えればよかったが、統計的推測に当たってはクラスター頑健分散推定量を用いるべきであることを指摘した。

2.6.2項で示したクラスター頑健分散推定量は Z_i が2項変数である場合の表現だったが、ここでは、一般に共変量ベクトル $\mathbf{W}_i$ についての以下のような線形回帰モデル

$$Y_i = \alpha + \mathbf{W}_i'\tilde{\gamma} + \epsilon_i = \mathbf{X}_i'\gamma + \epsilon_i$$

を考える。ただし $\mathbf{X}_i = (1\ \mathbf{W}_i')'$ である。そして、その最小2乗推定量 $\widehat{\gamma}_{ols}$ を考える。

このとき、$\widehat{\epsilon}_i$ を予測誤差 $Y_i - \mathbf{X}_i'\widehat{\gamma}_{ols}$ として、クラスター頑健分散推定量は以下のように表される (Liang and Zeger, 1986; Arellano, 1987)。

クラスター頑健分散推定量 (一般形)

$$\left(\sum_{i=1}^{n}\begin{pmatrix}1 & \mathbf{W}_i' \\ \mathbf{W}_i & \mathbf{W}_i\mathbf{W}_i'\end{pmatrix}\right)^{-1}\left(\sum_{g=1}^{G}\sum_{i=1}^{n}G_{ig}\begin{pmatrix}\widehat{\epsilon}_i \\ \mathbf{W}_i\widehat{\epsilon}_i\end{pmatrix}\sum_{i=1}^{n}G_{ig}\begin{pmatrix}\widehat{\epsilon}_i \\ \mathbf{W}_i\widehat{\epsilon}_i\end{pmatrix}'\right)$$

$$\times \left(\sum_{i=1}^{n}\begin{pmatrix}1 & \mathbf{W}_i' \\ \mathbf{W}_i & \mathbf{W}_i\mathbf{W}_i'\end{pmatrix}\right)^{-1}$$

$$= \left(\sum_{i=1}^{n}\mathbf{X}_i\mathbf{X}_i'\right)^{-1}\left(\sum_{g=1}^{G}\sum_{i=1}^{n}G_{ig}\mathbf{X}_i\widehat{\epsilon}_i\sum_{i=1}^{n}G_{ig}\mathbf{X}_i'\widehat{\epsilon}_i\right)\left(\sum_{i=1}^{n}\mathbf{X}_i\mathbf{X}_i'\right)^{-1}.$$

$$(3.1)$$

これは、クラスター内での予測誤差および予測誤差と共変量の掛け算の平均をとったうえで、クラスター間で共分散を計算したものである。

(3.1) 式の表現を理解するために、クラスター頑健分散推定量の逆行列で挟まれた中心の行列

$$\sum_{g=1}^{G}\sum_{i=1}^{n}G_{ig}\mathbf{X}_i\widehat{\epsilon}_i\sum_{i=1}^{n}G_{ig}\mathbf{X}_i'\widehat{\epsilon}_i$$

のうち、各クラスター $g \in \{1,\ldots,G\}$ の要素の予測誤差 $\widehat{\epsilon}_i$ を真の誤差項 ϵ_i で置き換えた表現

$$\sum_{i=1}^{n}G_{ig}\mathbf{X}_i\epsilon_i\sum_{i=1}^{n}G_{ig}\mathbf{X}_i'\epsilon_i = \sum_{i=1}^{n}\sum_{j=1}^{n}G_{ig}G_{jg}\mathbf{X}_i\mathbf{X}_j'\epsilon_i\epsilon_j \quad (3.2)$$

に着目しよう。クラスター頑健分散推定量は、観測の組 (i,j) についての $\mathbf{X}_i\epsilon_i$ と $\mathbf{X}_j\epsilon_j$ の共分散

$$\mathbf{\Sigma}_{ij} \equiv \mathbb{E}\left[\mathbf{X}_i\mathbf{X}_j'\epsilon_i\epsilon_j\right]$$

が同じクラスターに属する (i,j) については $\mathbf{0}$ とは限らないが異なるクラスターに属する (i,j) についてはすべて $\mathbf{0}$ である、と仮定した場合の $\sum_{i=1}^{n}\mathbf{X}_i\epsilon_i$ の分散、すなわち

$$\mathbf{\Sigma}_g \equiv \sum_{i=1}^{n}\sum_{j=1}^{n}G_{ig}G_{jg}\mathbf{\Sigma}_{ij}$$

の推定に基づいている。

このとき、同じクラスターに属する $i \neq j$ となる (i,j) についても **0** であるならば、不均一分散頑健分散推定量を構成する分散共分散行列である $\mathbf{\Sigma}_g^{EHW} = \sum_{i=1}^n G_{ig}\mathbf{\Sigma}_{ii}$ が $\mathbf{\Sigma}_g$ と等しくなる。しかし、もし同じクラスター内の (i,j) について共分散が非ゼロであるならば、

$$\mathbf{\Sigma}_g - \mathbf{\Sigma}_g^{EHW} = \sum_{i=1}^n \sum_{j \neq i}^n G_{ig} G_{jg} \mathbf{\Sigma}_{ij}$$

の分だけ分散を誤って評価することになる。ここで、2つの行列は $(\sum_{i=1}^n G_{ig}) \times (\sum_{i=1}^n G_{ig} - 1)$ の観測の組に対応する項で異なっている。したがって、それぞれの $\mathbf{\Sigma}_{ij}$ が小さくとも、クラスター内の観測数が十分に大きければ、不均一分散頑健分散推定量はクラスター頑健分散推定量と大きく異なるだろう (MacKinnon, 2016)[1]。

同様の差異は、クラスター頑健分散を計算するクラスターを複数の候補から選ぶことができる場合にも生じる。たとえば、クラス単位をクラスターとしてクラスター化無作為化実験を行ったとき、より粗いクラスターである学校単位をクラスターとしたクラスター頑健分散を計算することは可能である。学校をクラスターとしてクラスター頑健分散を考えるならば、異なるクラスに属する学生 (i,j) についても相関を許すこととなり、クラス単位のクラスター頑健分散を考える場合よりも、弱い仮定を置いていることになる。しかし、学校の数が十分に大きくない場合、それはそれで 3.1.4 項で見るような別の問題が生じる。そのため、必ずしもより正確な統計的推測が行えるようになるとは限らない。したがって、どのレベルでクラスター頑健分散を考えるべきかは、状況によって異なるものであり、一概に「こうすべき」ということはできない[2]。

3.1.2　クラスター頑健分散推定量の少数クラスターに対する補正

クラスター頑健標準誤差は、クラスターの数が無限に大きくなる場合の漸近分散を、クラスターの数が十分に大きいことをもって近似するものである。ク

---

1) よりシンプルな、均一分散の分散推定量との比較が Moulton (1986) によって行われており、クラスター頑健分散と均一分散を比較した比は「Moulton ファクター (Moulton factor)」と呼ばれている。
2) より詳しいケースについての議論や、クラスターの選択に役立つ検定に関心のある読者は、MacKinnon et al. (2023) の 3.3 節を参照されたい。

ラスターの数が十分に大きいならば、クラスター内の個体の予測誤差間にどのような相関があろうと、クラスターごとの予測誤差平均について、そのクラスター間での分散を近似することができる。クラスター頑健標準誤差は標本サイズそれ自体ではなく、標本の中にあるクラスターの数が無限に大きくなることに対しての漸近近似として機能するわけである。

実際には、標本の中にあるクラスターの数は有限である。クラスターの数が、漸近分散を近似できるほど十分に大きい場合でも、有限のクラスターでは 3.1.1 項のクラスター頑健分散推定の量 $\sum_{g=1}^{G}\sum_{i=1}^{n}\sum_{j=1}^{n} G_{ig}G_{jg}\mathbf{X}_i\mathbf{X}_j'\widehat{\epsilon}_i\widehat{\epsilon}_j$ は、$\sum_{g=1}^{G} \mathbf{\Sigma}_g$ のよい近似ではない。そのため、クラスターの数が有限であることを考慮した補正を行うと、統計的推測の性能を改善することができる。その補正の 1 つが CV_3 と呼ばれる補正である[3]。CV_3 は、以下のようなクラスター g を除いた最小 2 乗推定量を用いる。

$$\widehat{\boldsymbol{\gamma}}^{(g)} = \left(\sum_{i=1}^{n}\mathbf{X}_i\mathbf{X}_i' - \sum_{i=1}^{n}G_{ig}\mathbf{X}_i\mathbf{X}_i'\right)^{-1}\left(\sum_{i=1}^{n}\mathbf{X}_i Y_i - \sum_{i=1}^{n}G_{ig}\mathbf{X}_i Y_i\right).$$

この推定量は、クラスター g がどれだけ推定量の値に影響を与えているかを表している。この推定量を用いて、CV_3 は以下のように定義される

$$CV_3 : \frac{G-1}{G}\sum_{g=1}^{G}\left(\widehat{\boldsymbol{\gamma}}^{(g)} - \widehat{\boldsymbol{\gamma}}\right)\left(\widehat{\boldsymbol{\gamma}}^{(g)} - \widehat{\boldsymbol{\gamma}}\right)'.$$

これは、**ジャックナイフ分散推定量** (jackknife variance estimator) とも呼ばれ、推定量 $\widehat{\boldsymbol{\gamma}}$ のパラメータ γ からのばらつきを、クラスター g を除いた推定量の全体推定量からの差分 $\widehat{\boldsymbol{\gamma}}^{(g)} - \widehat{\boldsymbol{\gamma}}$ のばらつきで近似するものである。

これを発展させたものとして、**ブートストラップ** (bootstrap) 法による推定量がある。ここで改めて、ブートストラップ法とはどのような手続きか、どのようなときにうまく機能するのかについて詳しく見ておこう。

---

[3] CV_3 という命名から想像できるように、CV_1 と CV_2 があわせて提案されている。CV_1 はクラスター頑健分散推定量に対して共変量の数の分だけ損なわれる自由度を修正したものであり、CV_2 は CV_3 と同様の問題に異なる修正を施すものである。詳しくは MacKinnon et al. (2023) を参照されたい。

3.1.3 なぜブートストラップはうまくいくのか？

ここで、母集団分布 F からの n 個の観測によって構成された観測標本分布 $\widehat{F}$ を得ているときに、母集団分布 F の統計量 θ について、観測標本分布 $\widehat{F}$ から得られる θ に対応する統計量 $\widehat{\theta}$ を考える。

この統計量 $\widehat{\theta}$ の分布をブートストラップ法で求めるとは、次のような手続きを行うことである。

(1) 観測標本分布 $\widehat{F}$ から無作為復元抽出を行ってブートストラップ標本分布 $\widehat{F}^b$ を生成する
(2) ブートストラップ標本ごとに、ブートストラップ標本分布 $\widehat{F}^b$ から統計量 $\widehat{\theta}^b$ を計算し、統計量間の差 $\widehat{\theta}^b - \widehat{\theta}$ を得る
(3) ブートストラップ標本分布 $\widehat{F}^b$ と観測標本分布 $\widehat{F}$ から得られる統計量の差 $\widehat{\theta}^b - \widehat{\theta}$ の再標本化 (resampling) に伴う分布を用いて、母集団分布 F と観測標本分布 $\widehat{F}$ から生成される統計量の差 $\widehat{\theta} - \theta$ の分布を近似する

ここで、観測標本の統計量 $\widehat{\theta}$ が母集団分布 F を所与として抽出・推定したものであるのに対して、ブートストラップ標本の統計量 $\widehat{\theta}^b$ は観測標本分布 $\widehat{F}$ を所与として抽出・推定したものであることに着目しよう。すなわち、観測標本と母集団の関係に対して、ブートストラップ標本と観測標本の関係は相似の関係にある。ブートストラップ法はこの相似関係を用いて、$\widehat{\theta} - \theta$ の未知の分布を、計算可能な $\widehat{\theta}^b - \widehat{\theta}$ の分布で近似するものである。

統計量 $\widehat{\theta} - \theta$ の分布がブートストラップによって近似できるかどうかは、統計量 θ が分布のどのような写像で与えられるかで決まる。たとえば、観測 $\{W_1, \ldots, W_n\}$ における標本分散 $\bar{S} = n^{-1} \sum_{i=1}^{n} (W_i - \bar{W})^2$ を考える。標本分散 $\bar{S}$ は $\bar{W} = n^{-1} \sum_{i=1}^{n} W_i$ と $\overline{W^2} = n^{-1} \sum_{i=1}^{n} W_i^2$ の連続微分可能な関数 $\phi(w_1, w_2) = w_2 - w_1^2$、すなわち、$\bar{S} = \overline{W^2} - \bar{W}^2 = \phi(\bar{W}, \overline{W^2})$ で与えられる。このとき、平均値の定理より、標本統計量 $\phi(\bar{W}, \overline{W^2})$ とブートストラップ標本統計量 $\phi(\overline{W}^b, \overline{W^2}^b)$ の差分は、ある $(\bar{W}, \overline{W^2})$ と $(\overline{W}^b, \overline{W^2}^b)$ の加重平均値 $(\widetilde{W}, \widetilde{W^2})$ で評価した導関数 $\phi'(\widetilde{W}, \widetilde{W^2})$ で近似することができる。この連続微分可能な写像を用いれば、統計量 $\bar{W}$ および $\overline{W^2}$ の分布がブートストラップにより近似できるとき、それらを変形した標本分散も同様にブートストラップに

よる分布近似が可能である。

しかし、統計量は必ずしも連続微分可能な関数で表現されておらず、その結果ブートストラップによる分布近似が失敗することがある。たとえば、平均値に非負制約を置くような統計量 $\max(0, \bar{W})$ は、平均値 $\bar{W}$ の関数として端点 0 で微分可能ではない。そのため、平均値 $\bar{W}$ に対するブートストラップによる分布近似ができたとしても、その関数である統計量のブートストラップ近似は保証されない。実際この統計量は、0 付近か否かで漸近分布が変わってしまうことから、ブートストラップは必ずしも有効ではない。

その他にも、近傍マッチング推定におけるブートストラップは必ずしも有効でないことが示されている (Abadie and Imbens, 2008)。特に、**最近傍マッチング** (nearest-neighbor matching) と呼ばれる手法では、共変量ベクトル $\mathbf{W}_i$ を持つ処置群観測 i の統制下反実仮想として、距離 $\|\mathbf{W}_i - \mathbf{W}_j\|$ の最も近い共変量 $\mathbf{W}_j$ を持つ統制群観測 j の結果 Y_j を用いて、以下のような推定量を考える。

$$\frac{1}{n_1} \sum_{i=1,\ldots,n_1} \left(Y_i - Y_{\{j \in \{1,\ldots,n_0\}: \|\mathbf{W}_i - \mathbf{W}_j\| \geq \|\mathbf{W}_i - \mathbf{W}_{j'}\|, j' \in \{1,\ldots,n_0\}\}} \right).$$

ただし、$\{1,\ldots,n_1\}$ は処置群観測、$\{1,\ldots,n_0\}$ は統制群観測である。このようなマッチング推定量は、その推定量の定義にどの観測を推定に用いるかという指示関数が含まれている。この指示関数によって、推定量は観測の非連続な変形となっており、ブートストラップによる分布近似がうまくいかない可能性がある (Abadie and Imbens, 2008)。

3.1.4 少数クラスターに対するワイルドブートストラップ法

では、ブートストラップ法はクラスター頑健標準誤差の推定において、どのように用いられているかを見ていこう。クラスターの数が十分に大きくない場合、クラスター頑健標準誤差の正当性は保証されない。たとえば、日本全国の小学校の中から、クラスター化無作為化実験を行う対象校を無作為抽出することを考える。「令和4年度 学校基本調査」(文部科学省) に基づけば、全国で小学校は1万9,161校存在する。クラスター頑健標準誤差が漸近的に機能するためには、その中から少なくとも50〜100校の抽出が必要である。しかし、予算や同意の都合から、10〜20校程度しか抽出できなかった場合、クラスター頑健

標準誤差が適切な近似であるとは保証されない。実際、クラスター内の観測が有限である標本について、クラスターの数が 10〜20 程度と少ない場合、本来帰無仮説が正しいときに棄却する確率が事前に設定した 5% のサイズを上回ってしまい、クラスター頑健分散推定量に基づく仮説検定は適切に第 1 種の過誤 (3.2.1 項参照) を犯す確率を制御できない[4]。

それでは、クラスターの数が 10〜20 程度に限られており、クラスター頑健標準誤差が漸近分布の近似として信頼できない場合、どうすればよいだろうか。以下では、そのような少数のクラスターであっても適切な近似を行えることが示されている**ワイルドブートストラップ** (wild bootstrap) 法を紹介する。

ワイルドブートストラップ法は、観測標本を無作為復元抽出で再標本化することによって統計的推測を行うブートストラップ法の一種である。以下では、ワイルドブートストラップ法の中でも、t 統計量のブートストラップ法に基づく手続きを紹介する。

標本サイズ n の中に G 個のクラスターが存在する場合を考える。このとき、線形回帰モデルの最小 2 乗推定量について、その帰無仮説の値についてのクラスター相関に頑健な仮説検定を行いたいとしよう。具体的には、2 値の処置ダミー Z と共変量 $\mathbf{W}$ について線形回帰モデル

$$Y_{ig} = \alpha + \tau Z_i + \mathbf{W}'_{ig}\gamma + \epsilon_{ig}, \quad i \in \{1,\ldots,n\}, g \in \{1,\ldots,G\}$$

を最小 2 乗推定し、係数 $\hat{\tau}$ とそのクラスター頑健標準誤差 $\hat{\sigma}$ を得たとする。ここから、帰無仮説 $H_0 : \tau = 0$ と対立仮説 $H_1 : \tau \neq 0$ に対し、クラスター相関に頑健な仮説検定を行いたいとしよう。

ワイルドブートストラップ法とは、以下の 3 ステップで上記の H_0 に対する仮説検定の p 値を生成する手法である。

(1) 帰無仮説のもとで最小 2 乗推定を行う。たとえば、上の例のように関心のある τ について $H_0 : \tau = 0$ ならば、Z_i を除いたそれ以外の説明変数を使って最小 2 乗推定を行い、推定された係数を $\hat{\alpha}_{H_0}$ および

---

[4] たとえば、Cameron and Miller (2015) では、シミュレーションによって、クラスターの数が 20 から 10 を下回るとき、いくつかのクラスター頑健 t 検定が 5% の棄却率を維持できなくなることが示されている。

$\widehat{\gamma}_{H_0}$ とする。それらの推定された係数から、帰無仮説下の予測誤差を $\tilde{\epsilon}_{ig} \equiv Y_{ig} - \widehat{\alpha}_{H_0} - 0 \cdot Z_i - W'_{ig}\widehat{\gamma}_{H_0}$ として得る

(2) 各 $b = 1, \ldots, B$ について、以下を繰り返す

(a) クラスター $g \in \{1, \ldots, G\}$ ごとに確率 0.5 で 1、確率 0.5 で -1 をとるウェイト d_g^b を生成し、帰無仮説下の予測誤差に掛け、$\epsilon_{ig}^* \equiv \tilde{\epsilon}_{ig} d_g^b$ を得る

(b) ϵ_{ig}^* から新たに $Y_{ig}^b \equiv \widehat{\alpha}_{H_0} + 0 \cdot Z_i + W'_{ig}\widehat{\gamma}_{H_0} + \epsilon_{ig}^*$ を生成する

(c) 生成した従属変数 Y_{ig}^b について、線形モデルを (帰無仮説を課さずに) 最小 2 乗推定し、得られた係数 $\widehat{\tau}_b^*$ とそのクラスター頑健標準誤差 $\widehat{\sigma}_b$ から、検定統計量 $w_b^* \equiv (\widehat{\tau}_b^* - \widehat{\tau})/\widehat{\sigma}_b$ を得る

(3) 得られた検定統計量の列 $\{w_1^*, \ldots, w_B^*\}$ に対してもとの検定統計量 $\widehat{w} = (\widehat{\tau} - 0)/\widehat{\sigma}$ を比較し、$|\widehat{w}| > |w_b^*|$ となる割合、$\widehat{p} = (1/B) \sum_{b=1}^{B} \mathbf{1}\{|\widehat{w}| > |w_b^*|\}$ を計算する。ここで、$\mathbf{1}\{\cdot\}$ は括弧の中の主張が真であれば 1 をとり、そうでなければ 0 をとる指示関数である。このとき、$\widehat{p} \leq 0.05$ ならば帰無仮説を 5% 有意水準で棄却し、そうでないならば受容する

クラスターの数が少ないとき、クラスターを再標本化することで得られる予測誤差ベクトル $\{\tilde{\epsilon}_{1g}, \ldots, \tilde{\epsilon}_{n_g g}\}$ の種類は限られており、97.5% 分位点を計算できるような統計量の分布は構成できない。ワイルドブートストラップ法では、予測誤差 $\tilde{\epsilon}_{ig}$ が 0 について対称な分布を持つとき $\tilde{\epsilon}_{ig}$ と $|\tilde{\epsilon}_{ig}|d_{ig}^b$ が同じ分布に従うことを用い、各 g について 2 組の予測誤差 $|\tilde{\epsilon}_{ig}|$ および $-|\tilde{\epsilon}_{ig}|$ を再抽出している。この d_g^b は「Rademacher ウェイト」と呼ばれる。Rademacher ウェイトをクラスターごとに無作為に割り当てれば、クラスター数が 10 であっても $2^{10} = 1{,}024$ 通りの再標本化統計量を生成することができ、分位点を得られるような分布を構成することができる。

ただし、クラスターの数が極端に小さくなると、極端に限られた数の再標本化統計量しか生成できないため、適切に機能しなくなる。たとえば、クラスターの数が 4 の場合、$2^4 = 16$ 通りの再標本化統計量しか生成できない。特に、処置群・統制群のどちらか片方でもクラスター数が極端に少ない場合には、ワイルドブートストラップでも適切な仮説検定ができない (MacKinnon and Webb,

2017)。

3.1.5 母集団のクラスターの数が有限の場合

すでに見たように、同じクラスター内に属する観測間に相関が存在する場合には、不均一分散頑健分散推定量の代わりに、クラスター頑健分散推定量を使うことが一般的である。また、観測するクラスター数が十分に大きくなくとも、極端に少なくないならば、ワイルドブートストラップを行うことによって対処することができる。

ただし、観測内にクラスターが存在するときに、クラスター頑健分散推定量を使うべきでない場合がある。クラスター頑健分散推定量は、母集団からクラスターを無限に抽出できる場合の漸近分布を、クラスターの数が十分に大きいことによって近似するものである。しかし、標本によっては、明らかに有限個のクラスターからなる母集団からクラスターを抽出している場合がある。たとえば、都道府県単位で処置の有無が決定されている場合の回帰分析において、47都道府県それぞれをクラスターとしてみなすことがあるだろう。ここで、観測個人が47都道府県全体から抽出されているならば、母集団は47都道府県全体であるから、都道府県クラスターはすべて「抽出」されていることになる。このような場合にクラスターごとの標本を増大させていくような漸近を考えると、たとえ標本サイズが大きくなってもクラスター数が有限であるため、クラスターごとの残差平均に対して大数の法則が機能しない。結果として、クラスター頑健分散推定量が適切な近似であることは保証されない。

この問題は、母集団に存在するクラスターの数が有限であり、その有限のクラスターがすべて抽出されていることに起因する。クラスター頑健分散推定量には、処置効果の異なるクラスターが抽出されていることを考慮に入れた分散項が存在する。しかし、母集団のクラスターをすべて観測しているとき、クラスターの抽出に起因する不確実性は存在しない。結果としてこの分散項は余計であり、クラスター頑健分散推定量は、真の分散に対して必ず非負のバイアスを持つ (Abadie et al., 2023)。このような場合にクラスター頑健分散推定量をそのまま用いると、分散が過大評価され、本来棄却すべき帰無仮説を棄却できないおそれがある。

3.1.6　2段階クラスターブートストラップ

それでは、上記のようにクラスター相関が懸念されるものの、観測しているクラスターが母集団のクラスター群そのもの、あるいはその大部分を占めるような場合には、どのように分散を推定すればよいのだろうか？　そのための方法が、以下のような **2段階クラスターブートストラップ** (two-stage cluster bootstrap) 法である (Abadie et al., 2023)。

(1) 観測クラスター数の母集団クラスター数に対する割合を $q \in (0,1]$ とするとき、それぞれの観測クラスターを $1/q$ 回複製し、疑似母集団を作成する
(2) 疑似母集団のそれぞれのクラスター g について、観測平均割当率 $Z^g \equiv \sum_{i \in g} Z_i / n_g$ を計算する
(3) $b = 1, \ldots, B$ について、以下の無作為復元抽出を繰り返し、ブートストラップ標本を作成する：

　　(a) 疑似母集団から確率 q でクラスターを無作為復元抽出する
　　(b) 抽出した各クラスター g^b について、処置割当確率 Z^{g^b} を観測平均割当率 Z^g の分布から抽出する
　　(c) 抽出した各クラスター g^b のうち処置を受けている部分標本から、$Z^{g^b} n_g^b$ を超えない整数個の観測を無作為復元抽出する。ただし、n_g^b はクラスター g^b に属する観測数である
　　(d) 抽出した各クラスター g^b のうち処置を受けていない部分標本から、$(1 - Z^{g^b}) n_g^b$ を超えない整数個の観測を無作為復元抽出する

(4) 得られたブートストラップ標本から回帰係数を計算し、その標準誤差を計算する

この手順では、クラスターに対して無作為復元抽出を行うだけでなく、クラスター内の観測に対しても無作為復元抽出を行っている。ただし、クラスター内の観測も無作為抽出してしまうと、観測全体の (クラスター抽出確率にクラスター内抽出確率を掛けたものを観測の抽出確率としたときの) 無作為抽出と同一になってしまう。その代わりに、クラスター内での処置確率を無作為に抽出することにより、クラスター内での観測抽出確率が抽出ごとに無作為になるこ

とを許している。これによって、クラスターの抽出のみでは十分な変動が生成できないような、母集団のクラスターのほとんどが抽出されている場合であっても、処置割当確率の無作為割当を人為的に行うことで、観測標本と十分に異なるブートストラップ標本を生成することができる。

3.1.7 2方向クラスタリング

ここまでの議論では、母集団が1種類のクラスターに分けられる場合を考えてきたが、複数種類のクラスターに関して従属関係が懸念される場合について簡潔に述べておこう。たとえば、企業のパネルデータをもとに、企業収益について分析する場合を考える。このとき、企業収益には時間を通じた依存関係があることが想像されるため、企業ごとのクラスターをとることが適切だろう。一方で、毎年多くの企業に共通するショックがあり、それらが同じ年の企業収益に依存関係を生じさせていると期待されるならば、年についてもクラスターをとりたいと考えるかもしれない。このとき、個人のクラスターを $f \in \{1, \ldots, G^F\}$、年のクラスターを $t \in \{1, \ldots, G^T\}$ としたとき、**2方向クラスタリング** (two-way clustering) を考えるとは、(i, j) の属するクラスターをそれぞれ (f, t) と (f', t') とするとき、$f \neq f'$ かつ $t \neq t'$ ならば $\Sigma_{ij} = 0$ とし、それ以外を0としないクラスタリングである。

この2方向クラスタリングは、単に2種類のクラスター定義について、その積集合をとるようなものとは異なるので注意が必要である。もし、2種類のクラスターのどちらかが異なれば独立であるとみなせるならば、2種類の積集合をとったクラスタリングを行えばよく、2方向クラスタリングよりも多くのクラスターを作り出すことができる。しかし、2種類のクラスターのうちどちらかでも同じであれば従属関係が懸念される場合には、積集合によるクラスタリングではなく、2方向クラスタリングを行うべきである。

3.2 多重検定問題とその対処

3.2.1 多重検定問題とは？

本章のイントロダクションでも述べたように、本書ではここまで、1つの顕

在結果に対する、1つの処置効果を考えてきた。しかし、現実の分析においては、複数の顕在結果に対する処置効果を同時に検証したい場合が多いだろう。このとき、ここまで扱ってきた仮説検定を逐次的に行うと、**多重検定** (multiple testing) 問題という、不適切な結果が生じる。

ある実験において、1つの顕在結果に対して処置効果の有無を検証したいとしよう。具体的には、処置効果 τ について、帰無仮説 $H_0 : \tau = 0$ と対立仮説 $H_1 : \tau \neq 0$ における仮説検定を行うことを考える。ここでは、平均値の差をその標準誤差の推定値で割ったもの、すなわち $\hat{\tau}/\hat{\sigma}$ を検定統計量とし、その両側検定を考える。すなわち、ある閾値 c に対して、$|\hat{\tau}/\hat{\sigma}| > c$ ならば帰無仮説を棄却、そうでないならば帰無仮説を受容する検定である。

仮説検定には2種類の過誤が生じる。まず、帰無仮説が正しい場合であっても、検定統計量が偶然にも大きくなって帰無仮説を誤って棄却してしまうことがある。これを**第1種の過誤** (type 1 error) と呼び、第1種の過誤の発生確率を検定の**サイズ** (size) と呼ぶ。次に、対立仮説が正しい場合であっても、検定統計量が帰無仮説と区別できるほど大きくなく、帰無仮説を棄却できないことがある。これを**第2種の過誤** (type 2 error) と呼び、第2種の過誤が発生せず、きちんと対立仮説を検出できる確率を検定の**検出力** (power) と呼ぶ。第1種の過誤は偽陽性 (false positive)、第2種の過誤は偽陰性 (false negative) とも呼ぶ。これは、たとえば病気ではないのに病気の判定が陽性になってしまう、病気なのに見過ごして病気の判定が陰性となってしまうというような文脈に基づく。

これら2つの過誤はトレードオフの関係にある。すなわち、帰無仮説を誤って棄却しないようにすれば対立仮説を検出しづらくなり、第1種の過誤と第2種の過誤を同時に小さくすることはできない。そのため、検定のサイズを一定に抑えたうえで、検出力を最大にするような閾値 c を選ぶことが一般的である。たとえば、検定統計量が、帰無仮説が真のときに t 分布に従うとみなせる場合、c を t 分布の 97.5% 分位点とすれば、そのような c を閾値に用いた検定は、検定のサイズが 5% 以下の中で最も検出力が高い検定となる。

同じコンセプトの異なる側面を測定するような複数の顕在結果が利用可能で、それらの複数の顕在結果に対する平均処置効果の有無を検定したいとする。たとえば、ある処置が「企業の業績」を向上させるかを検証するに際して、その企業の売上、利益、株価収益率などの複数の変数が利用可能な状況を想定して

もらいたい。そうした顕在結果が20個あるとする。そのとき、それぞれの処置効果 $\tau_l, l \in \{1, \ldots, 20\}$ が0か否かを検証したいとしよう。これは、20個の顕在結果のうち、0でない処置効果を持つ顕在結果を検出したいという問題である。言い換えれば、「すべての処置効果のうち、0であるという帰無仮説を棄却すべきものはどれか」という統計的決定問題を考えているのであって、個別の顕在結果に対応する帰無仮説の棄却を別々に考えてしまうと、対応する検定のサイズを適切に評価することができない。対応する検定のサイズを適切に評価するには、20個の帰無仮説、$H_0^1 : \tau_1 = 0, \ldots, H_0^{20} : \tau_{20} = 0$ に対して、帰無仮説の族 $\{\tau_1 = 0, \ldots, \tau_{20} = 0\}$ を考えることが必要である。

複数の処置効果に対する検定を同時に行っているのに、それを無視してそれぞれ単体の帰無仮説とみなして検定を行うと、何が起こるだろうか？ 仮に、20個の潜在結果がそれぞれ独立であるとき、それぞれに対応する検定のサイズが5%になるような検定を行ったとしよう。すると、処置効果が0という帰無仮説が20個すべての潜在結果について真であるとき、20回の検定のうち1つでも棄却する確率は $1 - 0.95^{20} \cong 0.6415$ となる。すなわち、それぞれの検定について個別に考えたときには5%でしか生じないと思っていた第1種の過誤が、実際には65%近い確率で生じてしまうのである。このように、実質的には複数の帰無仮説をまとめて検定しているにもかかわらず、それぞれ単体の検定問題であるとみなして仮説検定を行うと、検定のサイズを意図したように制御することができない。これが多重検定問題である。

3.2.2 FWERを制御する検定手法

それでは、多重検定が引き起こす問題に、どのように対処すればよいのだろうか？ 最も直接的な方法は、帰無仮説の族に対し、**族過誤率** (family-wise error rate: FWER) を5%に抑えることである。ここで仮に、20個ある帰無仮説のうち、10個の帰無仮説 $H_0^1, \ldots, H_0^{10}$ が真であるとし、それらの真である帰無仮説の族を $\widetilde{H}_0 \equiv \{H_0^1, \ldots, H_0^{10}\}$ とする。この帰無仮説族 $\widetilde{H}_0$ に対するFWERとは、$\widetilde{H}_0$ に含まれる棄却されるべきでない帰無仮説のうち、1つでも誤って棄却する確率である。言い換えれば、FWERを5%に抑えるとは、

$$\mathbb{P}\left[\{H_0^1 を棄却\} \cup \cdots \cup \{H_0^{10} を棄却\}\right] \leq 0.05$$

が成立することである。

上の議論では、$\widetilde{H}_0$ が既知であるかのように説明したが、実際には 20 個ある帰無仮説のうち、どの帰無仮説が真であるかを知ることはできない。そのため、どのような帰無仮説の族 $\widetilde{H}_0$ が真であるかを知らないまま、真である $\widetilde{H}_0$ を所与とした FWER を 5% 以下に抑えなくてはならない。言い換えれば、ある未知の帰無仮説の族 $\widetilde{H}_0$ について、その族に属する任意の帰無仮説 $H_0' \in \widetilde{H}_0$ が真であるとし、その $\widetilde{H}_0$ における

$$FWER \equiv \mathbb{P}\left[\cup_{H_0' \in \widetilde{H}_0} \{H_0' \text{を棄却}\}\right]$$

を 5% 以下に制御するような検定を行わなければならない。

この FWER を制御するために、それぞれの検定の棄却閾値を直接調整することを考える。すなわち、個々の検定で帰無仮説を棄却する確率を小さくすることで、全体の棄却確率を 5% にするというものである。

ここで、M 個の顕在結果に対する仮説検定を行うことを考える。まず、単純化のために、それぞれの顕在結果が互いに独立であると仮定しよう。このとき、帰無仮説の族 $\widetilde{H}_0$ が $m \leq M$ 個の顕在結果に対する帰無仮説 $H_0^1, \ldots, H_0^m$ で構成されているならば、それぞれに対応する検定は互いに独立であるという仮定より、

$$\begin{aligned} FWER \equiv &\mathbb{P}\left[\{H_0^1 \text{を棄却}\} \cup \cdots \cup \{H_0^m \text{を棄却}\}\right] \\ = &\mathbb{P}\left[\{H_0^1 \text{を棄却}\}\right] + \cdots + \mathbb{P}\left[\{H_0^m \text{を棄却}\}\right] \end{aligned}$$

である。したがって、$\widetilde{H}_0$ に属するそれぞれの帰無仮説について、誤って棄却する確率を $5/m$% 以下に抑えることができれば、$5/m$% を m 個足し上げたものは 5% であるから、FWER を 5% 以下に抑えることができる。

しかし、分析者にはどの帰無仮説がいくつ真であるかがわからない。そのため、m 個ではなく、M 個すべての帰無仮説 $H_0^1, \ldots, H_0^M$ をそれぞれ別個に扱った検定において、それぞれの帰無仮説が正しいときに $5/M$% で棄却するような検定を考える。すなわち、各 $k \in \{1, \ldots, M\}$ について、

$$\mathbb{P}[H_0^k \text{を棄却} \mid H_0^k \text{が正しい}] \leq \frac{0.05}{M}$$

となるような検定である。このように M 個の検定を構成すれば、真である m

個の帰無仮説を誤って棄却する確率である FWER は $5/M$% を m 個足し上げたものであり、$(5/M) \times m = 5(m/M) \leq 5$% である。すなわち、FWER を 5% 以下とすることができた。

この手続きを、$M = 20$ 個の顕在結果についての検定を例として説明する。それぞれの検定統計量 $\hat{\tau}_1/\hat{\sigma}_1, \ldots, \hat{\tau}_{20}/\hat{\sigma}_{20}$ が、帰無仮説が真のときに t 分布に従うならば、t 分布の 97.5% 分位点ではなく、t 分布の $(100 - 2.5/20) = 99.875$% 分位点を閾値 c として、各 $k = 1, \ldots, 20$ について $|\hat{\tau}_k/\hat{\sigma}_k| > c$ ならば H_0^k を棄却、そうでないならば受容という検定を行えばよい。この検定は、それぞれの帰無仮説が正しいときに、帰無仮説を 0.25% で棄却する検定である。したがって、たとえば $m = 10$ 個の帰無仮説が真であるときには、FWER を $0.25 \times 10 = 2.5$% に抑えることができる。

次に、検定統計量が互いに独立でない、一般の場合を考える。独立ではない場合でも、以下に示す和集合不等式より、m 個の真である帰無仮説の族 $\widetilde{H}_0 = \{H_0^1, \ldots, H_0^m\}$ について、FWER は常に各検定の棄却確率の和以下となる。

> **和集合不等式**
>
> $$FWER = \mathbb{P}\left[\{H_0^1 \text{を棄却}\} \cup \cdots \cup \{H_0^m \text{を棄却}\}\right]$$
> $$\leq \mathbb{P}\left[\{H_0^1 \text{を棄却}\}\right] + \cdots + \mathbb{P}[\{H_0^m \text{を棄却}\}]$$

この式は、独立の場合に FWER が制御されるように決定すれば、独立でない場合の棄却確率も 5% 以下に制御できることを示している。このような、和集合不等式に基づいて閾値を修正することで FWER を制御する手法を、**ボンフェローニ検定** (Bonferroni test) と呼ぶ。

3.2.3 ボンフェローニ検定の改善手法

ボンフェローニ検定には、検出力が低いという問題がある。たとえば、先ほどの t 分布に従う 20 個の顕在結果の例では、統計量の値が t 分布の上位 $1 - 99.875 = 0.125$% という極めて高い値でないと棄却できない。言い換えれば、極端に大きな効果が精度よく推定できた顕在結果への効果は検出できても、

十分に大きな効果があるが、上位 0.125% を超えるほどには極端ではない顕在結果への効果は検出できない。検定統計量が標準正規分布に従う場合を例とすれば、帰無仮説を棄却するためには検定統計量の値が 3.023 を超えなくてはならない。検定を 1 回だけ行う場合の閾値が 1.96 であることを考えると、ボンフェローニ検定が 20 個の検定について FWER を制御したうえで帰無仮説を棄却するには、同じ精度で 1.5 倍以上の効果量がなくてはならない。そのため、FWER を抑えつつも、少しでも多くの帰無仮説を検出できるような工夫が考えられている。

ここで着目すべきは、ボンフェローニ検定は、実際には $m \leq M$ 個しか真の帰無仮説がないにもかかわらず、検定を行う M 個すべての帰無仮説に対して棄却確率を修正していることである。たとえば、検定したい帰無仮説のうちいくつかが、明らかに絶対値で大きい検定統計量の値を持っており、それらが帰無仮説から生成されていないことが明らかであるとしよう。ボンフェローニ検定では、それらの帰無仮説が真である帰無仮説族に含まれないことが明らかであるとしても、それらが帰無仮説族に含まれている場合と同じ棄却確率の調整を行わざるをえないのである。

では、どうすれば明らかに帰無仮説から生成されていないであろう帰無仮説を排除することができるだろうか？ 以下では、閾値の補正を一度ではなく、逐次的に繰り返す方法を考える。具体的には、全体のうちから棄却しやすい帰無仮説を選び、その帰無仮説が棄却されたならば、残った帰無仮説の族をより少ない数の多重検定問題とみなして再度閾値を補正し直す手続きである。

先ほどと同様、20 個の帰無仮説を t 検定したいとして、具体例を示そう。まず、20 個の検定全体について、ボンフェローニ検定を行う。ここで、一番大きな検定統計量が 3.023 を超えているならば、その検定統計量に対応する帰無仮説を棄却し、残りの 19 個の帰無仮説を保留する。次に、残った 19 個の検定統計量について、19 個の帰無仮説があるとみなしてボンフェローニ検定を繰り返す。すなわち、閾値を以前の 99.875% 分位点ではなく、$100 - 2.5/19 = 99.868\%$ 分位点まで下げたうえで、19 個の検定をそれぞれ評価し直す。99.868% 分位点に対応する標準正規分布の閾値は 3.008 である。残った 19 個の検定統計量のうち 1 番大きな値、すなわち全体では 2 番目に大きな検定統計量の値が 3.008 を超えていれば、それに対応する帰無仮説を棄却する。続けて、残った 18 個の検定統計量に

ついてボンフェローニ検定を行う。このとき、閾値は $100 - 2.5/18 = 99.861\%$ 分位点まで下がり、対応する標準正規分布の閾値は 2.991 であり、今度は全体で 3 番目に大きな検定統計量の値と比較して、その対応する帰無仮説の棄却を決定する。この手続きを、棄却する帰無仮説がなくなるまで繰り返す。ボンフェローニ検定は最初の閾値である 3.023 を超えている検定統計量の帰無仮説しか棄却できないが、この手続きではそれより小さい検定統計量の値を持つ帰無仮説も棄却できる可能性がある。以下ではこのような手続きが、確かに FWER を 5% に抑えることを示そう。

まず、この手続きをアルゴリズムとして正式に提示する。このような逐次的検定を行うに当たって、いちいち分位点の値を検定統計量の値に変換するのは不便である。さらに、検定統計量が同じ分布に従うならば、検定統計量の値を直接比較すればよいが、検定統計量が帰無仮説ごとに異なる分布に従う場合、検定統計量の値を直接比較することはできない。代わりに、帰無仮説のもとで検定統計量の特定の値が生じる確率である p 値を用いて比較する。以下では、検定統計量が同一の分布を持つ場合について計算する方法を例示するが、異なる既知の分布を持つ場合でも同様である。

p 値 (p-value) は、実現した検定統計量の値が、帰無仮説が真のときの検定統計量の分布から生成される確率である。たとえば、ある帰無仮説 H_0 のもとで検定統計量 $\hat{\tau}$ が標準正規分布に従っているとする。このとき、$\Phi(\cdot)$ を標準正規分布の累積分布関数とすると、両側検定の p 値は $p = 2(1 - \Phi(|\hat{\tau}|))$ である。サイズが 5% の検定は、実現した検定統計量の値が帰無仮説のもとで生じる確率が 5% を下回るとき、すなわち $p < 0.05$ のときに帰無仮説を棄却するのだから、p 値が小さければ小さいほどより棄却されやすいことになる。

ここで、M 個の帰無仮説 $\{H_0^l, l \in \{1, \ldots, M\}\}$ について、対応する検定統計量が実現し、対応する帰無仮説のもとで実現値が生成される確率である p 値の列 $\{p_1, \ldots, p_M\}$ が計算できたとしよう。そこで計算した p 値の列を用いて、以下のような逐次検定を行う。

(1) p 値を棄却しやすい順、すなわち小さい順 $p_{(1)} \leq p_{(2)} \leq \cdots \leq p_{(M)}$ に並べる。並べ替えた統計量に対応する帰無仮説の列を $H_0^{(1)}, \ldots, H_0^{(M)}$ とする

(2) 最も棄却しやすい p 値である $p_{(1)}$ が $0.05/M$ 以下であれば $H_0^{(1)}$ を棄却する。棄却しなければそこで手順を終える

(3) l $(1 \leq l < M-1)$ 番目の検定統計量 $p_{(l)}$ を棄却したならば、次に大きい p 値である $p_{(l+1)}$ が $0.05/(M-l)$ 以下であれば棄却する。$l+1 < M-1$ かつ棄却したならば (3) を $l+1$ について繰り返し、そうでなければ手順を終える

すなわち、最も棄却しやすいもの $(p_{(1)})$ については M 個の統計量全体の FWER を制御するように閾値を決定し、その後は**まだ棄却していない残り**の統計量について FWER が統制されるように閾値を決定するのである。したがって、ボンフェローニ検定では棄却されない帰無仮説も棄却できる可能性がある。この補正は提案者にちなみ、**ボンフェローニ＝ホルム検定** (Bonferroni-Holm test) と呼ばれている (Holm, 1979)。

上の数値例で見たように、ボンフェローニ＝ホルム検定では、ボンフェローニ検定の閾値では棄却できなかった帰無仮説も棄却できるようになる可能性がある。ただし、ボンフェローニ＝ホルム検定の最初の手続きはボンフェローニ検定と同じであり、一番大きい p 値を持つ帰無仮説を棄却できないならば、どの帰無仮説も棄却することもできない。したがって、どれか 1 つでも十分に大きい p 値を持つ帰無仮説が存在するならば、ボンフェローニ＝ホルム検定がボンフェローニ検定よりも多くの帰無仮説を棄却する可能性があるが、すべての p 値がボンフェローニ検定の閾値を超えることができないならば、2 つの検定は同じく何も棄却しない。

次に、ボンフェローニ＝ホルム検定がどのような帰無仮説族 $\widetilde{H}_0$ に対しても、すなわち任意の $m (\leq M)$ 個の帰無仮説が真である場合であっても、それら m 個の帰無仮説の族からなる FWER を 5% 以下に抑えることができることを示す。言い換えれば、任意の m 個の帰無仮説 $H_0^1, \ldots, H_0^m$ が真であるときに、ボンフェローニ＝ホルム検定の手続きに従えば、その真である m 個の帰無仮説を 1 つでも誤って棄却する確率が 5% 以下になることを示せばよい。このことを以下に具体的に示そう。

検定したい M 個の帰無仮説のうち、任意の m 個の帰無仮説 $H_0^1, \ldots, H_0^m$ が真であるとし、これらの真である帰無仮説の p 値を $p_1, \ldots, p_m$ とする。この

とき、
$$p_1 > \frac{0.05}{m}, \ldots, p_m > \frac{0.05}{m} \quad (3.3)$$
が満たされるか否かによって場合分けを行う。

まず、「真である帰無仮説の p 値がすべて $0.05/m$ より大きい」場合を考える。このとき、$0.05/m$ より大きい p 値を持つ帰無仮説の数を m' とすれば、$m' \geq m$ である。このとき、それ以外の $M - m'$ 個の帰無仮説はより小さい p 値を持ち、m' 個の帰無仮説よりも必ず先に評価され、手順に従い棄却できる可能性がある。しかし、残り m' 個の帰無仮説は閾値 $0.05/m'$ ($< 0.05/m$) よりも大きい p 値を持つため、それらの帰無仮説はいずれも棄却せず手順を終了する。したがって、$0.05/m$ より大きい p 値を持つと仮定した真の帰無仮説は、手順の終了までに1つも棄却されない。よって、この場合に真の帰無仮説が棄却されることはない。

次に、残りの事象である、「真である帰無仮説の p 値のうち $0.05/m$ 以下のものがある」場合を考える。この場合は、誤って真の帰無仮説を棄却する可能性がある。一方で、この事象が生じる確率自体を 0.05 以下に抑えることができる。実際、真の帰無仮説の p 値が1つでも $0.05/m$ 以下となる確率は、和集合不等式より

$$\mathbb{P}\left[\left\{p_1 \leq \frac{0.05}{m}\right\} \cup \ldots \cup \left\{p_m \leq \frac{0.05}{m}\right\}\right]$$
$$\leq \mathbb{P}\left[p_1 \leq \frac{0.05}{m}\right] + \cdots + \mathbb{P}\left[p_m \leq \frac{0.05}{m}\right] = \frac{0.05}{m} \times m \quad (3.4)$$

であるから、5%以下である。

以上の場合分けより、(1) 真の帰無仮説の p 値がすべて $0.05/m$ より大きければ真の帰無仮説は1つも棄却されず、(2) 誤って真の帰無仮説を棄却しうる「真の帰無仮説の p 値が1つでも $0.05/m$ 以下」が生じる確率は5%以下であることがわかる。上の議論は任意の個数・組み合わせの真の帰無仮説族について成り立つため、ボンフェローニ=ホルム検定は任意の帰無仮説族に対してFWERを5%以下に抑えることができる。

このように、ボンフェローニ=ホルム検定はFWERを5%以下に抑えながら、ボンフェローニ検定よりも多くの帰無仮説を棄却する。しかし、ボンフェローニ=ホルム検定においても、和集合不等式に頼ったFWERの制御を逐次

的に行っているのみであり、統計量間の相関を直接考慮に入れているわけではない。そのため、ボンフェローニ＝ホルム検定であっても、検定統計量が独立でない場合、検出力にはまだ改善の余地がある。検定統計量間の相関を考慮に入れるため、ブートストラップ法によって「最も棄却しやすい統計量の p 値の分布」を近似する、ボンフェローニ＝ホルム検定と同様の逐次検定が提案されている (Romano and Wolf, 2010; List et al., 2019)。

3.2.4　偽検出率制御による検定手法

すでに見たように、FWER を制御したうえで帰無仮説を棄却するには、単一の帰無仮説の検定を行うよりもそもそもの効果量が大きく、かつその効果量が高い精度で推定できている必要がある。そのため、FWER 制御による多重検定補正は保守的になりがちである。言い換えれば、FWER を制御しようとすると、検出力が低くなりがちである。少なくとも 1 つの帰無仮説を棄却するとき、ボンフェローニ＝ホルム検定ではボンフェローニ検定よりも、より多くの帰無仮説を棄却しうる。一方、少なくとも 1 つの帰無仮説を棄却する確率自体は変わらない。これは、一番棄却しやすい検定を棄却しない場合、いずれの検定でもすべての帰無仮説を受容する結果になるためである。この事実は、処置効果を検出したい分析者にとっては好ましくないだろう。

それでもなお、分析者の目的によっては FWER 制御を行わざるをえない。FWER は、真である帰無仮説のうち、どの帰無仮説であろうと誤って棄却する確率である。そのため、誤った仮説検定を真の帰無仮説すべてについて避けたい場合には、FWER 制御を行わなくてはならない。特に、1 つの帰無仮説に対する誤った評価が、全体の判断を誤らせるならば、FWER の制御を行う必要がある。たとえば本節のイントロダクションで挙げた、ある処置が企業における複数の業績指標に及ぼす効果を評価する例において、売上、利益、株価収益率の各項目すべてで処置群と統制群の間に差があるかどうかを検証し、どの項目に差があるかによって異なる対応をとりたいとする。この場合、真である帰無仮説のどれかを高い確率で誤って棄却するということは、本来効果がない指標を誤って効果のある指標と判断してしまうことを意味する。そうすると、それに基づく対応も高い確率で誤ることになる。このような場合には、FWER の制御が必要である。

一方で、すべての多重検定問題にFWER制御が必要なわけではない。特に、多くの顕在結果の指標の中からざっくりと効果のあるものをスクリーニングをしたい場合などは、FWERを制御する必要はない (Benjamini and Hochberg, 1995)。この場合、一部の帰無仮説を誤って棄却したとしても、最終的な判断に大きな影響を与えないためである。たとえば、ある処置が企業の業績に何らかの影響があるかを見るために、売上、利益、収益率などの業績指標に対する処置効果を評価する場合、FWER制御は必ずしも必要ではない。なぜなら、売上に効果があると誤って検出したとしても、他の指標に効果があるかどうかの判断や、その処置が企業の業績に影響するという判断には影響が少ないからである。

このように、それぞれの帰無仮説に対する結論を別々に議論できるような多重検定問題には、FWERを制御する代わりに別の指標の制御を考えることによって、より多くの対立仮説を検出する可能性がある。その別の指標とは、真の帰無仮説を**誤って棄却する頻度**である。真の帰無仮説を誤って棄却する頻度とは、棄却した帰無仮説のうち、実際には真だった帰無仮説の比率の期待値である。この比率は**偽検出比率** (false discovery proportion: FDP) と呼ばれ、正式には以下のように定義される。

偽検出比率

$$FDP = \frac{\#\{i \in \{1,\ldots,M\}: H_i が真かつ H_i が棄却される\}}{\max\{\#\{i \in \{1,\ldots,M\}: H_i を棄却する\}, 1\}}. \tag{3.5}$$

ただし、有限個の集合 A に対して $\#\{A\}$ は A の元の個数を表す。なお、帰無仮説を誤って棄却することを第1種の過誤や偽陽性と呼ぶと述べたが、この文脈では「偽検出」という言葉が慣用的に用いられている。すべて同じ意味である。

偽検出率制御とは、このFDPの期待値 $FDR = \mathbb{E}[FDP]$、つまり**偽検出率** (false discovery rate: FDR)、を一定以下に抑えることをいう。すなわち、

$$FDR = \mathbb{E}[FDP] \leq \alpha$$

を達成することである。

FWER制御は「真である帰無仮説族全体における偽検出の発生」を一定の確

率以下に抑える一方で、FDR 制御は「棄却した帰無仮説の中での偽検出発生頻度」を一定の割合以下に抑えるものである。FDR 制御は、棄却した帰無仮説の中に一定割合で真であるものを含んでよいという統制である。そのため、偽である帰無仮説を複数棄却していれば、高い確率で真である帰無仮説を少なくとも 1 つ棄却している可能性がある。そのため、FDR 制御は「処置効果がある指標をスクリーニングしたいので、そのうち一定割合で効果のない指標が誤検出されてもよい」場合には適しているが、「それぞれの指標に処置効果があるかどうかの判断を行いたいので、効果がない指標が高確率で含まれていては困る」という場合には FWER 制御を行うべきである。このように、FDR 制御と FWER 制御は、分析の背景や目的によって適切なものを選ぶ必要がある。

なお、この水準 α は FWER における検定のサイズとは解釈が異なる。そのため、通常の仮説検定で設定する 5% ではなく、異なる水準が設定されることも多い。なお、FDR 制御の水準を 10% とした研究が散見されるが、これも (通常の仮説検定の 5% と同じく) 慣例であり、根拠はない。

FDR 制御を達成する検定として、ボンフェローニ=ホルム検定と似ているが、評価する順番が異なる以下のような逐次手順を考える。ボンフェローニ=ホルム検定と同じく、M 個の帰無仮説 $H_0^1, \ldots, H_0^M$ に対して検定統計量の列があり、それらの統計量から計算した p 値の列を $p_1, \ldots, p_M$ とする。

(1) p 値を棄却しやすい順、すなわち小さい順 $p_{(1)} \leq p_{(2)} \leq \cdots \leq p_{(M)}$ に並べる。並べ替えた統計量に対応する帰無仮説の列を $H_0^{(1)}, \ldots, H_0^{(m)}$ とする

(2) 最も**棄却しにくい** $p_{(M)}$ について、$p_{(M)} \leq \alpha$ ならば、$H_{(1)}$ から $H_{(M)}$ まですべて棄却し、手順を終了する

(3) $j > 1$ 番目の p 値に対応する帰無仮説を棄却しないならば、次に小さい p 値である $p_{(j-1)}$ について $p_{(j-1)} \leq (j-1)\alpha/M$ であるとき、$H_{(1)}$ から $H_{(j-1)}$ まですべて棄却し手順を終了する。棄却しないならば、(3) の手続きを繰り返す

(4) 2 番目に小さい p 値を持つ帰無仮説も棄却せず、$p_{(1)} \leq \alpha/M$ ならば $H_{(1)}$ のみ棄却する。そうでなければ、何も棄却せずに手順を終了する

この手続きは、**ベンジャミン=ホッシュバーグ検定** (Benjamini-Hochberg test)

と呼ばれており、検定統計量がそれぞれ独立であれば、FDR が水準 α で制御できる (Benjamini and Hochberg, 1995)。検定統計量が独立でない場合、ベンジャミン＝ホッシュバーグ検定の FDR 制御は、理論的には保証されていない。検定統計量が独立でない場合にも、j 番目の p 値を比較する閾値を $\frac{j\alpha}{M}$ の代わりに、$\frac{j\alpha}{M \sum_{s=1}^{M} 1/s}$ とすれば、FDR を水準 α で抑えられる (Benjamini and Yekutieli, 2001)。しかし Benjamini-Yekutieli の方法は、ベンジャミン＝ホッシュバーグ検定に比べ、検出力に劣ることが多い。この問題の対処として、ブートストラップ法を用いた検定法が提案されている (Romano et al., 2008)。実際のところ、ベンジャミン＝ホッシュバーグ検定が FDR 制御に失敗するような検定統計量の相関構造を構成することは容易ではない。そのため、検定統計量に相関が疑われる場合でも、ベンジャミン＝ホッシュバーグ検定を用いることが少なくない。

 文献ガイド

本章ではクラスター頑健分散推定量として Liang and Zeger (1986)、Arellano (1987) を挙げたが、同時期に White (1984) も同様の表現を提案している。

クラスター相関下の推測については、長らく Cameron and Miller (2015) が参照されてきたが、近年出版された MacKinnon et al. (2023) のサーベイが行うべき実践の解説として良質である。

多重検定のボンフェローニ補正は、Bonferroni (1935) によるボンフェローニ不等式を信頼区間の構成に適用したものである。ボンフェローニ不等式の信頼区間構成への応用として、Dunn (1961) が挙げられることがあるが、単に Bonferroni (1935)、または引用なしにボンフェローニ検定と紹介されることも多い。

第 4 章
非遵守者

イントロダクション

　本書ではここまで、潜在結果モデルの枠組みに基づいた因果推論について解説してきた。本章では、より発展的な手法に進む前に一度立ち止まって、「処置を割り当てて結果を観測する」という因果推論の基本的な作業の実質的な意味を深掘りしてみよう。

　たとえば、ある医薬品を1カ月間服用し続けることでコレステロール値が下がるかどうかを検証したいとする。この場合の処置は、「この医薬品を1カ月間ある患者に服用させること」である。一方、ここで興味のあるパラメータは、「この医薬品を1カ月間服用し続けたときのコレステロール値に対する平均処置効果」である。

　無作為化実験では、このような処置が無作為に割り当てられていることと、観測されるコレステロール値が「この医薬品を1カ月間服用し続けたときのコレステロール値」、または「医薬品をまったく服用しなかったときのコレステロール値」であることが前提になっている。しかし、このような前提は現実に成り立っているのだろうか？

　実際には、実験者が無作為に割り当てられるのは、「この医薬品を1カ月分患者に処方する」ところまでであり、実際にそれを服用するかどうかまで実験者は関与できない。そうなると、1カ月分の医薬品を処方したとしても、患者は服用を忘れたりさぼったりするかもしれない。この場合、処置群にはさまざまな服用パターンを持った患者が発生することになる。すると、処置群の患者から観測されるコレステロール値は「この医薬品を1カ月間服用し続けたときのコレステロール値」ではなく、「この医薬品を1カ月の間あるパターンで服用したときのコレステロール値」になってしまう。これでは、無作為化実験における観測手段の前提が満たされない。

　単純に考えれば、各患者の服用パターンをきちんと観測できるなら、処置群の中で実際に1カ月間服用を続けた患者だけに注目して、それ以外の服用パターンをとった患者のデータを無視すればよさそうに思うかもしれない。しかし、この場合は無作為化実験の仮定が満たされない。なぜなら、1カ月分の医薬品を処方された場合に、実

際に1カ月間服用を続けるか否かはその患者の意思に依存しており、その意思は生活習慣との相関などを通じて、その患者の潜在結果と相関している可能性があるからである。

このように、理念的には「この医薬品を1カ月間ある患者に服用させること」という処置を考え、その処置に対応する「この医薬品を1カ月間服用し続けたときのコレステロール値に対する平均処置効果」というパラメータを考えていたとしても、実際にその処置を無作為に割り当てることが不可能な場合もある。現実的には、ここで無作為に割り当てることのできる処置は「この医薬品を1カ月間ある患者に処方すること」であり、その処置に対応するパラメータは「この医薬品を1カ月間処方されたときのコレステロール値に対する平均処置効果」である。こう解釈すると、無作為化実験の前提と実態の間に乖離は生じない。しかし、実験者が推定したい対象と実際に推定できる対象の間には乖離が生じてしまう。本章では、無作為化実験が抱えるこのような問題を定式化したうえで、対処のための考え方とその方法を導入する。

4.1 非遵守者がいる場合の潜在結果モデル

4.1.1 処置の受取を考慮した潜在結果

イントロダクションで述べたように、実際に無作為割当が可能な処置と実験者が関心のある処置との間に乖離が生じる状況を、**非遵守者** (noncomplier) のいる状況と呼ぶ。これまでの議論を踏襲しつつ、非遵守者の存在が引き起こす問題について考えるために、処置の割当 (treatment assignment) と区別して、**処置の受取** (treatment receipt) という用語を用いることにしよう。

ここで、非遵守者が存在する場合の潜在結果モデルを考える。まず、個体 i に処置が割り当てられたか否かを示す変数をこれまで通り Z_i とし、その個体が実際に処置を受け取ったか否かを示す変数を $D_i^*(Z_i)$ として、これを**潜在処置受取** (potential treatment receipt) 変数と呼ぶ。先の例でいえば、Z_i は医薬品が1カ月分処方されたか否かを、$D_i^*(Z_i)$ はその医薬品が実際に1カ月間服用され続けたか否かを表す。医薬品の服用パターンは、実際には1週間服用して数日さぼった後また服用を続けて……、などのさまざまなパターンがありうるが、議論を簡単にするため、処置の受取も完全に服用を続けるか、まったく服用をしないかの2値に限るとする。ここでまず重要なのは、処置の受取を

表す変数 $D_i^*(Z_i)$ は、処置の割当を表す変数 Z_i の関数になっているということである。すなわち、その個体に処置が割り当てられた際にその個体が処置を受け取るか否かを表す $D_i^*(1)$ と、その個体に処置が割り当てられなかった際にその個体が処置を受け取るか否かを表す $D_i^*(0)$ の2値からなる。さらに重要なのは、この変数は実現した処置の割当に基づく値しか観測されないということである。すなわち、実際に観測できるのは、

$$D_i = Z_i D_i^*(1) + (1 - Z_i) D_i^*(0)$$

という観測式によって定義される D_i のみである。数学的に言い換えれば、処置の受取は割り当てられた処置に対応する潜在結果の一種だということである。$D_i^*(Z)$ にアスタリスクが付与されているのはそのためである。

次に、関心のある潜在結果について考える。この場合の関心のある潜在結果は、一般には処置の割当と処置の受取の両方の関数 $Y_i^*(Z_i, D_i)$ により、以下のように表すことができる。

(1) $Y_i^*(1,1)$：処置が割り当てられ、かつ受け取られた場合
(2) $Y_i^*(1,0)$：処置が割り当てられたが、受け取られなかった場合
(3) $Y_i^*(0,0)$：処置が割り当てられず、かつ受け取られなかった場合
(4) $Y_i^*(0,1)$：処置が割り当てられなかったにもかかわらず、処置が受け取られた場合

4つ目の「処置が割り当てられなかったにもかかわらず、処置が受け取られた場合」は、医薬品の処方という文脈では不自然に感じられるかもしれない。しかし、実験者はその医薬品を処方していなかったにもかかわらず、患者が別の医師からその医薬品の処方を受けたなど、原理的にはありえない話ではない。

以上の拡張に対応して、関心のある潜在結果の観測手段も以下のように修正される。

$$Y_i = D_i^*(Z_i) Y_i(Z_i, 1) + (1 - D_i^*(Z_i)) Y_i(Z_i, 0).$$

この観測手段のもとでは、$Y_i^*(1, D_i^*(0))$ や $Y_i^*(0, D_i^*(1))$ といった潜在結果は決して観測されることはない。

4.1.2 平均処置効果

さて、非遵守者が存在するがゆえに処置の割当と処置の受取が一致しない状況において、最も興味のあるパラメータは、処置を受け取ったことの平均処置効果であろう。しかし、処置を受け取ったときの潜在結果も、処置を受け取らなかったときの潜在結果も、処置を割り当てられたときのそれ $(Y_i^*(1,1), Y_i^*(1,0))$ と処置を割り当てられなかったときのそれ $(Y_i^*(0,1), Y_i^*(0,0))$ の2通りがあるため、「処置を受け取ったことの平均処置効果」も以下の 2×2 で4通りが考えられる。

$$\frac{1}{n}\sum_{i=1}^n \left(Y_i^*(0,1) - Y_i^*(0,0)\right),$$

$$\frac{1}{n}\sum_{i=1}^n \left(Y_i^*(0,1) - Y_i^*(1,0)\right),$$

$$\frac{1}{n}\sum_{i=1}^n \left(Y_i^*(1,1) - Y_i^*(0,0)\right),$$

$$\frac{1}{n}\sum_{i=1}^n \left(Y_i^*(1,1) - Y_i^*(1,0)\right).$$

ここで、ある個体の潜在結果が処置の受取にも処置の割当にも影響を受ける場合、この4つのパラメータはどれも異なる値をとりうる。

とはいえ、医薬品の処方と服用の例で考えてみると、処置の割当、すなわち医薬品の処方それ自体が、処置の受取、すなわち服用に何かしらの効果を持つかというと、それは疑わしいように思われる。そのような場合には、潜在結果は処置の受取には影響を受けるが、処置の割当には影響を受けないと考えてもよいかもしれない。そして、そのときには上の4つの平均処置効果はどれも同じ値をとると考えられるかもしれない[1]。

---

[1] 上の4つの平均処置効果が異なる値をとりうる、すなわち、潜在結果が処置の受取のみならず、処置の割当にも影響を受ける場合の分析は、**媒介分析** (mediation analysis) の一種とみなされることがある。媒介分析では、処置の受取の効果と処置の割当の効果との分解が行われているが、そのためにはおおむねより強い仮定 (Imai et al., 2010) を置くか、本書で扱わないような別のアプローチ (Flores and Flores-Lagunes, 2013) をとる必要がある。詳しくは、Huber (2020) などを参照されたい。

4.1.3 処置割当効果

このように、非遵守者が存在する場合には、推定すべき平均処置効果自体が一意に定まらない。そこで、潜在結果が処置の割当の影響を受けるか否かに関する仮定を置く前に、そのような仮定なしに定義して識別できるパラメータを考えてみよう。

$\widetilde{Y}_i^*(1) = Y_i^*(1, D_i^*(1)), \widetilde{Y}_i^*(0) = Y_i^*(0, D_i^*(0))$ と表記すれば、潜在結果 $\widetilde{Y}_i^*(1), \widetilde{Y}_i^*(0)$ について、次のようなパラメータを定義できる。

$$\widetilde{\tau} = \frac{1}{n} \sum_{i=1}^n \left(\widetilde{Y}_i^*(1) - \widetilde{Y}_i^*(0) \right).$$

この $\widetilde{\tau}$ は医薬品の例における「この医薬品を 1 カ月間処方したときのコレステロール値に対する平均処置効果」に対応し、「この医薬品を 1 カ月間服用し続けたときのコレステロール値に対する平均処置効果」である τ とは異なるパラメータである。このパラメータは処置受取を企図して割り当てたことの効果として、**処置割当効果** (intention-to-treat effect) と呼ばれる。なお、このパラメータにはまだ定まった日本語訳はなく、「ITT 効果」などと表記されることがある。本書では、「処置を受け取らせることを意図して (intention-to-treat) 割当を行ったことの効果」という意味で、処置割当効果という訳語を充てる。

このパラメータについては、$\widetilde{Y}_i^*$ を第 3 章までの議論における Y_i^* に置き換えると、これまでと同様の議論が成り立ち、無作為化実験の仮定のもとで不偏推定量を構成できる。

それでは、推定したいパラメータが「何らかの意味での平均処置効果」であるにもかかわらず、実際に推定できるパラメータは処置割当効果である場合に、どのような問題が生じるのだろうか？ 処置割当効果がわかれば十分だというのは、1 つの立場としてはありうる。医薬品を処方することの処置割当効果は、医薬品を 1 カ月間厳密に服用した場合の効果ではないが、患者の服用行動も加味して現実的に期待しうる効果を表している。だから、それさえわかれば十分だということは往々にしてありうる。

より問題となりうるのは、処置割当効果は**外的妥当性** (external validity) に乏しいということである。処方された医薬品の服用規則をどれだけ遵守するかは、その標本の性質による。たとえば、異なる標本の個体間で、処方薬の薬効

が似ているとしても服用規則の遵守頻度が大きく異なるならば、処置割当効果は大きく異なるだろう。したがって、ある標本で得られた結果を他の状況に当てはめるのは難しいかもしれない。いずれにせよ、処置割当効果で十分とするのか、あるいはそれ以上の情報が必要となるのかは、分析者の目的によって判断されるべき問題である。本章では、特に処置割当効果以上の情報が必要な場合にはどのような分析を行えばよいかについて議論する。

潜在結果モデルが拡張されたことによって、処置割当メカニズムも以下のように拡張される。すなわち、$\mathbf{W}, \mathbf{Y}^*(1,1), \mathbf{Y}^*(1,0), \mathbf{Y}^*(0,1), \mathbf{Y}^*(0,0)$ から $\mathbf{Z}$ への行の交換に対して不変な関数 $\mathbb{P}[\mathbf{Z} \mid \mathbf{W}, \mathbf{Y}^*(1,1), \mathbf{Y}^*(1,0), \mathbf{Y}^*(0,1), \mathbf{Y}^*(0,0)]$ で、任意の $\mathbf{W}, \mathbf{Y}^*(1,1), \mathbf{Y}^*(1,0), \mathbf{Y}^*(0,1), \mathbf{Y}^*(0,0)$ に対して、以下が成り立つものである。

非遵守者がいる場合の処置割当メカニズム

$$\sum_{\mathbf{Z} \in \{0,1\}^n} \mathbb{P}[\mathbf{Z} \mid \mathbf{W}, \mathbf{Y}^*(1,1), \mathbf{Y}^*(1,0), \mathbf{Y}^*(0,1), \mathbf{Y}^*(0,0)] = 1. \quad (4.1)$$

1.7節で説明した個別割当、確率割当、条件付き確率割当の定義も、これに応じて拡張される。

ここで、4.2節以降の議論で用いる表記を、次のように用意しておく。

$$n_0 = \sum_{i=1}^n (1 - Z_i), \qquad n_1 = \sum_{i=1}^n Z_i,$$

$$n_c = \sum_{i=1}^n (1 - D_i), \qquad n_t = \sum_{i=1}^n D_i,$$

$$n_{0c} = \sum_{i=1}^n (1 - Z_i)(1 - D_i), \qquad n_{0t} = \sum_{i=1}^n (1 - Z_i) D_i,$$

$$n_{1c} = \sum_{i=1}^n Z_i (1 - D_i), \qquad n_{1t} = \sum_{i=1}^n Z_i D_i,$$

$$\bar{Y}_0 = \frac{1}{n_0} \sum_{i=1}^n (1 - Z_i) Y_i, \qquad \bar{Y}_1 = \frac{1}{n_1} \sum_{i=1}^n Z_i Y_i,$$

$$\bar{D}_0 = \frac{1}{n_0} \sum_{i=1}^{n} (1-Z_i) D_i, \qquad \bar{D}_1 = \frac{1}{n_1} \sum_{i=1}^{n} Z_i D_i,$$

$$\bar{Y}_{0c} = \frac{1}{n_{0c}} \sum_{i=1}^{n} (1-Z_i)(1-D_i) Y_i, \qquad \bar{Y}_{0t} = \frac{1}{n_{0t}} \sum_{i=1}^{n} (1-Z_i) D_i Y_i,$$

$$\bar{Y}_{1c} = \frac{1}{n_{1c}} \sum_{i=1}^{n} Z_i (1-D_i) Y_i, \qquad \bar{Y}_{1t} = \frac{1}{n_{1t}} \sum_{i=1}^{n} Z_i D_i Y_i.$$

4.2 片側非遵守者

非遵守者がいる状況は、ありうる非遵守者のパターンに応じて、**片側非遵守者** (one-sided noncomplier) しか存在しない特殊ケースと、**両側非遵守者** (two-sided noncomplier) が存在する一般のケースがある。片側非遵守者しか存在しないケースとは、非遵守者には処置を割り当てられない限り処置を受け取ることがない個体、すなわち $D_i^*(0) = 0$ となっている個体しか存在しない状況のことである。それに対して、両側非遵守者が存在するケースとは、それに加えて、処置を割り当てられていないにもかかわらず処置を受け取ってしまうような個体、すなわち $D_i^*(0) = 1$ となっている個体も存在しうる状況のことである。それでは、このような状況を仮定した場合にどのような問題が生じるのだろうか？ また、問題に対してどのように対処すればよいのだろうか？ 本節では片側非遵守者しか存在しないケースについて解説し、4.3 節では両側非遵守者が存在するケースについて解説する。

実験者がうまく処置割当メカニズムをデザインすれば達成できる無作為化実験の仮定などとは異なり、片側非遵守者 の仮定は、問題領域に関する知識に基づいて正当化するほかない実質的な仮定である。たとえば、「まだ市場で販売されていない新医薬品を処方する」という処置を考えてみよう。この場合は、まだ市場で販売されていない医薬品なので、実験者が処方しない限り、個体が入手して使用することはありえない。したがって、この実験では片側非遵守者の仮定は正当化されるだろう。一方、「一定期間、患者に低脂肪の食事を摂取するように指南する」という処置の場合には、そうした指南を行わなくとも患者が

表 4.1 片側非遵守者の場合の遵守タイプ

	$Z_i = 0$	$Z_i = 1$
$D_i = 0$	遵守者 / 非遵守者	非遵守者
$D_i = 1$	——	遵守者

自らの判断で低脂肪食を導入する可能性がある。そのような場合には、片側非遵守者の仮定が成り立つといえるかは疑わしい。このように、無作為化実験を行っていたとしても、非遵守者の存在を考慮し始めると、実験者が制御し切れない実質的な仮定に関する議論が必要となってくるのである。

ある個体の処置の受け取り方は、その個体の潜在結果 $D_i^*(\cdot)$ によって定まっている。すべての個体が片側非遵守者であるときは、各個体は $D_i^*(1)$ の値によってのみ区別される。そこで、$D_i^*(1) = 1$ であるような個体を**遵守者** (complier)、$D_i^*(1) = 0$ であるような個体を**非遵守者** (noncomplier) と呼ぼう。また、$G = \{com, noc\}$ とし、$G_i \in G$ を「遵守タイプ」と呼ぶ。遵守者であれば $G_i = com$、非遵守者であれば $G_i = noc$ である。観測される処置の割当と受取とこれらの遵守タイプとの関係は表 4.1 で表される。この表からわかる通り、$Z_i = 1$ であるような個体については非遵守者か遵守者かが判定できる。しかし、$Z_i = 0$ であるような個体については、そのうち誰が遵守者で、誰が非遵守者かは判定できない。なぜならば、$Z_i = 0$ であるような個体が、処置を割り当てられた場合に受け取るかどうかを観測することはできないためである。

この遵守タイプ別の個体数 n_G とその割合 π_G を以下のように表記する。

$$n_{com} = \sum_{i=1}^{n} \mathbf{1}\{D_i^*(1) = 1\}, \quad n_{noc} = \sum_{i=1}^{n} \mathbf{1}\{D_i^*(1) = 0\},$$

$$\pi_{com} = \frac{n_{com}}{n}, \quad \pi_{noc} = \frac{n_{noc}}{n}.$$

さて、非遵守者が存在するときでも、無作為化実験の仮定のもとで処置割当効果については不偏推定量を得ることができた。すなわち、処置の受取に関する処置割当効果は

$$\widetilde{\tau}_D = \frac{1}{n} \sum_{i=1}^{n} (D_i^*(1) - D_i^*(0))$$

であり、結果に対する処置割当効果は

$$\widetilde{\tau}_Y = \frac{1}{n}\sum_{i=1}^{n}\left(Y_i^*\left(1, D_i^*(1)\right) - Y_i^*\left(0, D_i^*(0)\right)\right)$$

であって、それぞれ以下の平均値の差

$$\widehat{\widetilde{\tau}}_D = \bar{D}_1 - \bar{D}_0, \quad \widehat{\widetilde{\tau}}_Y = \bar{Y}_1 - \bar{Y}_0$$

が不偏推定量となっている。

ここで、$\widetilde{\tau}_D$ は標本の中に占める遵守者の割合に一致する。

$$\widetilde{\tau}_D = \frac{1}{n}\sum_{i=1}^{n}D_i^*(1) = \frac{n_{com}}{n} = \pi_{com}.$$

なぜなら、処置を割り当てられた個体のうち処置を受け取った者の割合は処置を割り当てられた個体のうちの遵守者の割合であり、処置の割当 Z_i は潜在結果と条件付き独立なので、この条件付きの割合は全体での遵守者の割合と一致するからである。

今、個体の遵守タイプごとの結果の処置割当効果を、以下のように定義する。

$$\widetilde{\tau}_{Y,com} = \frac{1}{n_{com}}\sum_{G_i=com}\left(Y_i^*\left(1, D_i^*(1)\right) - Y_i^*\left(0, D_i^*(0)\right)\right),$$
$$\widetilde{\tau}_{Y,noc} = \frac{1}{n_{noc}}\sum_{G_i=noc}\left(Y_i^*\left(1, D_i^*(1)\right) - Y_i^*\left(0, D_i^*(0)\right)\right).$$

なお、遵守タイプが判別できない個体については、これらの処置割当効果の不偏推定量を得ることはできない。しかし上の2つの式を用いると、結果の平均処置効果が以下のような要素に分解できることがわかる。

$$\begin{aligned}\widetilde{\tau}_Y =& \frac{1}{n}\sum_{G_i=com}\left(Y_i^*\left(1, D_i^*(1)\right) - Y_i^*\left(0, D_i^*(0)\right)\right) \\ & + \frac{1}{n}\sum_{G_i=noc}\left(Y_i^*\left(1, D_i^*(1)\right) - Y_i^*\left(0, D_i^*(0)\right)\right) \\ =& \frac{n_{com}}{n}\cdot\frac{1}{n_{com}}\sum_{G_i=com}\left(Y_i^*\left(1, D_i^*(1)\right) - Y_i^*\left(0, D_i^*(0)\right)\right) \\ & + \frac{n_{noc}}{n}\cdot\frac{1}{n_{noc}}\sum_{G_i=noc}\left(Y_i^*\left(1, D_i^*(1)\right) - Y_i^*\left(0, D_i^*(0)\right)\right)\end{aligned}$$

$$=\tilde{\tau}_{Y,com}\tilde{\tau}_D + \tilde{\tau}_{Y,noc}(1-\tilde{\tau}_D).$$

すなわち、結果の処置割当効果 $\tilde{\tau}_Y$ は、遵守者の処置割当効果 $\tilde{\tau}_{Y,com}$ と非遵守者の処置割当効果 $\tilde{\tau}_{Y,noc}$ を処置の受取割合 $\tilde{\tau}_D$ と処置の非受取割合 $(1-\tilde{\tau}_D)$ で加重平均をとったものになっている。

1つの式に対して2つの未知数 $\tilde{\tau}_{Y,com}$ と $\tilde{\tau}_{Y,noc}$ があるので、この2つの未知数をともに識別することはできない。ただし、この2つの未知数のうち、$\tilde{\tau}_{Y,noc}$ は識別ができたところで有用性がない。なぜなら、定義より、これらの個体は処置を割り当てられても受け取ることがないからである。一方、$\tilde{\tau}_{Y,com}$ は処置を割り当てられれば受け取る個体にとっての処置割当効果なので、識別できれば有用性のある情報である。では、どのような条件下であれば遵守者への処置割当効果 $\tilde{\tau}_{Y,com}$ を識別できるだろうか？

この点について議論するために、「条件付き独立割当」の含意について整理しておこう。まず、処置の割当 Z_i が潜在結果 $Y_i^*(\cdot,\cdot)$ と条件付き独立であることは、処置の受取 D_i が潜在結果 $Y_i^*(\cdot,\cdot)$ と条件付き独立になっていることを含意しない。処置を割り当てられた個体がその処置を受け取るか否かはその個体次第であり、潜在結果との関連を排除できないからである。しかし、次の処置の受取の**潜在的な条件付き独立** (potential conditional independence) は成立する。

> **潜在的な条件付き独立**
>
> $$\mathbb{P}[D_i=1\mid Y_i^*(\cdot,\cdot), G_i=g] = \mathbb{P}[D_i=1\mid Y_i^*(\cdot,\cdot)', G_i=g],$$
> $$\forall Y_i^*(\cdot,\cdot), Y_i^*(\cdot,\cdot)'. \tag{4.2}$$

まず、$G_i = noc$ であれば、D_i は常に0なので、この式は直ちに成立する。次に、$G_i = com$ であれば、処置の割当は処置の受取に等しい、つまり $D_i = Z_i$ である。したがって、遵守者に限っていえば、Z_i に関する条件付き独立が成立するのであれば、D_i に関する条件付き独立も成立する。

次に、**非遵守者に関する除外制約** (exclusion restriction for noncomplier) と呼ばれる以下の制約を考える。これは、すべての非遵守者について以下が成立することを要求するものである。

非遵守者に関する除外制約

$$\mathbb{P}[Y_i^*(0,0) = Y_i^*(1,0) \mid G_i = noc] = 1. \tag{4.3}$$

すなわち、「処置の割当が直接潜在結果に影響を与えることがなく (つまり除外されており)、潜在結果に影響があるとすれば、処置の受取を伴ったときに限る」ということを意味している。これは、無作為化実験の仮定からは導出できない実質的な仮定である。しかし、この仮定の妥当性は、2重盲検法 (double blind test) を用いて個体が $Z_i = 1$ か $Z_i = 0$ のどちらの状態にあるのかを判別できないようにするなどして、高めることができる。なお、2重盲検法とは、処置群と統制群のどちらに割り当てられているのかが実験対象の個体にも実験の実施者にもわからないように工夫された実験のことである。

この非遵守者に関する除外制約が成立するのであれば、非遵守者への処置割当効果 $\widetilde{\tau}_{Y,noc}$ は0となる。非遵守者の結果は処置を受け取らない限りは変化せず、また、非遵守者は処置を割り当てられても受け取ることがないからである。この場合、

$$\widetilde{\tau}_Y = \widetilde{\tau}_{Y,com}\widetilde{\tau}_D + 0 \cdot (1 - \widetilde{\tau}_D)$$

であるから、遵守者への処置割当効果は

$$\widetilde{\tau}_{Y,com} = \frac{\widetilde{\tau}_Y}{\widetilde{\tau}_D}$$

と表される。この式の右辺は分子・分母ともに一致推定が可能なので、遵守者への処置効果も

$$\widehat{\tau}_{Y,com} = \frac{\widehat{\widetilde{\tau}}_Y}{\widehat{\widetilde{\tau}}_D}$$

であり、一致推定が可能である。

さて、先の除外制約が遵守者についても成立するとしよう。すなわち、すべての遵守者についても以下が成り立つとする。

遵守者に関する除外制約

$$\mathbb{P}[Y_i^*(0,0) = Y_i^*(1,0), Y_i^*(0,1) = Y_i^*(1,1) \mid G_i = com] = 1.$$

この仮定が成立するのであれば、以下の通り、遵守者の処置割当効果と遵守者にとっての4つすべてのバージョンの平均処置効果は一致する。

局所平均処置効果 (LATE)

$$\begin{aligned}
\widetilde{\tau}_{Y,com} &= \frac{1}{n_{com}} \sum_{G_i=com} (Y_i^*(1, D_i^*(1)) - Y_i^*(0, D_i^*(0))) \\
&= \frac{1}{n_{com}} \sum_{G_i=com} (Y_i^*(1,1) - Y_i^*(0,0)) \\
&= \frac{1}{n_{com}} \sum_{G_i=com} (Y_i^*(1,1) - Y_i^*(1,0)) \\
&= \frac{1}{n_{com}} \sum_{G_i=com} (Y_i^*(0,1) - Y_i^*(1,0)) \\
&= \frac{1}{n_{com}} \sum_{G_i=com} (Y_i^*(0,1) - Y_i^*(0,0)).
\end{aligned} \quad (4.4)$$

この仮定は、一致推定量 $\widehat{\tau}_{Y,com}$ の作り方を変えることなく、その解釈だけを変えるものである。この遵守者にとっての平均処置効果のことを、標本の中の一部の個体に関する平均処置効果という意味で、**局所平均処置効果** (local average treatment effect: LATE) という。

このように、片側非遵守者のみが存在するような状況であれば、非遵守者に関する除外制約が成立する限り、遵守者への処置割当効果の不偏推定量を得ることができる。さらに、遵守者への除外制約も成立するならば、この効果は遵守者への平均処置効果であると解釈でき、それは特に局所平均処置効果と呼ばれる。

第3章までの議論と異なり、ここでは「片側非遵守者のみが存在する」「非遵守者に関する除外制約が成立する」「遵守者に関する除外制約が成立する」といった実質的な仮定が要求される点が奇妙に感じられるかもしれない。数式を

追う限りでは、その感覚はおそらく正しい。ただし、重要なことは、たとえ無作為化実験を行っていても、対象となる個体が人間である限りは「処置の割当と処置の受取の間にずれが生じる」という問題が発生してしまうこと、そのときに処置割当効果を超えて意味のある推論を行おうとするならば、問題領域の知識に基づいて実質的な仮定の妥当性について議論しなければならないということである。この点は、第5章で紹介する分析事例でも、結果に対するさまざまな頑健性チェックや妥当性に関する議論を通じて実践されている。人間相手の因果推論は、ある手続きに従って実験を設計して結果を分析すれば成り立つようなものではなく、問題領域に踏み込む実証分析の様相を色濃く持つということが、非遵守者問題の含意である。

4.3 両側非遵守者

次に、両側非遵守者問題が想定される場合、すなわち、「処置を割り当てられていないにもかかわらず処置を受け取ってしまうような個体が存在しうる場合」の因果推論について議論する。「処置を割り当てられていないにもかかわらず処置を受け取ってしまう」といわれると非現実的な問題のようにも思われるかもしれないが、4.1.1項でも述べたようにそうでもない。4.2節と同じく「低脂肪の食事をとる」ことの効果を測るために、「低脂肪のおいしい食事の作り方を指南する」という処置を割り当てたとしよう。このとき、低脂肪のおいしい食事の作り方を指南されなくとも、自分で調べて低脂肪の食事をとるような人がいるかもしれない。

片側非遵守者の仮定が満たされない場合、理論的には全部で以下の4つの遵守タイプが存在する。

$$nt : D_i^*(0) = 0, \quad D_i^*(1) = 0,$$
$$co : D_i^*(0) = 0, \quad D_i^*(1) = 1,$$
$$df : D_i^*(0) = 1, \quad D_i^*(1) = 0,$$
$$at : D_i^*(0) = 1, \quad D_i^*(1) = 1.$$

表 4.2　両側非遵守者の場合の遵守タイプ

	$Z_i = 0$	$Z_i = 1$
$D_i = 0$	常時不参加者 / 遵守者	常時不参加者 / 反抗者
$D_i = 1$	常時参加者 / 反抗者	常時参加者 / 遵守者

　1つ目の遵守タイプは、処置を割り当てられても割り当てられなくても受け取ることがない個体で、**常時不参加者** (never taker: nt) と呼ばれる。2つ目の遵守タイプは、処置を割り当てられなければ受け取らないが、割り当てられれば受け取る個体で、**遵守者** (complier: co) と呼ばれる。ここまでは片側非遵守者のケースで議論してきた遵守タイプであり、両側非遵守者のいるケースでは新たに次の2つの遵守タイプが登場する。3つ目の遵守タイプは、処置を割り当てられると受け取らないが、割り当てられなければ受け取る個体で、**反抗者** (defier: df) と呼ばれる。4つ目の遵守タイプは、常に処置を受け取る個体で、**常時参加者** (always taker: at) と呼ばれる。「低脂肪のおいしい食事の作り方を指南されなくとも、自分で調べて低脂肪の食事をとる」ような人は常時参加者であることが多い一方で、「低脂肪のおいしい食事の作り方を指南されなかったからこそ、自分で調べて低脂肪の食事をとる」ような反抗者は実際にはあまり存在しないかもしれない。しかし、理論的には常時参加者も反抗者もともに存在すると考えられる。

　観測される処置の割当 Z_i と受取 D_i とその背後に存在しうる遵守タイプの関係は、表 4.2 のようになっている。この表からわかる通り、どの組み合わせにおいても2種類の遵守タイプが存在しうるため、観測された処置の割当と受取の結果からある個体の遵守タイプを推し量ることは不可能である。

　さて、両側非遵守者の場合でも、処置の受取に関する処置割当効果、結果に関する処置割当効果については、不偏推定量を求めることができる。さらに、遵守タイプごとの割合

$$\pi_G = \frac{n_G}{n}, \quad G \in \{nt, co, df, at\},$$

ならびに遵守タイプごとの処置割当効果

$$\widetilde{\tau}_{Y,G} = \frac{1}{n_G} \sum_{G_i=G} (Y_i^*(1, D_i^*(1)) - Y_i^*(0, D_i^*(0)))$$

も同様に定義することができる。なお先にも述べた通り、nt は常時不参加者、co は遵守者、df は反抗者、at は常時参加者を示す。

追加の仮定がなければ、観測値から推定できるパラメータは処置割当効果までである。そこで、片側非遵守者の場合と同様に、問題領域に関する知識に基づいて正当化しうる追加の仮定が成り立つと考えられる場合に、何がどこまで推定可能になるかについて議論しよう。

片側非遵守者の場合には、結果の処置割当効果は、遵守者に対する処置割当効果と非遵守者に対する処置割当効果の加重平均であることが示せたが、両側非遵守者の場合にも同様の導出手順で、結果の処置割当効果が4つの遵守タイプの処置割当効果の加重平均になっていることが示せる。すなわち、

$$\widetilde{\tau}_Y = \widetilde{\tau}_{Y,nt}\pi_{nt} + \widetilde{\tau}_{Y,co}\pi_{co} + \widetilde{\tau}_{Y,df}\pi_{df} + \widetilde{\tau}_{Y,at}\pi_{at}$$

という関係が成り立っている。

まず、**常時参加者と常時不参加者に関する除外制約**が成り立っているとしよう。これは、$Y_i^*(0,0) = Y_i^*(1,0)$, $Y_i^*(0,1) = Y_i^*(1,1)$ が常時参加者と常時不参加者について成り立っていることを意味する。ただし、常時参加者が不参加となることはないので、常時参加者については実際には2点目の性質さえ成立すればよい。また、常時不参加者が参加することはないので、常時不参加者については実際には1点目の性質が成立すればよい。4.2節で述べたように、除外制約とは、処置の割当は受取を通じてのみ結果に影響しうるという仮定で、2重盲検法などによって妥当性を高めることが可能な実質的な仮定である。

常時参加者と常時不参加者の参加状況は変化しないため、この仮定のもとでは常時参加者と常時不参加者の処置割当効果は

$$\begin{aligned}\widetilde{\tau}_{Y,at} &= \frac{1}{n_{at}} \sum_{G_i=at} (Y_i^*(1, D_i^*(1)) - Y_i^*(0, D_i^*(0))) \\ &= \frac{1}{n_{at}} \sum_{G_i=at} (Y_i^*(1,1) - Y_i^*(0,1)) \\ &= 0,\end{aligned}$$

$$\widetilde{\tau}_{Y,nt} = \frac{1}{n_{nt}} \sum_{G_i=nt} (Y_i^*(1, D_i^*(1)) - Y_i^*(0, D_i^*(0)))$$

$$= \frac{1}{n_{nt}} \sum_{G_i=nt} (Y_i^*(1,0) - Y_i^*(0,0))$$

$$= 0$$

となる。つまり、結果の処置割当効果は遵守者と反抗者の処置割当効果の加重平均

$$\widetilde{\tau}_Y = \widetilde{\tau}_{Y,co}\pi_{co} + \widetilde{\tau}_{Y,df}\pi_{df}$$

になるということである。

ここで、さらに、**反抗者の不存在**を仮定できるとしよう。これは、$D_i^*(1) \geq D_i^*(0)$ とも表記できるため、$D_i^*(\cdot)$ の**単調性** (monotonicity) と呼ばれることもある。この仮定も問題領域に関する知識に基づいて妥当性を論じる必要のある実質的な仮定である。先ほど、「低脂肪のおいしい食事の作り方を指南されなくとも、自分で調べて低脂肪の食事をとる」ような常時参加者は存在しても、「低脂肪のおいしい食事の作り方を指南されなかったからこそ、自分で調べて低脂肪の食事をとる」ような反抗者はほとんど存在しないかもしれないと述べた通り、現実のほとんどの状況では、反抗者の存在は考えにくいだろう。しかし、たとえば、一部の人に対して低脂肪の食事の指南を行ったことが、統制群の人に漏れ伝わってしまったとしよう。そのような場合には、低脂肪の食事の指南を受けなかった人が指南を受けられなかったこと自体に腹を立て、ならば自分で勉強してやろうと考えることがありえなくもない。

ただし、2重盲検法のように誰にどのような処置を行ったかがわからない実験デザインを組んでいれば、このような問題は避けられた可能性はある。どちらの処置を受けているのかわからなければ反抗のしようもないからである。このように、反抗者の不存在という仮定は、常時参加者と常時不参加者に関する除外制約以上に、問題領域に関する知識に基づいた丹念な検討を要する難しい仮定である。

この仮定が成り立つのであれば、結果の処置割当効果は

$$\widetilde{\tau}_Y = \widetilde{\tau}_{Y,co}\pi_{co}$$

と書ける。さらに、遵守者の割合も、処置受取の処置割当効果によって推定することができる。なぜなら、

$$\widetilde{\tau}_D = \sum_{G \in \{nt,at,co,df\}} \mathbb{E}\left[D_i^*(1) - D_i^*(0) \mid G_i = G\right] \pi_G$$

$$= \mathbb{E}\left[D_i^*(1) - D_i^*(0) \mid G_i = co\right] \pi_{co} + \mathbb{E}\left[D_i^*(1) - D_i^*(0) \mid G_i = df\right] \pi_{df}$$

$$= \mathbb{E}\left[D_i^*(1) - D_i^*(0) \mid G_i = co\right] \pi_{co}$$

$$= \pi_{co}$$

と書けるからである。上式の2行目は常時参加者と常時不参加者の処置受取変数が変化しないことにより、3行目は反抗者の不存在による。4行目は、遵守者において $D_i^*(1) - D_i^*(0) = 1$ となっていることを用いている。

したがって、遵守者の処置割当効果が片側非遵守者の場合と同様に、

$$\widehat{\tau}_{Y,co} = \frac{\widehat{\widetilde{\tau}}_Y}{\widehat{\widetilde{\tau}}_D}$$

と推定できる。さらに、遵守者に関する除外制約が成立するのであれば、遵守者の処置割当効果と遵守者の平均処置効果は一致するので、これは4.2節で述べた局所平均処置効果に関する一致推定量になっている。

以上の議論から、片側非遵守者の場合と両側非遵守者の場合で結果的に得られた推定量は同値となることがわかる。推定量の収束先が局所平均処置効果と解釈できるために必要な仮定は両者で異なっていたが、統計的推測に関わる仮定は両者で同じである。そのため、標準誤差などの統計的推測に関する性質は片側非遵守者の場合と両側非遵守者の場合で変わらない。

4.4 局所平均処置効果と操作変数法の関連

序章の2節で紹介した構造推定アプローチの計量経済学では、線形モデルの最小2乗推定量を学んだ後で、**操作変数** (instrumental variable: IV) を用いた推定量について学ぶことが多い。実は、4.3節で述べた遵守者の平均処置効果、すなわち局所平均処置効果の推定量

$$\widehat{\tau}_{Y,com} = \frac{\widehat{\widehat{\tau}}_Y}{\widehat{\widehat{\tau}}_D}$$

は、操作変数法を用いた推定量の一種とみなすことができる。そこで、本節ではこの点について、片側非遵守者のケースに基づいて議論しておこう。

まず、母集団における局所平均処置効果を以下のように定義する。

$$\tau_{late} = \mathbb{E}\left[Y_i^*(1,1) - Y_i^*(0,0) \mid G_i = com\right].$$

さらに、関連して以下の表記を導入しておこう。

$$\alpha = \mathbb{E}\left[Y_i^*(0,0)\right],$$
$$\nu_i = Y_i^*(1,1) - Y_i^*(0,0) - \tau_{late},$$
$$\epsilon_i = Y_i^*(0,0) - \alpha.$$

これらの表記を用いると、観測式は

$$\begin{aligned}
Y_i &= D_i^*(Z_i) Y_i^*(Z_i, 1) + (1 - D_i^*(Z_i)) Y_i^*(Z_i, 0) \\
&= Y_i^*(Z_i, 0) + D_i^*(Z_i)(Y_i^*(Z_i, 1) - Y_i^*(Z_i, 0)) \\
&= Y_i^*(0,0) + D_i^*(Z_i)(Y_i^*(1,1) - Y_i^*(0,0)) \\
&= \alpha + \epsilon_i + D_i \nu_i + D_i \tau_{late} \\
&= \alpha + D_i \tau_{late} + \epsilon_i + D_i \nu_i
\end{aligned}$$

と表される。なお、2 行目から 3 行目にかけて、4.2 節で説明した非遵守者に関する除外制約 (4.3) 式を用いている。

この線形モデルの最小 2 乗推定量は、τ_{late} の一致推定量を与えない。なぜなら、処置受取を表す変数 D_i が誤差項 $\epsilon_i + D_i \nu_i$ と一般に相関しているからである。そこで、処置割当を表す変数 Z_i を処置受取の操作変数として用いた**2 段階最小 2 乗推定量** (two-stage least-squares estimator: TSLS) を使うことが考えられる。

実際、Z_i と誤差項の間で条件付き期待値 0 の性質が成り立つことが、以下のように示せる。まず、無作為化実験の仮定より、

$$\mathbb{E}\left[\epsilon_i \mid Z_i\right] = \mathbb{E}\left[Y_i(0,0) \mid Z_i\right] - \mathbb{E}\left[Y_i(0,0)\right]$$

$$= \mathbb{E}\left[Y_i(0,0)\right] - \mathbb{E}\left[Y_i(0,0)\right]$$
$$= 0$$

が成り立つ。さらに、片側非遵守者の仮定と無作為化実験の仮定より、

$$\mathbb{E}\left[D_i\nu_i \mid Z_i = 0\right] = \mathbb{E}\left[0 \cdot \nu_i \mid Z_i = 0\right] = 0,$$
$$\mathbb{E}\left[D_i\nu_i \mid Z_i = 1\right] = \mathbb{E}\left[\nu_i \mid Z_i = 1, D_i^*(Z_i) = 1\right] \mathbb{P}\left[D_i^*(1) = 1\right]$$
$$= \mathbb{E}\left[\nu_i \mid Z_i = 1, G_i = com\right] \pi_{com}$$
$$= \mathbb{E}\left[Y_i^*(1,1) - Y_i^*(0,0) - \tau_{late} \mid Z_i = 1, G_i = com\right] \pi_{com}$$
$$= \mathbb{E}\left[Y_i^*(1,1) - Y_i^*(0,0) - \tau_{late} \mid G_i = com\right] \pi_{com}$$
$$= 0$$

が成り立つ。

ここで、Z_i を操作変数として用いた τ_{late} の推定量は、実は 4.3 節で定義した局所平均処置効果の推定量と同値である。この点を確認するために、観測式をさらに次のように書き換える。

$$Y_i = \alpha + D_i\tau_{late} + \epsilon_i + D_i\nu_i$$
$$= \alpha + \mathbb{E}\left[D_i \mid Z_i\right] \tau_{late} + (D_i - \mathbb{E}\left[D_i \mid Z_i\right]) \tau_{late} + \epsilon_i + D_i\nu_i$$
$$= \alpha + (\pi_0 + \pi_1 Z_i) \tau_{late} + \eta_i,$$
$$\pi_0 = \mathbb{E}\left[D_i \mid Z_i = 0\right],$$
$$\pi_1 = \mathbb{E}\left[D_i \mid Z_i = 1\right] - \mathbb{E}\left[D_i \mid Z_i = 0\right] = \mathbb{E}\left[D_i \mid Z_i = 1\right] = \pi_{com},$$
$$\eta_i = (D_i - \mathbb{E}\left[D_i \mid Z_i\right]) \tau_{late} + \epsilon_i + D_i\nu_i.$$

Y_i を Z_i に回帰して得られる $\pi_1\tau_{late}$ の推定量が顕在結果の平均の差 $\bar{Y}_1 - \bar{Y}_0$、D_i を Z_i に回帰して得られる π_{com} の推定量が処置受取の平均の差 $\bar{D}_1 - \bar{D}_0$ となるため、前者を後者で割って得られるこの線形モデルの 2 段階最小 2 乗推定量は、以下のようになる。

2段階最小2乗推定量 (TSLS)

$$\frac{\widehat{\pi_{com}\tau_{late}}}{\widehat{\pi_{com}}} = \frac{\bar{Y}_1 - \bar{Y}_0}{\bar{D}_1 - \bar{D}_0} = \widehat{\tau}_{Y,com}. \tag{4.5}$$

さらに、$\widehat{\tau}_{Y,com}$ と Z_i を操作変数として用いた2段階最小2乗推定量が局所平均処置効果と同値な推定量を与えるということは、その標準誤差も同じ方法で求めることができるということである。したがって、実装上は、Z_i を操作変数として用いた2段階最小2乗推定量を用いるとともに、その標準誤差を統計的推測に用いればよいことになる。

ただし以上の議論は、処置が2値の場合についてのみ成り立つものだという点に注意してほしい。処置が多値あるいは連続値をとるような場合の潜在結果モデルを用いた因果推論と構造推定アプローチの操作変数法との関係について議論するためには、ここまで本書で論じてきた潜在結果モデルとは異なる潜在モデルの枠組みを用意する必要がある[2]。

文献ガイド

本章で解説した、実験において非遵守者の存在がもたらす問題については、Imbens and Rubin (2015) の第 VI 部 (第 23～24 章) で詳細に解説されている。

4.4 節で扱った局所平均処置効果と操作変数法の関連は、特に単調性の仮定と特定の構造モデルの同値性を示した Vytlacil (2002) や、特定のモデルのもとで平均処置効果、処置群平均処置効果、局所平均処置効果などのさまざまなパラメータの元となるパラメータを提唱した Heckman and Vytlacil (2005) などによって展開されている。

複数処置を考える場合には、本書の議論がすべて成り立つわけではない。本書で反抗者の不存在として導入した仮定は、Angrist et al. (1996) において2値をとる処置について提唱されたものであるが、Imbens and Angrist (1994) では、処置の潜在変数 $D_i^*(\cdot)$ の操作変数に対する単調性として、導入されており、2値に限らない操作変数に対しても適用可能な仮定と議論がなされている。これは、たとえば2値の処置受取に対して、3段階の処置割当 (割当なし、部分的な割当、完全な割当) を考えるような場合である。しかし、このようなより一般の場合において、Imbens and Angrist

---

2) この点については Vytlacil (2002) や Heckman and Vytlacil (2005) を参照してほしい。

(1994) の単調性は解釈が困難になりうることが指摘されており、それを代替するような仮定が議論されている (Mogstad et al., 2021)。

第5章
無作為化実験の実践

イントロダクション

　ここまで本書では、潜在結果モデルに基づいて、無作為化実験による実証分析の方法を解説してきた。その中で、特に第4章では、経済学の文脈で無作為化実験を行う際に常に頭を悩ますことになる重要な問題として、人間を対象とすることに起因する処置の非遵守者の問題について議論し、それへの対処法を導入した。

　そこで本章では、この非遵守者の問題に対処するために、処置割当効果と局所平均処置効果をともに推定した研究を中心に、無作為化実験を用いた経済学の分析例を紹介する。

　まず5.1節で紹介するBaird et al. (2022) は、「職業訓練は労働者の雇用や収入の向上に効果があるのか？」という古典的な疑問に対して、無作為化実験を通じて答えた研究である。ここでは、職業訓練への招待という処置の割当と、職業訓練への参加という処置の受取の間で、非遵守者の問題が生じている。この問題を前提として、実験がどのように設計されているか、処置割当効果と局所平均処置効果がどのように推定されているかを具体的に見ていく。

　5.2節で紹介するAragón et al. (2020) は、小規模企業金融において柔軟な貸付方法である与信枠の設定が、企業の業績をどの程度向上させるかを測定した研究である。ここでは、2つの貸付方法を無作為に割り当てた後に、銀行の融資担当者が自分の判断で貸付方法や限度額を変更するという形で非遵守者の問題が生じている。このような状況のもとで、論文の著者たちが想定しうる批判に応えるためにどのような対処や補強のための分析を行っているかを詳細に見ていく。

　無作為化実験による因果推論は信頼性の高い推定結果を与えてくれるものの、研究者が実験結果を見た後で仮説や分析方法を変更するなどの行為をとると、論文として学術誌に出版される結果に偏りが生まれたり、偽陽性の可能性が大きくなったりするといった問題が指摘されている。このような問題を避けるために近年導入されつつある

のが、実験デザインの「事前登録制度」や、さらに進んだ「事前査読制度」である。そこで本章では、5.3 節でこれらの制度を概観したうえで、5.4 節でこの事前査読制度を通じて受理された Afridi et al. (2021) における分析を取り上げ、信頼性の高い研究を担保するうえでの事前査読制度の利点と限界を解説する。

5.1 職業訓練は労働者の雇用と収入向上に寄与するか？

5.1.1 研究の背景と目的

最初に、「職業訓練は労働者の雇用と収入向上に寄与するのか？」という古典的な問いに対して、無作為化実験を用いて答えた Baird et al. (2022) を見ていこう。職業訓練は**積極的労働市場政策** (active labor market program) の一種で、主に教育による労働者の人的資本改善によって労働者の雇用や収入を改善しようとする介入プログラムである。

米国では、1998 年に成立した Workforce Investment Act (WIA) という法律に基づく職業訓練にあまり効果が見られなかった反省から、2014 年に成立した Workforce Innovation and Opportunity Act (WIOA) のもとで、(1) 地域の雇用主の需要に応じた職業訓練、(2) 職業訓練への参加率向上のための事前スクリーニングなどに力を入れた職業訓練、が実施された。それらのうち、特にルイジアナ州ニューオーリンズで 2016 年から 2018 年にかけて実施された、延べ 600 人ほどの労働者に対する職業訓練の効果を分析するのがこの論文の目的である。

5.1.2 研究デザインとデータ

この職業訓練プログラムでは、応募者に対して読み書き、算術の試験や複数のインタビューなどを実施してスクリーニングを行い、職業訓練参加と修了の見込みの高い労働者のプールを確保したうえで、応募者の同意を得て、属性に基づいて層別に無作為に職業訓練への参加を割り当てる。分析に用いるデータは、プログラム応募時に記入する質問票の結果と、社会保障番号 (米国政府が発行する個人番号) に紐付けられたルイジアナ州労働委員会の労働者の雇用と収入に関するデータベースからなる。著者たちはまず、処置群と統制群の間で

表 5.1 職業訓練の遵守状況

		参加 いいえ	参加 はい	修了 いいえ	修了 はい	合計
割当	いいえ	166	26	170	22	192
割当	はい	35	162	71	126	197
合計		201	188	241	148	389

(出所) Baird et al. (2022)、Table 2 より作成。

主な共変量の平均値に顕著な差がないことを確認している。

ただし、上記のようなプロセスで事前に参加者をスクリーニングしているにもかかわらず、それなりの数の非遵守者が出ている。表 5.1 によると、職業訓練に招待された 197 人中 71 人がプログラムを修了しておらず、そのうち 35 人は 1 度も参加していない。さらに、職業訓練に招待されなかったにもかかわらず参加している人が 192 人中 26 人おり、そのうち修了している人が 22 人もいる。このようなことが起こる原因は、処置の割当を、その労働者が 1 度目にプログラムに応募した時点で定義しているからである。表 5.1 の結果は、1 度目の応募で職業訓練を受けられなくても、再度応募して職業訓練を受けることのできた人がこれだけいるということを示唆している。したがって、これは両側非遵守者のケースに該当する。さらに、上記の「処置を割り当てられなかったにもかかわらず処置を受け取った人」には同じ職業訓練プログラムに再度応募した人が該当するが、それ以外にも、この職業訓練プログラムに参加を認められなかったために、他の職業訓練プログラムに応募して参加した人もいるはずである。しかし、そのようなタイプの非遵守者はここでは直接観測できていない点には注意が必要である。

5.1.3 推定方法とその留意点

さて、この論文では上記の設定のもとで、職業訓練の処置割当効果と局所平均処置効果をそれぞれ推定する。処置割当効果は、次の線形回帰モデルの最小 2 乗推定量によって求められる。

$$Y_{it} = \alpha + \beta \, Treat_i + \lambda Y_{iB} + \mathbf{X}_i' \gamma + \psi_c + \phi_t + \epsilon_{it}.$$

ここで、i は労働者、t は四半期、c は職業訓練を受けた時期で分けたグループ（コーホート）を示している。結果変数である Y_{it} は職業訓練実施後の労働者の雇用または収入であり、$Treat_i$ が「職業訓練プログラムへの参加を招待されたか否か」の処置割当変数、Y_{iB} が職業訓練応募前の 0.5〜2.5 年間の収入の平均、$\mathbf{X}_i$ がその他の属性をまとめたベクトル、ψ_c がコーホート固定効果、ϕ_t が四半期固定効果、ϵ_{it} が誤差項である。

この推定式では、処置割当変数以外の共変量は加法分離的な線形モデルで導入されている。なお、論文の著者たちは、標準誤差としてコーホートレベルのクラスター頑健標準誤差を用いているが、処置が労働者レベルで割り当てられているので、労働者レベルのクラスター頑健標準誤差で十分であるように思われる。もちろん、コーホートレベルのクラスター頑健標準誤差を用いればより第 1 種の過誤を抑えた標準誤差が得られる。

論文では、局所平均処置効果は 2 段階最小 2 乗法で推定すると書かれているが、その回帰式が明示されていない。一部表記の再利用をすると、おそらく以下のような線形回帰モデルを用いていると考えられる。

$$Y_{it} = \alpha + \beta D_i + \lambda Y_{iB} + \mathbf{X}_i'\boldsymbol{\gamma} + \psi_c + \phi_t + \epsilon_{it},$$
$$D_i = \tilde{\alpha} + \tilde{\beta} Treat_i + \tilde{\lambda} Y_{iB} + \mathbf{X}_i'\tilde{\boldsymbol{\gamma}} + \tilde{\psi}_c + \tilde{\phi}_t + \tilde{\epsilon}_{it}.$$

ここで、D_i は「職業訓練に 1 度でも参加したか否か」を示す処置受取変数である。

さて、この状況で局所平均処置効果を推定するためにはどのような仮定が必要だろうか？ 論文の中ではこれらの点についてあまり詳細に議論されていないが、自分で実際に分析を行う際には重要な点であるので、以下で確認しておこう。

まず、両側非遵守者が存在するとしても、処置が割り当てられた場合に受け取らず、処置が割り当てられなかった場合には受け取るといった反抗者が存在しないことを仮定する必要がある。前掲の表 5.1 で見たように、データ上では処置が割り当てられなかったにもかかわらず処置を受け取った人が観測されているが、これはすべて常時参加者とみなされる。また、処置が割り当てられたにもかかわらず処置を受け取らなかった人が観測されているが、これはすべて常時不参加者とみなされる。

次に、職業訓練への招待それ自体は労働市場に影響を及ぼさないという除外制約が満たされる必要がある。職業訓練プログラムに招待されたというだけでは、実際に訓練に参加したわけではないので、人的資本を改善しない。また、事前スクリーニングを潜り抜けた後で、職業訓練に招待されるか否かは無作為に割り当てられることになっているので、職業訓練に招待されることに関するシグナリング効果もない。ただし、仮に、職業訓練への招待が無作為に決められていることを知らない雇用主がいて、その雇用主が職業訓練に招待されたということで、その労働者がよい資質を持っていると誤解するようなことがあるならば、除外制約は一部満たされないことになる。

さて、この論文では、標本全体の局所平均処置効果だけでなく、職業訓練応募時の就業状態ごとの局所平均処置効果も推定している。すなわち、応募時点で雇用されていたか (雇用者)、失業してから 2 四半期以内か (短期の失業者)、失業状態が 2 四半期よりも長く続いているか (長期の失業者)、の 3 つの就業状態である。Emp_{ik} を、就業タイプが k (雇用者 = 1、短期の失業者 = 2、長期の失業者 = 3 のいずれか) であれば 1 をとり、そうでなければ 0 をとる変数だとして、論文では次のような線形回帰モデルを推定すると説明されている。

$$Y_{it} = \alpha + \sum_{k=1}^{3} \beta_k \mathit{Treat}_i \cdot \mathit{Emp}_{ik} + \lambda Y_{iB} + \mathbf{X}_i' \gamma + \psi_c + \phi_t + \epsilon_{it}.$$

平均処置効果を推定するための 2 段階の線形回帰モデルは明示されていないが、先ほどと同様に、おそらくこれと類似したモデルを用いていると考えられる。

この回帰式では、就業状態を表す変数を処置割当変数に掛けている。この定式化は実証研究の論文ではよく見られるものだが、厳密にいえば、この就業状態を表す変数は右辺のすべての変数に掛けられるべきである。つまり、標本を就業状態に応じて分割し、それぞれの標本ごとに処置割当効果と平均処置効果を割り当てるべきである。この論文ではこれ以外にも、職業訓練プログラムのうち製造業を対象にしたグループ、医療業界を対象にしたグループ、情報産業を対象にしたグループに分割して処置効果を分析しているが、就業状態に関してもこれと同じ方法で分析したほうが望ましいのではないかと考えられる。

表 5.2　職業訓練の雇用への効果

	処置割当効果		局所平均処置効果	
	(1)	(2)	(1)	(2)
処置	0.035		0.057	
	(0.026)		(0.039)	
処置×雇用者		−0.030		−0.040
		(0.038)		(0.056)
処置×短期の失業者		0.140		0.221
		(0.064)		(0.091)
処置×長期の失業者		0.038		0.080
		(0.065)		(0.093)

(出所) Baird et al. (2022)、Table 6 より作成。

表 5.3　職業訓練の収入への効果

	処置割当効果		局所平均処置効果	
	(1)	(2)	(1)	(2)
処置	435.990		705.144	
	(256.708)		(389.069)	
処置×雇用者		−567.055		−804.269
		(473.477)		(676.460)
処置×短期の失業者		1471.771		2514.762
		(568.496)		(921.909)
処置×長期の失業者		1414.467		2499.909
		(405.167)		(776.785)

(出所) Baird et al. (2022)、Table 7 より作成。

5.1.4　推定結果

　職業訓練の雇用への効果は表 5.2 に、収入 (四半期) への効果は表 5.3 に示されている。

　雇用への効果を見てみると、全体的には処置割当効果で見ても局所平均効果で見ても目立った効果は見られない。就業状態ごとに見てみると、短期の失業者に対してのみ雇用される確率が 14%ポイント増加するという一定の効果が認められる。収入への効果を見てみると、全体的には処置割当効果が 436 ドル、局所平均処置効果が 705 ドルとなっている。就業状態ごとに見てみると、雇用

者には目立った効果はない一方で、短期の失業者にも長期の失業者にも 2,500 ドル程度の大きな効果があることがわかる。

雇用者への効果が薄い理由として、著者たちは、(1) 就業を中断して、あるいは就業しつつ職業訓練に来ている場合には職業訓練に集中できない、または (2) 職業訓練とは関係のない社内の昇進試験の一環として職業訓練に参加している、などの可能性を挙げている。いずれにせよ、「訓練への参加率を上げるための事前スクリーニングを行ったうえで、地域の需要に根ざした職業訓練を実施することは、失業者の雇用と収入の改善に寄与しうる」というのが、この論文のメッセージである。

ただし、その事前スクリーニングが、世の中の労働者の中でどのような人々をすくい上げているのかは、ここでは定かではない。限られた予算でより多くの失業者の雇用を助けたり、できるだけ多く収入を改善したりしたいのであれば、できるだけ職業訓練の効果が大きいと考えられる労働者を対象とできるように、適切な事前スクリーニングを行うことに意味がある。しかし、あらかじめ定められた特定の層の労働者を対象に効果のある介入方法を探るのであれば、この論文とは異なる対象の抽出方法が必要になるだろう。

5.2 与信枠の設定による柔軟な貸付は零細経営者を助けるか？

5.2.1 研究の背景と目的

次に、経営資金の貸付方法を、借入額・返済期限があらかじめ定められた期間貸付から、より柔軟な貸付である与信枠の設定に変更することで、発展途上国の零細経営者を助けることができるかを検証した Aragón et al. (2020) を紹介する。

バングラデシュのグラミン銀行以来、露天商などの零細経営者に対して、連帯責任や定期的なミーティングなどの各種制度によって債務不履行 (default) を抑えつつ小規模の貸付を行う**マイクロファイナンス** (microfinance) は、発展途上国の経済において欠かせないものになっている。しかし、その貸付方法は、借入額や返済期限をあらかじめ定めた期間貸付である場合が多い。一方、とりわけ日々営業上の不確実性に悩まされている零細経営者の間では、より柔軟に借入と返済を行うことが認められる与信枠の設定を通じた融資への需要が高い

とされている。与信枠が設定されると、顧客である零細経営者は、あらかじめ定められた一定の借入水準までは、好きなときに好きなだけ、借入や返済を行うことができる。また、返済額についても、最低限、既存借入額の利子分の支払いが求められるだけで、期間貸付のように定期的な借入期限ごとに元金を含めた一定額を一括で返済しなければならないという制約がない。

こうした需要に応えるために、インドのマハーラーシュトラ州にあるマンデシマヒラ銀行では、零細経営者に対して、連帯責任などのマイクロファイナンスの制度を踏襲しつつ、与信枠の設定による貸付を始めることになった。この論文は、著者たちがマンデシマヒラ銀行と協力して無作為化実験を行うことで、与信枠の設定が期間貸付に比べて零細経営者の事業の粗利益などに対してどのような効果をもたらすかについての測定を試みる研究である。実験は、2014年11月にマハーラーシュトラ州の3つの市（サタラ、プネー、ショーラープル）で開始された。対象となるのは、1日の売上が3,000ルピー、粗利益が600ルピーほどの零細経営者である（なお1ルピー1.94円、2024年7月2日現在）。

5.2.2 研究デザインとデータ

それでは、標本の抽出と処置の割当の手続きから見ていこう。まず、それぞれの市の各通りで、銀行の担当者が貸付の勧誘を行う。担当者は勧誘の際に、銀行が通常行うような基準に基づいて適性の審査を行う。また、勧誘の段階で、経営者には期間貸付と与信枠の設定の2つの方法があることを説明する。さらに、貸付を受ける条件として、経営者たちは3人集まって互いに連帯責任者となるという条件を提示する。この3人からなるグループが、分析上の1個体となる。各通りの中で、2つ以上のグループが貸付に応じると、著者たちによってグループが無作為に2つに分けられて、一方のグループには期間貸付が、もう一方のグループには与信枠の設定が行われる。与信枠の設定に際しては、銀行の担当者が、経営者の属性に応じて借入限度額が10,000ルピーまでか、20,000ルピーまでかを定める。金利はどちらも年率24%で、期間貸付の場合は毎週借入額の2.5〜3%の返済が求められる。与信枠の場合も同程度の定期的な返済が推奨されるが、義務ではない。貸付の期間は与信枠が3年、期間貸付が1年、1.5年、2年である。

この与信作業は2014年の11月から2015年の3月まで継続的に行われたが、

処置の割当は、同じ通り・同じ時期に貸付に応じたグループに対して行われる。したがって、この実験の処置割当メカニズムは層化無作為化実験にあたる。ただし、与信の判断は銀行の担当者によって行われているため、層内での無作為抽出が適切になされているか否かは定かではない。

分析の目的変数となる粗利益は、2週間に1度、銀行の担当者が経営者に対して営業時間終了間近に無作為に行う聞き取り調査を通じて記録された営業日誌に基づいて計算される。具体的には、1日の売上、1日の初めの在庫の価値、1日の最後の在庫の価値を聞き取り、「粗利益 = 1日の売上 − (1日の最後の在庫の価値 − 1日の初めの在庫の価値)」を計算する。

この論文では、分析を制約する2つの要因が報告されている。まず、経営者の間で与信枠の設定があまりにも人気だったため、2015年7月には、すべての経営者への貸付方式が、与信枠の設定に切り替えられることになった。そのため、貸付方法の違いが経営に与える長期的な影響は捕捉できない。次に、与信枠を設定された経営者の中に、銀行の担当者の判断で、与信を開始してから2カ月程度経過した時点で借入限度額が10,000ルピーから20,000ルピーに引き上げられた人たちが33%ほどいる。そのため、厳密にいえば「与信枠を設定したことの効果」と「貸付途中で借入限度額を引き上げたことの効果」が切り離せないデザインとなってしまっている。

興味のあるパラメータが「10,000ルピーの与信枠を設定すること」の平均処置効果であれば、現場の担当者の判断で「最初は10,000ルピーの与信枠を設定したものの、途中で20,000ルピーに借入限度額が拡大されたこと」は非遵守の一種である。「途中で借入限度額が拡大されたか否か」は一般に経営者の潜在結果と独立ではないので、「10,000ルピーの与信枠を設定し、借入限度額の拡大もなされなかった」「10,000ルピーの与信枠を設定し、途中で借入限度額が拡大された」といった変数を定義し、これを処置変数とした場合には、たとえ「10,000ルピーの与信枠を設定すること」が無作為化実験となっていたとしても、新たに定義した変数は無作為化実験の条件を満たさない。

この問題に対処するために、著者たちは「最初に10,000ルピーの与信枠を設定した後で借入限度額が拡大される確率を、観測される共変量の関数として推定して、その推定値を共変量の1つとして統制する」と述べている。これは、遵守タイプ条件付きの平均処置効果を推定しようとする「不完全な」試みであ

ると解釈できる。もし、観測できる共変量に基づいて、「途中で借入限度額が拡大されるか否か」が確実に特定できるのであれば、標本を途中で借入限度額が拡大されることがない経営者に限定することで、そのような経営者に対する「10,000 ルピーの与信枠を設定すること」の平均処置効果が推定できる。しかし実際には、観測できる共変量だけで潜在的な遵守タイプを特定することは不可能なので、こうした試みは不完全なものに終わってしまう。

このような分析結果は、**示唆的証拠** (suggestive evidence) と呼ばれる。これは、著者も読者もその分析が不完全なものであることを承知しながらも、それがないよりはあるほうが特定の結論の妥当性が強化されるということに同意できるような証拠のことである。こうした分析は、査読プロセスの中で査読者によって要求されることもあれば、そうした要求を見越して著者があらかじめ行っておくこともある。こうした示唆的証拠の提示は、分析結果の解釈を豊かにするという意味では望ましいものである。ただし、特定の結論を支持する示唆的証拠は提示するがそうでない示唆的証拠は提示しない、といった行動がとられることもしばしばあるため、あくまで参考程度の扱いにとどめるべきである。

著者たちは明示的には述べていないが、この論文の設定では、他にもさまざまな非遵守者の問題が存在する。たとえば、貸付の期間は 1 年、1.5 年、2 年などのいくつかのタイプがあり、このタイプは現場の銀行の担当者によって選択される。このように、無作為化実験といっても、すべての条件を統制したり、すべての側面で無作為化実験を行ったりすることはできないため、通常は何らかの解釈の余地が残ることになる。

5.2.3 推定方法

分析のための基本モデルは、以下のような線形回帰モデルである。

$$Grossprofits_{ist} = \beta \, Creditline_i + \eta_s + \mathbf{X}'_{it}\boldsymbol{\delta} + \epsilon_{ist}.$$

ここで、i は借入グループ、s は層（通り、時期）、t は時点（週）を示し、$Grossprofits_{ist}$ は粗利益、$Creditline_i$ は与信枠割当の有無を示す。また、η_s は層固有固定効果、$\mathbf{X}_{it}$ は聞き取り調査曜日、聞き取り調査地域・月ダミーなどの共変量であり、ϵ_{ist} はその他の誤差項で、借入グループ単位で任意の共分散構造が許容される。層固有固定効果が統制されているので、同じ時期に同じ

表 5.4 与信枠と粗利益

	全週	1〜6 週目	7〜12 週目	13〜17 週目	18〜30 週目
与信枠	59.5	10.9	26.4	78.9	125
	(34.3)	(54.9)	(44.2)	(39.7)	(44.9)
処置群の結果の平均	839.8	820.3	854.1	849.6	833.5
N	4,087	934	1,064	1,010	1,079

(出所) Aragón et al. (2020)、Table 2 より作成。

通りで組織された2組の借入グループ間での結果の差の平均を見ていることになる。

5.2.4 推定結果

基本的な推定結果は表 5.4 の通りである。全週データを対象とした分析結果を見ると、期間貸付対象の経営者の日次平均粗利益が 839.8 ルピーだったのに対し、与信枠を割り当てられた経営者のそれは 59.5 ルピー多かった。ただし、この効果は実験開始直後には見られず、13 週目経過以降に差が拡大している。

この他、結果の頑健性を検証するために、対象期間を13週目以降に絞ったうえで、経営者の属性を追加的に統制したり、共変量を層固有固定効果だけにしたり、結果変数の極端な値 (外れ値) を取り除かなかったりした場合についても分析して、おおよそ基本モデルによる推定結果と同じ結果を得ている。期間貸付を提供したが、結局与信枠の設定による貸付が行われたという点での非遵守に対処して局所平均処置効果を求める分析も、この頑健性の検証の枠内で行われている。

「与信の借入限度額が 10,000 ルピーから 20,000 ルピーに拡大される確率」を共変量に追加したときの分析結果も、効果量こそ異なるものの、おおむね同じ結果が得られている。ただし、この結果でやや不可解なのは、処置変数と「与信の借入限度額が 10,000 ルピーから 20,000 ルピーに拡大される確率」の交差項の係数が大きな負の値をとっていることである。これは「与信の借入限度額が 10,000 ルピーから 20,000 ルピーに拡大される確率」が高いような経営者ほ

ど、与信枠を設定することの効果量が小さいことを意味する。この係数は、そもそも「与信の借入限度額が 10,000 ルピーから 20,000 ルピーに拡大される確率」が高いような経営者であることの影響と、現に「与信の借入限度額が 10,000 ルピーから 20,000 ルピーに拡大されている割合」が高いことの影響の 2 つの影響を受けたものになっている。このうち、前者はともかく、後者は効果量を大きくする方向に寄与するように思われる。しかし、この不可解な点について著者たちはコメントをしていない。

5.2.5　追加的な分析

以上の分析をもって、著者たちは、与信枠の設定による貸付は期間貸付と比べて、零細経営者の粗利益を向上させることができると結論付けている。次に著者たちは、なぜ与信枠の設定によって粗利益が増えるのか、その背景にあるメカニズムの把握を試みている。この追加的な分析に当たって、著者たちは以下の 3 つの仮説を挙げている。

(1) 与信枠のほうがより多くの借入ができる
(2) 与信枠のほうが柔軟に借入計画が立てられる
(3) 与信枠の柔軟性のおかげで新商品を導入するなどの新しい工夫ができるようになる

これは、「仮説の検証可能な含意」を調べ上げることによって行われる古典的な分析方法である。たとえば、与信枠の設定によってより多くの借入ができるようになったことが粗利益向上の主要なチャネルであったとするならば、与信枠が設定された経営者の借入総額の増加が見られるはずである。また、与信枠の設定によって借入計画が柔軟になったことが粗利益向上の主要なチャネルであったとするならば、与信枠が設定された経営者の借入と返済の時間を通じた変動幅が大きくなっているはずである。さらに、新しい商品の導入などが粗利益の向上に寄与したのであれば、与信枠が設定された経営者の間で利幅の大きい商品の取り扱いなどが増えているはずである。実際に、そのようになっているだろうか？

ただし、こうした含意が実際に確認されたとしても、それをもって直ちに、これらのチャネルが粗利益向上の「原因である」といえるわけではない。その

ように主張するためには、借入総額の増加や借入計画の柔軟性が粗利益にもたらす因果効果を推定する必要があるが、与信枠の設定という処置の割当がそれら以外のチャネルを通じて粗利益の向上に寄与しうる状況では、その因果効果を推定することはできないからである。一方で、与信枠の設定後に借入総額が増えていなかったり、借入と返済の変動が大きくなっていなかったり、新商品の取り扱いが増えていなかったりするのであれば、「それらが主要なチャネルであったはずはない」と主張できるはずである。そうであれば、与信枠の設定後に借入総額が増えていたり、借入と返済の変動が大きくなっていたり、新商品の取り扱いが増えていたりするのであれば、「それらが主要なチャネルであったはずはない、とはいえない」という程度には消極的に、それらの仮説が支持できるわけである。

実際に、著者たちは、与信枠の設定後に借入総額、借入と返済の変動、そして利幅の大きい商品の取り扱いが増えていることを示している。こうした追加的な分析は、因果推論のように決定的な結論を与えてくれるわけではないが、分析対象をより深く理解するために、また明らかに誤った仮説や解釈を排除するために、今もなお有用である。

5.3 実験の事前登録制度と事前査読制度

5.3.1 事前登録制度

ここで少し本論から脇道に逸れるが、3つ目の研究例の紹介に進む前に、無作為化実験に基づく研究を行う際に、研究内容の信頼性を高めるうえで重視されるようになっている動向を紹介しておきたい。近年、ここまで紹介してきたような実験のデザインは、実験を実施する前の段階で登録・公開しておくことが規範となりつつある。このような**事前登録制度** (pre-registration) が導入される背景には、大きく2つの理由がある。

1つ目の理由は、**お蔵入り問題** (file-drawer problem) に対処することである。個々の研究成果が学術誌に出版される可能性を考慮すると、生み出されたすべての研究成果が公表されるわけではなく、特に既存の見解に対して否定的であったり、統計的に有意であったりする結果だけが選択的に公表されること

になる可能性が高い。その結果として、ある論点に関して公に共有される学術的な知見の分布に偏りが生まれてしまうことが懸念される。これを**出版バイアス** (publication bias) という。そこで、研究成果が出る前に実験デザインを登録してその時点で査読を行い、結果にかかわらず出版を認める、あるいは必ず結果を公表するように促すことで、こうした問題を軽減することができる。

2つ目の理由は、**p-ハッキング** (p-hacking) に対処することである。これは実験を実施し、データを取得してから、数多くの統計的検定を行い、事後的に「統計的に有意」な結果を探し、あたかもその結果が実験の当初からの目的だったかのように見繕うことをいう。3.2.1項でも述べた通り、1つの仮説を検証するために設計された統計的検定を何度も繰り返す多重検定を行うことで、偶然「統計的に有意」な結果を発見する確率は上がっていく。その結果、偽陽性の結果が蔓延してしまうことにつながる。実験の目的とデザインを事前に登録してもらうことで、事後的にそれらを操作する余地をなくせば、p-ハッキング問題を軽減できる。

米国経済学会 (American Economic Association) が2012年に設立を決定し、2013年に運用を開始した「AEA RCT Registry」は、経済学分野における代表的な事前登録所である。2024年4月初時点で8,450件の研究が事前登録されている。登録の際には、処置の内容、対象や目的、主要な結果変数、副次的な結果変数、標本サイズ、処置の割当方法、などの情報の入力が求められる。実験が終了した後には、実験のデータ、実験に用いたプログラム、研究成果を記した論文などへのリンクを入力することが期待されている。なお、実験デザインによる査読は、後述する「事前査読制度 (JDE Preresults Review)」という形で、開発経済学分野の有力誌である *Journal of Development Economics* が受け付けている。

本章で先に紹介した2つの論文のうち、Baird et al. (2022) は AEA RCT Registry に登録されているものの、初回登録日が2021年7月1日になっている。しかしこれは、日程的には実験が行われた2016〜18年よりはるかに後である。さらに、最終的に出版がされた *Labour Economics* への初回投稿日2021年4月12日よりも後になっている。つまり、この論文の場合は事前登録にはなっていない。したがって、登録されている処置の内容や実験デザインも、論文を簡略化してまとめられたほぼ同じ内容になっている。主要な結果変数は「Employment and earnings」とだけ記されており、具体的な構築方法には触れられていない。分析計画 (Analysis Plan) は空白である。また、Aragón et al. (2020) については、そもそも事前登録がなされていない。

このように、事前登録制度はまだ運用が始まって日が浅く、その実効性に不安があるばかりか、そもそもトップジャーナルの実験論文でも半分ほどしか登録がなされていない。さらに、登録がなされていても上記のように事前登録になっていないものも多い。結果変数の構築方法や分析方法について詳しく記述されていないものも多く、事後的にさまざまな分析を行う余地が残されている状況である。

5.3.2 事前査読制度

こうした問題に対処するためのさらなる措置が、先ほど触れた**事前査読制度** (preresults review) である。*Journal of Development Economics* の事前査読制度はステージ 1 の事前査読とステージ 2 の事後査読からなり、それぞれで評価基準が異なる。事前査読では、問いの重要性、開発経済学への貢献、仮説の妥当性、手法の適切さや実行可能性、再現性を担保するための説明の明確さ、詳細さ、データの質、などの面で評価される。なお、結果が「統計的に有意」になりそうか否かは考慮されない。ステージ 2 の事後査読では、実験や分析がステージ 1 の情報通り正確に実行されているか、データの質は十分か、結果の解釈は妥当か、などの面で評価され、結果の「統計的有意性」や重要性、新規性などは評価に含めてはならない、とされている。事前に提示された研究デザインから逸脱した部分や探索的な分析を含める場合には、なぜそうした逸脱が必要なのかを説得的に示す必要がある。事前査読制度は、事前登録制度が理念として要求しているものを、実際に査読を行うことで検証し、保証することを目指した制度だといえる。

5.4 情報提供によって健康被害の少ない燃料の利用を促進できるか？

5.4.1 研究の背景と目的

最後に、5.3.2 項で説明した *Journal of Development Economics* の事前査

読制度を利用して採択された Afridi et al. (2021) を紹介する。この論文の実験が実施されたのが 2019 年 1〜9 月、実験後の聞き取り調査が 2019 年 10〜12 月なのに対して、AEA RCT Registry に実験デザインと分析プランが初回登録されたのが 2019 年 1 月 21 日、その最終更新日が 2019 年 7 月 28 日となっている。*Journal of Development Economics* の事前査読制度への投稿は 2019 年 9 月 (最終版の書類の日付は 2019 年 10 月 14 日) である。本節では、最終的に出版された論文に基づいて研究デザインと結果について説明したうえで、事前登録された情報との乖離などについても見ていこう。

インドの田舎などでは、いまだに家庭での調理のために薪や炭などの固形燃料を用いることが多い。しかし、そうした燃料から出る煙は家庭内で長期にわたる健康被害を引き起こす。この問題を解決するための 1 つの手段が LPG (液化石油ガス) などの利用である。インド政府は、各家庭での燃料を LPG に置き換えるため、2016 年から補助金を支給するようになった。これは、農村部の女性を対象に、LPG を利用するために販売会社にアカウント登録をする際にかかる費用を政府が負担するとともに、初期設備の購入に必要な無利子のローンを提供するプログラムである。このプログラムは成功を収め、2019 年までに新たに 7,200 万家計がその補助金を用いて LPG を利用するようになったが、農村部での LPG 利用は都市部と比べて低い水準にとどまっている。

その原因の 1 つが、そもそもこうした地域に住む人々の健康被害に関する知識不足や、LPG を導入するための補助金に関する知識・情報不足であると考えられている。そこで、そうした知識や情報の提供が LPG 利用促進にもたらす効果を実験によって検証するのが、この研究の目的である。

5.4.2 研究デザインとデータ

実験は、インドの州の中で 2023 年時点で 2 番目に広く、5 番目に人口の多いマディヤ・プラデーシュ州で、村を単位としたクラスター化無作為化実験として実施された。この州にある 250 の村 (人口の少ない 11 の村を除く) から無作為に抽出された 150 の村を、健康に関する情報を提供する「健康教育群」、健康情報に加えて政府補助に関する情報も提供する「健康教育および補助金情報群」、介入を行わない「統制群」の 3 つのグループに、それぞれ 50 ずつ無作為に割り当てている。ただし、処置群のうち 4 つの村が、介入実施のための医療

従事者が不在であるために、分析対象から落とされている。それぞれの村からは、10歳未満あるいは56歳以上の構成員を含む20の家計が、事前に実施された調査の情報に基づいて、無作為に抽出される。介入や調査はこれらの家計に対して行われる。この場合、同じ村落内の家計間での処置のスピルオーバー効果が生じうるが、後で見る通り、標準誤差をクラスター頑健なものにしている他、特に対処はなされていない。

　介入は、健康に関するNGO団体による訓練を受け、州政府によって雇用された医療従事者によって行われる。こうした既存の医療制度の枠内で実験を行うことによって、同様の政策を実施した際の効果もより正確に把握できる。

　健康教育の内容は、家庭内の空気の煙による汚染がいかに家計の構成員、特に子どもと高齢者の健康を害し、呼吸器・循環器系の疾患を引き起こすかについて注意喚起するものである。ビデオ映像を用いて、台所で生じた煙が家庭内の他の部屋に充満する様子が示され、次いで、医師が健康被害について説明し、薪や炭の利用をやめるよう勧める。また、LPGの利用が難しい場合は、せめて料理用コンロに煙突をつけたり、電気コンロを用いたりすることが推奨される。補助金情報の内容としては、政府が提供しているLPG導入のための補助金の仕組みや手続きを詳細に説明するとともに、初期費用がほぼかからないこと、典型的な家計であれば1日当たりの利用料も20ルピーを超えることはないことなどが説明される。

　これはやや複雑なデザインの*クラスター化無作為化実験*である。第1に、村単位で処置の割当がなされている点において、層化無作為化実験とは異なる。第2に、2.6.2項で説明したクラスター化無作為化実験と異なり、村自体が無作為抽出されている。第3に、やはりクラスター化無作為化実験と異なり、そのようにして抽出された村の中から個別の家計がさらに無作為抽出されている。このデザインでも、推定自体は家計を単位とした最小2乗推定量で行うことができる。一方、適切な統計的推測の方法についてはやや複雑で、現在進行形でAbadie et al. (2023) が議論しているところである。今のところは、抽出および処置の割当の単位であるクラスター＝村レベルのクラスター頑健標準誤差を用いれば、より第1種の過誤の可能性を抑えた統計的推測になるという点だけを理解しておけばよいだろう。実際、著者たちも、村を単位としたクラスター頑健標準誤差を用いている。

5.4.3 推定方法

まず、2つの種類の処置群を区別せずに統制群と比較する以下のような定式化を考える。

$$Y_{iv}^1 = \beta_c + \beta_T T_v + \beta_0 Y_{iv}^0 + \mathbf{X}_{iv}' \boldsymbol{\beta}_X + \mathbf{Z}_v' \boldsymbol{\beta}_Z + \epsilon_{iv}.$$

ここで、v は村、i は家計を指し、T_v は健康教育の提供、あるいは健康教育と補助金情報の提供のうち、どちらかの処置が割り当てられたことを表す。Y_{iv}^1 が実験実施後の結果変数で、Y_{iv}^0 が実験実施前の結果変数である。$\mathbf{X}_{iv}$ は構成員の人数、資産、教育水準などの家計の観測できる属性であり、$\mathbf{Z}_v$ は灌漑農地の比率、小学校の有無などの、村の観測できる属性である。

また、2種類の処置群を区別した次のような定式化も考えている。

$$Y_{iv}^1 = \beta_c + \beta_T^h T_v^h + \beta_T^{hs} T_v^{hs} + \beta_0 Y_{iv}^0 + \mathbf{X}_{iv}' \boldsymbol{\beta}_X + \mathbf{Z}_v' \boldsymbol{\beta}_Z + \nu_{iv}.$$

ここで、T_v^h は健康教育の提供、T_v^{hs} は健康教育および補助金情報の提供の処置を割り当てることを意味する。

この2つの定式化のそれぞれに、地域固有固定効果を許した定式化も用いられる。

主要な結果変数は、各家庭の年間の LPG 購入量である。副次的な結果変数として、台所と他の部屋の分離、煙突の設置、電気コンロの設置などの次善の策の採用がなされるかを見る。

効果の異質性を見るために、(1) 世帯主が初等教育を終えているか否か、(2) 家計資産指数、(3) 主な調理者の家庭内交渉力指数、などが処置変数との交差項として導入された定式化も用いられる。こうした定式化は経済学ではよく見られるものだが、厳密にいえば、(i) 異質性に興味があるのであれば、属性に応じて層化無作為化実験を行うべきであり、(ii) 分析段階で男性/女性や年代などの離散変数をすべての変数に掛け合わせるのではなく処置変数にのみ掛け合わせたり、連続変数をいずれかの変数に掛け合わせたりする場合は、定式化の誤りに起因するバイアスに注意すべきである。また、こうしたさまざまな定式化の試行は、3.2 節で議論した多重検定による偽陽性の結果を導きうることにも注意が必要である。事前査読の観点から見たこの点の評価については、推定結果を見てから論じよう。

表 5.5 情報提供の LPG 購入量への効果

	地域固有固定効果なし		地域固有固定効果あり	
処置	0.065 (0.099)		0.093 (0.096)	
健康教育		0.002 (0.114)		0.015 (0.115)
健康教育 + 補助金情報		0.130 (0.119)		0.175 (0.114)

(出所) Afridi et al. (2021)、Table 4 より作成。

表 5.6 情報提供の LPG 購入量への効果：世帯主の学歴別

	地域固有固定効果なし		地域固有固定効果あり	
処置	0.193 (0.127)		0.227 (0.128)	
健康教育		0.068 (0.140)		0.082 (0.144)
健康教育 + 補助金情報		0.309 (0.155)		0.363 (0.152)
世帯主小卒以上	0.194 (0.127)	0.192 (0.127)	0.175 (0.128)	0.172 (0.128)
処置 × 世帯主小卒以上	−0.306 (0.169)		−0.318 (0.170)	
健康教育 × 世帯主小卒以上		−0.141 (0.193)		−0.143 (0.195)
(健康教育 + 補助金情報)× 世帯主小卒以上		−0.462 (0.206)		−0.482 (0.206)

(出所) Afridi et al. (2021)、Table 6 より作成。

5.4.4 推定結果

推定結果のうち主要なものを、表 5.5 と表 5.6 にまとめている。

まず、家計の属性別に効果を推定しない表 5.5 では、健康や補助金に関する情報提供は標準誤差が大きく統計的に有意な効果を持たない。処置を1つにまとめても、2つに分けても、地域固有固定効果を入れても入れなくても、効果は統計的に有意ではない。一方、表 5.6 を見ると、家計の属性に関する変数を

表 5.7　情報提供のその他の行動への効果

	電気コンロ	煙突	部屋の分離
健康教育	0.023	0.049	0.048
	(0.012)	(0.022)	(0.024)
健康教育 + 補助金情報	0.038	0.056	0.036
	(0.014)	(0.021)	(0.026)

(出所) Afridi et al. (2021)、Table 8 より作成。

処置変数に掛け合わせた場合、ほとんどの結果は標準誤差が大きく統計的に有意ではない。唯一の例外が、世帯主の学歴が小卒以上になっているか否かを掛け合わせたもので、この場合は、世帯主が小学校を卒業していない家計において健康と補助金に関する情報を両方提供したグループのみ効果が統計的に有意になっている。著者たちは、ある程度の教育を受けた人に対しては、そこからさらに情報を提供しても追加的効果が弱いことがこうした結果になった理由であると解釈している。

情報提供のその他の行動への効果は表 5.7 にまとめた。ここでは論文で示されているもののうち、地域固有固定効果なしで、2 つの処置を区別する定式化の結果のみを示している。その他の定式化でもおおよそ似たような結果が得られている。この結果によると、電気コンロや煙突の導入、台所とその他の部屋との分離といった行動に対して、情報提供は統計的に有意な効果を持っているようである。この結果は、健康教育によって LPG 導入という政策目標を達成することができなかったとしても、その他の行動変容を通じて、健康改善に寄与する可能性を示している。

5.4.5　事前査読制度の観点からの評価

ここまで紹介した論文に記載された分析デザインは、*Journal of Development Economics* の事前査読制度に投稿された分析デザインとおおむね一致している。異なっているのは、地域固有固定効果を入れた定式化を試している部分と、家計・月レベルのデータを用いた分析も行っている部分である。これらの点については、著者たちは論文内に注記を入れている。また、地域固有固定効果を入

れても入れなくても、家計レベルで見ても家計・月レベルで見ても、主要な結果に大きな変化は生じていない。このように、おおむね事前査読時の分析デザイン通りの分析が実行されている点、そこからの乖離が最小限にとどめられている点、その乖離が明示的に論文内で記されている点は、事前査読制度の観点から評価できる。また、LPG購入量という主要な結果変数への影響が、世帯主の学歴が小卒未満の家計を除いて有意ではないという結果になっているにもかかわらず、事後査読で棄却されることなく出版に至っていることから、雑誌の編集者側が事前査読制度にコミットしていることがうかがえる。

とはいえ、気になる点も残る。著者たちは、事前査読時に、複数の定式化と複数の仮説を提示しているものの、それらの複数の仮説を検証するために重要となる、多重検定の補正をかける、そのときに検出力を維持するための標本サイズを計算するという手順は提示していない。また、編集者側もそうした手順を踏むことは要求していないようである。

事前査読用の書類は実験実施後、分析実施前の2019年9月に提出されたものだが、AEA RCT Registryに登録された情報は、実験実施前から実験実施中の時期に書かれて投稿されたものである。この時点で、主要な結果変数としてLPG購入量を提示するとともに、副次的な結果変数として、固形燃料の健康被害に関する認識や主要な調理者の時間利用などさまざまな変数を挙げているが、電気コンロの利用、煙突の利用、部屋の分離といった変数は挙げられていないように見える。また、世帯主の学歴などの属性ごとにLPG購入量への効果を推定するということも、AEA RCT Registryの段階では提示されておらず、実験終了後の事前査読用の書類に初めて登場する。これらの変数は事前査読時の書類には記されていることから、実験実施中のどこかの時点でLPG購入量への影響が大きくないことを見越して結果変数を増やしたのではないかという疑念は残る。

このように、実験の計画や実施、分析の実施の各段階で著者たちによってどのような意思決定が行われたのかを部外者がより詳細に検討できる点が、事前登録・事前査読制度の強みである。また、本章で紹介したいくつかの研究の過程を検討すると、その強みは事前登録制度だけではなく、事前査読制度をあわせて用いてはじめて発揮されるものであると考えられる。それでもなお、実験者による事後的な調整の余地は残されている。とはいえ、このあたりの慣行は、

今後徐々に修正されていくことになるだろう。

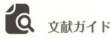
文献ガイド

事前登録制度と事前査読制度に関しては、以下のウェブサイトが参考になる。

- American Economic Association, AEA RCT Registry
  (https://www.socialscienceregistry.org/).
- *Journal of Development Economics*, JDE Preresults Review
  (http://jdepreresults.org/).

非遵守者の存在を想定した無作為化実験の実証研究は枚挙にいとまがない。ここでは、手法の応用方法を身に付けるうえで有用な実証研究の文献をいくつか紹介する。それぞれの論文が処置割当の条件付き独立や除外制約の仮定をどのように正当化しているか (できていないか) を確認することは、論文を書くうえで大いに参考になるだろう。

Nakano and Magezi (2020) はタンザニアでマイクロファイナンスの提供が農業技術の採用に与える影響などを調べた研究で、マイクロファイナンスプログラムへの招待を処置割当、マイクロファイナンスの借入を処置受取とした分析を行っている。Abdulkadiroğlu et al. (2018) は恵まれない学生の私立学校への転校がテストスコアに与える影響を、転校用のバウチャーの支給を処置割当、転校を処置受取として分析している。Deming et al. (2014) は公立学校の選択が大学への入学や学位取得に与える影響を分析している。処置割当はある公立学校への入学のくじ引きに当選したこと、処置受取はその公立学校に進学したことになっている。Behaghel et al. (2014) は私立および公立の就職相談プログラムへの参加が就職に与える影響を分析している。各プログラムへの無料アクセスを処置割当として無作為化し、実際にそのプログラムに参加したか否かを処置受取としている。Jacob and Ludwig (2012) はよりよい住宅に移れることの労働供給への影響を分析するために、家賃補助プログラムの割当くじ引きの当選を処置割当、実際にその補助プログラムを利用してよりよい住宅に移ったか否かを処置受取として、LATE の推定を行っている。

Dobbie et al. (2018) は被疑者の公判前拘留がその被疑者の将来の就職などに与える影響を分析するために、保釈を判断する判事の割当が持ち回り制で外生的とみなせるという状況を利用している。この分析では処置受取は公判前拘留がなされたか否かだが、処置割当は第 4 章で紹介したような 2 値変数ではなく、割り当てられた保釈判事の拘留傾向という連続変数になっている。その拘留傾向は過去のデータから作成し

ている。この種のデザインは伝統的に操作変数法や 2 段階最小 2 乗法と呼ばれてきた。その推定対象は LATE と呼ばれることもあるが、厳密には、2 値処置割当変数・2 値処置受取変数のもとでの LATE と同じ解釈が常にできるわけではない。Maestas et al. (2013) も障害者保険受取の労働供給への影響を見るために同様のデザインを採用している。処置受取は障害者保険の受取で、処置割当は割り当てられた審査官が障害者保険を認定する傾向を推定したものとなっている。

第 II 部

疑似実験の因果推論

Overview

第 II 部　疑似実験の因果推論

　第 I 部では、処置割当メカニズムが確率的かつ既知である場合の処置効果の推定や統計的推測の問題を扱ってきた。ここまで扱ってきたデータは、分析者によって直接設計された既知の処置割当メカニズムから生成される実験データか、自然現象や分析者以外の第三者によって設計されたが確率的かつ既知である処置割当メカニズムから生成される自然実験データであった。これに対して、第 II 部では、関心のある処置割当メカニズムが既知ではない状況、すなわち観察研究を扱う。その中でも特に、2.1 節で導入した「一部の望ましい性質が既知の制度情報などから正当化できそうな状況」から生成されたデータである疑似実験データに基づく分析を扱う。

　本書では、観察研究を処置割当メカニズムが未知である状況から得られたデータを用いた研究と定義している (2.1 節参照)。観察研究では、処置割当確率が共変量や潜在結果とどのように関係している (していない) かを確定できない。学術的に関心の高い、あるいは政策課題として重要な処置の多くは、実際に政策や自然現象として実現した処置割当メカニズムによって割り当てられる。これらの処置割当メカニズムは、分析者にとって都合のよいものとは限らない。それでもなお、制度情報や自然現象のメカニズムなどを通じて、処置割当メカニズムの情報を部分的に確定できるかもしれない。疑似実験では、そのような既知の制度情報などを用いて、処置割当メカニズムのうち一部の望ましい性質の正当化を目指す。

　第 6 章からは、「回帰非連続デザイン」と呼ばれる疑似実験手法を扱う。これは、処置割当が特定の共変量の関数として既知であることを用いる。たとえば、ある試験の合格を処置とするとき、試験の総得点が合格点を超えるか否かによって処置割当がなされることを用いる。しかし、総得点を条件付けると処置割当メカニズムは確率割当ではなくなり、総得点を条件付けない処置割当メカニズムは未知である。その結果、処置割当メカニズム、特に処置割当と潜在

結果の関係が分析者にとって未知である。そこで回帰非連続デザインは、処置割当が総得点と閾値のみによって決定されているという、処置割当メカニズムの部分的な制度情報を活用する。特に、総得点が合格点の閾値周辺にあるような部分標本に着目し、処置割当メカニズムが確率割当かつ条件付き独立割当であると仮定した分析を行う。ここで、閾値の周辺で処置割当が「非連続」に変化することは制度情報から確定された事実であるが、条件付き独立割当となることはあくまで仮定である。したがって、それらの仮定がなぜ、どのような制度情報によって正当化できるかを説得的に議論することが重要になる。

　さらに多くの状況では、処置割当メカニズムのほとんどが未知である。たとえば、米国のある州で最低賃金が引き上げられ、その最低賃金引き上げを処置割当として評価したいとする。このとき、その州で引き上げが生じたという事実は確認できても、なぜその州で引き上げが起きたのか、さらに、どうしたら他の州で引き上げが起こりうるのかが既知なことはまれである。それでもなお、処置割当が、いつ、どの州に行われ、それがいつからアナウンスされていたかといった割当に関わる事実を制度情報などから確定することはできる。このとき、処置割当が生じる以前の観測が存在するならば、制度の詳細などに基づいて、処置割当が生じなかった場合の反実仮想下の潜在結果を予測することができるかもしれない。第9章からは、これらの時間を通じた変化を用いた疑似実験手法である、差の差法とその関連手法を扱う。

第 6 章
回帰非連続デザインの基礎

イントロダクション

　ここまで本書では、処置が無作為に割り当てられる場合の因果推論について解説してきた。しかし、学術的に関心の高い、あるいは政策課題として重要な処置の効果を測ろうという場合、そこで処置の対象となる政策や制度変更などを無作為に割り当てることは、コスト的・倫理的に、多くの場合難しいだろう。

　たとえば、「ある国で合法的な滞在を可能にする就労ビザの発行を増やすことで、移民による犯罪を減らせるか？」といった問いに関心を持っているとしよう。移民や不法移民の流入と受入国の犯罪率の関係は、しばしば非常に激しい論争に至る学術的にも政策的にも重要な論点である。

　ここで就労ビザが、条件を満たす応募者に対して、何らかのルールに基づいて発行されているとしよう。たとえば、米国の就労ビザの一種は、申請者数が受入予定数を超える場合は事前抽選によって割り当てられる。このような場合は、図らずも実現する無作為割当を自然実験とみなした分析が行えるだろう。しかし、先着順で発行されるイタリアのケースのように、多くの制度は研究者にとって都合よく処置を無作為に割り当ててくれるわけではない。

　就労ビザの発行が無作為でない方法、たとえば正しく記入された申請の先着順で割り当てられている場合を考える。このとき、就労ビザの犯罪率への因果効果の推定として、就労ビザをもらえた移民の集団と就労ビザがもらえなかった移民の集団の間で将来の犯罪率を比較するというのは適切ではない。なぜなら先着順の割当において、就労ビザがもらえた申請者は、そうでない申請者よりも必要な要件を満たして正しく記入された書類をより早く提出できる環境にあった可能性が高いためである。就労ビザをもらえた申請者は、平均的には移民の受入を適切に準備できるほどしっかりした雇用主のもとで、比較的よい待遇の環境で働いている、または働く予定である可能性が高い。反対に、就労ビザがもらえなかった申請者は、平均的には適切かつ迅速に申

請手続きを準備できないような雇用主のもとでしか就労できないような者が含まれている可能性がある。言い換えれば、就労ビザがもらえたか否かで、その人がビザを申請したときの就労環境が大きく異なる可能性がある。したがって、就労ビザをもらえた申請者のほうが平均的に犯罪率が低いという結果が見出されたとしても、それを就労ビザの「効果」とみなすことはできない。就労ビザを正確かつ迅速に申請してもらえる雇用主に雇われるような申請者は、就労ビザをもらえていなくとも、将来犯罪に関わる可能性が低いと考えられるためである。

別の例として、「学生時代にある奨学金の給付を受けることで将来の賃金が高まるか？」という問いについて考えてみよう。この奨学金は、筆記試験で一定以上の点数をとった学生に対して給付されるとする。このとき、奨学金が将来の賃金にもたらす因果効果を推定するために奨学金を受給した学生と受給できなかった学生の間で将来の賃金を比較するというのは適切ではない。なぜなら、奨学金の給付が学生の筆記試験の結果に依存することから、受給できた学生は受給できなかった学生と比べて、平均的に学力が高いと考えられるためである。高い賃金を得る能力と、筆記試験で測られる能力は関連している。したがって、上記の比較から奨学金を受給した学生のほうが平均的に将来の賃金が高いという結果が見出されたとしても、それを奨学金の「効果」だとみなすことはできない。筆記試験をパスして奨学金を受給できる学生は、この奨学金を受給しなくても、将来高い賃金を得ていた可能性が高いからである。

また、奨学金の給付や学位の授与を無作為化することは困難である。仮に無作為に給付する奨学金制度が存在したとしても、その学生を雇う企業に給付が無作為であることが知られているならば、筆記試験（学力）などを経て給付が決まる奨学金とはまったく異質であると扱わなければならない。なぜならば、後者の受給者は一定以上の学力を持つことが保証されているという意味で、「シグナリング効果」も得られる可能性があるからである。

このような就労ビザの発行や奨学金の給付といった無作為化できない処置に対して、どうすれば処置効果を推定することができるだろうか？本章では、これらの問題に対処するための基礎的な考え方と、実際の推定手法を導入する。

6.1 回帰非連続デザインとは？

6.1.1 「合格点をとれるかどうかは運次第」を使ったデザイン

引き続き、筆記試験の点数によって給付が決まる奨学金の例で考えていこう。学生の中には、十分な学力があり、ほぼ確実に合格する者もいれば、学力が明

らかに足りず、ほぼ確実に不合格となる者もいるだろう。それでも、大半の学生にとって合否は事前には不確実である。その中でも、ちょうど合格ラインの瀬戸際に位置する学生が一定数存在する。試験は水物である。当日の体調や実際の試験の内容、または受験時の周辺環境など、同じ能力を持つ学生であっても異なる点数が実現する要因が数多く存在する。そのような要因を考慮すると、合格ラインの近傍にある学生たちにとっては、試験に合格して奨学金を受給できるかどうかは運次第だとみなすことができる。

このように、ある閾値の近傍において、閾値をギリギリ上回るか下回るか、すなわち「運次第」で処置が決まるような状況を考える。すなわち、学力が合格閾値の近傍に位置する学生に限っては、無作為に処置が決まるような状況である。このような状況を、**近傍無作為化** (local randomization) という。この近傍無作為化を仮定して、処置割当メカニズムが確率割当かつ条件付き独立割当となるような部分標本を抽出して処置効果を推定する手法が、本章で導入する**回帰非連続デザイン** (regression discontinuity design: RDD) である。

ここで注意すべきは、近傍無作為化はあくまで分析者が置く仮定だということである。(自然) 実験データと異なり、回帰非連続デザインの分析対象は、未知の処置割当メカニズムから生成された疑似実験データである。そのような疑似実験データにおいては、(自然) 実験データの分析では必要のなかった推定手順や、検証手続きが必要となる。6.4 節からは、どの部分標本を用いてどのような推定を行うべきかの議論を行い、6.6 節では回帰非連続デザインの識別仮定の検証をどのように行うかを議論する。

6.1.2　回帰非連続デザインにおける識別問題と識別が成立する条件

回帰非連続デザインの識別には、近傍無作為化の仮定が必要である。以下では、具体例において必要な表記を導入し、正式にどのような仮定が必要となるか議論する。処置割当 $Z \in \{0, 1\}$ について、将来賃金の潜在結果 $\{Y^*(0), Y^*(1)\}$ を考える。すなわち奨学金が与えられたときの賃金額が $Y^*(1)$、処置が与えられなかったときの賃金額が $Y^*(0)$ である。ここでは顕在結果 $Y = ZY^*(1) + (1-Z)Y^*(0)$ に基づいて、処置効果 $Y^*(1) - Y^*(0)$ の平均、すなわち平均処置効果を推定することに関心があるとする。

ここで、処置 Z を決定する筆記試験の**スコア** (score; running variable; assignment variable) を導入しよう。このスコア S について、処置はスコア S が合格点 c を上回るときに与えられるとする。言い換えれば、処置割当 Z は $Z = \mathbf{1}\{S \geq c\}$ である。このような観測 $\{Z, Y\}$ を生成するデザイン $\{Y^*(1), Y^*(0), c\}$ を、スコア S に基づく**シャープ回帰非連続デザイン** (sharp regression discontinuity design) と呼ぶ。回帰非連続デザインがシャープであるとは、処置 Z がスコアの値によって非確率的に定まることをいう。シャープでないデザインについては、7.1 節で扱う。以下では閾値 c を 0 に正規化する。すなわち、$c \neq 0$ であるならば、スコアから c を引いたものを S と再定義する。

図 6.1 はスコアと平均将来賃金の関係を仮想的に図示したものである。横軸に閾値 50 点で正規化した 100 点満点の筆記試験のスコア S を、縦軸に潜在結果関数値である将来賃金 $\{Y^*(1), Y^*(0)\}$ の平均値をとり、スコアに条件付けた平均値関数の具体例を表している。ここで各スコア s に対して、$\mathbb{E}[Y^*(1) \mid S = s]$ (薄いグレーの破線) は「筆記試験のスコアが s である人が奨学金を受給できた場合の将来の平均賃金」、$\mathbb{E}[Y^*(0) \mid S = s]$ (濃いグレーの破線) は「筆記試験のスコアが s である人が奨学金を受給できなかった場合の将来の平均賃金」を示している。

図 6.1 において、$\mathbb{E}[Y^*(1) \mid S = s]$ (薄いグレーの破線) はスコアのほとんどの値で $\mathbb{E}[Y^*(0) \mid S = s]$ (濃いグレーの破線) を上回っている。これはたとえば、奨学金を受給できた学生のほうがより学業に集中できる環境にあったなどの理由で、奨学金を受給できなかった学生よりも将来的に高い賃金が得られる傾向にあることを示している。各スコア $S = s$ で評価した奨学金の平均処置効果 $\mathbb{E}[Y^*(1) - Y^*(0) \mid S = s]$ は、2 本の平均値関数を $S = s$ において評価した差分であり、ほとんどのスコアにおいて平均処置効果は正である。

しかし、1.4 節で述べたように、潜在結果は割り当てられた処置に対応するものしか観測できない (因果推論の根本問題)。われわれは、奨学金を受けた学生の「奨学金を受けた場合における賃金」と、奨学金を受けていない学生の「奨学金を受けなかった場合における賃金」を観測できる。一方で、奨学金を受けた学生の「奨学金を受けなかったら賃金がどうなったか」を観測することはできない。すなわち、われわれが観測できるのは図 6.1 の実線部分 $\mathbb{E}[Y \mid S = s]$ (黒実線) であって、それ以外の破線部分を観測することはできない。ここで、どの s においても平均処置・非処置結果のいずれかのみが観測できることに着

図 6.1 処置を決める閾値前後で実際に観測できる潜在結果

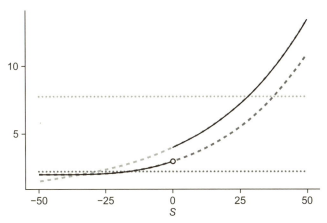

(注) 黒実線：顕在結果の平均値関数。
薄いグレーの破線：観測と整合的な処置群平均値関数、薄いグレーの点線：処置群観測の平均値。
濃いグレーの破線：観測と整合的な統制群平均値関数、濃いグレーの点線：統制群観測の平均値。

目してほしい。特に、処置下の平均処置結果関数は、閾値の点 $s=0$ で観測できるようになっている $(s \geq 0)$ のに対して、統制下の平均非処置結果は閾値の点では観測できないようになっている $(s<0)$ ことが重要である。そのため図 6.1 では、平均賃金を表す黒実線は $s=0$ で〇と表記され、値がジャンプしている。

図 6.1 の例では、奨学金受給者、非受給者ともに、将来の平均賃金は筆記試験スコアの増加関数である。これは、筆記試験のスコアと高い賃金を得る能力に正の相関があることを示している。このとき、観測できる部分での処置群平均と統制群平均をとると、それぞれ水平に引かれた薄いグレーの点線と濃いグレーの点線の値となるが、能力との正の相関から、点線間の差分は曲線間の差分よりも明らかに大きい。これはスコアの高低によってもたらされる自己選択の結果であり、奨学金を受給できた学生は、受給できなかった学生に比べて平均的に稼得能力が異なるということを表している。結果として、観測できる処置群平均と統制群平均を比較することは、奨学金の因果効果の推定としては不

6.1.3 条件付き期待値の連続性による識別

では、どうすればこの奨学金の効果を識別できるだろうか？ 1.10 節で述べた通り、あるパラメータが識別できるとは、同じ観測に基づく情報と仮定に対して、観測と整合的なパラメータ値が複数存在しないことである。前掲の図 6.1 において因果効果が識別できるためには、同じ観測 (黒実線) に対して、観測と整合的な処置効果値、すなわち平均値関数の差分 (薄いグレーと濃いグレーの破線の差分) が複数存在してはならない。

しかし、モデル (薄いグレーと濃いグレーの破線) が観測 (黒実線) と整合であるためには、破線の観測できる部分で実線と破線が一致すればよく、観測できない部分については任意のモデル (薄いグレーと濃いグレーの破線) が観測と整合的である。どの s においても $Y^*(1)$ と $Y^*(0)$ の観測できる部分が重複していないことを想起すれば、任意の処置効果が観測と整合的となってしまうことがわかる。すなわち、この観測できない部分に何かしらの制約を加えないことには、処置効果を識別することはできない。

識別の失敗は、$Y^*(1)$ と $Y^*(0)$ の観測できる部分がどの s においても重複しないことに起因する。ここで改めて図 6.1 をよく見てみると、スコア S がとりうる値の中で、閾値の点 $s = 0$ が観測部分の重複に最も近いことがわかる。この閾値の点 $s = 0$ における平均処置効果 $\mathbb{E}[Y^*(1) - Y^*(0) \mid S = 0]$ を、関心のあるパラメータとしよう。この平均処置効果を識別するためには、処置群平均値関数と統制群平均値関数を、閾値の反対側に延長できればよい。すなわち図 6.1 の薄いグレーと濃いグレーの破線のように、処置群平均値関数と統制群平均値関数が閾値において連続であり、それぞれの関数の観測できる部分から、閾値を超えた観測できない部分まで延長できると仮定すればよい。

平均値関数が閾値において連続ならば、処置群平均値関数の処置側からの閾値への左極限 $\mathbb{E}[Y \mid S = 0_+] \equiv \lim_{s \downarrow 0} \mathbb{E}[Y \mid S = s]$ は、スコアが閾値ちょうどで実現した学生 $S = 0$ の処置群における潜在結果の平均値 $\mathbb{E}[Y^*(1) \mid S = 0]$ と一致する。同様に、統制群平均値関数の統制側からの閾値への右極限 $\mathbb{E}[Y \mid S = 0_-] \equiv \lim_{s \uparrow 0} \mathbb{E}[Y \mid S = s]$ は、同じくスコアが閾値ちょうどの学生の統制群における潜在結果の平均値 $\mathbb{E}[Y^*(0) \mid S = 0]$ と一致する。ここで、顕在結果 Y の

第 6 章 回帰非連続デザインの基礎 | *147*

期待値についての右極限と左極限の差分を考える。この差分は平均処置効果 $\mathbb{E}[Y^*(1) - Y^*(0) \mid S = 0]$ と一致し、その値を一意に定めている。これは言い換えれば、$s = 0$ における平均処置効果の識別にほかならない。

このように、処置群・統制群平均値関数が閾値で連続であれば、閾値 $s = 0$ における平均処置効果が識別できることがわかる。それでは、この関数の連続性とはどのような条件であろうか？ この点について 6.2 節で見ていこう。

6.2 無作為化と対応する近傍無作為化

ここまで、潜在結果関数の条件付き期待値が閾値で連続であれば、識別が達成されることを示した。この関数の連続性を、上述の近傍無作為化の仮定で正当化しよう。近傍「無作為化」とあるように、近傍無作為化は無作為化実験に基づいた着想である。2.2 節で示した完全無作為化実験は、個体のタイプ (潜在結果関数 $\{Y^*(1), Y^*(0)\}$ の値) に依存しない処置割当メカニズムを持つデザインだった。言い換えれば、完全無作為化実験とは、各個体の処置割当の有無が、そのタイプに依存しない一定の確率で生じるデザインである。

近傍無作為化は、母集団全体ではなく、スコアが閾値の近傍である学生について、処置割当メカニズムが個体のタイプに依存しないことを仮定するものである。回帰非連続デザインの分析対象は疑似実験データであるから、母集団全体については、各個体の処置割当の有無がそのタイプに依存することを想定している。近傍無作為化では、それでも閾値の近傍である学生を抽出すれば、それらのうちどんなタイプの学生についても、処置がある学生とそうでない学生が同じ頻度で生じると仮定する。

具体的な説明のために、個体の潜在結果のタイプがある連続変数 U、たとえば潜在的な認知能力のみによって決定されていると単純化しよう。このとき近傍無作為化とは、諸々の条件のもとで[1]、どんな能力の学生 $U = u$ を集めても、閾値をギリギリ超えた学生とギリギリ超えなかった学生は同じ頻度で存在

---

1) すなわち、U に条件付けた S の分布 $F(s \mid u)$ について、U のサポート上の任意の点 u と 0 近傍の区間 $\mathcal{S}_0$ の任意の点 $\tilde{s}$ について、$0 < F(\tilde{s} \mid u) < 1$ であり、$F(\tilde{s} \mid u)$ が s について点 $\tilde{s}$ で連続微分可能であることである (Lee, 2008, Condition b)。この

すると仮定することである。すなわち、S の U に条件付けた密度関数 $f(s \mid u)$ が、U の密度関数 $g(u)$ が非ゼロの値をとるような範囲、すなわち U の**サポート** (support) 上の任意の値 u で

$$f(0_+ \mid u) = f(0_- \mid u)$$

となると仮定する。どんなタイプ $U = u$ についても閾値の近傍においては、スコアの値が処置側であるか統制側であるかが同じ頻度で生じていることから、これは閾値の近傍で処置側であるか統制側であるかがタイプに依存せず同様に確からしいことを意味する。すなわち、閾値の近傍では、無作為化が成立すると考えることができる。

6.2.1　近傍無作為化の帰結

近傍無作為化を仮定すると、いくつかの望ましい性質を得ることができる。まずは、近傍無作為化のもとでは、閾値をギリギリ超えた学生とギリギリ超えなかった学生は、実際に同じ頻度で観測されなくてはならない。ここで S の条件付きでない密度関数を $f(s)$ とすると、$\int f(s \mid u) g(u) du = f(s)$ であるから、

$$f(0_+) = f(0_-)$$

が成り立つ。すなわち、スコアの密度関数は閾値で連続である。

さらに、閾値をギリギリ超えた学生とギリギリ超えなかった学生のタイプは、同じ分布を持たなければならない。タイプ U が同じ分布を持つということは、そのタイプによって決定される潜在結果値や共変量の分布や期待値も、閾値の前後で同じでなくてはならない。ここで 0 近傍のスコア s について U の条件付き密度関数 $g(u \mid s)$ が存在するならば、ベイズの定理より、

$$g(u \mid s) = \frac{f(s \mid u) g(u)}{f(s)}$$

が成り立ち、近傍無作為化とその密度関数への帰結から、$g(u \mid 0_+) = g(u \mid 0_-)$ である。このとき、

とき、$s \in \mathcal{S}_0$ について条件付き分布関数 $F(s \mid u)$ は条件付き密度関数 $f(s \mid u)$ を持つが、以下では $f(s \mid u) > 0$ であるとする。

$$\mathbb{P}[U \leq \widetilde{u} \mid S = s] = \int_{u \leq \widetilde{u}} g(u \mid s)\, du$$

より、ギリギリ合格した学生と、ギリギリ不合格の学生は同じ能力の分布を持つ、すなわち

$$\mathbb{P}[U \leq u \mid S = 0_+] = \mathbb{P}[U \leq u \mid S = 0_-]$$

が成り立つ[2]。このように、タイプ U について、ギリギリ合格の学生とギリギリ不合格の学生とで分布が等しいこととなり、その結果 U によって決定される潜在結果関数や事前決定された共変量についても、分布や期待値が等しくなる。以上のように、近傍無作為化のもとでは、以下の条件が成立することが主張されている (Lee, 2008)。

近傍無作為化 (の帰結)

$z \in \{0, 1\}$ について、

$$\mathbb{E}[Y^*(z) \mid S = 0_-] = \mathbb{E}[Y^*(z) \mid S = 0_+]. \qquad \text{(第1の条件)}$$

S の確率密度関数 $f(\cdot)$ について、

$$f(0_+) = f(0_-). \qquad \text{(第2の条件)}$$

ただし、$f(0_+) \equiv \lim_{s \downarrow 0} f(s), f(0_-) \equiv \lim_{s \uparrow 0} f(s)$ であり、さらに、事前決定されたの共変量 W について、任意の W のサポート上の値 w について、

$$\mathbb{P}[W \leq w \mid S = 0_-] = \mathbb{P}[W \leq w \mid S = 0_+]. \qquad \text{(第3の条件)}$$

以下、本書では「U」のような表記を避けるため、近傍無作為化の帰結である

---

2) ただし、各 s について、ある定数 M が存在し、サポート上の任意の値 u について $g(u \mid s) < M$ であるとする。

上記の3条件を「近傍無作為化」と呼ぶことにする[3]。言い換えれば、近傍無作為化のもとでは、閾値周辺の処置群・統制群の観測頻度が等しく、かつ、これらの観測 (W)・非観測 ($\{Y^*(0), Y^*(1)\}$) のタイプについて、それらの分布や期待値が同一である。

たとえば奨学金の割当がスコアが合格点を上回るかどうかで決定されるとき、奨学金割当が近傍無作為であるとは、どのようなタイプの学生を見ても、合格点ちょうどとなる頻度と合格点にほんの少し足りなくなる頻度が同じであることであり、合格点の近傍で

(1) 処置下・統制下における将来の平均賃金が等しくなり、
(2) 処置を受ける学生が受けない学生と同じ頻度で観測され、
(3) 処置の有無にかかわらず事前決定の共変量特性の分布が等しくなること、

である。

6.2.2　近傍無作為化における識別

上記の近傍無作為化3条件のうち、第1の条件が成り立つならば、以下のように成績が閾値ちょうどであるような学生の平均処置効果が識別できる (Hahn et al., 2001)。

近傍無作為化における識別

$$\mathbb{E}[Y \mid S = 0_+] - \mathbb{E}[Y \mid S = 0_-]$$
$$= \mathbb{E}[Y^*(1) \mid S = 0_+] - \mathbb{E}[Y^*(0) \mid S = 0_-]$$
$$= \mathbb{E}[Y^*(1) - Y^*(0) \mid S = 0]. \tag{6.1}$$

ここで、2つ目の等号は近傍無作為化の帰結の第1の条件に基づいている。第2、第3の条件は識別に必要な条件ではない。しかし、近傍無作為化によって第1の条件を正当化しようとする限り、第2、第3の条件も当然満たされるべきで

---
[3] Lee (2008) では、上記の議論が $Y^*(1)$, $Y^*(0)$, W が任意の確率変数ベクトル U の決定的な関数である場合、および、U と S の決定的な関数である場合の両者において同様の主張がなされている。

ある。これらの識別に直接必要ではない2条件は、観測によってその成立を確認することができる。この、観測によって確認できるという性質から、これらの2条件は多くの実証分析において、識別を損なわせる可能性のあるスコアに対する**操作** (manipulation) を検出する制約として利用されてきた。これらの条件の具体的な検証手法については、6.6節で詳しく扱う。

ただし、これらの条件を操作の検出として利用するには、解釈上・運用上の難点がある。特に、第1の条件とそのもとでの識別によって観測を用いて確認できる2条件が成立する一方、その2条件が成立しても近傍無作為化は必ずしも保証されないことに注意が必要である。これら2つの条件は、近傍無作為化のもとで因果効果の識別 (第1の条件) と「同時に」成立するものであって、これらの制約が満たされない場合でも、近傍無作為化は成立しうる。加えて、これら2つの制約が成立しても、一般には、因果効果の識別は保証されない。どのような条件があれば、2つの制約が識別を保証するのかについては近年研究が進められている (Gerard et al., 2020; Ishihara and Sawada, 2023)。

ここまで見たように回帰非連続デザインでは、母集団全体ではスコアが処置と相関しているものの、閾値の近傍ではスコアが無作為に近いとみなせるときに、閾値ちょうどのスコアをとるような学生の平均処置効果 $\mathbb{E}[Y^*(1) - Y^*(0) \mid S = 0]$ を識別できる。この識別より、パラメータは極限で評価した2つの条件付き期待値の差分 $\mathbb{E}[Y \mid S = 0_+] - \mathbb{E}[Y \mid S = 0_-]$ となる。

このパラメータを推定する際には、ノンパラメトリック推定量を用いることが一般的である。しかし、現在では主流となったノンパラメトリック推定が行われる以前は、特定の関数形を指定して推定するパラメトリック推定が行われてきた。6.3節では、従来行われてきたパラメトリック推定にどのような問題があるかを示し、6.4節では、どのようなノンパラメトリック推定を、なぜ行うべきなのかについて議論する。

6.3 パラメトリック推定の問題点

提案された当時の回帰非連続デザインは「回帰分析を行い、その回帰直線の非連続性をもって平均処置効果を局所的に推定する」という手法だった。たと

えば観測全体を用いて、ある整数 p 次の多項式モデルを最小 2 乗推定することを考える。具体的には、処置側の観測 $S_i \geq 0$ を用いて

$$Y_i = \beta_{(0,+)} + \beta_{(1,+)}S_i + \beta_{(2,+)}S_i^2 + \cdots + \beta_{(p,+)}S_i^p + \epsilon_i$$

を推定し、統制側の観測 $S_i < 0$ を用いて

$$Y_i = \beta_{(0,-)} + \beta_{(1,-)}S_i + \beta_{(2,-)}S_i^2 + \cdots + \beta_{(p,-)}S_i^p + \epsilon_i$$

を推定し、それらから得られた切片の推定値 $\widehat{\beta}_{(0,+)}$ と $\widehat{\beta}_{(0,-)}$ の差を処置効果の推定量とするものである。これは、顕在結果 Y_i の処置割当 Z_i に対する回帰において、閾値からの「距離」を制御しているとみなせる。このとき、$\beta_{(0,+)} - \beta_{(0,-)}$ は前掲の図 6.1 の右側切片と左側切片の差に対応しており、興味のあるパラメータに対応していると考えられる。もし、条件付き期待値関数 $\mathbb{E}[Y \mid S = s]$ が、S のサポートの処置側、統制側全体についてそれぞれ真に p 次の線形関数であるならば、$\beta_{(0,+)} - \beta_{(0,-)}$ の回帰推定量がパラメータの適切な推定量となるだろう。しかし、現在はこのような線形モデルを仮定したパラメトリック推定は推奨されていない。それは、以下に示すように少なくとも 2 つの問題があるためである (Gelman and Imbens, 2019)。

まず、パラメトリック推定を行うためには、S のサポート全体に、識別とは必ずしも関連しない仮定を置かなくてはならない。もし、処置下・統制下における将来の平均賃金と試験成績の関係が特定の線形モデルとして既知であるならば、そのモデルを用いた分析をすればよい。しかし、疑似実験データの研究においてそのような関数形が既知であることはまれである。

さらに重要な問題は、パラメトリック推定を行うと、データ生成過程によっては閾値からかなり離れた観測に不当に大きいウェイトを置く可能性があることである。上記の多項式モデルの最小 2 乗推定量による $\widehat{\beta}_{(0,+)} - \widehat{\beta}_{(0,-)}$ は、各個体 i の顕在結果 Y_i に説明変数で決定されるウェイト ω_i を付けた加重平均 $\sum_{i=1}^{n} \omega_i Y_i$ になっている[4]。ここでは、実際に実証分析に用いられたデータをもとに異なるパラメトリック推定のウェイトを計算した Gelman and Imbens (2019) を紹介しよう。

---

4) たとえば、上記の p 次多項式モデルでは、個体 i のウェイト ω_i は

図 6.2 は、1 次から 6 次までの多項式が各個体 i に S_i の値に応じてどのようなウェイト w_i を置くことになるかを 2 つのデータについてプロットしたものであり、横軸はスコアの閾値からの距離を、縦軸は距離に応じて与えられるウェイトを示している。いずれのデータにおいても、閾値からかなり離れたスコアにおいて、閾値近傍に比べて大きいウェイトが与えられていることがわかる。

一方、図 6.3 は各データにおけるスコアの分布を表したヒストグラムである。図 6.2 と図 6.3 は同じ横軸を用いているが、横軸の右端に近い観測はほとんど存在しないことがわかる。それにもかかわらず、どちらのデータにおいても、閾値から遠く、観測がほとんどない値にもウェイトが与えられており、しかもそのウェイトが閾値近傍に比べて大きくなっている。このようにパラメトリック推定では、閾値近傍の処置群と統制群を比較したい場合にも、閾値から遠く離れた観測に重きを置いて比較してしまう危険がある。

これらのパラメトリック推定の性質は、回帰非連続デザインの識別が、閾値近傍の部分標本のみが比較可能であるという近傍無作為化によって成立する事実と不整合である。処置下・統制下における将来の平均賃金が閾値近傍の学生について比較できるとしても、閾値から遠く離れた余裕で合格した学生・合格する見込みがほとんどない学生が比較できるとは限らない。パラメトリック推定では、それらの比較可能でない学生も含んだ推定を行うことになる危険性がある。その結果、近傍で比較するという妥当と思われる識別から導かれたパラメータを、意図していない比較によって推定してしまう可能性がある。

このような高次多項式による回帰は、ある種のノンパラメトリック手法と解

$$\begin{aligned}\omega_i =& n_1^{-1} \mathbf{1}\{S_i \geq 0\} e'_{p+1,1} \left[\sum_{j:S_j \geq 0} \begin{pmatrix} 1 & S_j & \cdots & S_j^p \\ S_j & S_j^2 & \cdots & S_j^{p+1} \\ \vdots & \vdots & \ddots & \vdots \\ S_j^p & S_j^{p+1} & \cdots & S_j^{2p} \end{pmatrix}\right]^{-1} \begin{pmatrix} 1 \\ S_i \\ \vdots \\ S_i^p \end{pmatrix} \\ & - n_0^{-1} \mathbf{1}\{S_i < 0\} e'_{p+1,1} \left[\sum_{j:S_j < 0} \begin{pmatrix} 1 & S_j & \cdots & S_j^p \\ S_j & S_j^2 & \cdots & S_j^{p+1} \\ \vdots & \vdots & \ddots & \vdots \\ S_j^p & S_j^{p+1} & \cdots & S_j^{2p} \end{pmatrix}\right]^{-1} \begin{pmatrix} 1 \\ S_i \\ \vdots \\ S_i^p \end{pmatrix}\end{aligned}$$

と表せる。ただし $n_1 = \sum_{i=1}^n \mathbf{1}\{S_i \geq 0\}, n_0 = \sum_{i=1}^n \mathbf{1}\{S_i < 0\}$ であり、$e_{p+1,1}$ は第 1 要素のみが 1 であり、それ以外は 0 であるような $p+1$ 次元のベクトルである。

図 6.2 パラメトリック推定における閾値からの観測の距離とウェイト

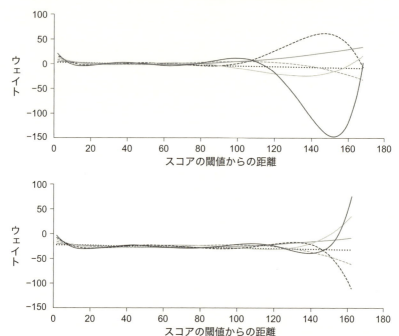

(注) 上のグラフは Matsudaira (2008) のデータに、下のグラフは Jacob and Lefgren (2004) のデータに基づいており、1 次から 6 次までの多項式回帰から生じるウェイト w_i をプロットしたものである。
(出所) Gelman and Imbens (2019)、Figure 1(a)、2(a) より作成。

釈されることもあり、**大域的近似** (global approximation) と呼ばれる[5]。一方で、回帰非連続推定に必要なものは、S のサポート全体に対する条件付き期待値関数の近似ではなく、閾値近傍のみの値における近似である。したがって回帰非連続推定を行う際には、**局所近似** (local approximation) と呼ばれる、特定の値の周辺にある観測のみを用いる手法のほうが望ましい。

---

5) 実際には単なる多項式回帰ではなく、**区分多項式** (spline) などによる近似のほうがよく見られ、「sieve 推定」とも呼ばれる (Chen, 2007)。

図 6.3 パラメトリック推定における閾値からの観測の距離と観測数

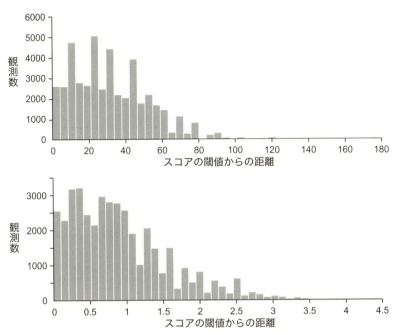

(注) 上のグラフは Matsudaira (2008) のデータに、下のグラフは Jacob and Lefgren (2004) のデータに基づいている。
(出所) Gelman and Imbens (2019)、Figure 1(c)、2(c) より作成。

6.4 局所線形推定量による回帰非連続推定

6.4.1 局所近似による推定

　回帰非連続デザインによる平均処置効果のパラメータは、条件付き期待値を極限で評価したものの差分 $\mathbb{E}[Y \mid S = 0_+] - \mathbb{E}[Y \mid S = 0_-]$ である。ある無作為標本の観測 $\{Y_i, S_i\}_{\{i=1,\ldots,n\}}$ について、これらの条件付き期待値の極限を、閾値の右側・左側周辺の標本のうち、できるだけ閾値に近い部分標本のみを用いて推定することを考える。

具体的には、ある点 s における条件付き期待値の推定量として、S_i が s に十分近い観測のみを用いた Y_i の平均を考える。特に、十分近い観測とは、ある正値をとる実数 h について、S_i の s からの絶対値距離が h 以下となるような観測とする。h が正であることに留意すれば、この十分近い観測のみを用いた平均は、$|S_i - s| \leq h$ を満たすような観測 i についての Y_i の和を、$|S_i - s| \leq h$ を満たす観測の数で割るものである。言い換えれば、指示関数 $\mathbf{1}\{|S_i - s| \leq h\}$ について、

$$\frac{\sum_{i=1}^{n} \mathbf{1}\{|S_i - s| \leq h\} Y_i}{\sum_{i=1}^{n} \mathbf{1}\{|S_i - s| \leq h\}}$$

と書ける。この平均は、各個体 i にウェイト $\frac{\mathbf{1}\{|S_i-s|\leq h\}}{\sum_{i=1}^n \mathbf{1}\{|S_i-s|\leq h\}}$ を掛けた Y_i の加重平均である。この h を**バンド幅** (bandwidth) と呼ぶ。

この指示関数 $\mathbf{1}\{|S_i - s| \leq h\}$ は点 s からの距離が h 以下の観測に同じウェイトを与えるが、より一般には距離に応じて滑らかに変化するウェイトを用いた加重平均を考えることができる。このウェイトを $K(\cdot)$ で表し、**カーネル関数** (kernel function) と呼ぶ。バンド幅 h とカーネル関数 $K(\cdot)$ を適当に選べば、以下のような**カーネル推定量** (kernel estimator)、または **Nadaraya-Watson 推定量** (Nadaraya-Watson estimator) を考えることができる。

カーネル推定量 (Nadaraya-Watson 推定量)

$$\widehat{m}_{NW}(s) \equiv \frac{\sum_{i=1}^{n} K\left(|S_i - s|/h\right) Y_i}{\sum_{i=1}^{n} K\left(|S_i - s|/h\right)}. \tag{6.2}$$

このカーネル推定量は、どれだけ近い観測 (より小さいバンド幅 h) に、どのようなウェイトを置くか (カーネル関数 $K(\cdot)$ の形状) によって、異なる推定量となる。カーネル推定量に絞って考えることにより、推定量の選択問題を、バンド幅 h とカーネル関数 K の選択問題に落とし込むことができた。しかし、カーネル推定量は、バンド幅 h とカーネル関数 K の選択によって大きく変化する。特に、分析者がバンド幅を自由に設定できるならば、自分の都合のよいように、たとえば統計的有意差が生じるように選択することができてしまうおそれがある。そのような恣意的な選択を排除するには、何かしらの基準をもって、事前に決定するルールを用意しなくてはならない。では、どのようなカーネル関数

とバンド幅が、どのような意味で好ましいのだろうか？以下ではこの点について見ていこう。

6.4.2 「最適」な推定量の選択とは？

推定量の「好ましさ」の指標はいくつか存在するが、回帰非連続推定の好ましさの指標として最もよく使われているものは**平均2乗誤差** (mean squared error: MSE) である。ここで、確率変数 (Y, S) の i.i.d. である無作為抽出標本 $\{Y_i, S_i\}_{\{i=1,\ldots,n\}}$ が、パラメータ $m(\cdot)$ とある確率変数 ϵ_i によって、$Y_i = m(S_i) + \epsilon_i$ かつ $\mathbb{E}[\epsilon_i \mid S_1, \ldots, S_n] = \mathbb{E}[\epsilon_i \mid S_i] = 0$ となるように与えられるとしよう[6]。

処置側の推定と統制側の推定は対称な推定問題であるから、以下では処置側の推定に着目して議論を行う。このとき、非負値をとるスコアの観測 $\{Y_i, S_i; S_i \geq 0\}$ に基づく推定量 $\widehat{m}(\cdot)$ の、点 0 における条件付き平均2乗誤差は

$$\mathbb{E}\left[\{m(0_+) - \widehat{m}(0_+)\}^2 \mid S_1, \ldots, S_n\right]$$

で与えられる[7]。ただし、$m(0_+) \equiv \lim_{s \downarrow 0} m(\cdot)$ であり、以後、$\mathcal{S} \equiv \{S_1, \ldots, S_n\}$ とする。この平均2乗誤差は、その名の通り推定誤差 $m(0_+) - \widehat{m}(0_+)$ の2乗の条件付き期待値をとったものである。

この平均2乗誤差は、推定量の条件付き期待値 $\mu(0_+) \equiv \mathbb{E}[\widehat{m}(0_+) \mid \mathcal{S}]$ を2乗内で足し引きすることで、以下のように分解することができる。

$$\mathbb{E}\left[\{m(0_+) - \mu(0_+) + (\mu(0_+) - \widehat{m}(0_+))\}^2 \mid \mathcal{S}\right]$$
$$= (m(0_+) - \mu(0_+))^2 + \sigma^2(0_+).$$

---

[6] 条件付き期待値 $\mathbb{E}[Y \mid S]$ が存在するとき、$m(\cdot) \equiv \mathbb{E}[Y_i \mid S_i = \cdot]$、$\epsilon_i \equiv Y_i - \mathbb{E}[Y_i \mid S_i]$ とすれば、これは常に成立する。

[7] 以後、本章では、平均2乗誤差を「常にある1点で評価した条件付き平均2乗誤差」であるとする。通常、カーネル推定などのノンパラメトリック推定は、関数 $m(s)$ の形状を推定することを目的とする。したがって、回帰非連続推定以外の状況では、本書で扱うような点 s における平均2乗誤差ではなく、S のサポート上で積分をとった**積分平均2乗誤差** (integrated mean squared error: IMSE) $\int_{\mathcal{S}} \mathbb{E}\left[\{m(s) - \widehat{m}(s)\}^2\right] f(s)ds$ によって、推定量の好ましさを評価することが多い。この場合の最適なバンド幅、カーネル関数の選択は本書で行う議論とは異なるが、本書では扱わない。関心のある読者は、Hansen (2022, Chapter 19) などを参照されたい。

ただし、$\sigma^2(0_+) \equiv \mathbb{V}[\widehat{m}(0_+) \mid \mathcal{S}]$ かつ、

$$\mathbb{E}[(m(0_+) - \mu(0_+))(\widehat{m}(0_+) - \mu(0_+)) \mid \mathcal{S}]$$
$$= (m(0_+) - \mu(0_+))\mathbb{E}[\widehat{m}(0_+) - \mu(0_+) \mid \mathcal{S}] = 0$$

であることを用いている。

ここで、分解された1つ目の項 $(m(0_+) - \mu(0_+))^2$ は、**バイアス** (bias) $Bias(0_+) \equiv m(0_+) - \mu(0_+)$ の2乗であり、2つ目の項 $\sigma^2(0_+)$ は推定量の分散である。すなわち、推定量 $\widehat{m}(0_+)$ の平均2乗誤差を小さくするとは、推定量の平均をパラメータに近付け (バイアスを小さくし)、なおかつ推定量のばらつきを小さくする (分散を小さくする) ことである。

一般的に、前者のバイアスと後者の分散を同時に小さくすることはできない。これ自体は残念な事実ではあるが、逆に最適な推定量を選択するという目的においては好都合である。なぜなら、このバイアスの最小化と分散の最小化の間にトレードオフがあることによって、われわれは平均2乗誤差を最適化するような正値のバンド幅を一意に選択できるからである。ただし、バイアスと分散は未知なので、推定する必要がある。特にバイアスは、その表現に真の関数値 $\mu(0_+)$ を含むことから、それ自身の推定は困難であり、標本サイズが十分に大きい場合の漸近近似で置き換えたものを推定する。カーネル推定量については、ウェブ付録のテクニカルノートで平均2乗誤差の漸近近似を導出しているが、その表現を用いれば、平均2乗誤差の漸近近似について最適化推定量を得ることができる。

T6.1

しかし、回帰非連続推定量にこのカーネル推定量を直接用いることはまずない。これは、テクニカルノートにある表現でもわかるように、$\mathcal{S}$ の分布のサポートの**端点** (boundary point) で評価するカーネル推定量には、$\mathcal{S}$ の分布のサポートの**内点** (interior point) で評価する場合に比べて、追加的なバイアスが生じるためである。この端点で追加的なバイアスが生じる問題を、カーネル推定量の**端点効果** (boundary effect; edge effect) と呼ぶ。

この端点効果が生じるメカニズムを、図6.4を用いて説明しよう。図6.4の2つのグラフでは、いずれも処置側の平均潜在結果関数 (黒実曲線) の、2種類の推定方法による近似を示している。6.4.1項で見たカーネル推定量は、閾値0を中心に対称な加重平均をとるので、グレーの点線の y 軸との交点に対応する。

図 6.4 カーネル推定量における端点効果と局所線形推定量による解決

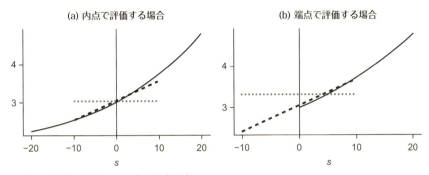

(注) 黒実線：推定したい真の関数形状。
　　グレー点線：カーネル推定量による閾値 0 での推定値。
　　黒破線：局所線形推定量による閾値 0 での推定値。

まず、図 6.4 (a) はサポートの内点の近傍における推定を図示している。このとき、カーネル推定 (グレーの点線) は真の関数に対して、$s \geq 0$ において正の、$s < 0$ において負のバイアスが生じていることに注意してほしい。それでも、内点で評価している限りにおいては、異なる符号のバイアスが互いに打ち消し合い、閾値 0 においては大きなバイアスが生じていない。このようにカーネル推定量は、図 6.4 (a) のような真の関数の傾きから生じるバイアスを、点の左右の平均をとることで打ち消し、(漸近的に) 取り除いている。

次に、図 6.4 (b) はサポートの端点の近傍における推定を図示している。このとき、カーネル推定 (グレーの点線) は真の関数に対して、バイアスが生じる片側 $s \geq 0$ の観測のみを用いることになっている。図 6.4 (a) の場合と異なり、バイアスを打ち消す相手である $s < 0$ 側の観測が存在しない。その結果、バイアスが打ち消されずに残ってしまう。この図 6.4 (b) のように打ち消す相手となる観測がない場合には、関数の傾きを捉えられていないことに起因するバイアスが生じており、このバイアスは h に応じて線形増加する。

6.4.3　カーネル推定量から局所線形推定量へ

この端点問題は、切片の推定のために傾きを制御する**局所線形推定量** (local linear estimator) によって解決できる (Fan and Gijbels, 1992)。局所線形推

定量は、関数に対して線形近似を行うものであり、図 6.4 の黒破線の y 軸との交点に対応する。局所線形推定量は、線形のバイアスを直接取り除いており、図 6.4 (a) と (b) のいずれにおいても大きなバイアスを生じさせない。

局所線形推定量を具体的に導入しよう。まず、6.4.1 項ではカーネル推定量を加重平均の公式として天下り的に与えていたが、これを最小化問題の解として書き直す。カーネル推定量は推定したい点 0 の近傍でカーネル $K(\cdot)$ のウェイトを付けながら定数にフィットさせる操作と対応し、以下の最小化問題の解として書くことができる。

$$\widehat{m}_{NW}(0) = \operatorname*{argmin}_{\alpha} \sum_{i=1}^{n} K\left(\frac{|S_i - 0|}{h}\right) (Y_i - \alpha)^2.$$

次に、このカーネル推定量の最小化問題としての表現をもとに、定数ではなく線形関数にフィットさせる問題を考える。上記の α に線形項 $s\beta$ を加えた以下の最小化問題を考える時、その解の定数項が、局所線形推定量である。

局所線形推定量

$$\left[\widehat{\alpha}, \widehat{\beta}\right] \equiv \operatorname*{argmin}_{\alpha, \beta} \sum_{i=1}^{n} K\left(\frac{|S_i - 0|}{h}\right) (Y_i - \alpha - S_i \beta)^2,$$

$$\widehat{m}_{LL}(0_+) \equiv \widehat{\alpha}. \tag{6.3}$$

上の最小化問題の解のように、閾値周辺で線形関数 $\alpha + s\beta$ にフィットさせたのが、図 6.4 の黒破線である。内点での評価である図 6.4 (a) と、端点での評価である図 6.4 (b) のいずれにおいても、切片が真の関数に十分近いことがわかる。特に図 6.4 (b) では、右側にしか観測がないにもかかわらず、傾きを直接推定することで、カーネル推定量では生じていた傾きのバイアスが取り除けていることがわかる。

T6.2　詳細をウェブ付録のテクニカルノートで示しているように、標本サイズ n が増加するにつれて、バンド幅が $nh \to \infty$, $h \to 0$ を満たすように減少する極限において、局所線形推定量のバイアス $Bias^{LL}(0_+)$ は、

$$h^2 \, ABias^{LL}(0_+) = h^2 \frac{1}{2} m''(0_+) \frac{(K_2^2 - K_1 K_3)}{K_2 K_0 - K_1^2}$$

で近似することができる。ただし、各 $q \in \{0, 1, 2, 3\}$ について $K_q \equiv \int z^q K(z) dz$ はカーネル関数のみに依存する定数であり、$m''(s)$ は条件付き期待値関数 $m(s)$ の 2 階導関数である。この $ABias^{LL}(0_+) \equiv \frac{1}{2} m''(0_+) \frac{(K_2^2 - K_1 K_3)}{K_2 K_0 - K_1^2}$ を漸近バイアス (asymptotic bias) と呼ぶ。同様に、分散 $\sigma_{LL}^2(0_+)$ は

$$\frac{K_{LL}^2 \, \mathbb{V}[\epsilon \mid S = 0_+]}{f(0_+) nh},$$

で近似することができる。ただし、

$$K_{LL}^2 \equiv \frac{\int (K_2 - uK_1)^2 K^2(u) du}{(K_2 K_0 - K_1^2)^2}$$

である。

この上の表現において、漸近バイアスに h ではなく h^2 が掛けられていることに注意したい。バンド幅 h は正値かつ標本サイズが増加するにつれて 0 に収束する列であるから、h が小さくなるにつれて、局所線形推定のバイアス (h^2) のほうがカーネル推定のバイアス (h) よりもより速く減少することがわかる。ウェブ付録のテクニカルノートにあるカーネル推定量の漸近平均 2 乗誤差と比べると、線形項を導入することによって端点における線形増加の場合を除去することができている。回帰非連続推定量はもっぱら端点における推定を必要とすることから、カーネル推定量よりも局所線形推定量のほうが、漸近平均 2 乗誤差の評価においてより適切であることがわかるだろう。

T6.3

6.5 回帰非連続推定量のためのパラメータ選択と統計的推測

6.5.1 最適な推定のためのパラメータ選択

ここまで、回帰非連続推定量のためには局所線形推定量がより好ましいことを議論した。ただし、推定値はカーネル関数とバンド幅を定めなくては定まらない。では、どうやってカーネル関数とバンド幅を定めるべきだろうか?

推定量の 1 つの定め方として、ウェブ付録のテクニカルノートで導出した漸近平均 2 乗誤差を最小化するようなカーネル関数とバンド幅を考える。局所線形推定量の漸近平均 2 乗誤差は、バイアス項 $h^2 ABias^{LL}(0_+)$ の 2 乗と分散項

の和であり、$nh \to \infty$, $h \to 0$ の漸近において

$$h^4 \left(ABias^{LL}(0_+)\right)^2 + \frac{K_{LL}^2 \mathbb{V}[\epsilon \mid S = 0_+]}{f(0)nh}.$$

と近似できる。この近似は、一定の正規条件[8]を満たす任意のカーネル関数とバンド幅について成立する。よって、平均2乗誤差を最小化するようなカーネル関数とバンド幅を選ぶには、この漸近平均2乗誤差を最小化するように選べばよい。

まずは任意のカーネル関数を1つ選び、カーネル関数を所与として最適なバンド幅を考察する。ここで、$\left(ABias^{LL}(0_+)\right)^2$ と $K_{LL}^2 \mathbb{V}[\epsilon \mid S = 0_+]f^{-1}(0_+)$ の項がいずれもバンド幅に依存しない非負値であることに注目すると[9]、漸近平均2乗誤差は、h に関して凸関数である。このとき、バイアス項と分散項がともに正であれば、1階条件

$$4\left(ABias^{LL}(0_+)\right)^2 h^3 - \frac{K_{LL}^2 \mathbb{V}[\epsilon \mid S = 0_+] f^{-1}(0)}{n} h^{-2} = 0$$

は一意な解

$$h^{opt}(K) = \left(\frac{K_{LL}^2 \mathbb{V}[\epsilon \mid S = 0_+] f^{-1}(0_+)}{4\left(ABias^{LL}(0_+)\right)^2}\right)^{1/5} n^{-\frac{1}{5}}$$

を持つ。この解は3つの推定すべきパラメータ $m''(0_+), f(0_+), \mathbb{V}[\epsilon \mid S = 0_+]$、所与としたカーネル関数 $K(\cdot)$、および標本サイズ n の関数である。したがって、3つのパラメータの推定を行えば、標本サイズ n に対して漸近平均2乗誤差を最小化するバンド幅が一意に決定される。

この最適バンド幅 $h^{opt}(K)$ を先ほどの漸近平均2乗誤差の表現に代入すると、最小化された漸近平均2乗誤差が (その他データに依存する上記の3つのパラメータを除き) カーネル関数の形状のみに依存する形として書くことができる。サポートの端点での評価であるこの漸近平均2乗誤差の表現については、**三角カーネル** (triangular kernel) が任意の非負かつ**リプシッツ連続** (Lipschitz

---

[8] 必要とされる条件については、ウェブ付録のテクニカルノートを参照されたい。
[9] バイアス項は2乗されており、分散項も定義から必ず非負値をとる。

continuous)[10] な関数の中で最適である (Cheng et al., 1997)[11]。

以上の議論から、最適なバンド幅とカーネル関数を選択することができた。次に、最適なバンド幅 $h^{opt}(K)$ が依存する3つの未知パラメータ $m''(0_+)$, $f(0_+)$, $\mathbb{V}[\epsilon \mid S = 0_+]$ の推定を考えなくてはならない[12]。さらには、回帰非連続推定量は局所線形推定量の差分であって、局所線形推定量そのものではないことにも注意が必要である。

6.5.2 回帰非連続推定量としてのバンド幅選択

ここからは、局所線形推定量に基づく回帰非連続推定を実装に基づいて紹介する。ウェブ附録として公開している R のコードに対応させながら、Calonico et al. (2014) が提案する推定の R での実装である「rdrobust」パッケージなどに沿った説明を行うので、適宜コードのほうも参照してほしい。まず、rdrobust パッケージの出力の例を以下に示そう。

```
## Sharp RD estimates using local polynomial regression.
## 
## Number of Obs.                500
## BW type                     mserd
## Kernel                 Triangular
## VCE method                     NN
## 
## Number of Obs.           407      93
## Eff. Number of Obs.       73      44
## Order est. (p)             1       1
```

---

[10] カーネル関数 $K(u)$ がリプシッツ連続であるとは、任意の2点 $u_1, u_2 \in [0, 1]$ について、ある定数 C が存在し、$|K(u_1) - K(u_2)| \leq C|u_1 - u_2|$ となることである。

[11] 最適バンド幅における漸近平均2乗誤差表現などの詳細はウェブ附録のテクニカルノートに示す。なお、この結果は、サポートの端点を推定したい場合のものであり、サポートの内点における一定区間の平均性能、たとえば積分平均2乗誤差をよくしたい場合の結果とは異なっている。積分平均2乗誤差を最適化したい場合には、最適なカーネルは三角カーネルではなく、**エパネチニコフカーネル** (Epanechnikov kernel) と呼ばれるカーネル $K(u) = (1 - u^2)\mathbf{1}\{u \in [-1, 1]\}$ である。

[12] なお、以下に説明するパッケージ rdrobust では密度関数の推定を必要としていない。これは、漸近バイアスを漸近表現そのものとして推定する代わりに、密度関数が明示的に現れない有限標本近似を推定しているためである。

```
## Order bias    (q)                      2            2
## BW est. (h)                        0.187        0.187
## BW bias (b)                        0.290        0.290
## rho (h/b)                          0.645        0.645
## Unique Obs.                          407           93
##
## =================================================
##       Method   Coef.  Std. Err.      z      P>|z|
## [ 95% C.I. ]
## =================================================
## Conventional  0.139     0.049     2.809     0.005
## [0.042, 0.235]
##       Robust     -         -      2.348     0.019
## [0.023, 0.259]
## =================================================
```

これは、観測結果とスコア変数のみを

rdrobust(y = 観測結果, x = スコア変数)

の形で与えた、デフォルトのパラメータ設定での結果である。標本サイズ (Number of Obs.) 500 のうち、統制側が 73、処置側が 44 の観測が**実効観測数** (efficient number of observation; Eff. Number of Obs.) として表示されているが、これは、最適バンド幅で評価したカーネル関数が非ゼロのウェイトを与えた観測の数である。

まず、バンド幅に対応する BW の行に着目してほしい。ここまで、バンド幅は 1 種類しか説明してこなかったが、上記の出力例にはバンド幅が 2 種類あることがわかるだろう。2 つのバンド幅 h と b のうち、前者 h は最終的に推定に用いられた漸近平均 2 乗誤差を最小化するものであり、ここまでの議論に登場したバンド幅である。後者 b は、最適バンド幅 h の解に登場したパラメータである漸近バイアスの推定に用いられるバンド幅であり、**パイロットバンド幅** (pilot bandwidth) と呼ばれる。

いずれのバンド幅も、未知パラメータで表現される最適バンド幅の公式に、推定した未知パラメータを代入する**プラグイン法** (plug-in method) を用いることが一般的である (Calonico et al., 2014; Imbens and Kalyanaraman, 2012)[13]。

---

13) 特に分散推定についてはいくつかの手法が提案・実装されている。詳細は 6.5.3 項の脚注 19 を参照されたい。

パイロットバンド幅 b は、回帰非連続推定量の漸近バイアスを推定するためのものである。推定したいパラメータである漸近バイアスは、条件付き期待値関数の 2 階導関数の関数である。2 階導関数を推定するには、局所線形推定量の代わりに線形項 S_i だけでなく 2 乗項 S_i^2 を加えた**局所 2 次推定量** (local quadratic estimator) を用いる。局所 2 次推定量を 1 つに定めるためには、局所線形推定量と同じく、対応するパイロットバンド幅を 1 つに定めなくてはならない。ここで回帰非連続推定量の漸近バイアスは、回帰非連続推定量の漸近平均 2 乗誤差の一部を構成するため、パイロットバンド幅を回帰非連続推定量の漸近平均 2 乗誤差を最小化するように選択することはできない。代わりに、「漸近バイアス推定量の」漸近バイアスと漸近分散を導出し、それらをより高次の局所推定量で暫定的に推定し、漸近バイアス推定量の平均 2 乗誤差が最小になるように選択する[14]。

次に、BW の行それぞれについて、2 列にわたってバンド幅の値が表示されていることに着目してほしい。それぞれ統制側、処置側の推定に用いられたバンド幅の値を表しているが、上記の出力例では統制側も処置側も同じバンド幅の値が表示されている。rdrobust のデフォルト設定で推定を行った場合、両側のバンド幅は必ず同じものが選択される。これはなぜだろうか？

このバンド幅選択は、回帰非連続推定量が局所線形推定量の差分であることに起因している。回帰非連続推定量は、処置側と統制側で別々に推定した局所線形推定量の差分である。原理上は、処置側の推定量 $\widehat{m}_{h_+}(0_+)$ と統制側の推定量 $\widehat{m}_{h_-}(0_-)$ について、別々のバンド幅 (h_+, h_-) を考えることができるだろう。しかし、そのような選択は困難である。

6.5.1 項の議論にしたがって、各々の (漸近) 平均 2 乗誤差を最小化するような h_+ と h_- を別々に選択することを考える。これは実質的には、各々の平均 2 乗誤差の和

---

[14] しかし、このように選択すると、漸近バイアス推定量の漸近バイアスの推定量、の漸近バイアス、といったように延々とバンド幅の決定が終わらない。実際には、「漸近バイアス推定量の漸近バイアス」の推定量の漸近バイアスを、大域的近似によって暫定的に得るという手法が実装されている (Calonico et al., 2014)。これ自体には強い根拠があるわけではないが、事前に定めた手法によって 1 つの推定量に定め、利用者に選択の余地を残さないことが重要である。

$$\mathbb{E}\left[\{m(0_+) - \widehat{m}_{h+}(0_+)\}^2 + \{m(0_-) - \widehat{m}_{h-}(0_-)\}^2 \mid \mathcal{S}\right]$$

を最小化するようにバンド幅の組 (h_+, h_-) を選択することと等しい[15]。しかし、この別々に選択した平均 2 乗誤差の和は、回帰非連続推定量 $m(0_+) - m(0_-)$ に関する平均 2 乗誤差

$$\mathbb{E}\left[\{m(0_+) - m(0_-) - (\widehat{m}_{h+}(0_+) - \widehat{m}_{h-}(0_-))\}^2 \mid \mathcal{S}\right]$$

の上限であって、それら 2 つの平均 2 乗誤差表現は一般に一致しない。

この回帰非連続推定量の平均 2 乗誤差について、別々のバンド幅を考慮に入れたうえで漸近近似を行うと、

$$\left\{\frac{1}{2}\frac{(K_2^2 - K_1 K_3)}{K_2 K_0 - K_1^2}\left[m''(0_+)h_+^2 - m''(0_-)h_-^2\right]\right\}^2$$
$$+ \frac{K_0^2}{n}\left\{\frac{\mathbb{V}[\epsilon \mid S = 0_+]}{f(0)h_+} + \frac{\mathbb{V}[\epsilon \mid S = 0_-]}{f(0)h_-}\right\}$$

を得る。ここで、局所線形推定量を単体で考察していた場合と異なり、バイアス項が差分 $m''(0_+)h_+^2 - m''(0_-)h_-^2$ の 2 乗として与えられていることに着目してほしい。このとき、2 階導関数 $m''(0_+), m''(0_-)$ が同じ符号を持つならば、バンド幅の組 (h_+, h_-) を適切に選ぶことによってバイアス項を 0 にすることができてしまう。言い換えれば、2 階導関数の符号が非ゼロで一致するとき、

$$h_+ = \left(\frac{m''(0_-)}{m''(0_+)}h_-^2\right)^{\frac{1}{2}}$$

とすれば、漸近バイアスは 0 となる。このように h_+ を選ぶとき、漸近平均 2 乗誤差は漸近分散のみで与えられ、漸近分散はバンド幅 h_- の減少関数であることから、h_- を無限に大きくすることで漸近平均 2 乗誤差を無限に小さくすることができてしまう。したがって、2 階導関数 $m''(0_+), m''(0_-)$ が同じ符号を持つとき、2 つのバンド幅を有限に定めることができない。この問題を回避するため、2 つのバンド幅は同一として推定を行っているのである[16]。

---

15) このバンド幅選択は、bwselect オプションを msetwo としたときの実装である。
16) これは、Imbens and Kalyanaraman (2012) が提唱した回避策であり、Calonico et al. (2014) 以降でも受け継がれている。一方で、このバイアスが 0 というのは、真の

同一のバンド幅を用いて回帰非連続推定量を考えると、それは以下の漸近平均 2 乗誤差の最小化問題として得られる。

$$\left\{\frac{1}{2}\frac{(K_2^2 - K_1 K_3)}{K_2 K_0 - K_1^2} h^4 \left[m''(0_+) - m''(0_-)\right]\right\}^2$$
$$+ \frac{K_0^2}{nh}\left\{\frac{\mathbb{V}[\epsilon \mid S = 0_+]}{f(0)} + \frac{\mathbb{V}[\epsilon \mid S = 0_-]}{f(0)}\right\}.$$

したがって、最適なバンド幅はカーネル関数にのみ依存する定数 $C(K)$ について

$$h^{opt} = C(K)\left(\frac{\mathbb{V}[\epsilon \mid S = 0_+] + \mathbb{V}[\epsilon \mid S = 0_-]}{f(0)\left(m''(0_+) - m''(0_-)\right)^2}\right)^{\frac{1}{5}} n^{-\frac{1}{5}}$$

で得られ、これをプラグイン法で選択すればよい。

6.5.3 信頼区間の構成とバイアス除去

最後に、出力例の下部に記載されている推定結果に着目しよう。推定結果は 2 行にわたって表示されており、Method の列が**従来型** (Conventional) の行と、**頑健** (Robust) の行に分かれていることがわかる。実証分析者が見るべきは、主に頑健の行の z 値および信頼区間である。これらの推定量はどのように異なるのだろうか？

まずは、従来型推定の構成について説明し、その問題点を指摘する。最適バンド幅 h^{opt} を用いれば、漸近平均 2 乗誤差を最小化するような点推定量が得られる。この h^{opt} に基づいた点推定を行うとき、その点推定量 $\hat{\tau}^{opt} = \hat{m}_{h^{opt}}(0_+) - \hat{m}_{h^{opt}}(0_-)$ が漸近的に正規分布に従うならば、以下のように信頼区間を構成することができる。

$$\left[\hat{\tau}^{opt} - \Phi_{1-\frac{\alpha}{2}}^{-1}\sqrt{\frac{\widehat{V}}{nh}},\ \hat{\tau}^{opt} + \Phi_{1-\frac{\alpha}{2}}^{-1}\sqrt{\frac{\widehat{V}}{nh}}\right].$$

ただし、$\Phi_{1-\frac{\alpha}{2}}^{-1}$ は正規分布の $1 - \frac{\alpha}{2}$ 分位点、$\widehat{V}$ を残差分散推定量とする。

バイアスではなく、その 1 階近似が 0 であることにすぎない。実際、漸近近似において無視している高次のバイアスが 0 となっていないことを用いて、2 つのバンド幅を別々に選択する手法が Arai and Ichimura (2018) によって提案されている。詳しくは、章末の文献ガイドを参照されたい。

この $\hat{\tau}^{opt}$ および上記の信頼区間が、rdrobust パッケージで従来型 (Conventional) として報告される推定である。この従来型推定は、点推定値としては平均 2 乗誤差を最小化するような最適な推定である。しかし、「従来型」と呼ばれていることからも示唆されるように、この推定量は頑健推定量に比べ、信頼区間の構成において好ましくない性質を持つ。特に、従来型推定の漸近分布は 0 に中心化されておらず、上記の従来型信頼区間は適切な棄却域を持たない。これは、最適バンド幅が、必ず漸近バイアスを残すように設定されていることに起因する。

最適バンド幅 h^{opt} は、6.4.2 項で説明したバイアスと分散のトレードオフに基づいて、(漸近) 平均 2 乗誤差が最小となるように選んだものである。バンド幅が大きくなるにつれて、より離れた点の観測も推定に用いられるようになり、真の点での評価との乖離が生じてバイアスが大きくなる。その一方で、より多くの観測を用いることができるようになるため、推定量の分散は小さくなる。最適バンド幅 h は、この漸近分散と漸近バイアスのトレードオフを釣り合わせるように選択したものであるから、必ず漸近バイアスが残るように選択したものである。結果として、回帰非連続推定量の漸近分布は適切に中心化された、すなわち確率収束先を中心とした分布を持たない。

この問題を回避するためには、漸近バイアスを事前に推定し、漸近分布がずれている分だけ除去する必要がある。具体的には、漸近平均 2 乗誤差を最小化したバンド幅の回帰非連続推定値 $\hat{\tau}^{opt}$ をそのまま用いるのではなく、パイロットバンド幅 b で直接推定した漸近バイアス推定値を $\hat{\tau}^{opt}$ から引いたものを $\hat{\tau}^{bc}$ とし、統計的推測に用いる[17)][18)]。

---

17) この手順は、推定に最適なバンド幅を選択した後、そのバンド幅に推測上の問題があるからといって補正を行うものである。それに対して、Calonico et al. (2020, 2022) は帰無仮説を誤って棄却する割合を最小化するようなバンド幅選択を提案している。rdrobust にもオプション「bwselect = cerrd」として実装されているが、デフォルトの設定ではないので注意してほしい。

18) ちなみに、バイアス除去は、直接漸近バイアスを推定せずに行うこともできる。特に、パイロットバンド幅 b を実際の推定バンド幅 h と同じ値に制約してよいならば、バイアス除去済み推定量とその漸近分散は、バイアスを除去しない局所 2 次推定量とその漸近分散に数値的に一致する。rdrobust パッケージでは、バイアス修正用のバンド幅 b と推定用のバンド幅 h は異なることが許されており、それらの比率が「rho」というパラメータとして報告される。

$\hat{\tau}^{opt}$ とは異なり、$\hat{\tau}^{bc}$ はバイアスが除去されているため、適切に中心化された漸近正規分布を持つ。このバイアス修正推定値は、rdrobust のデフォルトでは報告されないものの、「all = TRUE」オプションを入れることで以下のように報告される。

```
##  =======================================================
##         Method    Coef. Std. Err.         z     P>|z|
##  [ 95% C.I. ]
##  =======================================================
##    Conventional   0.139    0.049     2.809     0.005
##  [0.042, 0.235]
##  Bias-Corrected   0.141    0.049     2.867     0.004
##  [0.045, 0.238]
##          Robust   0.141    0.060     2.348     0.019
##  [0.023, 0.259]
##  =======================================================
```

all オプションのもとでは、デフォルトで表示される行に加えて、バイアス修正 (Bias-Corrected) の行が追加で表示される。この行の z 値、p 値、信頼区間はそれぞれ、$\hat{\tau}^{bc}$ の漸近正規近似に基づく推定値である。特に、信頼区間は

$$\left[\hat{\tau}^{bc} - \Phi^{-1}_{1-\frac{\alpha}{2}} \sqrt{\frac{\widehat{V}}{nh}}, \hat{\tau}^{bc} + \Phi^{-1}_{1-\frac{\alpha}{2}} \sqrt{\frac{\widehat{V}}{nh}} \right]$$

で与えられる。このバイアス修正推定の行には、頑健推定 (Robust の行) と同じ点推定値 (Coef.) が与えられているが、標準誤差や信頼区間は異なる値が与えられている。違いは分散推定にある。

rdrobust における「頑健」には、2 つの意味が与えられている。第 1 の頑健性は、「z 値の計算に用いる推定量が、推定されたバイアス項によって修正されていること」である。第 2 の頑健性は、「標準誤差の推定において、回帰非連続

---

rdrobust において rho オプションを指定することで、バンド幅間の比率を設定することができる。上記の議論は、「rho = 1」としたときの振る舞いに対応している。なお、パッケージのデフォルトは推定に平均 2 乗誤差最適バンド幅、推測にパイロットバンド幅を用いるのであり、したがって推定と推測に異なる標本を用いていることとなる。分析者が推定と推測で同じ標本を用いる必要性があると判断するならば、rho = 1 とすることも可能であるが、そうすべき強い理由はない。

推定に加えてバイアスも推定していること、加えてそれらの推定量が相関しうることを考慮した補正を行っていること」である。最終的に頑健 (Robust) の行に表示される信頼区間は、バイアス修正に加えて、第2の頑健性である分散推定の修正を行ったものである。したがって、rdrobustにおける頑健性は、最適バンド幅における推定が持つバイアスに対して頑健であることを意味しているのであって、不均一分散やクラスター構造に対する頑健性などとは異なることに注意すべきである[19]。なお、デフォルトの推定は無作為標本を前提としているが、実際に応用を検討する際には、無作為標本ではなくクラスター内での誤差項間の相関を許容したい場合もあるだろう。rdrobustでは、「cluster = クラスター定義変数」とオプション指定することにより、クラスター頑健分散推定量に準拠した推定を得ることができる。

6.6 回帰非連続デザインの検証プロセス

ここまで、近傍無作為化を仮定すれば平均処置効果が識別できること (6.1節、6.2節)、その推定は局所線形推定量において行うべきこと (6.4節)、その推定量を決定するパラメータをどのように選択すべきか (6.5節) を議論してきた。しかし、近傍無作為化はあくまで仮定であり、その妥当性は説得的に検証されなければならない。

6.1節では、近傍無作為化の識別条件である第1の条件

$$\mathbb{E}[Y^*(z) \mid S = 0_-] = \mathbb{E}[Y^*(z) \mid S = 0_+]$$

に加えて、さらに2つの条件が成立することを述べた。2つの条件とは、実際に閾値をギリギリ超えた学生とギリギリ超えなかった学生は同じ頻度で観測されなくてはならないこと (第2の条件)、ならびに、閾値をギリギリ超えた学生とギリギリ超えなかった学生の共変量の期待値が同じでなくてはならないこと (第3の条件) だった。本節ではこれらの条件をどのように確かめるかを議論す

---

[19] なお、残差分散推定自体は最近傍 (nearest neighbor: NN) に基づく分散推定がデフォルトの設定である。これは、通常の不均一分散頑健分散推定量に対して、小標本での安定性をねらったものである。

る。ただし、すでに述べた通り、これら 2 つの条件が成立することは、識別条件である第 1 の条件の成立を意味しない。近年、これら 2 つの条件が識別に直接関連するためには追加的な条件が必要であることが指摘されている (Gerard et al., 2020; Ishihara and Sawada, 2023)。

6.6.1 密度検定

まず、近傍無作為化の第 2 の条件として成り立つ、観測可能な密度関数についての以下の帰無仮説に着目する。

$$H_0 : f(c_+) = f(c_-)$$

この帰無仮説の対立仮説 $H_1 : f(c_+) \neq f(c_-)$ に対する検定は、**密度検定** (density test)、または発案者の McCrary (2008) に基づいて **McCrary 検定** (McCrary test) と呼ばれている。

密度検定は技術的改善が進んでおり、rddensity パッケージが最新の手法の 1 つである Cattaneo et al. (2020) を実装している。この実装では、密度関数が分布関数の 1 階微分であることを用いて、分布関数を局所 2 次推定したうえで、微分係数に対応する線形係数が処置側と統制側で同一であるかを検定する。たとえば、rdrobust の数値例に使用したデータに適用するならば、

```
rddensity(X = スコア変数)
```

とすれば、以下のような結果を保持したリストが得られる。

```
## Manipulation testing using local polynomial density estimation.
##
## Number of obs =        500
## Model =                unrestricted
## Kernel =               triangular
## BW method =            estimated
## VCE method =           jackknife
##
## c = 0                  Left of c           Right of c
## Number of obs          407                 93
## Eff. Number of obs     106                 67
## Order est. (p)         2                   2
```

図 6.5 rddensity_plot による密度関数のプロット

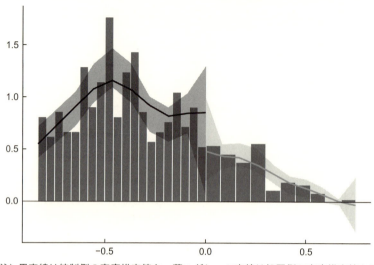

(注) 黒実線は統制側の密度推定値を、薄いグレーの実線は処置側の密度推定値を示す。推定値の周りの網掛けは各ビンごとに評価した 95%信頼区間を示す。

```
## Order bias (q)       3               3
## BW est. (h)           0.279           0.279
##
## Method               T               P > |T|
## Robust               -0.2074          0.8357
```

このリストの最下部にある Robust の行に、検定統計量 (-0.2074) と対応する p 値 (0.8357) が報告されている。p 値が 0.8357 であることから、「密度関数が閾値で連続である」という帰無仮説は、1%水準でも 5%水準でも 10%水準でも棄却されないことがわかる。

さらに、rddensity の出力であるリスト rdd とスコア変数を用いて、rddensity_plot 関数に以下のように記述することで、図 6.5 のようなプロットが得られる。

rddensity_plot(rdd = rdd, X = スコア変数)

図 6.5 を見ると、左側 (統制側) の密度推定値 (黒実線のプロット) の右端点

と、右側 (処置側) の密度推定値 (薄いグレーの実線のプロット) の左端点が異なるものの、推定値の周りに網掛け (濃いグレー、薄いグレー) の帯で表示されている 95%信頼区間[20] は重複しているように見え、p 値が 0.8357 という密度差検定の結果と整合的である。ただし、これらの信頼区間は処置側、統制側の各点の信頼区間であるから、そこから差の信頼区間を構成することは適切ではない。この結果は、閾値で連続な密度関数を持つベータ分布から標本を抽出していることと整合的である。また、実現したグレーのヒストグラムも、閾値近傍でスコアの増加に対して滑らかに減少しているように見える。

6.6.2　共変量バランス検定、プラセボ検定

次に、近傍無作為化の第 3 の条件として成り立つ、事前決定された共変量 W のスコアで条件付けた分布や期待値への制約に着目する。第 3 の条件の検定は、**共変量バランス検定** (covariates-balance test)、特に共変量が潜在結果の代理変数であるとき、**プラセボ検定** (placebo test) と呼ばれる。実際の分析では、「W の平均が同じ」という帰無仮説

$$H_0 : \mathbb{E}[W \mid S = 0_+] = \mathbb{E}[W \mid S = 0_-]$$

を対立仮説

$$H_1 : \mathbb{E}[W \mid S = 0_+] \neq \mathbb{E}[W \mid S = 0_-]$$

について検定するという形で運用されることが多い。単一の共変量 W についての検定であれば、観測結果 Y を共変量 W に置き換えて、rdrobust パッケージを用いて同様の分析を行えばよい。

ただし、複数の共変量について共変量バランス検定を行う場合、多重検定になっている場合が多いことに注意が必要である。実際、経済学のトップジャーナルに出版された論文のメタ分析によって、多重検定問題が深刻であることが報告されている (Fusejima et al., 2024)。しかし現時点では、特に共変量の数が十分に多い場合、多重検定に対する適切な補正は提案されていない[21]。した

---

20) rddensity_plot のデフォルト出力において、信頼区間は 95%である。alpha オプションをデフォルトの 0.05 から変更することで、異なる信頼区間を構成できる。

21) いくつかの論文では、推定量がノンパラメトリックであることを無視し、パラメトリック推定で行われる多重検定補正が行われている場合がある。また、Canay and Kamat

がって、共変量バランス検定は客観的に重要と考えられるいくつかの共変量に絞って行うべきである。

 文献ガイド

　回帰非連続デザインは、Thistlethwaite and Campbell (1960) が奨学金の受給 (正確には、それ自体は金銭を伴わない成績優秀者の表彰であるが奨学金受給につながる) をテーマに行った分析で用いられたのが初出であるとされており、van der Klaauw (1997) により「再発見」された手法である。

　その後、Hahn et al. (2001) で提唱された局所線形回帰に基づく推定方法について、Imbens and Kalyanaraman (2012) が最適バンド幅選択を導出した。そして、Calonico et al. (2014) によって統計的推測のためのバイアス修正が提案され、これが現在 rdrobust パッケージとして幅広く用いられるようになっている。これらの実装は、回帰非連続推定量の漸近平均2乗誤差を最適化するような単一のバンド幅を選ぶものである。処置側、統制側で同一のバンド幅とすることは、最適化の都合によるものであって、必ずしも望ましいとは限らない。Arai and Ichimura (2018) はこの点に着目し、処置側と統制側で別々のバンド幅を選択できるような高次漸近展開を導出し、漸近バイアスが消えるかどうかにかかわらず、最適なバンド幅の組を自動で選択できるような手順を提案している。しかし、推定量が解析的には得られないこと、数値実験での性能においては rdrobust と比べて甲乙付け難いこと、簡便に用いるためのパッケージが整備されていないこと、などの理由から広く用いられてはいない。

(2018) で提唱された**近似並べ替え検定** (approximate permutation test) に基づく共変量バランス検定では、複数の共変量に対する同時検定統計量が提唱されている。ただし、実際に用いた研究はあるものの (Fort et al., 2020)、広く用いられているとは言い難い。Canay and Kamat (2018) では1変量に対する好ましい性能が示されている一方、多変量に対する性能は示されていない。Fusejima et al. (2024) では、共変量バランス検定のスタンダードである Calonico et al. (2014) と比較的最近用いられつつある Cattaneo et al. (2020) の密度検定を同時検定する方法を提唱している。

第 7 章 回帰非連続デザインの発展的トピック

イントロダクション

　第 6 章では、近傍無作為化の概念を導入し、回帰非連続デザイン (RDD) における推定量の性質と実践方法を議論してきた。しかし、実際に手法を適用するうえでは、第 6 章で扱った標準的な概念や分析だけでは必ずしも十分ではない。本章ではまず、シャープ回帰非連続デザインに関連したその他のデザインである、ファジー回帰非連続デザインと回帰屈折デザインを導入する。

　また、第 8 章でも実践的に議論するような、処置の割当を決定するスコア変数が誕生日 (出生年月日) などのように離散値をとる場合に生じる、回帰非連続デザインにおける識別の問題を議論したうえで、その対処法について解説する。

7.1 ファジー回帰非連続デザイン

7.1.1 ファジー回帰非連続デザインとは？

　第 6 章で解説した手法はすべて、シャープ回帰非連続と呼ばれるデザインについてだった。シャープ回帰非連続デザインとは、処置割当 Z がスコアの値によって決定的に、$Z = \mathbf{1}\{S \geq 0\}$ の形で定まるものを指す。ここで、あえて処置受取 D を導入するならば、

$$0 = \mathbb{P}[D \mid S = 0_-] \leq \mathbb{P}[D \mid S = 0_+] = 1$$

と表すことができる回帰非連続デザインである。すなわち、スコアが閾値を超えるかどうか $\mathbf{1}\{S \geq 0\}$ の処置割当 Z に対して、処置割当 Z と処置受取 D が

乖離するような非遵守者が存在しない状況とみなすことができる。

シャープデザインに対して、回帰非連続デザインが**ファジー** (fuzzy) であるとは、スコアによる割当に対する非遵守者が発生する状況のことである。すなわち、(近傍) 無作為な処置割当 Z に対して、処置受取 D に非遵守者が存在し、処置受取確率について $\mathbb{P}[D \mid S = 0_-] > 0$、および、$\mathbb{P}[D \mid S = 0_+] < 1$ が生じるデザインである。ファジー回帰非連続デザインの問題の構造は、無作為化実験における非遵守の問題と類似しており、局所平均処置効果 (LATE) が関心のあるパラメータとなる。すなわち、第 4 章で扱った局所平均処置効果の推定量と同じように、顕在結果 Y に対する処置割当効果 (ITT) を遵守者の割合で割ったものがパラメータである。なお、これは厳密には「遵守者への処置割当効果」であるが、遵守者への除外制約が成立するときには、局所平均処置効果と解釈できることは第 4 章ですでに述べた。以下では除外制約の成立を前提として話を進めるが、この仮定の妥当性の検証は別途必要である。

ファジー回帰非連続デザインでは、分子である ITT を顕在結果 Y に対するシャープ回帰非連続デザインとして推定し、分母である遵守者の割合を処置 D に対するシャープ回帰非連続デザインとして推定する。rdrobust パッケージでは、fuzzy オプションに処置変数を与えれば、ITT ではなく、LATE の推定量が出力される[1]。

たとえば、奨学金の受給権が成績によって一意に決定されるが、必ずしもすべての学生がその奨学金を受給しない場合を考える。このとき、奨学金の割り当て $Z = \mathbf{1}\{S \geq 0\}$ の将来賃金への効果ではなく、奨学金の受取 D の将来賃金 Y への効果を知りたいとする。このとき、

```
rdrobust(y = Y, x = S, fuzzy = D)
```

とすれば、以下のような D を従属変数とした第 1 段階の推定結果

---

[1] なお、ファジー回帰非連続デザインにおいても、シャープ回帰非連続デザインと同様に、LATE 推定量の漸近平均 2 乗誤差を最適化することでバンド幅を決定する。すなわち、顕在結果の推定と処置割当確率の推定について、同時に最適化を行っている。実際には、ファジー回帰非連続デザインの LATE 推定量は推定量の比の形で与えられるため、分母について 1 階線形近似したものの平均 2 乗誤差を考えている。詳しくは Calonico et al. (2014, 4.2 節) を参照されたい。

```
## First-stage estimates.
## 
## =========================================================
##       Method    Coef.  Std. Err.        z        P>|z|
## [ 95% C.I. ]
## =========================================================
##   Conventional  0.484    0.118       4.095      0.000
## [0.252, 0.715]
## Bias-Corrected  0.497    0.118       4.209      0.000
## [0.266, 0.729]
##        Robust   0.497    0.139       3.566      0.000
## [0.224, 0.771]
## =========================================================
```

と、以下のような LATE の推定結果が得られる。

```
## Treatment effect estimates.
## 
## =========================================================
##       Method    Coef.  Std. Err.        z        P>|z|
## [ 95% C.I. ]
## =========================================================
##   Conventional  0.293    0.078       3.750      0.000
## [0.140 , 0.446]
## Bias-Corrected  0.305    0.078       3.897      0.000
## [0.151 , 0.458]
##        Robust   0.305    0.093       3.279      0.001
## [0.123 , 0.487]
## =========================================================
```

ではこの推定値は、どのような条件のもとで LATE に対応するのであろうか？ 以下では、Arai et al. (2022) に基づいて識別条件を示す。

ファジー回帰非連続デザインにおける識別を議論するうえで、いくつかの追加的な表現を与える。まず、これまで暗黙にされたままだったスコアと潜在結果・処置受取の関係について、次のように再定義する。潜在結果を処置 $d \in \{0,1\}$ とスコア s の関数 $Y^*(d;s)$、潜在処置を新たに $D^*(s)$ とし、観測 (Y, D, S) が $D = D^*(S), Y = D^*(S)Y^*(1;\ S) + (1 - D^*(S))\, Y^*(0;\ S)$ で与えられているとする。なお、ここでは潜在結果 Y^* への除外制約は前提となっている。次

に、導入した潜在処置 $D^*(s)$ に対し、以下の遵守タイプを閾値の ϵ 近傍、すなわち $s \in (-\epsilon, +\epsilon)$ について、定義する。

$$T_\epsilon \equiv \begin{cases} 常時参加者\ (at), & D^*(s) = 1 \\ 遵守者\ (co), & D^*(s) = \mathbf{1}\{s \geq 0\} \\ 常時非参加者\ (nt), & D^*(s) = 0 \\ 反抗者\ (df), & D^*(s) = \mathbf{1}\{s < 0\} \\ 未決定者\ (in), & それ以外 \end{cases}$$

この「近傍」遵守タイプ T_ϵ に対して、通常の局所平均処置効果 (LATE) の識別の仮定に対応する以下の3つの条件を仮定する。

仮定 7.1 (近傍単調性)
$t \in \{df, in\}$ について、

$$\lim_{\epsilon \to 0} \mathbb{P}\left[T_\epsilon = t \mid S = \epsilon\right] = \lim_{\epsilon \to 0} \mathbb{P}\left[T_\epsilon = t \mid S = -\epsilon\right] = 0. \tag{7.1}$$

仮定 7.2 (近傍連続性)
$d \in \{0, 1\}$ と $t \in \{at, co, nt\}$、任意の潜在結果関数値のサポートの可測部分集合 B について、

$$\lim_{\epsilon \to 0} \mathbb{P}\left[Y^*(d; \epsilon) \in B, T_\epsilon = t \mid S = \epsilon\right]$$
$$= \lim_{\epsilon \to 0} \mathbb{P}\left[Y^*(d; \epsilon) \in B, T_\epsilon = t \mid S = -\epsilon\right]. \tag{7.2}$$

仮定 7.3 (遵守者の存在)

$$\lim_{s \downarrow 0} \mathbb{P}\left[D = 1 \mid S = s\right] > \lim_{s \uparrow 0} \mathbb{P}\left[D = 1 \mid S = s\right]. \tag{7.3}$$

これらの仮定のもとで、遵守者についての潜在結果の分布が識別できる。すなわち、閾値近傍での遵守者に条件付けた潜在結果の分布関数

$$F_{Y^*(d;0)}(y \mid co, S = 0) \equiv \lim_{\epsilon \to 0} \mathbb{P}\left[Y^*(d; 0) \leq y \mid T_\epsilon = co, S = \epsilon\right]$$

を、$d \in \{0, 1\}$ についてそれぞれ、

$$F_{Y^*(1;0)}(y \mid co, S = 0)$$
$$= \frac{\lim_{\epsilon \downarrow 0} \mathbb{E}\left[\mathbf{1}\{Y \leq y\} D \mid S = \epsilon\right] - \lim_{\epsilon \uparrow 0} \mathbb{E}\left[\mathbf{1}\{Y \leq y\} D \mid S = \epsilon\right]}{\lim_{\epsilon \downarrow 0} \mathbb{P}\left[D = 1 \mid S = \epsilon\right] - \lim_{\epsilon \uparrow 0} \mathbb{P}\left[D = 1 \mid S = \epsilon\right]},$$

$$F_{Y^*(0;0)}(y \mid co, S = 0)$$
$$= \frac{\lim_{\epsilon \uparrow 0} \mathbb{E}\left[\mathbf{1}\{Y \leq y\}(1 - D) \mid S = \epsilon\right] - \lim_{\epsilon \downarrow 0} \mathbb{E}\left[\mathbf{1}\{Y \leq y\}(1 - D) \mid S = \epsilon\right]}{\lim_{\epsilon \downarrow 0} \mathbb{P}\left[D = 1 \mid S = \epsilon\right] - \lim_{\epsilon \uparrow 0} \mathbb{P}\left[D = 1 \mid S = \epsilon\right]}$$

と書くことができる。上の表現の右辺は、観測より推定できることから、潜在結果の分布関数が識別できていることがわかる。右辺の表現に着目すれば、

$$\lim_{\epsilon \downarrow 0} \mathbb{E}\left[\mathbf{1}\{Y \leq y\} D \mid S = \epsilon\right]$$
$$= \lim_{\epsilon \downarrow 0} \mathbb{E}\left[\mathbf{1}\{Y^*(1, \epsilon) \leq y\} \mathbf{1}\{T_\epsilon \in \{at, co\}\} \mid S = \epsilon\right]$$

かつ、

$$\lim_{\epsilon \uparrow 0} \mathbb{E}\left[\mathbf{1}\{Y \leq y\} D \mid S = \epsilon\right]$$
$$= \lim_{\epsilon \uparrow 0} \mathbb{E}\left[\mathbf{1}\{Y^*(1, \epsilon) \leq y\} \mathbf{1}\{T_\epsilon = at\} \mid S = \epsilon\right]$$

であるから、近傍連続性より、

$$\lim_{\epsilon \downarrow 0} \mathbb{E}\left[\mathbf{1}\{Y \leq y\} D \mid S = \epsilon\right] - \lim_{\epsilon \uparrow 0} \mathbb{E}\left[\mathbf{1}\{Y \leq y\} D \mid S = \epsilon\right]$$
$$= \lim_{\epsilon \uparrow 0} \mathbb{E}\left[\mathbf{1}\{Y^*(1, \epsilon) \leq y\} \mathbf{1}\{T_\epsilon = co\} \mid S = \epsilon\right]$$

である。同様に、近傍連続性より、

$$\lim_{\epsilon \downarrow 0} \mathbb{P}(D = 1 \mid S = \epsilon) - \lim_{\epsilon \uparrow 0} \mathbb{P}[D = 1 \mid S = \epsilon]$$
$$= \lim_{\epsilon \downarrow 0} \mathbb{P}[T_\epsilon \in \{at, co\} \mid S = \epsilon]$$
$$\quad - \lim_{\epsilon \uparrow 0} \mathbb{P}[T_\epsilon = at \mid S = \epsilon]$$
$$= \lim_{\epsilon \downarrow 0} \mathbb{P}[T_\epsilon = co \mid S = \epsilon]$$

である。ここで、

$$\lim_{\epsilon \uparrow 0} \mathbb{E}\left[\mathbf{1}\left\{Y^*(1,\epsilon) \le y\right\} \mathbf{1}\left\{T_\epsilon = co\right\} \mid S = \epsilon\right]$$

$$= \lim_{\epsilon \uparrow 0} \mathbb{E}\left[\mathbf{1}\left\{Y^*(1,\epsilon) \le y\right\} \mid S = \epsilon\right] \mathbb{P}[T_\epsilon = co \mid S = \epsilon]$$

であるから、分布関数の差を処置確率の差で割れば、処置群に条件付けた分布関数が得られる。

分布関数が識別できるならば、その期待値も (存在する限りにおいて) 得られるため、遵守者についての平均処置効果、すなわち局所平均処置効果

$$\mathbb{E}[Y^*(1;0) - Y^*(0;0) \mid T_0 = co, S = 0]$$

が得られる。

7.1.2 ファジー回帰非連続デザインの検定可能制約

ここで、得られた潜在結果分布 $F_{Y^*(1;0)}(y \mid T_0 = co, S = 0)$ と $F_{Y^*(0;0)}(y \mid T_0 = co, S = 0)$ について、分子と分母それぞれに着目したい。遵守者の存在仮定から、分母 $\lim_{s \downarrow 0} \mathbb{P}[D = 1 \mid S = s] - \lim_{s \uparrow 0} \mathbb{P}[D = 1 \mid S = s]$ は正であり、これが成り立つか否かは検証可能である。したがって、得られた分布関数が正しく分布関数であるためには、その分子が非負でなくてはならないことがわかる。この議論を任意の区間について一般化すると、以下の定理が得られる。

定理 7.1

近傍単調性と近傍連続性が成り立つならば、任意の $y, y' \in \mathbb{R}$ について、以下の不等式が成り立つ。

$$\lim_{\epsilon \downarrow 0} \mathbb{E}\left[\mathbf{1}\left\{y' \le Y \le y\right\} D \mid S = \epsilon\right]$$
$$- \lim_{\epsilon \uparrow 0} \mathbb{E}\left[\mathbf{1}\left\{y' \le Y \le y\right\} D \mid S = \epsilon\right] \ge 0, \quad (7.4)$$

$$\lim_{\epsilon \uparrow 0} \mathbb{E}\left[\mathbf{1}\left\{y' \le Y \le y\right\} (1 - D) \mid S = \epsilon\right]$$
$$- \lim_{\epsilon \downarrow 0} \mathbb{E}\left[\mathbf{1}\left\{y' \le Y \le y\right\} (1 - D) \mid S = \epsilon\right] \ge 0 \quad (7.5)$$

上記の定理における不等式はそれぞれ、近傍単調性と近傍連続性のもとで、

「$Y^*(d)$ がある閉区間に収まり、かつ、近傍で遵守者である」確率に等しいことが示される。もし、上記の不等式が成り立たずに、期待値の差分が負値をとるのであれば、それらが確率であることと矛盾する。結果として、近傍単調性と近傍連続性のいずれかに問題があることが示唆される。同時に、上記の定理における不等式が成り立つならば、観測の分布と矛盾しないような潜在結果関数と潜在処置関数の組が存在し、それらが近傍単調性と近傍連続性を満たすことが示されている[2]。すなわち、上記の定理における不等式が満たされるならば、追加の制約を置かなくとも、観測が近傍単調性・近傍連続性と矛盾しない可能性が常に存在する。しかし、不等式制約の成立が成立するとしても、近傍単調性・近傍連続性を満たすモデルが存在することを示唆するのみであって、実際に観測を生成しているモデルが近傍単調性・近傍連続性を満たすことを保証するわけではないという点には注意してほしい。

なお、上記の不等式制約はシャープ回帰非連続デザインでは自動的に成立する。というのも、シャープ回帰非連続デザインにおいては $D = 1\{S \geq 0\}$ であることから、閾値より下のスコアでは常に $D = 0$ であり、閾値より上のスコアでは常に $(1 - D) = 0$ である。すると、指示関数 $1\{S \geq 0\}$ は常に非負値をとることになるので、シャープ回帰非連続デザインのもとでは不等式は常に成立する。

したがって、ファジー回帰非連続デザインの検定可能制約が成立するか否かと、処置割当効果に対するシャープ回帰非連続デザインの妥当性は必ずしも関係していない。そのため、仮にファジー回帰非連続デザインの検定可能制約が成立せず、局所平均処置効果 (LATE) が識別できないような状況でも、別途処置割当に対するシャープ回帰非連続デザインを考えることによって、処置割当効果 (ITT) を得られる可能性は残る。

7.2 回帰屈折デザイン

ここまで考えてきた回帰非連続デザインは「スコアが閾値を超えるかどうか」

---

[2] 定理の主張と証明は Arai et al. (2022) を参照されたい。

に応じて処置割当が決定されるものだった。たとえば所得制限のある奨学金で、スコアは家計所得であり、スコアが閾値を超えると奨学金が受給できなくなるならば、奨学金受給を処置とする回帰非連続デザインとすればよかった。

それでは、スコアが閾値を超えると奨学金が受給できなくなるのではなく、給付される金額が緩やかに減少していくような場合には、何ができるだろうか？

このような場合には、回帰非連続デザインを適用することはできない。なぜならば、閾値の直前と直後の学生が受給できる奨学金の額は同一であり、彼らの潜在結果のスコアで条件付けた期待値は同一であると考えられるためである。

ただし、閾値の直前と直後では、給付される金額の変化量が異なり、条件付き期待値関数の「傾き」が異なる可能性がある。すなわち、閾値から限界的に家計所得を減少させても奨学金額は変化しないが、閾値から限界的に家計所得を増加させると受給できる奨学金が減少するのであり、奨学金の変化額に対する限界的な反応が異なる可能性がある。この傾きの差、すなわち顕在結果の条件付き期待値関数の閾値における屈折を利用した識別手法を、**回帰屈折デザイン** (regression kink design) という。

回帰屈折デザインの識別アイデアは回帰非連続デザインと類似している。しかし、「傾き」が得られるという構成上、特定の経済モデルに内在するパラメータの識別と関係することが多く、回帰非連続デザインに比べて文脈依存度が高い。したがって、本書では単純化した実証例のもとで、基本的な識別アイデアのみを紹介するにとどめる。

第6章に続き奨学金受給額減少の例に基づくと、ここでは奨学金の額を処置変数と考えるのがよい。すなわち、処置 Z は2値ではなく連続値である。このとき、処置 Z はスコア S の既知の関数 $z(s)$ により $Z = z(S)$ と決定されているとする。ここでは簡単化のため、家計所得が s である家計に対する奨学金給付が

$$z(s) = \max(\bar{z} - s, 0)$$

で定められるルールを考える。すなわち、家計所得が閾値以下の学生は一定額 $\bar{z}$ の奨学金が与えられるが、閾値を超えると超過所得分だけ減額されるというルールである。このとき、家計所得を閾値で0になるように正規化、すなわち $S = S - \bar{z}$ と正規化すれば、正規化した S に対応するルールは $z(s) = \max(s, 0)$

となり、関数 $z(s)$ の傾きは $s < 0$ の範囲で 0 であり、$s \geq 0$ の範囲で 1 である。一般に、このように閾値の 1 点を除いて微分可能であるものの、閾値で屈折しているために微分可能ではない関数 $z(s)$ を考える。

さらに、このように定義した処置 Z とスコア S に対して、潜在結果がスコア S の関数として存在し、$Y = Y^*(Z; S)$ であるとする。ここで関心のあるパラメータは、スコアが閾値 $S = s$ をとる個人に対して処置 Z を微小な Δ だけ限界的に増加させる効果であり、以下のように定義する。

連続変数処置における処置群平均処置効果

$$\lim_{\Delta \to 0} \frac{\mathbb{E}\left[Y^*(z + \Delta; 0) - Y^*(z; 0) \mid S = 0\right]}{\Delta} \tag{7.6}$$

これは、処置が連続値をとるときに処置の値が $z(0)$ であるような処置群にとって、処置が限界的に増加することの効果であり、連続変数処置における処置群平均処置効果 (ATT) である。ここで議論の簡素化のため、この潜在結果 $Y^*(z; s)$ の背後に潜在結果のタイプ U が存在し、ある連続微分可能な実数値関数 $y(z, s, u)$ について $Y^*(z; s) = y(z, s, U)$ と書けるとする。$f(s)$ と $f(s \mid u)$ をそれぞれスコア S の密度関数・条件付き密度関数とし、条件付き密度関数は (s, u) について連続であり、s について連続微分可能であるとする。ベイズの定理より U の密度関数 $g(u)$ と条件付き密度関数 $g(u \mid s)$ について $f(s \mid u) g(u) = g(u \mid s) f(s)$ が成り立つことに着目すれば、適切な正則条件のもとで[3]

$$\lim_{s_0 \to 0_+} \left. \frac{d\mathbb{E}[Y \mid S = s]}{ds} \right|_{s = s_0} = \lim_{s_0 \to 0_+} \left. \frac{d}{ds} \int y(z(s), s, u) \frac{f(s \mid u)}{f(s)} g(u) du \right|_{s = s_0}$$

$$= \lim_{s_0 \to 0_+} \left. \int \frac{d}{ds} y(z(s), s, u) \frac{f(s \mid u)}{f(s)} g(u) du \right|_{s = s_0}$$

---

[3] 具体的には、0 の近傍 N_0 について、U のサポート上の任意の u と $s \in N_0$ について $y(z(s), s, u) \frac{f(s \mid u)}{f(s)} g(u)$ が連続微分可能であり、任意の $s \in N_0$ について $\int y(z(s), s, u) \frac{f(s \mid u)}{f(s)} g(u) \, du < \infty$ かつ、ある可積分関数 $G(u)$ が存在し、

$$\sup_{s, s' \in N_0} \left| \frac{d}{ds} y(z(s), s, u) \frac{f(s \mid u)}{f(s)} g(u) \right| \leq G(u)$$

を満たす必要がある。

$$= \lim_{s_0 \to 0_+} \frac{\partial z(s)}{\partial s}\bigg|_{s=s_0} \int \frac{\partial y(z, s_0, u)}{\partial z}\bigg|_{z=z(s_0)} \frac{f(s \mid u)}{f(s)} g(u) du$$

$$+ \lim_{s_0 \to 0_+} \int \frac{\partial y(z(s_0), s, u)}{\partial s}\bigg|_{s=s_0} \frac{f(s \mid u)}{f(s)} g(u) du$$

$$+ \lim_{s_0 \to 0_+} \int y(z(s_0), s_0, u) \frac{\partial}{\partial s} \frac{f(s \mid u)}{f(s)}\bigg|_{s=s_0} g(u) du$$

となる。左極限についても同様の表現を得ることができる。

このとき、スコア s_0 における潜在結果の値 $y(z(s_0), s_0, u)$、そのスコアに関する傾き $\frac{\partial y(z(s_0), s, u)}{\partial s}\big|_{s=s_0}$, $\frac{\partial y(z, s_0, u)}{\partial z}\big|_{z=z(s_0)}$、およびスコアの密度関数 $\frac{\partial}{\partial s} \frac{f(s\mid u)}{f(s)}\big|_{s=s_0}$ が s_0 について閾値 0 で連続ならば、上の表現の第 2 項・第 3 項が右極限・左極限で一致することがわかる。すなわち、傾きの右極限と左極限の差をとれば、

$$\lim_{s_0 \to 0_+} \frac{d\mathbb{E}[Y \mid S=s]}{ds}\bigg|_{s=s_0} - \lim_{s_0 \to 0_-} \frac{d\mathbb{E}[Y \mid S=s]}{ds}\bigg|_{s=s_0}$$
$$= \left(\lim_{s \to 0_+} \frac{\partial z(s)}{\partial s}\bigg|_{s=s_0} - \lim_{s \to 0_-} \frac{\partial z(s)}{\partial s}\bigg|_{s=s_0} \right)$$
$$\times \int \frac{\partial y(z, 0, u)}{\partial z}\bigg|_{z=0} \frac{f(0 \mid u)}{f(0)} g(u) du$$
$$= (1-0) \cdot \int \frac{\partial y(z, 0, u)}{\partial z}\bigg|_{z=0} \frac{f(0 \mid u)}{f(0)} g(u) du$$

である。右辺は上で述べた ($S=0$, $Z=z$ をとる学生にとっての) 処置群平均処置効果である。すなわち、回帰屈折デザインのもとでは、条件付き期待値の極限における差分をとる代わりに、その傾きの極限における差分をとることで、処置の閾値における限界的な効果を識別することができる。

この極限における傾きは、回帰非連続デザインと同じくノンパラメトリック回帰によって得られる。回帰非連続デザインは、局所線形回帰を行って条件付き期待値関数の極限値を推定するのだった。回帰屈折デザインの推定は、局所線形回帰の代わりに、局所 2 次回帰の傾きが推定量として得られる。幸いなことに、6.4 節で述べた局所線形推定量の議論が同様に適用できるため、ここでは詳しく立ち入らない。

7.3 離散スコアへの対応

ここまでの議論はすべて、処置割当を決定するスコアが密度を持つ連続変数であることを仮定してきた。一方で、回帰非連続デザインが適用されている実証分析の中には、スコアが離散値のみをとる変数を用いている場合が多々ある。たとえば、処置が出生年月日に応じて割り当てられており、特定の日付以降に生まれた個人に処置が与えられる場合を考える。このようなデザインも、閾値である日付からの日数をスコアとして、回帰非連続デザインとみなして分析することが少なくない。しかし、厳密にはこのようなデザインでは、回帰非連続デザインとして処置効果を識別することはできない。なぜだろうか？

引き続き、ある日付を過ぎて生まれた個人にのみ処置が与えられるケースを考えてみよう。このとき、閾値近傍における平均処置効果は適切に定義することができる。すなわち、当該日の午前 0 時ちょうどに生まれた (と記録された) 個人を処置群、当該日前日の日付が変わる直前に生まれた (と記録された) 個人を統制群とすれば、閾値直前と直後の観測結果を比較すればよい。潜在結果の条件付き期待値が当該日の前後で連続であれば、閾値前後の比較が平均処置効果と一致するだろう。

問題は、出生時刻自体は連続値をとりうる変数であるが、通常われわれ分析者が秒単位、またはそれより細かい単位で時刻のデータを得ることはまずないことである。特に、経済学的に関心のある観測結果変数に付随して得られる出生記録は、よくて出生日、多くの場合は出生月であり、最悪の場合は出生年のみで分析されている例も少なくない。このように、標本サイズによらずスコアの観測頻度が離散値にとどまる場合、標本サイズがいくら大きくなろうとも、統制群の観測はある一定以上から閾値に近付くことができない。回帰非連続デザインによる識別は、あくまでも閾値に対する極限の比較であることから、このようにスコアが離散値のみをとる場合、平均処置効果は識別できないのである。

図 7.1 に示したように、離散スコアにおいて識別ができない要因は、統制群におけるスコアの最大値と閾値の間における関数形を知ることができない点に

図 7.1 閾値直前の関数挙動は識別できないが、導関数が "極端" ではない

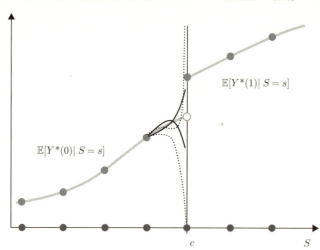

ある。図 7.1 の横軸上の点を観測点とする。このとき、真の条件付き期待値関数である太いグレーの実線は、横軸の観測点に対応する点のみでしか観測されない。特に、閾値ちょうどでは処置群の平均のみが観測され、統制群の平均 (白抜き点) は観測できない。したがって、閾値ちょうどにおける潜在結果関数の平均の差をとるためには、統制群におけるスコアの最大値と閾値の間をどうにかして埋めなくてはならない。

通常、分析者はこの観測できていない部分の関数の形状に関する知識は持っていない。条件付き期待値関数は、グレー実線のような緩やかな変化をとるかもしれないし、閾値の直前で傾きが大きく変化するかもしれない (閾値左側からの細い黒の実線)。それでも、直前の点まで平坦に変化していた関数が、閾値直前で突然無限大に発散すると考えるのも現実的ではないだろう (閾値左側からの点線)。それでは、このように関数形がわからないとしても、関数が特定の「極端な形状を持たない」集合 $\mathcal{M}$ に収まると仮定できる場合には、どのような分析ができるだろうか？ 以下ではこの点について考えてみよう。

7.3.1 関数集合とその関数集合に関して「正直な」信頼区間

図 7.1 で表した通り、真の条件付き期待値関数が閾値直前で突然無限大に発

散するのであれば、観測できる手前の離散点の平均値と介入側である右側を比較した場合に、本来あるべき効果よりも極端に小さな効果しかないと誤認してしまうことになる。一方で、先にも述べたように少し手前まで比較的平坦な形状だった関数が、閾値直前で突如大暴れして発散するという現象も実際には考えにくい。閾値直前で関数が無限大に発散する状況とは、関数の1階導関数である傾きが閾値直前で急激に増加する、すなわち関数の2階導関数が急激に変化するような状況である。したがって、そのような極端な関数を排除するには、とりうる2階導関数の最大値を一定程度に抑えてしまえばよい。

そのような関数の例として、ある正の定数 M_H について、以下のような **2階ヘルダー (連続) クラス** (second-order Hölder〔continuous〕class) を考える。

2階ヘルダー (連続) クラス

$$\mathcal{M}(M_H) \equiv \{m : |m'(a) - m'(b)| \leq M_H |a - b|, \\ \forall a, b \in \mathbb{R}_+ \text{ and } \forall a, b \in \mathbb{R}_-\}. \tag{7.7}$$

条件付き期待値関数 m が $\mathcal{M}(M_H)$ に属するとは、m の傾き $m'(s)$ が閾値 0 をまたがない任意の範囲 $[a, b]$ で、M_H より大きく変化しないことを意味する。言い換えれば、条件付き期待値関数 $m \in \mathcal{M}(M_H)$ は傾きが最悪のケースで M_H だけ変化すると仮定することとなる。

このとき、$\mathcal{M}(M_H)$ でとりうる最悪のケースを想定しても 95%以上の確率で帰無仮説の値を含むような信頼区間の構成を、**$\mathcal{M}$ に関して正直な信頼区間** (honest confidence interval with respect to $\mathcal{M}$) と呼ぶ。すなわち、棄却率 α の信頼区間 $CI^{1-\alpha}$ が $\mathcal{M}(M_H)$ に関して (条件付き)「正直」であるとは、以下の関係を満たすことである。

$\mathcal{M}$ に関して正直な信頼区間

$$\liminf_{n \to \infty} \inf_{m \in \mathcal{M}(M_H)} \mathbb{P}\left[m(0_+) - m(0_-) \in CI^{1-\alpha} \mid \mathcal{S}\right] \geq 1 - \alpha \tag{7.8}$$

ここで、効果サイズ $m(0_+) - m(0_-)$ を含む信頼区間が実現する確率は関数

の形状 $m = (m_+, m_-)$ に依存しており、$\inf_{m \in \mathcal{M}(M_H)} \mathbb{P}[\, m(0_+) - m(0_-) \in CI^{1-\alpha} \mid \mathcal{S}\,]$ は信頼区間の、最悪ケースにおける性能を表している。したがって、「正直な」信頼区間とは、十分大きな標本サイズをとれば、最悪ケースの関数形状であっても少なくとも 95% の確率で真の値を含むような信頼区間が実現することを意味する。

Kolesár and Rothe (2018) などに基づく RDHonest パッケージでは、「sclass = ''H''」の指定が、上のヘルダークラス関数 $\mathcal{M}(M_H)$ の使用を意味する。このとき、パラメータ「M」を指定すると、それが M_H の値、すなわち、クラスに属する関数がとりうる 2 階導関数の絶対値における最悪値となる。この M_H の値は、分析者が自ら選択する必要があるが、漸近的な近似をもとにした、2 階導関数のグローバル推定による決定方法が実装されている。M の値を指定せずに実行する場合の出力結果が、その決定方法に基づいた M による推定である。ただし、この決定方法は漸近的な近似による経験則で、有限標本において理論的な根拠があるわけではない。

7.3.2 ヘルダークラス関数に対して「正直な」信頼区間の構成

上の議論において、関数クラスを所与とした「正直な」信頼区間を定義した。しかし、実際には (7.8) 式の最適化問題を解く「正直な」信頼区間は一意に定まらない。ここでは、別途好ましい基準を設定し、その基準のもとで最もよい「正直な」信頼区間を選ぶことにする。具体的には、「正直な」信頼区間の中で、信頼区間幅を最小にする固定幅信頼区間を構成する。

ここで、十分に小さいバンド幅 h をとり、そのバンド幅 h のもとでの局所線形推定量 $\hat{\tau}$ と、そのバンド幅に収まる離散点にある観測 N_h を用いた不偏な条件付き分散推定量 $\hat{\sigma}_{NN}^2 / N_h$ を得ているとする[4]。真の効果が $m(0_+) - m(0_-)$ であるとき、$\hat{\tau}$ の t 統計量は

$$\frac{\hat{\tau} - (m(0_+) - m(0_-))}{\hat{\sigma}_{NN}/\sqrt{N_h}} = \frac{\hat{\tau} - \tilde{\tau}_h}{\hat{\sigma}_{NN}/\sqrt{N_h}} + \frac{\tilde{\tau}_h - (m(0_+) - m(0_-))}{\hat{\sigma}_{NN}/\sqrt{N_h}}$$

と分解できる。ただし、$\tilde{\tau}_h \equiv \mathbb{E}[\hat{\tau} \mid \mathcal{S}]$ である。分散推定量 $\hat{\sigma}_{NN}$ は $\mathbb{V}[\hat{\tau} \mid \mathcal{S}]$ の一致推定量であり、$\hat{\tau} - \tilde{\tau}_h$ は中心極限定理より正規分布に収束することか

---

[4] 具体的には、マッチング推定量の文脈 (Abadie and Imbens, 2006, など) で提唱された**近傍推定量** (nearest-neighbor estimator) を考える。

ら、右辺第 1 項は標準正規分布に漸近的に収束することがわかる。また、右辺第 2 項はバイアスであり、$\tilde{\tau}_h - (m(0_+) - m(0_-))$ は真のパラメータに依存する漸近バイアス $ABias_{NN}(m)$ に収束する。したがって、各 m について推定誤差 $\sqrt{N_h}|\hat{\tau} - (m(0_+) - m(0_-))|$ は平均 $ABias_{NN}(m)$、分散 $\mathbb{V}[\hat{\tau} \mid \mathcal{S}]$ を持つ正規分布の絶対値 $|N(ABias_{NN}(m), \mathbb{V}[\hat{\tau} \mid \mathcal{S}])|$ に収束する。

したがって、「正直な」信頼区間を構成するには、漸近バイアスの絶対値の上限値、すなわち最悪ケースのバイアス

$$\sup_{m \in \mathcal{M}(K_H)} |\tilde{\tau}_h - (m(0_+) - m(0_-))|$$

を計算し、$|N(\sup_{m \in \mathcal{M}(K_H)} |\tilde{\tau}_h - (m(0_+) - m(0_-))|, \hat{\sigma})|$ の $1-\alpha$ 分位点を用いて信頼区間を構成するのがよい。具体的には、正規化した最悪のケースにおけるバイアス

$$\overline{ABias_{NN}} \equiv \frac{\sup_{m \in \mathcal{M}(K_H)} |\tilde{\tau}_h - (m(0_+) - m(0_-))|}{\hat{\sigma}_{NN}/\sqrt{N_h}}$$

を計算し、$|N(\overline{ABias_{NN}}, 1)|$ の分位点 $cv_{1-\alpha}$ を用いて

$$CI^{1-\alpha} = \left[\hat{\tau} - cv_{1-\alpha} \times \frac{\hat{\sigma}_{NN}}{\sqrt{N_h}}, \ \hat{\tau} + cv_{1-\alpha} \times \frac{\hat{\sigma}_{NN}}{\sqrt{N_h}}\right]$$

とすれば「正直な」信頼区間の条件を満たす。

なお、ここまでバンド幅 h は定められていなかったが、上の議論は十分に小さい (すなわち、標本サイズが発散するにつれてバンド幅が 0 に収束する) 任意のバンド幅の列について成立する。したがって、信頼区間の幅 $2\,cv_{1-\alpha}\hat{\sigma}_{NN}/\sqrt{N_h}$ を最小化するのであれば、その要請を満たすようなバンド幅 h を選べばよい。

RDHonest パッケージで「opt.criterion」を「FLCI」(固定幅信頼区間) とした場合、以上の要請に基づいたバンド幅のもとで結果が出力される。なお、「opt.criterion」を「MSE」とすると、信頼区間の幅ではなく、MSE を最小化するような別の基準を用いてバンド幅選択を行うこともできる。推定が局所線形回帰で行われていることから、カーネルの形状も指定しなくてはならないが、通常は異なるカーネルの形状を選んでも、大きく結果は変わらない。

7.3.3 既存の対処とその問題点

従来、離散スコアの問題は推定上の問題として考えられてきた。すなわち、ス

コア分布の離散性によって、閾値周辺にほとんど、あるいはまったく観測が存在しない場合には、推定バイアスが分散と釣り合わなくなるほど大きなバンド幅をとらざるをえないという問題である。この問題に対して、従来は分散推定を「離散観測点をクラスターとするクラスター頑健分散推定量に補正する」という方法が広く適用されてきた (Lee and Card, 2008)。

しかし、クラスター頑健分散推定量に基づく補正が正当化されるデータ生成過程は、無作為抽出標本と矛盾する誤差項の分散構造に基づくものであることが後年になって示されている。シミュレーションによってもクラスター頑健分散推定量が必ずしも推定を改善しないことが示されており、現在では推奨されない (Kolesár and Rothe, 2018)。

条件付き期待値関数がとるべき最悪の形状を指定し、その形状のクラスに対して「正直な」推定を行うことは1つの対応策である。一方で、「正直な」推定アプローチは、分析者が本来知りえない関数形状のパラメータを必要とするため、その利用には賛否が分かれており、代替案として無作為化検定に基づく手法もある (Cattaneo et al., 2015)。後者のアプローチについては、Cattaneo et al. (2024) などを参照されたい。

 ## 文献ガイド

クラスの学生数が学業成績に与える影響を推定した最初期の回帰非連続デザインの実証例である Angrist and Lavy (1999) がファジーデザインだったこともあり、ファジーデザインの識別自体は Hahn et al. (2001) によって示されている。ただし、そこでは局所平均処置効果との対応が明示的になされているわけではなかった。必要な仮定とその帰結を明らかにしたのは、後年に出版された Arai et al. (2022) である。なお、Angrist and Lavy (1999) のデザインはスコア変数である在籍者数が操作されている懸念が指摘されており (Angrist et al., 2019; Otsu et al., 2013)、ファジーデザインの仮定の妥当性の検定方法を提案した Arai et al. (2022) がその応用例として用いている。

第8章
回帰非連続デザインの実践

イントロダクション

　第6、7章では近傍無作為化の仮定に基づいた因果推論の手法である回帰非連続デザイン(シャープ、ファジー)や、閾値を境に平均結果変数の傾きが変化する状況を利用した回帰屈折デザインの理論と実用上の留意点について解説した。続いて本章では、それらの手法を用いた分析の実践例を紹介する。

　8.1節で取り上げるPinotti (2017)は、「移民滞在の合法化は犯罪率を下げるか？」という問いに回帰非連続デザインを用いて答えた論文である。この論文では、移民による就労ビザの申請の受理が打ち切られる時間が、移民個人から見た場合に無作為に決まっているという制度上の特徴を利用することで「移民滞在を合法化することが滞在先の犯罪率にもたらす効果」を推定している。この論文の研究デザインは、ほぼ回帰非連続デザインの理論通りの美しいものとなっており、推定方法も本書執筆時点で最新のベストプラクティスを取り入れているため非常に参考になる。加えて、各種の妥当性チェックや頑健性チェックを通じて、分析の仮定の妥当性や結果の解釈の妥当性が慎重に検討されていることも特筆すべきポイントである。

　8.2節で紹介するPeck (2017)は、回帰屈折デザインで「外国人労働者への依存の強い国で自国民の雇用枠を設定することで、自国民の雇用を増やせるか？」という問題を分析した論文である。7.2節でも述べた通り、回帰屈折デザインによる分析の方法は文脈依存度が大きく、複雑になりがちであるが、この論文もまた、ほぼ回帰屈折デザインの理論通りのきれいな設定のもとで分析が行われているため、読者が回帰屈折デザインを用いた研究デザインを考えるうえで参考になる。

　8.3節で取り上げるOreopoulos (2006)は、「義務教育期間の延長とその後の年収の関係」を推定した論文である。この論文では、年齢という離散的なスコア変数を用いている。離散的なスコア変数を用いる場合、かつてはLee and Card (2008)

に基づいて、スコア変数クラスター頑健標準誤差を用いることが推奨されていた[1]。Oreopoulos (2006) でもこの方法が用いられている。しかし、7.3.3 項で説明した通り、Kolesár and Rothe (2018) のシミュレーションに基づく検証によって、クラスター頑健分散推定量が必ずしも標準誤差を改善しないことが示されている。そこで本章では、Kolesár and Rothe (2018) が示した Oreopoulos (2006) の分析の正しい方法による再現結果もあわせて紹介している。両者の結果の比較を通じて、近年のベストプラクティスを理解してほしい。

8.1 滞在の合法化は移民の犯罪率を下げるか？

8.1.1 研究の背景と目的

「移民や不法移民の流入は、受入国の犯罪率を引き上げるのか？」という問題は、政治的な対立を伴う激しい論争に至ることも多い、重要な論点である。既存の実証研究でも結論は割れているが、おおむね、「労働市場への正式なアクセスなどの資源が限られている移民は、特に窃盗・強盗などの犯罪に手を染める確率が上がる」という見解は一致している。

そこで重要になるのが、移民の合法的な滞在を可能にする就労ビザの発行である。はたして、就労ビザを手に入れることができた移民の滞在先での犯罪率は下がるのだろうか？ 本節で紹介する Pinotti (2017) は、イタリアのビザ発行制度の特徴を生かした回帰非連続デザインに基づく分析を通じて、この疑問に答えた論文である。

8.1.2 研究デザインとデータ

イタリアの移民用のビザは、個人に家事従事者などとして雇われるための「Type-A」ビザと、企業に労働者として雇われるための「Type-B」ビザの 2 種類がある。どちらのビザも、滞在先の雇用主が保証人になる必要がある。さらに、毎年、地域・出身国ごとに厳密な受入人数が設定されており、その年にはその人数分のビザしか発行されない。論文で言及されている 2008 年の情報で

---

1) ただし、Oreopoulos (2006) では同論文の 2004 年版 (Lee and Card, 2004) が引用されている。

は、ビザが得られるのは申請者全体の3割にも満たない狭き門となっている。

Type-Aビザは、本来は個人に家事従事者などとして雇われる際に用いるビザだが申請手続きがType-Bビザよりも簡単であるため、実態としてはType-Bビザ申請にかかる事務手続き上のコストを避けるために雇用主の企業が申請している場合が多いとされている。実際、著者は地域ごとのType-Aビザの発行数とその地域の家事従事者の数に著しい乖離があることを示している。そのため、Type-Bビザ申請者の雇用主は煩雑な事務手続きを厭わない、ある程度しっかりした雇用主である可能性が高い。加えて、そのビザ申請者は申請前からその雇用主に雇われていた可能性が高いこともふまえれば、Type-Bビザを申請する移民は、ビザの申請が許可される前から、比較的よい待遇の環境で就労できていた可能性が高いと考えられる。

2007年、ビザの申請・審査プロセスがデジタル化されたことに伴って、回帰非連続デザインの適用に極めて都合のよい仕組みが導入された。それは、毎年ある日にち・時刻からウェブサイト上で早い者勝ちで申請するという仕組みである。たとえば、2007年の場合は12月15日の午前8時から申請期間がスタートし、それ以降に雇用主がウェブサイト上で申請を行うと、申請順に審査が行われ、審査が通ればビザが発行される。そして、認証されたビザの数がその年の地域・出身国の受入上限に到達すると打ち切りとなり、それ以降の申請は却下される。

この仕組みのもとでは、審査の打ち切りのタイミングは、他のすべての申請者の申請行動、申請内容、申請書類の正しさ、審査員の事務手続き、などの帰結として決定されるため、ある1人の申請者から見ればほぼ無作為に決定される確率変数になっている。したがって、実際の審査打ち切りタイミングの近傍の時間帯では、申請が間に合うか否かはほぼ無作為に割り当てられているとみなしてよい。

そこで、ある個人の審査時間とその個人が該当する受入枠の審査打ち切りタイミングの差をスコア、そのスコアが正か負かを処置割当変数、その個人にビザが発行されたか否かを処置受取変数、そしてその個人の犯罪歴を結果変数とした、ファジー回帰非連続デザインを考える。すると、上記の議論から、このデザインが近傍無作為化の仮定を満たしている蓋然性は極めて高い。

この論文の優れたところは、近傍無作為化の仮定を正当化しうる制度に注目

している点に加えて、2007 年の全ビザ申請者の出身国、年齢、性別、申請ビザのタイプ、雇用主の所在地、ビザ申請の時刻、ビザの審査結果などの個人情報と、そのすべての申請者に紐付けられた重大犯罪 (強盗、窃盗、薬物売買、密輸、脅迫、誘拐、殺人、強姦) の記録とを、イタリアの移民局と警察から入手して利用している点である。もともとの申請者のデータは 186,608 人分だったが、分析対象を男性に限定し、110,337 人の申請者に絞り込んで分析を行っている。男性に対象を限定したのは、女性移民の犯罪率はそもそも非常に低く、0 に近いためである。

8.1.3 研究デザインの補足情報

　研究デザインについても若干の補足説明がなされている。先ほどは、「地域・国ごとの打ち切り時刻」が直接観測可能であるかのように説明したが、実は、この変数は直接観測することはできない。なぜなら、事務手続き上の問題から、最後に許可されたビザが申請された時刻と、申請されたビザが許可される確率が非連続に下がる時刻とが、データでは微妙にずれているからである。

　図 8.1 は、ミラノの Type-A ビザとベルガモの Type-B ビザについて、時刻ごとの申請数と許可率を記したものである。どちらの図でも、ある時刻で許可率が非連続に低下している。これは、仕組みから予想される通り、打ち切り時刻を超えるか超えないかという処置割当変数がビザの許可という処置受取変数を非連続に変化させていることを示している。しかし、特にベルガモの Type-B ビザでは非連続に許可率が低下する時刻以降もいくつかの時刻で申請が許可されていることがわかる。

　著者はこの「申請されたビザが許可される確率が非連続に下がる時刻」を「地域・国ごとの打ち切り時刻」と解釈しているが、このことは 2 つの問題を生む。第 1 に、「地域・国ごとの打ち切り時刻」以前に許可が下りない申請が存在するとともに「地域・国ごとの打ち切り時刻」以後にも許可が下りる申請が若干存在することから、両側非遵守者の問題が生じる。第 2 に、「申請されたビザが許可される確率が非連続に下がる時刻」は推定する必要がある。著者は後者の問題に対して、時系列データの構造変化点を推定する手法 (Andrews, 1993) を用いて対処している。図 8.1 の細い縦線が、その方法によって推定された打ち切り時刻である。なお、この論文では言及されていないものの、非連続点を推定し

図 8.1 時刻ごとのビザ申請数と許可率

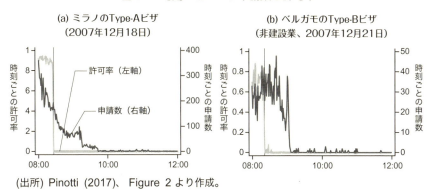

(出所) Pinotti (2017)、Figure 2 より作成。

てからでなければ処置効果の推定や検定ができないときの手法としては Porter and Yu (2015) が挙げられる。

8.1.4 推定方法とその留意点

両側非遵守のファジー回帰非連続デザインであるため、推定対象は局所平均処置効果 (LATE) とされている。基本の推定方法は、スコア変数を多項式でパラメトリックに統制する方法と、特定のバンド幅をとって局所線形近似するノンパラメトリックな方法が用いられる。ノンパラメトリックな方法においては、6.5.2 項で述べた Imbens and Kalyanaraman (2012) によるバンド幅の選択と、Calonico et al. (2014) の方法による選択が試されている。頑健性チェックという意味では両者の方法を試すのもよいが、現時点では Calonico et al. (2014) の方法でバンド幅を選択したうえで、局所多項式近似を行うノンパラメトリックな手法を基本の推定量とすればよいだろう。ただし、後述するように、Calonico et al. (2014) の方法をどのように使用したのかについて、論文内で提示されている情報が不十分である。

申請者は、ビザのタイプと出身国と雇用主の所在地域ごとの群に分割される。そして、申請の打ち切り時刻はその群ごとに設定される。そのため、潜在的には、群ごとに別々の LATE が推定できる。しかし、著者はビザの種類ごとにすべての群のデータをプールしたうえで、それぞれのビザの種類において全体の

LATE を推定するか、そのうえで群固有固定効果を統制するか、の2通りの方法を試している。出身国や雇用主の所在地域ごとの効果の異質性に興味がないのであれば、このやり方で推定上の問題はない。

著者は、図を用いて閾値周りでの結果変数の非連続性を提示したうえで、推定結果の表を示すという2段構えの見せ方をとっている。スコアを一定の幅のビン (bin) に分割して、その中での顕在結果などの変数の平均をとった**ビン分割散布図** (binned scatter plot) を使って結果を図で示してから推定結果を見せるというこのやり方は、回帰非連続デザインにおける結果の見せ方の定番となっている。また、その他に各種の**妥当性チェック** (validation check) や**頑健性チェック** (robustness check) を行っている。これらの点についても推定結果とともに見ていこう。

8.1.5 推定結果

就労ビザによる移民合法化の効果は、図 8.2 に可視化されている。図の上段はビザ全体のデータ、中段は Type-A ビザ、下段は Type-B ビザのデータを用いた分析結果である。また、それぞれの左側はビザの割当が行われる前の 2007 年の犯罪率、右側はビザの割当が行われた後の 2008 年の犯罪率と各申請者の申請時間と打ち切り時刻の差が分単位で記されている。横軸は、負の値であれば打ち切り時刻に申請が間に合ったことを、正の値であれば間に合わなかったことを意味する。

図 8.2 は、5 分間を 1 区間として、それぞれの区間における平均の推定値と、その平均の推定値の (論文では明記されていないがおそらく 95%) 信頼区間、2 次近似による回帰関数の推定値を表示している。5 分を 1 区間とするのは等間隔区間 (evenly-spaced bin) の考え方に基づくものである。この 5 分という選択はおそらく恣意的なもので、特に意味はないと思われる。Calonico et al. (2015) の考え方を適用して、平均 2 乗誤差や分散を最小化する区間の数を選ぶこともできる。R で rdrobust パッケージの rdplot 関数を利用する場合は、オプション (binselect) によってそれらの基準を選択できる。

図 8.2 で重要なのは、2007 年の結果と 2008 年の結果をそれぞれ見せていることである。まず、移民の合法化の効果はビザの割当が行われた後の 2008 年のデータに基づいて推定することになる。したがって、ここでは右側の 2008 年

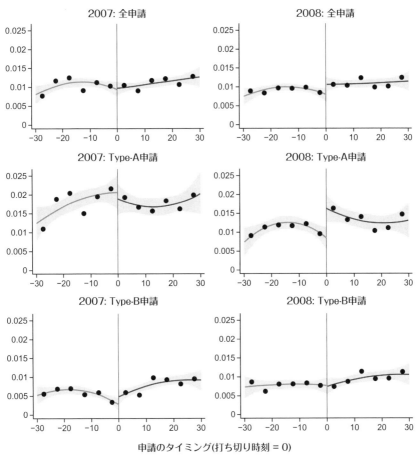

図 8.2 ビザ申請打ち切り時刻と移民の犯罪率

(出所) Pinotti (2017)、Figure 3 より作成。

の図で、打ち切り時刻前後で犯罪率が非連続に低下しているかを判断することになる。このとき、「移民の合法化が犯罪率を低下させる」という仮説を検証するには、打ち切り時刻以前に申請を行った申請者、すなわちスコアの値が負の申請者の犯罪率が低下しているかを確認する。この結果を見ると、図 8.2 の上段で示されているようにビザの種類を問わず全体で見たときにはやや低下しており、中段で示されている Type-A ビザのみに着目すると明確に低下している

が、下段で示されている Type-B ビザのみに着目するとそのような非連続な犯罪率の低下は見られないことがわかる。この時点で、どうやら「Type-A ビザの申請者に関しては移民の合法化により犯罪率が低下するが、Type-B ビザの申請者に関してはそのような効果は見られない」らしいということがわかる。

　図 8.2 において各々の左側に示されている 2007 年の図は、妥当性チェックの一環として掲示されている。もし、打ち切り時刻にビザの申請がぎりぎり間に合ったか否かが、実際にビザが割り当てられる以前の 2007 年における申請者の犯罪率と関係しているのであれば、打ち切り時刻にビザの申請がぎりぎり間に合ったか否かが観測されない申請者の属性と相関しうるため、近傍無作為化の仮定が疑わしくなる。しかし、左側の 2007 年の図を見ると、どのビザの種類においても、打ち切り時刻の前後で犯罪率の非連続な低下は見られない。このように、実験デザインが妥当ならば当然観測されるべき含意を逐一確認することで、実験デザインの妥当性に関する確信を強めることができる。

　この図で観測された移民合法化の効果を推定した結果を、表 8.1 にまとめた。左側の 3 列 (基本モデル) は、スコア変数に関する回帰関数を大域的に 2 次近似したパラメトリックモデルによる結果である。まず平均処置割当効果 (ITT) について見ると、全体ではビザの申請が打ち切り時刻に間に合ったことによって犯罪率が 0.3%ポイント低下している (10%水準で統計的に有意)。Type-A ビザの移民に限定すると、0.8%低下 (5%水準で統計的に有意) しており、Type-B ビザの移民に限定すると、統計的に有意な犯罪率の低下は認められない。次に局所平均処置効果 (LATE) で見ると、全体では 0.6%ポイントの犯罪率の低下 (5%水準で統計的に有意)、Type-A ビザの移民では 1.3%ポイントの低下 (1%水準で統計的に有意)、Type-B ビザの移民では統計的に有意な効果が見られないという結果になっている。2007 年の平均処置割当効果はどれも統計的に有意な結果が得られていない。

　なお、ここでは頑健標準誤差が示されていると述べられているものの、どういう意味で頑健な標準誤差なのかは明示されていないが、おそらく不均一分散頑健標準誤差である。この他にビザのタイプ、出身国、雇用主の地域ごとのクラスター固定効果を統制して、クラスター頑健標準誤差を用いた推定値も提示されているが、結果はほとんど変わらない。

　右側の 3 列 (CCT) は、Calonico et al. (2014) の方法を用いて最適なバンド

表 8.1 移民合法化の犯罪率への効果

	基本モデル			CCT (2014)		
	All	Type-A	Type-B	All	Type-A	Type-B
ITT: 2008	−0.003	−0.008	0.000	−0.005	−0.009	−0.002
	(0.002)	(0.003)	(0.002)	(0.002)	(0.003)	(0.002)
LATE: 2008	−0.006	−0.013	0.000	−0.010	−0.014	−0.005
	(0.003)	(0.005)	(0.005)	(0.005)	(0.006)	(0.007)
ITT: 2007	0.000	0.002	−0.002	0.001	0.004	−0.001
	(0.002)	(0.004)	(0.001)	(0.002)	(0.004)	(0.002)

(出所) Pinotti (2017)、Table 3、4 より作成。

幅を選択したうえで、スコア変数の回帰関数を局所 1 次関数でノンパラメトリックに近似したときの処置効果の推定結果である。ただし先にも述べたように、情報の提示が不十分であり、具体的にどういう定式化を用いたのかがわからない点がある。第 1 に、どのカーネル関数を使用したのかがわからない。おそらくデフォルトの三角カーネルであろう。第 2 に、最適バンド幅の推定に Calonico et al. (2014) の方法を使ったところまではよいが、推定値は局所 1 次近似のバイアスを補正したものなのか、バイアス補正なしのものなのかがわからない。第 3 に、標準誤差には頑健なものを用いたとあるが、これはバイアス補正項の推定誤差に対して頑健な標準誤差を指すのか、不均一分散頑健標準誤差を指すのか、クラスター頑健標準誤差なのかがわからない。R の rdrobust などのパッケージを用いればデフォルトのオプションで何らかの結果は表示されるが、具体的にどの設定で何を出力したのかについては理解したうえで使用し、論文中にも表注などの形で正確な情報を記すようにするべきである。

8.1.6 頑健性チェックと妥当性チェック

この他に頑健性チェックとして、図 8.3 のように大域近似モデルの次数を 0 から 6 まで変化させたときや局所近似モデルのバンド幅を 1 分から 30 分まで変化させたときの平均処置効果の推定値と (おそらく 95%) 信頼区間を提示している。どの設定でも、Type-A ビザの移民については信頼区間の上限が 0 を下回っている一方、Type-B ビザの移民については信頼区間が 0 をまたいでいる。ただし、条件付き期待値関数が線形でない限り、バンド幅を変えれば結果

図 8.3 頑健性チェック

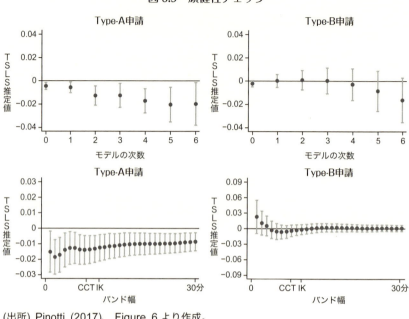

(出所) Pinotti (2017)、Figure 6 より作成。

が変化するのは当然のことであり、最適なバンド幅から大きく幅を変えるような頑健性チェックには線形性の検証以上の意味はないように思われる。

妥当性チェックとしては、第1に、スコア変数の密度関数が閾値周りで連続になっているかどうかを図 8.4 による目視チェックと McCrary (2008) の方法による連続性の検定による確認を行っている。第2に、図 8.5 で示しているように、申請打ち切り時刻を 1,000 通り無作為に発生させて、それぞれの仮想打ち切り時刻に基づいた仮想スコア変数を定義したうえで平均処置割当効果を推定し、その分布を調べている。無作為に発生させた申請打ち切り時刻に基づく平均処置割当効果のプラセボ推定量の分布は、0を中心としたただのノイズになるはずである。図 8.5 を見ると、実際にそのような分布が得られることがわかる。また、実際の申請打ち切り時刻に基づく平均割当処置効果の推定量は、統計的に有意な効果の見られた Type-A ビザの移民においては、p 値が小さくなっているはずであり、統計的に有意な効果が見られなかった Type-B ビザの

図 8.4 スコア分布の連続性

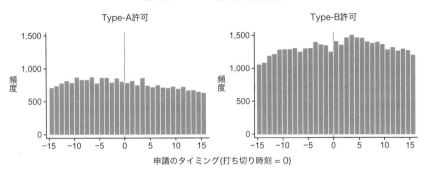

(出所) Pinotti (2017)、Figure 5 より作成。

図 8.5 プラセボ推定量の分布

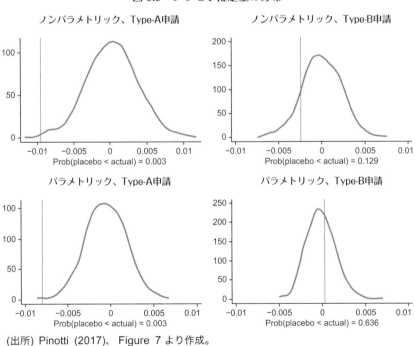

(出所) Pinotti (2017)、Figure 7 より作成。

移民においては p 値が大きくなっているはずである。こちらについても、その予想通りの結果が得られている。

このように、詳細な頑健性チェックと妥当性チェックによって推定結果の説得力を高めている点が、この論文の特に優れたところである。

8.1.7 補足的な議論

加えてこの論文では、補足的な背景情報の説明を交えつつ、識別上の懸念点と、それに対する見解が詳細に記述されている。実証研究を行ううえでは、この論文で実践されているように、結果の解釈に影響しうる背景情報を丁寧に記述することで、「X が Y を統計的に有意に低下させることがわかった」といった結果から得られる含意を豊かにしたり、結果の妥当性に関する**健全性チェック** (sanity check) を行う助けとしたりすることが大事である。

この論文で述べられている補足的な議論は、主に次の3点である。1点目は、ビザの申請を行う人々の実態についてである。この制度は、建前としては、その移民がイタリアに入国する前に、出身国にいるときにイタリアでの雇用主をみつけて、その雇用主に申請手続きをしてもらうものとされている。しかし実態としては、まずイタリアに不法入国して非合法に就労を開始し、その就労を合法化するために事後的に申請が行われている場合がほとんどだとされている。そのような移民の実態それ自体には分析上の問題はない。しかし、実際には制度の建前通り、出身国でビザの申請を行って、ビザが発行されてからイタリアに入国する移民も一定数いるだろう。後者の移民は、ビザが許可されない限りイタリアに入国しないので犯罪率が観測されない一方、ビザが許可されたときに限りイタリアに入国して、現地での犯罪率が観測されることになる。そして、前者の移民と後者の移民の区別はデータでは観測されないため、犯罪率の測定上の選択バイアスがかかることになる。

問題は、選択バイアスの方向である。ビザの許可が下りてから入国する移民の場合、ビザの許可が下りなかった場合の犯罪率は記録上機械的に 0 になるので、統制群の犯罪率を機械的に押し下げることになる。ということは、この選択バイアスは移民合法化による犯罪率低下の効果を小さくする効果を持つということである。よって、移民合法化が犯罪率を低下させるという結果は変わらないものの、本来はもっと大きな効果があったかもしれないという結論になる。

このように、選択バイアスの存在を認めたうえで、それが論文の主張を覆す可能性があるのか、あるいは強化する可能性があるのかを議論するのは、実証

研究の論文ではよく行われている。

　2点目は、制度の建前上、発行されたビザは出身国の大使館に送られるため、申請者は一度出身国に戻ってビザを取得してからイタリアに再入国しなければならないという点に関する議論である。ビザが許可された移民がいったんイタリアを離れるのであれば、その期間のイタリア国内での犯罪率は機械的に 0 になる。そのため、ここまで見てきた移民合法化の効果は、この機械的な犯罪率の低下を捕捉しているだけかもしれない。

　著者はこの懸念を認めたうえで、以下のように反論する。まず、イタリアを離れている期間によってのみ 0.6％ポイント（表 8.1 の基本モデル、2008 年、LATE の結果）の犯罪率の低下を説明しようとすると、年間の平均犯罪率が 1.1％であるという事実を考慮すれば 8.7 カ月のイタリア国外での滞在期間が必要になるが、実際にはビザを受け取るためだけにそんなに長期間イタリアを離れているはずはない。次に、出身国をイタリアに近い国と遠い国に分けても推定値はあまり変わらない。イタリアから離れている期間の長さが犯罪率の低下に寄与するなら、イタリアから遠い国で効果が大きくなるはずである。最後に、イタリアを一時退去した移民の大部分がイタリアに戻ってきているであろう、2008 年の最後の四半期に限定して推定しても、結果はあまり変わらない。このような理由から、ビザを受け取るために一時イタリアを離れるということだけで、推定された犯罪率の低下を説明しきるのは難しいだろうと主張している。

　このように、推定結果の代替的な説明に対してその限界を見積もることで論文の主張の妥当性を確認するというのもよく行われる議論である。

　3点目は、警察はビザを取得できていない不法移民を系統的に多く摘発するのではないかという点に関する議論である。もしそうならば、移民の合法化は犯罪率そのものではなく、警察の活動に影響を与えるだけかもしれない。この点について、著者は、現行犯逮捕に対象を限って分析しても結果は変わらない、と反駁している。現行犯逮捕であれば、警察の活動による系統的な観測誤差は少ないであろう。

　このように、ありうる識別上の懸念点について系統的に反駁を加えるのは、論文を学術誌に出版するうえで極めて重要である。懸念すべき点の中には、論文を学術誌に投稿した後、査読段階で指摘を受けて初めて気が付くものもあるかもしれない。しかし、セミナーやコンファレンスでの発表、研究者とのミー

ティングなどを通じてありうる懸念材料を洗い出し、論文の投稿前に一定の反駁を加えておくようにするべきである。周到な頑健性チェック、妥当性チェックに加えてここで紹介した補足的な議論の仕方など、この論文から学ぶべきことは多い。

8.2 雇用における割当の効果とその代償は？

8.2.1 研究の背景と目的

次に、回帰屈折デザインの応用例として、サウジアラビアにおける自国民雇用割当枠の導入の効果を分析した Peck (2017) を見ていこう。

自国民、特に若年層の高い失業率と、外国人労働者への高い依存は、サウジアラビアのような資源国の大きな特徴となっている。2011年、サウジアラビアの石油非関連の民間部門では、自国民の雇用は平均で全体の8.7%にすぎず、74%の企業は1人も自国民を雇用していなかった。また、20～25歳の人々の失業率は40%に達していた。

このような状況を変えるために2011年初頭に導入されたのが「Nitaqat」と呼ばれる政策、すなわちサウジアラビアの民間企業に対する自国民雇用割当枠の設定だった。この政策では、政府は産業と規模ごとに、自国民の雇用割合に基づいて企業を赤、黄、緑、白金の4つのグループに分類した。具体的には、建設産業における雇用者数50～499人の中規模企業の場合、サウジアラビア国民の割合が2%未満で赤、6%未満で黄色、28%未満で緑、それ以上が白金とされた。ただし、雇用者数10人未満の企業は白とされ、規制の対象外とされた。

こうした企業の分類と並行して労働省のビザ業務が刷新され、相対的に多くの自国民を雇用する緑、白金の企業に対しては柔軟で迅速なビザ関連サービスが提供される一方で、自国民雇用の少ない黄の企業にはビザの更新に多くの制約が課されることになり、さらに少ない赤の企業に対しては既存のビザの更新も新規ビザの申請も許可されなくなった。この企業の分類はビザや社会保障に関する行政情報に基づいて厳格に行われた。また、分類に伴う便宜・負担の強制は早くも2011年末には執行されるという迅速なものだった。

この論文の目的は、主に次の2つである。第1に、この Nitaqat 政策が所定

の目的、すなわち民間部門におけるサウジアラビア国民の雇用の増加にどれぐらい寄与したかを推定することである。第2に、その政策が、それ以外の経済にどの程度の負担を強いることになったのかを推し量ることである。

この種の自国民雇用枠の割当は、サウジアラビアを皮切りに産油国における自国民の雇用保障のための主要な政策の1つとなり、論文が出版された2017年時点で、バーレーン、オマーン、クウェート、カタール、アラブ首長国連邦で導入されている。また、自国民の雇用保障以外にも、女性、少数民族など、不利な立場に置かれている、あるいは本来の数に比べて不十分にしか代表されていない属性の人々のために雇用、入学、議席など貴重な資源の割当枠を設定するという形で、同様の政策が随所に見られる。日本においても、従業員が一定数以上の規模の事業主は、従業員に占める身体障害者・知的障害者・精神障害者の割合を「法定雇用率」以上にする義務があるとする障害者雇用率制度がその例として当てはまるだろう。それらの政策に常について回るのが、この論文と同じ2つの問いである。

この論文の最大の貢献は、企業を分類する閾値の周辺に見られる自国民を雇用することの誘因の「屈折」を利用して、できる限りクリーンにこの2つの重要な問いに答えている点にある。また、Nitaqat政策という、一国規模で迅速に実施された政策の効果を測定することで、大規模な介入がなされたときの効果と副作用を測定できている点も、類似の分析にはあまり見られない貢献だといえる。

8.2.2 研究デザインとデータ

この研究では、企業を黄と緑に分ける閾値との距離に基づく誘因の「屈折」を利用した回帰屈折デザインを用いて分析を行う。

具体的には、産業jの規模sの企業を黄と緑に分ける自国民雇用割合の閾値をQ_{js}とし、S_{ijs}をその産業と規模に属する企業iの政策実施直前の実際の自国民雇用割合とする。この閾値周辺の企業に着目すると、実際の雇用割合が閾値Q_{js}を下回る場合、緑に分類されるためには$V_{ijs} = Q_{js} - S_{ijs}$の割合増加が必要となる。一方、実際の雇用割合が閾値Q_{js}を上回る場合には緑の分類を維持するうえで雇用割合を変える必要がなく、また、白金の閾値は緑の閾値から見て相当高い水準に設定されているため、その達成を目指すのは現実的では

ない。そのため、企業 i の自国民を雇用する誘因は

$$b(V_{ijs}) = \max\{V_{ijs}, 0\}$$

で与えられると考える。V_{ijs} がスコア変数、$b(V_{ijs})$ が処置関数である。処置関数が決定的であり、かつ推定の必要がないことから、シャープな回帰屈折デザインに分類される。

主な結果変数は、自国民雇用者数、外国人雇用者数である。ただし、ベースラインの分析では、その企業が閾値を達成するために必要な自国民雇用者数、あるいは外国人雇用者数を計算したうえで、その目標と実際に達成した雇用者数の差を結果変数とするという標準化を行っている。これとは別に、政策のコストを測るために、企業規模 (雇用者数) や企業の撤退の有無を結果変数として用いている。すなわち、この自国民雇用枠の導入による雇用者数や企業数の減少を政策のコストとして検証する。

さて、自国民雇用者数や外国人雇用者数を結果変数とした分析において、「政策導入の結果生き残った企業だけを対象にするのか、それとも各撤退企業の雇用者数を 0 と置いたうえで分析するのか」を考える必要がある。結果変数の 1 つに企業の撤退があることからもわかるように、閾値を下回ることは、企業に自国民雇用者数を増やす誘因を与えるとともに、そもそも撤退する誘因も与える。そうであれば、自国民の雇用保障の効果を見るという観点からは、撤退企業の雇用者数を 0 と置いたうえで分析を行うべきであろう。この論文でも、そのような方法でベースラインの分析を行い、オンライン上の付録で生き残った企業に対象を絞った分析の結果を提示している。

利用するデータは、サウジアラビア政府の労働省がこの政策の実施に当たって利用した実際の全事業所の雇用者数や政策上の分類に関するデータである。なお、ここまで「サウジアラビア国民の雇用」と単純に呼称してきた数字は、実際にはサウジアラビア国民の配偶者や特殊な職業・属性・経歴の者に異なる係数を掛けたうえで、短期間の雇用の変動を取り除くために 13 週間の移動平均をとって算出される複雑な数字である。また、黄と緑の閾値は自国民雇用割合のおおよそ中央値となるように設定されており、その点はデータからも確認されている。最後に、ここでの企業の「撤退」は、実際の市場からの撤退と、規制の対象外となる企業規模 10 人未満への縮小のどちらかを意味する。したがって、

以下に見る「撤退」の効果は、実際の市場からの撤退よりも大きめに出ていると考えられる。

8.2.3 推定方法とその留意点

推定量は、結果変数の回帰関数の処置変数に関する 1 階導関数の閾値周りでの変化を、処置関数の 1 階導関数の変化 $1 = 0 - (-1)$ で割ったものである。回帰関数は局所 2 次関数によって推定され、バンド幅の選択やバイアスの補正、頑健標準誤差の計算はこの論文も Calonico et al. (2014) の方法による。

この論文でも 8.1 節で紹介した Pinotti (2017) と同様、著者は図によって結果の妥当性を示したうえで推定結果を見せるという 2 段構えの見せ方をとっている。ただし、回帰屈折デザインで提示されるのは、閾値周りでの結果変数の非連続性ではなく「屈折」である。

著者は、回帰屈折デザインで割当政策の効果の存在を示したうえで、赤・黄企業を処置群、緑企業を統制群とみなし、Nitaqat 政策導入前後を比較する差の差法 (第 9 章参照) による効果の推定も行っている。このように、「回帰非連続デザインや回帰屈折デザインで局所的だがより信頼できるデザインで政策の効果を示したうえで、差の差法などを用いてより大域的な効果の見積もりを提示する」という議論の構成も採択される論文でよく見られるものである。

8.2.4 推定結果

主要な結果は図 8.6 に示されている。上段の左側の図 (a) が自国民雇用者数の変化をスコア変数の値に対してプロットしたものである。閾値 0 の左側が割当政策の導入によって自国民雇用者数の誘因を与えられた企業、閾値 0 の右側がそのような誘因を与えられなかった企業であり、破線は閾値に到達するために必要とされた自国民雇用者数の変化を表す。この図から、左側のグレーの回帰関数と右側の黒の回帰関数で、傾きが異なっていることがわかる。この傾きの差が、閾値 0 の地点での局所的な処置群平均処置効果である。

上段の右側の図 (b) は、外国人雇用者数に関する結果である。企業は、自国民を増やすだけではなくて、外国人雇用者数を減らすことによっても自国民雇用割合の目標を達成することができる。しかし、この図からは、企業はこの政策の導入によって外国人雇用者数を変化させるような行動はとらなかったこと

図 8.6 雇用枠割当の効果

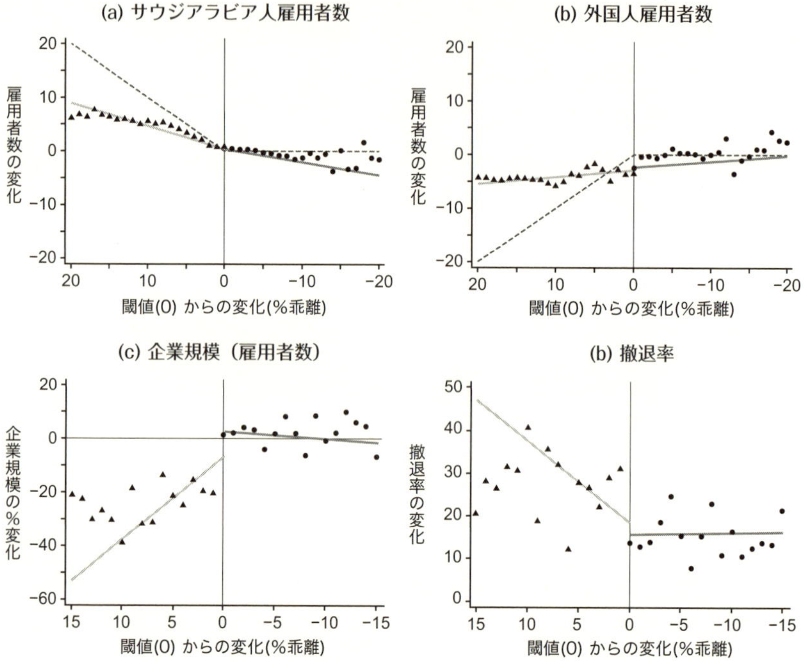

(a) サウジアラビア人雇用者数

(b) 外国人雇用者数

(c) 企業規模（雇用者数）

(b) 撤退率

(出所) Peck (2017)、Figure 7 より作成。

表 8.2 回帰屈折デザインの推定結果

	屈折	p 値
自国民雇用者数	0.24	0.02
外国人雇用者数	−0.03	0.65
企業規模	−12.27	0.00
企業の撤退	22.16	0.00

(出所) Peck (2017)、Table 3 より作成。

がわかる。

　図の下段は、Nitaqat 政策の経済に対する負の効果を図示したものである。左側の図 (c) は企業規模 (雇用者数) を、右側の図 (d) は企業の撤退率を、スコ

図 8.7　閾値達成に必要な雇用者数の分布

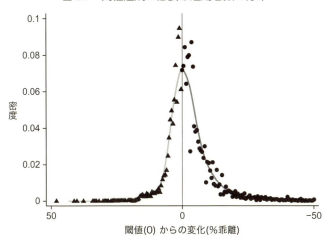

(出所) Peck (2017)、Figure 3 より作成。

ア変数の値に対してプロットしたもので、どちらについても、閾値 0 の周りで回帰関数の傾きが変化していることがわかる。これによると、Nitaqat 政策の導入によって、企業規模は縮小し、撤退が増えるという負の効果があったことがわかる。

　主な推定結果は、表 8.2 にまとめられている。閾値において、追加的に 1 人の自国民雇用が求められているときには追加的に 0.24 人の自国民が雇用されており、企業規模は 12.27%ポイント縮小し、企業の撤退は 22.16%ポイント増えたことがわかる。

　この論文で妥当性チェックとしてまず確認されているのは、図 8.7 によるスコア変数の分布の閾値周りでの連続性である。8.1 節で紹介した Pinotti (2017) と同じく、この論文でも目視による確認と、McCrary (2008) の検定によって、この点が確認されている。次に、企業が Nitaqat 政策導入直前に企業規模を少し下げる (雇用者数を減らす) ことを通じて、Nitaqat 政策で課される自国民雇用割当の要求を弱めようとする行動をとっていないかを確認するために、この論文では Nitqat 政策導入直前の雇用者数の分布が 10 人、50 人、500 人などの企業規模の閾値周りで非連続になっていないかが確認されている。最後に、図

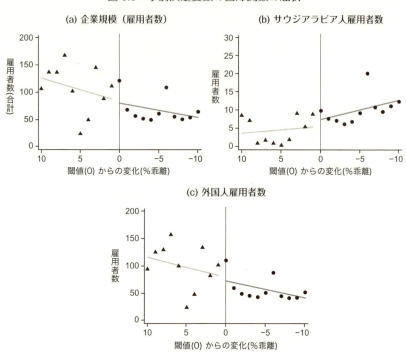

図 8.8 事前決定変数の回帰関数の屈折

(出所) Peck (2017)、Figure 5 より作成。

8.8 によって、処置の割当前に値が確定しているはずの変数の回帰関数が閾値周りで 2 階連続微分可能であること、すなわち結果変数の回帰関数や処置関数のような屈折がないことが確認されている。これは、回帰非連続デザインにおいて事前決定された変数の回帰関数が閾値周りで連続であることを確認する作業に対応するものである。

8.3 義務教育期間を延長すると年収は増えるか？

8.3.1 研究の背景と目的

本章の最後に、義務教育期間とその後の労働収入 (年収) の関係を調べた Oreopoulos (2006) に基づいて、スコア変数が離散的な場合の統計的推測の方法を確認する。義務教育期間を追加的に 1 年延ばすことによる年収の増加、すなわち教育のその個人にとってのリターンの推定は、教育経済学の中心的な課題の 1 つである。とはいえ、誰かの教育期間を実験的に操作するのは、倫理的な観点から許容されない。そのため、その推定は観察データを用いた因果推論に依拠せざるをえない。Oreopoulos (2006) はそうした論文の 1 つである。この論文では、英国 (イングランド、スコットランド、ウェールズ、北アイルランド) における義務教育期間の延長という制度変化を利用して、出生年をスコア変数とした回帰非連続デザインによって、義務教育のリターンを推定している。

8.3.2 研究デザインとデータ

英国構成国のうち、イングランド、スコットランド、ウェールズでは義務教育修了年齢は、1944 年に成立した法律によって、1947 年に 14 歳から 15 歳に延長された。その結果、義務教育を 14 歳で修了する人の割合は、1947 年に 57%から 10%へと急激に下落した。義務教育が 15 歳までになったのに 10%の人が依然として 14 歳で義務教育を修了したと答えているのは、記憶違いや制度実施の遅れによるものであると考えられるが、重要な点は、たったの 1 年でイングランド、スコットランド、ウェールズの人々の義務教育の年数が非連続に増えたということである。一方、北アイルランドでも同様に義務教育が 14 歳から 15 歳に延長されることに決まったものの、北アイルランドだけは政治的な理由から実施が 1957 年まで遅れた。

この論文では、このような義務教育年数の非連続性を利用して、(イングランド、スコットランド、ウェールズの場合は) $1947 - 14 = 1933$ 年生まれを起点として、1933 年と各人の出生年の差 ($X_i = birth\ year_i - 1933$) をスコア変数とし、処置割当関数を $Z_i = \mathbf{1}\{X_i \geq 0\}$ とした回帰非連続デザインを考える。処置受取変数としては、15 歳時点で就学中であれば 1、そうでなければ 0 をとるような変数 S_i を考える。ここで、結果変数として義務教育修了年齢や将来の年収を考えれば、2 値処置割当変数、2 値処置受取変数のファジー回帰非連続デザインとなる。推定対象は、15 歳時点で就学中であることが義務教育修了年齢や将来の年収に与える局所平均処置効果である。

なお、この論文では、義務教育修了年齢への影響を見る分析を第 1 段階 (first-stage)、年収への影響を見る分析を誘導型 (reduced-form) と呼んでいる。その理由は、これらの分析の後に 1998 年時点の年収を結果変数、義務教育修了年齢を「内生変数」、Z_i を「操作変数」とした操作変数法による「教育投資のリターン」の推定を行うからである。しかしこの方法を説明するには、2 値処置割当変数、2 値処置受取変数を前提としてきたここまでの潜在結果モデルに基づく因果推論の枠をやや踏み越えて、構造推定アプローチに接近する**限界処置効果** (marginal treatment effect; Heckman and Vytlacil, 2005) の枠組みに依拠する必要があるため、本書では詳述しない。

なお、Oreopoulos (2006) の分析では、標本の構築方法にやや手違いがあったということで、後に訂正版 Oreopoulos (2008) が出ている。そのため、ここでは訂正版の結果を紹介する。標本は (調査が中止された 1997 年を除く) 1983〜1998 年の British General Household Survey (GHS) において調査対象となった、この調査期間に 32〜64 歳であり、かつ 1935〜1965 年の期間に 14 歳だった 66,185 人である。

また、本章で Oreopoulos (2006) に触れるのは、離散スコア変数への対処が不適切な場合に起こる問題について議論するためである。現在では、年単位の離散スコア変数のような粗いスコア変数を用いた回帰非連続デザインを用いた実証分析の結果を経済学のトップジャーナルに載せることは極めて難しくなっている。

8.3.3　推定方法とその留意点

推定は、共変量にスコア変数の 4 次近似、年齢の 4 次近似 (あるいは年齢のダミー変数) を入れて行われている。年収に関してはどの年齢での年収かを考慮する必要があるので、スコア変数＝出生年に加えて年齢が共変量に入るのは理解できる。一方、義務教育修了年齢は年齢に依存して変化しないので出生年に加えて年齢を共変量に入れる必要はないように思われるのだが、なぜか共変量に含まれている。なお回帰関数は、近年のように局所的にではなく大域的に近似されている。

より重要なのは、標準誤差の計算方法である。Oreopoulos (2006) の注 12

表 8.3　局所平均処置効果

	教育修了年齢	log(年収)
イングランド、スコットランド、ウェールズ	0.440 (0.065)	0.065 (0.025)
北アイルランド	0.397 (0.074)	0.054 (0.027)

(出所) Oreopoulos (2008)、Table 1 より作成。

では、Lee and Card (2008) の議論に触れつつ[2]、出生年のように離散的なスコア変数を用いるときは、スコア変数クラスター頑健標準誤差を用いるべきであると述べられている。しかし、7.3 節で説明した通り、Kolesár and Rothe (2018) の理解に基づけばこのやり方は正しくない。Kolesár and Rothe (2018) は、Oreopoulos (2006, 2008) における「正直な」信頼区間とスコア変数クラスター頑健標準誤差に基づいた信頼区間を比較しているので、ここではその結果についても確認しておこう。

8.3.4　推定結果

表 8.3 では出生年を 4 次近似し、年齢を統制しないときの推定結果を示している。この結果によると、15 歳時点で就学していることにより、そうでない場合に比べて、義務教育修了年齢がイングランド、スコットランド、ウェールズでは約 0.440 歳、北アイルランドでは約 0.397 歳延び、年収はそれぞれ約 6.5%、5.4% 上昇することになる。さらに、表の ( ) 内で示した標準誤差の値は小さく、それぞれの結果は少なくとも 10% 水準で有意である。

表 8.4 は Kolesár and Rothe (2018) による 95% 信頼区間の結果の比較である。標本はイングランド、スコットランド、ウェールズに限定されている。ここで示されているのは、訂正版 Oreopoulos (2008) のうち、1921～1951 年生まれで 1984～2006 年に 28～64 歳だった標本を対象として、出生年のみを 4 次

---

2) Oreopoulos (2006) で引用しているのは同論文の 2004 年版 Lee and Card (2004) である。

表 8.4 各種信頼区間の比較

	log(年収)
推定値	0.055
不均一分散頑健標準誤差信頼区間	$(-0.003, 0.113)$
クラスター頑健標準誤差信頼区間	$(0.026, 0.084)$
「正直な」信頼区間	$(-0.237, 0.344)$

(出所) Kolesár and Rothe (2018)、Table 2 より作成。

近似し、年齢は統制しなかったときの結果との比較である。この結果からわかるのは、スコア変数クラスター頑健標準誤差に基づく信頼区間を用いたときのみ年収への影響が5%水準で有意となること、不均一分散頑健標準誤差や「正直な」信頼区間を用いた場合は有意でなくなることである。

実際に回帰非連続デザインの分析に用いられるスコア変数は、ほとんどがある程度離散的なものである。そのため今後の研究では、少なくとも頑健性チェックの一環として、「正直な」信頼区間の報告が求められることになるだろう。分析手法として回帰非連続デザインを採用する際には、この点にも注意が必要である。

 文献ガイド

Altindag et al. (2022) はコロナ禍においてトルコで実施された65歳以上の市民の外出禁止令がメンタルヘルスに与える影響を、年齢をスコア変数としたシャープ回帰非連続デザインで分析している。年齢という離散変数をスコア変数として利用しているが、Kolesár and Rothe (2018) の手法などは使われていない。ただし、生まれた月まで利用することで問題をある程度は回避している。Li et al. (2020) は、保有住宅資産の価値の変化が労働供給などに与える影響を見るために、床面積 $90\mathrm{m}^2$ を閾値として相次いで導入された頭金割合や固定資産税の引き下げがもたらした非連続性を利用している。

Bleemer and Mehta (2022) は経済学コースに進むための成績の最低基準があることを利用して経済学を履修することの将来の収入への影響を分析している。ここでは成績をスコア変数としたファジー回帰非連続デザインが用いられている。Takaku and Yokoyama (2021) はコロナ禍での学校閉鎖が子どもや親の健康に与えた影響を見ている。ここでは当初小学校が閉鎖された一方で幼稚園や保育所は開かれていたことを利用して、子どもの誕生年月をスコア変数としたファジー回帰非連続デザインが採用されている。Ganong and Noel (2020) は住宅ローンの借換え支援プログラム (Home Affordable Modification Program) でモーゲージローンの元金を減額したり支払期間を延長したときの家計の消費やデフォルトへの影響を見ている。特に元金減額の効果を見るために、実際に元金減額の判定基準として使われた正味現在価値算定値をスコア変数としたファジー回帰非連続デザインが用いられている。

回帰屈折デザインを用いた研究の例もいくつか挙げておく。Manoli and Turner (2018) は低収入家庭に現金給付をすることの大学入学への影響を分析している。家計への税金還付額は前年度所得に応じて変化するのだが、その変化率が一定の前年度所得の値で変化することを利用して回帰屈折デザインを適用している。Gelber et al. (2017) は月収から障害者保険の支払額を算出する式に屈折があることを利用して、障害者保険への支払いを増やすことの収入や雇用への影響を分析している。Card et al. (2015) は、失業保険の支給額の増減が失業期間に与える影響を分析するために回帰屈折デザインを用いている。ここでは、失業保険の支給額は前年度所得に応じてほぼ線形に増えていく一方で、前年度収入が一定の値を超えるとその傾きが抑えられるという制度を利用している。

第9章
差の差法の基礎

イントロダクション

　ここまで本書では、処置割当が無作為に近いことを何らかの理由により正当化できそうな状況を考えてきた。第2～5章の議論では、処置を無作為に割り当てるような実験的環境をつくることができる状況下での因果推論について解説した。第6～8章の議論では、無作為割当ではないものの、制度や政策などの特徴、あるいはそれらの変更に基づいて、ある閾値の近傍では無作為とみなせる状況である近傍無作為化に着目した回帰非連続デザインの分析手法を導入した。回帰非連続デザインでは未知の処置割当メカニズムから生成されている疑似実験データを扱うものの、処置割当メカニズムのうち既知な部分の情報を生かして因果推論を行った。

　因果推論における理想は、処置が割り当てられる前に適切な分析が行えるような環境が整っていることである。とはいえ、政策評価の場面では、特定のルールに従うわけでもない、すでに割当が済んでしまった処置について、事後的に効果を検証する必要に迫られることも多く、そのような環境を事前に設定する機会が得られることのほうがめずらしい。また、誰が統制群で誰が処置群であるかが事後的にわかっても、その背後の割当メカニズムについてはほとんど情報が得られないことがある。社会科学分野では、処置として関心のある政策や制度変更が、政策決定者が意識的に選択した地域や、自ら参加することを選んだ集団にのみ発生することが少なくない。

　たとえば、「ある地域で企業が合併し労働市場における賃金支配力(賃金を競争的な水準よりも下げても利潤が得られること)が高まると、従業員の賃金は低下するか?」という問いに関心を持っているとしよう。ここで、企業の合併は無作為に成立するわけでも、分析者にとって既知な割当メカニズムによって成立するわけでもない。合併は、各企業に固有の特徴や立地する地域の特性によって決められるものであり、合併が起きた地域と起きていない地域の間では、そこで働く人々の教育水準、所得・生活水準、年齢構成など、賃金の決定要因として重要な属性も異なっている可能性が高い。

こうした状況において、どのような因果推論を行うことが適切なのだろうか？ 本章では、このような、無作為でない形で未知の割当メカニズムに基づく割当が済んでしまった処置の効果を、なるべく適切かつ説得的に検証するための因果推論の手法を導入する。

さらに、このような割当済みの処置は、特定の1個体のみに与えられた特異な処置であることが少なくない。たとえば、「カール・マルクスがアカデミアで現在のような地位を獲得できたのは、1917年に起きたロシア革命があったからではないか？」といった問いを考えてみよう。歴史上1度しか観測されない「ロシア革命」のような特異な処置が、「マルクス」たった1人で構成される処置群にもたらす効果を分析するには、どのような分析を行えばよいだろうか？

9.1 疑似実験の評価としての差の差法

上記の「企業の合併が、合併地域における労働者の賃金を低下させるか？」という問いの例として、「病院の合併が、合併地域における病院勤務者の賃金を低下させるか？」という問題を改めて考えてみよう。日本では病院の合併が大きな話題になることは少ないが、営利目的の大規模な病院が互いに競争している米国の市場では産業組織論、医療経済学にまたがる重要な論点の1つとなっている。病院の合併が起きるためには、そもそもその地域に病院が複数存在しなくてはならない。さらに、複数病院が存在したとしても、それらは合併に適していて、かつ合併の必要がある病院でなくてはならない。このように、合併が起きた地域と起きていない地域では、それらの地域に存在する病院の数や性質が異なることが期待される。地域の間で病院の数や性質が異なるならば、その地域の住民の教育水準、所得・生活水準、年齢構成など、地域の賃金水準を決定する要因が異なっている可能性がある。合併地域と非合併地域で賃金を決定する要因がそもそも異なるならば、それらの地域を比較することで合併の効果を評価することはできない。

このとき、それぞれの地域において、病院合併前の賃金水準が観測できるとしよう。この、病院合併前の賃金は、合併地域においても「合併が起きていない場合の賃金」である。ただし、合併前と合併後ではマクロ経済環境など、賃金に影響を与える要因に違いがある可能性が高い。ここで同じ合併地域の合併前

と合併後の賃金を比較すると、合併の効果だけでなく、その他のマクロ経済環境の変化など、合併とは関係のない時間変化が含まれることになる。したがって、合併前後の比較を合併の効果とすることはできない。

以上のように、合併地域と非合併地域を比較することも、合併地域の合併前後を比較することも適切ではない。では、それらの比較を組み合わせて、合併地域・非合併地域の合併前後における賃金の変化を比較することはどうだろうか？ 非合併地域では、合併前後のどちらの期間においても合併が生じていない。これらの非合併地域では、合併がないときに賃金水準がどれだけ変化したか、すなわち統制下の潜在結果が時間を通じてどれだけ変化したか、が観測できる。この統制下の潜在結果について、その時間を通じての変化が合併地域と非合併地域で比較可能だとしたら、合併地域においても「合併が起きていなければ賃金水準はどの程度だったか」を知ることができるのではないだろうか？

ここで、合併という処置は、合併地域の合併後にのみ生じた事象であることに注意してほしい。処置下の潜在結果である合併が起きたときの賃金水準は、合併地域の合併後でしか観測できない。一方で、統制下の潜在結果である合併がないときの賃金水準は、その他の地域・期間で観測することができる。これらの潜在結果を比較すれば、合併地域の合併後のみで観測される処置下の潜在結果を予測するよりも、その他の地域・期間で観測できる統制下の潜在結果のほうが予測しやすいことが考えられる。処置が特異な事象である合併であることを考えるならばなおさら、合併が起きた処置下の潜在結果を予測するよりも、何も起きていない統制下の潜在結果を予測するほうが困難が少ないだろう。よって、ここでは処置下の地域・期間における処置効果を興味のあるパラメータとし、処置下の地域・期間に処置がなかったらどのような賃金水準だったかを予測することでそのパラメータを推定することを目的とする。

この、処置下の地域・期間における処置効果を正式に導入しよう。今、地域 $i \in \{1, \ldots, n\}$ のそれぞれを、合併の有無 $G_i \in \{0, 1\}$ で処置群 ($G_i = 1$) と統制群 ($G_i = 0$) に分ける。単純化のために、まずは2期間の観測があるとし、各期間 $t \in \{0, 1\}$ を統制時点 ($T_t = 0$) と処置時点 ($T_t = 1$) に分ける。言い換えれば、2期間の観測のうち、0期目ではどの地域も処置 (病院合併) を経験しておらず、1期目に処置群の地域のみが処置を経験し、統制群の地域では合併が起きていないとする。

このとき、各地域 i について、潜在結果モデルを次のように考える。処置期間 $t=1$ については潜在結果の組 $(Y_{i1}^*(1), Y_{i1}^*(0))$ を考える。この潜在結果は、それぞれ合併が起きたときの賃金、起きなかったときの賃金である。一方、統制期間 $t=0$ については処置を受けている地域が存在しないため、$Y_{i0}^*(0)$ のみが実現し、$Y_{i0} = Y_{i0}^*(0)$ である。この潜在結果モデルには、潜在結果が同じ時点における処置にのみ依存すること、統制期間には処置が存在しないこと、の2つの制約が織り込まれている[1]。

このような状況において、処置群の処置時点における処置効果は、

$$\mathbb{E}[Y_{it}^*(1) - Y_{it}^*(0) \mid G_i = 1, T_t = 1]$$

と書くことができる。これが、処置を受けた個体群 ($G_i = 1$) の間での平均処置効果、すなわち処置群平均処置効果 (ATT) であり、本章で興味のあるパラメータである。

9.2 差の差法の基本的発想と識別

どのような操作を行えば、この処置群平均処置効果を識別できるだろうか？まず、処置時点 ($T_t = 1$) において、処置群 ($G_i = 1$) と統制群 ($G_i = 0$) の差分をとることを考える。処置時点における2群の期待値の差は、

$$\mathbb{E}[Y_{it} \mid G_i = 1, T_t = 1] - \mathbb{E}[Y_{it} \mid G_i = 0, T_t = 1]$$
$$= \mathbb{E}[Y_{it}^*(1) \mid G_i = 1, T_t = 1] - \mathbb{E}[Y_{it}^*(0) \mid G_i = 0, T_t = 1]$$

である。すでに述べた通り、病院合併の例のような観察データ分析では、処置群・統制群の割当 G は無作為ではない。合併がそれを行うに適した地域で必要なときに行われているように、処置の割当は、潜在結果 $(Y_{it}^*(1), Y_{it}^*(0))$ の値に依存する形で実現していると考えるべきである。たとえば合併という処置は、合併前に相対的に賃金が高い状態にあったなど、経営者にとって合併がより望

---

[1] このうち後者の制約を、潜在結果の定義に織り込む代わりに明示的な制約とする場合がある。そのとき、この仮定は**予測欠如の仮定** (no anticipation assumption) と呼ばれる。

ましくなるような状況で、より高い確率で実現するだろう。この例において、処置が実現するのは、$Y_{it}^*(0)$ が相対的に高い地域である。すると、処置を経験した地域と、そうでない地域は、$Y_{it}^*(0)$ の期待値が異なることとなる。

統制下の潜在結果 $Y_{it}^*(0)$ の期待値が処置群と統制群で異なるならば、2 群の平均値の差で処置効果を推定することは適切ではない。上の式の、処置時点における 2 群の期待値の差を展開すると以下のような表現を得る。

$$\mathbb{E}\left[Y_{it}^*(1) \mid G_i = 1, T_t = 1\right] - \mathbb{E}\left[Y_{it}^*(0) \mid G_i = 0, T_t = 1\right]$$
$$= \mathbb{E}\left[Y_{it}^*(1) \mid G_i = 1, T_t = 1\right] - \mathbb{E}\left[Y_{it}^*(0) \mid G_i = 1, T_t = 1\right]$$
$$+ \mathbb{E}\left[Y_{it}^*(0) \mid G_i = 1, T_t = 1\right] - \mathbb{E}\left[Y_{it}^*(0) \mid G_i = 0, T_t = 1\right]$$
$$= \mathbb{E}\left[Y_{it}^*(1) - Y_{it}^*(0) \mid G_i = 1, T_t = 1\right]$$
$$+ \mathbb{E}\left[Y_{it}^*(0) \mid G_i = 1, T_t = 1\right] - \mathbb{E}\left[Y_{it}^*(0) \mid G_i = 0, T_t = 1\right]$$
$$= \text{ATT} + \mathbb{E}\left[Y_{it}^*(0) \mid G_i = 1, T_t = 1\right] - \mathbb{E}\left[Y_{it}^*(0) \mid G_i = 0, T_t = 1\right]$$

1 つ目の等号では、$\mathbb{E}\left[Y_{it}^*(0) \mid G_i = 1, T_t = 1\right]$ を一度引いてから足し直している。2 つ目の等号では、引いた $\mathbb{E}\left[Y_{it}^*(0) \mid G_i = 1, T_t = 1\right]$ を第 1 項の期待値の中に組み込んでいる。その結果成立する 3 つ目の等号の第 1 項は処置群平均処置効果である。

3 つ目の等号における第 2 項と第 3 項の差は、合併が起きるような地域と合併が起きないような地域の間での潜在結果 $Y_{it}^*(0)$ の期待値の差である。処置群と統制群で $Y_{it}^*(0)$ の期待値が異なるならば、第 2 項と第 3 項は消えず、これらの差が、処置時点における 2 群の期待値の差の、処置群平均処置効果に対するバイアスとなる。

次に、統制時点 ($T_t = 0$) において、処置群 ($G_i = 1$) と統制群 ($G_i = 0$) の差分を考える。これは、以下の通り、

$$\mathbb{E}\left[Y_{it} \mid G_i = 1, T_t = 0\right] - \mathbb{E}\left[Y_{it} \mid G_i = 0, T_t = 0\right]$$
$$= \mathbb{E}\left[Y_{it}^*(0) \mid G_i = 1, T_t = 0\right] - \mathbb{E}\left[Y_{it}^*(0) \mid G_i = 0, T_t = 0\right],$$

統制下の潜在結果の期待値を、0 期に処置群と統制群で比較したものになる。

ここで仮に、この $T_t = 0$ における差分が、処置群平均処置効果に対するバイアスと一致する、つまり

$$\mathbb{E}\left[Y_{it}^{*}(0) \mid G_{i}=1, T_{t}=1\right] - \mathbb{E}\left[Y_{it}^{*}(0) \mid G_{i}=0, T_{t}=1\right]$$
$$= \mathbb{E}\left[Y_{it}^{*}(0) \mid G_{i}=1, T_{t}=0\right] - \mathbb{E}\left[Y_{it}^{*}(0) \mid G_{i}=0, T_{t}=0\right] \tag{9.1}$$

が成立すると仮定できるとしよう。このとき、$T_t = 1$ における処置群と統制群の顕在結果の差

$$\mathbb{E}\left[Y_{it} \mid G_{i}=1, T_{t}=1\right] - \mathbb{E}\left[Y_{it} \mid G_{i}=0, T_{t}=1\right]$$

と、$T_t = 0$ における処置群と統制群の顕在結果の差

$$\mathbb{E}\left[Y_{it} \mid G_{i}=1, T_{t}=0\right] - \mathbb{E}\left[Y_{it} \mid G_{i}=0, T_{t}=0\right]$$

の差分、すなわち「差の差分」をとることで、$T_t = 1$ における処置群と統制群の統制下における潜在結果の差

$$\mathbb{E}\left[Y_{it}^{*}(0) \mid G_{i}=1, T_{t}=1\right] - \mathbb{E}\left[Y_{it}^{*}(0) \mid G_{i}=0, T_{t}=1\right]$$

と $T_t = 0$ における処置群と統制群の統制下における潜在結果の差

$$\mathbb{E}\left[Y_{it}^{*}(0) \mid G_{i}=1, T_{t}=0\right] - \mathbb{E}\left[Y_{it}^{*}(0) \mid G_{i}=0, T_{t}=0\right]$$

を打ち消し合わせれば、ATT に対応する項のみを残すことができる。

このように、各時点での「処置群と統制群の顕在結果の差」の「処置時点と統制時点の差分」をもとに処置群平均処置効果を識別する手法を、**差の差法** (difference-in-differences: DID) と呼ぶ。

ここで、先に「仮に」として置いた、バイアス (処置時点における差分) と統制時点における差分が等しいという仮定 (9.1) 式に立ち戻る。この等式は、移項すると、処置群において観測されない統制下の潜在結果の時間変化 (トレンド)

$$\mathbb{E}\left[Y_{it}^{*}(0) \mid G_{i}=1, T_{t}=1\right] - \mathbb{E}\left[Y_{it}^{*}(0) \mid G_{i}=1, T_{t}=0\right]$$

が、統制群において実現し観測される統制下の潜在結果の時間変化

$$\mathbb{E}\left[Y_{it}^{*}(0) \mid G_{i}=0, T_{t}=1\right] - \mathbb{E}\left[Y_{it}^{*}(0) \mid G_{i}=0, T_{t}=0\right]$$

と等しいという式に書き換えることができる。このことから、この等式を**平行トレンドの仮定** (parallel trends assumption) と呼ぶ。

平行トレンドの仮定

$$\mathbb{E}\left[Y_{it}^*(0) \mid G_i = 1, T_t = 1\right] - \mathbb{E}\left[Y_{it}^*(0) \mid G_i = 1, T_t = 0\right]$$
$$= \mathbb{E}\left[Y_{it}^*(0) \mid G_i = 0, T_t = 1\right] - \mathbb{E}\left[Y_{it}^*(0) \mid G_i = 0, T_t = 0\right]. \quad (9.2)$$

平行トレンドの仮定は、統制群と処置群の潜在結果の期待値が各時点で異なることを許す代わりに、その時間変化が同一であることを要求している。言い換えると、処置群と統制群の間で、潜在結果 $Y_i^*(0)$ の平均的な水準 (level) は異なるかもしれないが、処置時点前後での潜在結果 $Y_i^*(0)$ の変化 (change) は同一だということを要請している。

2 群の潜在結果の差異のうち、時間を通じて一定な要素のみによって処置の割当が決定されていると考えられるならば、時間を通じた潜在結果の変化は処置群と統制群と異ならないはずだとして、平行トレンドを正当化できる。病院合併の例では、合併地域と非合併地域の地域特性が異なっていたとしても、時間を通じた平均賃金の変化は、地域ごとに個別に生じる予測不能なショックや、地域を超えて共通に影響を受けるマクロ経済ショックによって引き起こされることが多い、と考えられる。病院合併が、$Y_{i0}^*(0)$ が相対的に高い地域で実現しているとしても、「合併がなかった場合の平均賃金変化」が $Y_{i0}^*(0)$ に依存しない、予測不能なショックやマクロ経済ショックにのみ依存するならば、合併がなかった場合の平均賃金変化は合併の有無に依存しない、すなわち平行トレンドの仮定が成立する。

以上の議論をまとめる。差の差法の推定対象は、以下の通りである。

差の差法の推定対象

$$\mathbb{E}\left[Y_{it} \mid G_i = 1, T_t = 1\right] - \mathbb{E}\left[Y_{it} \mid G_i = 0, T_t = 1\right]$$
$$- \left(\mathbb{E}\left[Y_{it} \mid G_i = 1, T_t = 0\right] - \mathbb{E}\left[Y_{it} \mid G_i = 0, T_t = 0\right]\right) \quad (9.3)$$

この推定対象は、平行トレンドの仮定が正しいならば、以下のように興味のあるパラメータである処置群平均処置効果を一意に定める、すなわち識別することができる。

$$\mathbb{E}\left[Y_{it}^{*}(1) \mid G_{i}=1, T_{t}=1\right] - \mathbb{E}\left[Y_{it}^{*}(0) \mid G_{i}=0, T_{t}=1\right]$$
$$- \left(\mathbb{E}\left[Y_{it}^{*}(0) \mid G_{i}=1, T_{t}=0\right] - \mathbb{E}\left[Y_{it}^{*}(0) \mid G_{i}=0, T_{t}=0\right]\right)$$
$$= \mathbb{E}\left[Y_{it}^{*}(1) - Y_{it}^{*}(0) \mid G_{i}=1, T_{t}=1\right]$$
$$+ \mathbb{E}\left[Y_{it}^{*}(0) \mid G_{i}=1, T_{t}=1\right] - \mathbb{E}\left[Y_{it}^{*}(0) \mid G_{i}=1, T_{t}=0\right]$$
$$- \left(\mathbb{E}\left[Y_{it}^{*}(0) \mid G_{i}=0, T_{t}=1\right] - \mathbb{E}\left[Y_{it}^{*}(0) \mid G_{i}=0, T_{t}=0\right]\right)$$
$$= \mathbb{E}\left[Y_{it}^{*}(1) - Y_{it}^{*}(0) \mid G_{i}=1, T_{t}=1\right]$$
$$= \text{ATT}.$$

9.3 差の差法の回帰推定量

9.2 節で見た通り、差の差法の推定対象は 4 つの期待値の差分で表現されている。最も直接的な推定方法は、それぞれの期待値をデータの平均値で置き換えることである。一方で、同じパラメータを線形回帰によって得ることもできる。ここで Y_{it} の G_i, T_t に関する条件付き期待値 $\mathbb{E}[Y_{it} \mid G_i, T_t]$ を分解すると、

$$\mathbb{E}[Y_{it} \mid G_i, T_t] = \mathbb{E}[Y_{it} \mid G_i=0, T_t=0]$$
$$+ \left(\mathbb{E}[Y_{it} \mid G_i=0, T_t=1] - \mathbb{E}[Y_{it} \mid G_i=0, T_t=0]\right) T_t$$
$$+ \left(\mathbb{E}[Y_{it} \mid G_i=1, T_t=0] - \mathbb{E}[Y_{it} \mid G_i=0, T_t=0]\right) G_i$$
$$+ \{\mathbb{E}[Y_{it} \mid G_i=1, T_t=1] - \mathbb{E}[Y_{it} \mid G_i=1, T_t=0]$$
$$- \left(\mathbb{E}[Y_{it} \mid G_i=0, T_t=1] - \mathbb{E}[Y_{it} \mid G_i=0, T_t=0]\right)\} G_i T_t$$

となり、$G_i T_t$ の係数が差の差法の推定対象と対応していることがわかる。ここで μ_i および θ_t はそれぞれ、個体・時間固定効果であるとし、Y_{it} について、以下のような線形回帰モデルを考える。

2 方向固定効果回帰

$$Y_{it} = \mu_i + \theta_t + \tau G_i T_t + \epsilon_{it}. \tag{9.4}$$

この線形回帰における係数 τ の最小 2 乗推定量は、個体と時間の固定効果を両方取り除いているので、上記の条件付き期待値の分解から、差の差法の推定対象の不偏推定量となることが示せる。この線形回帰は、個体 i と時間 t の 2 種類の固定効果を入れることから、**2 方向固定効果** (two-way fixed effect: TWFE) **回帰**と呼ばれる。

　線形回帰によって差の差法の推定対象の推定量が得られるならば、無作為化実験の推定において行ったように、共変量を追加して推定したいと考えるかもしれない。無作為化実験においては、平均処置効果の回帰推定量において処置割当と独立な共変量を入れることで、推定量の漸近分散を小さくすることができる。このとき、共変量はどのような形式で回帰式に追加されていても一致性を損なわない (ただし、共変量を追加することで有限標本での不偏性は損なわれる)。これは、最小 2 乗推定量の目的関数において、処置割当の係数パラメータに依存する部分が共変量と無関係になることから得られる性質である。

　しかし、差の差法は無作為化実験ではない。共変量は処置割当と独立ではなく、処置割当の係数パラメータの推定が共変量に依存しているため、共変量に関する条件付き期待値関数を一致推定できなければ、回帰推定量の一致性も損なわれる。したがって、共変量に関する条件付き期待値関数の形状が定かでないならば、推定量の漸近分散を小さくするために共変量を用いることにはリスクがあり、避けるべきである。

　差の差法における共変量の役割は、無作為化実験の場合のように漸近分散を小さくすることではない。その役割は、(9.2) 式のような平行トレンドの仮定の成立が疑わしいときに、それでもなお処置群平均処置効果の識別を可能にするような、より弱い条件を正当化することである。9.4 節では、(9.2) 式の形での平行トレンドの仮定が必ずしも成立しない場合に代わりに用いることのできる条件 (条件付き平行トレンドの仮定) を導入し、差の差法において共変量がどのような役割を果たすのか説明する。

9.4 共変量と条件付き平行トレンドの仮定

　9.2 節では、病院合併の例において平行トレンドの仮定をどう正当化するか議

論した。先の例では、病院合併が合併前の平均賃金が相対的に高い地域で実現しているとしても、合併がなかった場合の平均賃金変化が合併前の平均賃金に依存しない予測不能なショックやマクロ経済ショックによって生じているならば、平行トレンドの仮定が正当化できると説明した。

しかし、合併がなかった場合の平均賃金変化は、合併前の平均賃金に依存しないといえるだろうか？ここで、合併がなかった場合の平均賃金変化が合併前の平均賃金に依存するようなメカニズムを1つ考えてみよう。たとえば、処置前後で不況が訪れており、不況の影響がもともと栄えている地域とそうでない地域で異なっているとしよう。このとき、もともと平均賃金の高い地域である処置群と、そうでない統制群では、合併がなくとも平均賃金の時間を通じた変化が異なる可能性が高い。その場合は、合併前の性質が処置群と統制群で異なることになるため、平行トレンドの仮定が成り立たない。

病院所在地の周辺情報に関する共変量があり、これらの共変量をもってその地域がどれだけ栄えているかを判別できるとしよう。このとき、同じような共変量を持つ処置群と統制群にある病院同士を比較するならば、上の例のように不況の影響が大きく異なるということもなくなるだろう。その結果、同じような共変量を持つ処置群と統制群に限った標本の中に限っては、平行トレンドの仮定を正当化できるかもしれない。

時間を通じて変化しない共変量 $\mathbf{W}_i$ が同じになるように揃えたうえでのこの種の平行トレンドの仮定を、共変量 $\mathbf{W}_i$ の各値 $\mathbf{w}$ について、次のように定義し、**条件付き平行トレンドの仮定** (conditional parallel trends assumption) と呼ぶ。

条件付き平行トレンドの仮定

$$\mathbb{E}\left[Y_{it}^*(0) \mid G_i = 1, T_t = 1, \mathbf{W}_i = \mathbf{w}\right] - \mathbb{E}\left[Y_{it}^*(0) \mid G_i = 1, T_t = 0, \mathbf{W}_i = \mathbf{w}\right]$$
$$= \mathbb{E}\left[Y_{it}^*(0) \mid G_i = 0, T_t = 1, \mathbf{W}_i = \mathbf{w}\right] - \mathbb{E}\left[Y_{it}^*(0) \mid G_i = 0, T_t = 0, \mathbf{W}_i = \mathbf{w}\right].$$
(9.5)

この条件付き平行トレンドの仮定を用いれば、各 $\mathbf{w}$ の値について、共変量 $\mathbf{W}$ で条件付けない場合の導出と同様の操作を行うことで、条件付き処置群平均処置効果

$$\mathbb{E}\left[Y_{it}^*(1) - Y_{it}^*(0) \mid G_i = 1, T_t = 1, \mathbf{W}_i = \mathbf{w}\right]$$

が得られる。すなわち、

$$\mathbb{E}[Y_{it} \mid G_i = 1, T_t = 1, \mathbf{W}_i = \mathbf{w}] - \mathbb{E}[Y_{it} \mid G_i = 0, T_t = 1, \mathbf{W}_i = \mathbf{w}]$$
$$- (\mathbb{E}[Y_{it} \mid G_i = 1, T_t = 0, \mathbf{W}_i = \mathbf{w}] - \mathbb{E}[Y_{it} \mid G_i = 0, T_t = 0, \mathbf{W}_i = \mathbf{w}])$$

は、

$$\mathbb{E}\left[Y_{it}^*(1) \mid G_i = 1, T_t = 1, \mathbf{W}_i = \mathbf{w}\right] - \mathbb{E}\left[Y_{it}^*(0) \mid G_i = 0, T_t = 1, \mathbf{W}_i = \mathbf{w}\right]$$
$$- \left(\mathbb{E}\left[Y_{it}^*(0) \mid G_i = 1, T_t = 0, \mathbf{W}_i = \mathbf{w}\right] - \mathbb{E}\left[Y_{it}^*(0) \mid G_i = 0, T_t = 0, \mathbf{W}_i = \mathbf{w}\right]\right)$$
$$= \mathbb{E}\left[Y_{it}^*(1) - Y_{it}^*(0) \mid G_i = 1, T_t = 1, \mathbf{W}_i = \mathbf{w}\right]$$
$$+ \mathbb{E}\left[Y_{it}^*(0) \mid G_i = 1, T_t = 1, \mathbf{W}_i = \mathbf{w}\right] - \mathbb{E}\left[Y_{it}^*(0) \mid G_i = 1, T_t = 0, \mathbf{W}_i = \mathbf{w}\right]$$
$$- \left(\mathbb{E}\left[Y_{it}^*(0) \mid G_i = 0, T_t = 1, \mathbf{W}_i = \mathbf{w}\right] - \mathbb{E}\left[Y_{it}^*(0) \mid G_i = 0, T_t = 0, \mathbf{W}_i = \mathbf{w}\right]\right).$$

と書けるので、条件付き平行トレンドの仮定より、条件付き処置群平均処置効果が識別できる。さらに、各 $\mathbf{w}$ について得られた効果を $\mathbf{W}_i$ について期待値をとれば、条件付きではない処置群平均処置効果も識別できる。

なお、条件付き平行トレンドの仮定は、同じ観測 i について処置時点・統制時点の 2 期間で観測されたパネルデータの状況を考えれば、潜在結果の時間変化に関する条件付き独立の仮定

$$(Y_{i1}^*(0) - Y_{i0}^*(0)) \perp G_i \mid \mathbf{W}_i$$

によって正当化できる。実際、条件付き独立の仮定がトレンド $Y_{i1}^*(0) - Y_{i0}^*(0)$ について成り立っているならば、

$$\mathbb{E}[Y_{i1}^*(0) - Y_{i0}^*(0) \mid G_i = 1, \mathbf{W}_i = \mathbf{w}]$$
$$= \mathbb{E}[Y_{i1}^*(0) - Y_{i0}^*(0) \mid G_i = 0, \mathbf{W}_i = \mathbf{w}]$$

である[2]。したがって期待値の加法性から、各 $g \in \{0, 1\}$ について

$$\mathbb{E}[Y_{i1}^*(0) \mid G_i = g, \mathbf{W}_i = \mathbf{w}]$$
$$- \mathbb{E}[Y_{i0}^*(0) \mid G_i = g, \mathbf{W}_i = \mathbf{w}]$$
$$= \mathbb{E}[Y_{it}^*(0) \mid G_i = g, T_t = 1, \mathbf{W}_i = \mathbf{w}]$$

---

2) 当然ながら、条件付き独立のほうが強い仮定であるので、逆は成り立たない。

$$- \mathbb{E}\left[Y_{it}^*(0) \mid G_i = g, T_t = 0, \mathbf{W}_i = \mathbf{w}\right]$$

であるから、条件付き平行トレンドが成立する。

条件付き平行トレンドの仮定は、さらに以下のように書き換えることができる。

$$\mathbb{E}\left[Y_{it}^*(0) \mid G_i = 1, T_t = 1, \mathbf{W}_i = \mathbf{w}\right]$$
$$- \mathbb{E}\left[Y_{it}^*(0) \mid G_i = 0, T_t = 1, \mathbf{W}_i = \mathbf{w}\right]$$
$$= \mathbb{E}\left[Y_{it}^*(0) \mid G_i = 1, T_t = 0, \mathbf{W}_i = \mathbf{w}\right]$$
$$- \mathbb{E}\left[Y_{it}^*(0) \mid G_i = 0, T_t = 0, \mathbf{W}_i = \mathbf{w}\right]$$

これは、潜在結果の期待値の 2 群間の差が、共変量 $\mathbf{W}$ で条件付けると時間に依存しなくなることを意味している。当然、処置時点・統制時点の各時点においてそれぞれ条件付き独立の仮定が成り立てば、条件付き平行トレンドが成立する。

このように、差の差法では共変量を、より弱い条件付き平行トレンドの仮定を正当化するために用いる。このとき、条件付き平行トレンドの仮定のもとで、条件付き処置群平均処置効果を識別する推定対象

$$\mathbb{E}\left[Y_{it} \mid G_i = 1, T_t = 1, \mathbf{W}_i = \mathbf{w}\right] - \mathbb{E}\left[Y_{it} \mid G_i = 0, T_t = 1, \mathbf{W}_i = \mathbf{w}\right]$$
$$- \left(\mathbb{E}\left[Y_{it} \mid G_i = 1, T_t = 0, \mathbf{W}_i = \mathbf{w}\right] - \mathbb{E}\left[Y_{it} \mid G_i = 0, T_t = 0, \mathbf{W}_i = \mathbf{w}\right]\right)$$

を推定することになる。この推定対象は共変量についての条件付き期待値の差分である。したがって、これらの共変量に関する条件付き期待値を推定しなくてはならない。

共変量を伴わないならば、TWFE 回帰によって条件付き期待値関数の形状に仮定を必要としない（ノンパラメトリックな）推定ができる。共変量が少ない数の離散変数のみであれば、同様にノンパラメトリックな推定対象を定義・推定することができる。一方、連続または複数の共変量を統制するのであれば、標本サイズを考慮すると、条件付き期待値関数の共変量に関する形状の仮定が必要になることが多い。しかし、すでに述べた通り共変量が処置割当と独立ではないため、条件付き期待値関数の仮定を誤り、関数を一致推定できない場合、最小 2 乗推定量は一致性を失ってしまう。

9.4.1 条件付き独立の仮定における推定問題

上記の共変量に関する問題は、差の差法にとどまらない。差の差法は、潜在結果の時間変化に関する条件付き独立の仮定

$$(Y_{i1}^*(0) - Y_{i0}^*(0)) \perp G_i \mid \mathbf{W}_i$$

で正当化できると述べたが、差の差法ではなく、1期間のデータについて以下のような条件付き独立の仮定

$$Y_i^*(z) \perp Z_i \mid \mathbf{W}_i$$

を置く場合にも、同様の問題が生じており、より多くの解決法が議論されている。

以下では、まず9.4.2項と9.4.3項において議論を1期間のデータについて条件付き独立の仮定が成り立つ場合の解決案を説明する。次に、9.4.4項においてその解決案が差の差法にどのように適用できるかを議論する。

ここでは、1期間のデータについて条件付き独立の仮定が成り立つ場合において、平均処置効果 $\mathbb{E}[Y_i^*(1) - Y_i^*(0)]$ を、以下の推定対象

$$\mathbb{E}\left[\mathbb{E}[Y_i \mid Z_i = 1, \mathbf{W}_i] - \mathbb{E}[Y_i \mid Z_i = 0, \mathbf{W}_i]\right]$$

から推定することを目的とする。

ここで、共変量 $\mathbf{W}_i$ が離散変数または低次元の連続変数でない場合、条件付き期待値関数 $\mathbb{E}[Y_i \mid Z_i = z, \mathbf{W}_i = \mathbf{w}]$ の推定をノンパラメトリックに行うことは一般に困難である。離散変数であるならば各離散値について部分標本をつくり、それぞれ推定すればよい。低次元の連続変数であるならば、6.4節でも扱ったようなカーネル推定量を用いて、各 $\mathbf{w}$ についての条件付き期待値をノンパラメトリックに推定することができる。カーネル推定量は各 $\mathbf{w}$ の近傍に存在する観測の加重平均をとるものであり、複数次元の連続変数については、すべての変数の値が $\mathbf{w}$ の近傍に収まるような観測のみにウェイトを置く加重平均である。そのため、多次元の連続変数については、各点 $\mathbf{w}$ を評価するためにウェイトが与えられる有効な標本サイズが小さくなり、推定が困難となる。

9.4.2 1期間のデータにおける逆確率重み付け推定量

1つの解決策は、条件付き期待値関数

$$\mathbb{E}[Y_i \mid Z_i = z, \mathbf{W}_i = \mathbf{w}], \quad z \in \{0,1\}$$

の共変量 w に関する形状を特定の関数であると仮定することである。しかし、潜在結果の期待値についてその関数形が既知であることはまれである。関数形が未知であるならば、条件付き期待値関数の仮定は、制度などから検証することのできない仮定となってしまう。2.5.3 項では、無作為化実験と無作為抽出の仮定のもとでは、共変量と潜在結果の条件付き期待値における関係が特定の既知の関数として未知であっても、推定量の一致性が得られることを示した。一方、条件付き独立の仮定だけでは、共変量と潜在結果の関係が既知でない場合、推定量の一致性は担保されない。

もう 1 つの方法として、条件付き期待値関数に仮定を置く代わりに、**逆確率重み付け** (inverse probability weighting: IPW) **表現**を考えてもよい。条件付き独立が成り立つとき、繰り返し期待値の法則 (the law of iterated expectations) を用いれば

$$\mathbb{E}[Z_i Y_i] = \mathbb{E}\left[\mathbb{E}[Z_i Y_i^*(1) \mid \mathbf{W}_i]\right] = \mathbb{E}\left[\mathbb{E}[Z_i \mid \mathbf{W}_i]\mathbb{E}[Y_i^*(1) \mid \mathbf{W}_i]\right]$$

という表現が得られる。最右辺は $\mathbb{P}[Z_i = 1 \mid \mathbf{W}_i]\mathbb{E}[Y_i^*(1) \mid \mathbf{W}_i]$ の期待値となっていることから、$Z_i Y_i$ を傾向スコア $\mathbb{E}[Z_i \mid \mathbf{W}_i = \mathbf{w}] = \mathbb{P}[Z_i = 1 \mid \mathbf{W}_i = \mathbf{w}]$ で割った確率変数の期待値をとれば、傾向スコアの項が打ち消されることで、以下のように潜在結果の期待値を得ることができる。この処置割当確率である傾向スコア (確率) の逆数で重み付けを行った潜在結果の期待値の表現を、逆確率重み付け (IPW) 表現と呼ぶ。

逆確率重み付け (IPW) 表現

$$\mathbb{E}\left[\frac{Z_i Y_i}{\mathbb{P}[Z_i = 1 \mid \mathbf{W}_i]}\right] = \mathbb{E}\left[\mathbb{E}[Y_i^*(1) \mid \mathbf{W}_i]\right] = \mathbb{E}[Y_i^*(1)] \quad (9.6)$$

この IPW 表現を用いれば、潜在結果に関する条件付き期待値が推定対象に現れることを回避することができる。統制群の潜在結果の期待値に対しても同様の表現を得ることができ、平均処置効果は

$$\mathbb{E}[Y_i^*(1) - Y_i^*(0)] = \mathbb{E}\left[\frac{Z_i Y_i}{\mathbb{P}[Z_i = 1 \mid \mathbf{W}_i]} - \frac{(1 - Z_i) Y_i}{1 - \mathbb{P}[Z_i = 1 \mid \mathbf{W}_i]}\right]$$

と書くことができる。傾向スコアの値が与えられていれば、上の表現はウェイトをつけた標本平均差で推定でき、その推定量を IPW 推定量と呼ぶ[3]。

この表現では、条件付き期待値に仮定を置くことを回避する代わりに、傾向スコアの推定のための仮定を置く必要がある。傾向スコア、$\mathbb{P}[Z_i = 1 \mid \mathbf{W}_i = \mathbf{w}]$ は未知関数であり、$\mathbf{W}_i$ が低次元でないならば、条件付き期待値のノンパラメトリックな推定が困難だったように、傾向スコアの推定も困難である。したがって、多くはパラメトリックな推定を行わざるをえない。たとえば、次のようなプロビットモデル

$$\mathbb{P}[Z_i = 1 \mid \mathbf{W}_i = \mathbf{w}] = \mathbb{P}[\mathbf{w}'\boldsymbol{\gamma} > \epsilon_i], \quad \epsilon_i \mid \mathbf{W}_i \sim N(0,1)$$

などによる推定が行われる。

9.4.3　1 期間のデータにおける 2 重頑健推定量

いずれの推定手法においても、顕在結果の条件付き期待値あるいは傾向スコアを一致推定する必要があり、それらの共変量についての関数を一致推定できない場合には、平均処置効果の推定対象も一致推定できない。そこで、この IPW 表現を通じて、条件付き期待値の推定または傾向スコアの推定のいずれかの一致推定の失敗に対して頑健な、**2 重頑健推定量** (doubly-robust estimator) と呼ばれる推定量を導出する方法がある (Cassel et al., 1976; Robins et al., 1994, など)。

IPW 推定量においても、平均処置効果の推定が処置群についての表現と統制群についての表現の差分で表現されることは同じである。以下では、処置群についての表現に対して、上で述べた 2 重頑健推定量を定義し、その性質を述べる。統制群についての表現も、同様に示すことができる。ここで、条件付き期

---

[3] この表現に基づく推定量は、特に「Horvitz and Thompson (1952) タイプの推定量」と呼ばれている。$n^{-1} \sum_{i=1}^{N} \frac{Z_i}{\widehat{p(\mathbf{W}_i)}} Y_i$ の形式をとる Horvitz and Thompson (1952) タイプの推定量は、有限標本でウェイトを足し上げても 1 となるとは限らず、有限標本での挙動を改善するために、「Hájek (1971) タイプの推定量」と呼ばれる形式が採用されることがある。Hájek (1971) タイプの推定量は、$\frac{Z_i}{\widehat{p(\mathbf{W}_i)}}$ の代わりに、$\frac{Z_i/\widehat{p(\mathbf{W}_i)}}{n^{-1} \sum Z_i/\widehat{p(\mathbf{W}_i)}}$ をウェイトとすることで、有限標本でウェイトを足し上げて 1 となるように構成されている。10.2 節で後述する Callaway and Sant'Anna (2021) における推定量は、後者の Hájek (1971) タイプの推定量を用いている。

待値があるパラメトリックな関数形 $\mathbb{E}[Y_i \mid Z_i = 1, \mathbf{W}_i = \mathbf{w}] = g_1(\mathbf{w})$ で書けると仮定し、$\mathbb{E}[Y_i \mid Z_i = 1, \mathbf{W}_i]$ の推定予測値を $\widehat{g}_1(\mathbf{W}_i)$ とする。同様に、傾向スコアもあるパラメトリックな関数形 $\mathbb{P}[Z_i = 1 \mid \mathbf{W}_i = \mathbf{w}] = q_1(\mathbf{w})$ で表現できると仮定し、$\mathbb{P}[Z_i = 1 \mid \mathbf{W}_i = \mathbf{w}]$ の推定予測値を $\widehat{q}_1(\mathbf{W}_i)$ とする。

これらをもとに、条件付き期待値の推定量に追加的な項を足した、以下のような推定量を考える。

$$\widehat{g}_1^{DR} \equiv \frac{1}{n}\sum_{i=1}^{n}\widehat{g}_1(\mathbf{W}_i) + \frac{1}{n}\sum_{i=1}^{n}\frac{Z_i\widehat{\epsilon}_i}{\widehat{q}_1(\mathbf{W}_i)}$$

ただし、$\widehat{\epsilon}_{i1} = Y_i - \widehat{g}_1(\mathbf{W}_i)$ とする。$\widehat{g}_1(\mathbf{w})$ が $\mathbb{E}[Y_i \mid Z_i = 1, \mathbf{W}_i = \mathbf{w}]$ の一致推定量、または $\widehat{q}_1(w)$ が $\mathbb{P}[Z_i = 1 \mid \mathbf{W}_i = \mathbf{w}]$ の一致推定量であれば、この推定量 $\widehat{g}_1^{DR}$(2重頑健推定量)が $\mathbb{E}[Y_i^*(1)]$ の一致推定量となることが示せる。

まず、$\widehat{g}_1(\mathbf{w}) \xrightarrow{\mathbb{P}} \mathbb{E}[Y_i \mid Z_i = 1, \mathbf{W}_i = \mathbf{w}]$ ならば、$\widehat{q}_1(\mathbf{w}) \xrightarrow{\mathbb{P}} q_1^*(\mathbf{w}) \neq \mathbb{P}[Z_i = 1 \mid \mathbf{W}_i = \mathbf{w}]$ であっても、

$$\frac{1}{n}\sum_{i=1}^{n}\frac{Z_i\widehat{\epsilon}_{i1}}{\widehat{q}_1(\mathbf{W}_i)} \xrightarrow{\mathbb{P}} \mathbb{E}\left[\frac{Z_i(Y_i - g_1(\mathbf{W}_i))}{q_1^*(\mathbf{W}_i)}\right]$$
$$= \mathbb{E}\left[\frac{Z_i\mathbb{E}[Y_i - \mathbb{E}[Y_i \mid Z_i = 1, \mathbf{W}_i] \mid Z_i = 1, \mathbf{W}_i]}{q_1^*(\mathbf{W}_i)}\right]$$
$$= 0$$

であり、

$$\widehat{g}_1^{DR} \xrightarrow{\mathbb{P}} \mathbb{E}[g_1(\mathbf{W}_i)] = \mathbb{E}[\mathbb{E}[Y_i^*(1) \mid Z_i = 1, \mathbf{W}_i]]$$

となる。ここで、条件付き独立の仮定 $(Y_i^*(1) \perp Z_i \mid \mathbf{W}_i)$ を用いれば、$\widehat{g}_1^{DR}$ は繰り返し期待値の法則より $\mathbb{E}[Y_i^*(1)]$ の一致推定量となる。

次に、$\widehat{q}_1(\mathbf{w}) \xrightarrow{\mathbb{P}} \mathbb{P}[Z_i = 1 \mid \mathbf{W}_i = \mathbf{w}]$ ならば、$\widehat{g}_1(\mathbf{w}) \xrightarrow{\mathbb{P}} g^*(\mathbf{w}) \neq \mathbb{E}[Y_i \mid Z_i = 1, \mathbf{W}_i = \mathbf{w}]$ であっても、

$$\widehat{g}_1^{DR} \xrightarrow{\mathbb{P}} \mathbb{E}\left[g^*(\mathbf{W}_i) + \frac{Z_iY_i - Z_ig^*(\mathbf{W}_i)}{\mathbb{P}[Z_i = 1 \mid \mathbf{W}_i]}\right] = \mathbb{E}\left[\frac{Z_iY_i}{\mathbb{P}[Z_i = 1 \mid \mathbf{W}_i]}\right]$$

であり、繰り返し期待値の法則を用いれば、

$$\mathbb{E}\left[\frac{Z_iY_i}{\mathbb{P}[Z_i = 1 \mid \mathbf{W}_i]}\right] = \mathbb{E}\left[\mathbb{E}\left[\frac{Z_iY_i}{\mathbb{P}[Z_i = 1 \mid \mathbf{W}_i]} \,\middle|\, \mathbf{W}_i\right]\right]$$

$$= \mathbb{E}\left[\frac{\mathbb{E}[Y_i \mid Z_i = 1, \mathbf{W}_i]\, \mathbb{P}[Z_i = 1 \mid \mathbf{W}_i]}{\mathbb{P}[Z_i = 1 \mid \mathbf{W}_i]}\right]$$

となり、条件付き独立の仮定 $(Y_i^*(1) \perp Z_i \mid \mathbf{W}_i)$ から、$\widehat{g}_1^{DR}$ は同じく $\mathbb{E}[Y_i^*(1)]$ の一致推定量となる。

同様に、統制群の推定量を以下のように定義する

$$\widehat{g}_0^{DR} \equiv \frac{1}{n}\sum_{i=1}^{n}\widehat{g}_0(\mathbf{W}_i) + \frac{1}{n}\sum_{i=1}^{n}\frac{(1-Z_i)\widehat{\epsilon}_{i0}}{\widehat{q}_0(\mathbf{W}_i)},$$

ただし、$\widehat{g}_0(\mathbf{w})$ は $\mathbb{E}[Y_i \mid Z_i = 0, \mathbf{W}_i = \mathbf{w}]$ の推定量、$\widehat{q}_0(\mathbf{w})$ は $\mathbb{P}[Z_i = 0 \mid \mathbf{W}_i = \mathbf{w}]$ の推定量であり、$\widehat{\epsilon}_{i0} = Y_i - \widehat{g}_0(\mathbf{W}_i)$ である。処置群の表現における議論と同様の議論を行えば、$\widehat{q}_0(\mathbf{w}) \xrightarrow{\mathbb{P}} \mathbb{P}[Z_i = 0 \mid \mathbf{W}_i = \mathbf{w}]$ または、$\widehat{g}_0(\mathbf{w}) \xrightarrow{\mathbb{P}} \mathbb{E}[Y_i \mid Z_i = 0, \mathbf{W}_i = \mathbf{w}]$ であれば、条件付き独立の仮定 $(Y_i^*(0) \perp Z_i \mid \mathbf{W}_i)$ のもとで $\widehat{g}_0^{DR} \xrightarrow{\mathbb{P}} \mathbb{E}[Y_i^*(0)]$ である。

以上より、条件付き期待値関数または傾向スコアのいずれかを一致推定できるのであれば、

$$\widehat{g}_1^{DR} - \widehat{g}_0^{DR} \xrightarrow{\mathbb{P}} \mathbb{E}[Y_i^*(1) - Y_i^*(0)]$$

が成り立つことが示せた。

9.4.4 差の差法における逆確率重み付け推定量

ここまでの 1 期間における比較についての操作をもとに、差の差法の議論に立ち戻る。上記の条件付き独立の仮定における操作は、差の差法にも適用できる (Abadie, 2005)。

各時点 $\bar{t}$ において、共変量 $\mathbf{W}_i$ で条件付けた期待値同士の差分を以下のように変形する。すなわち、各時点 $\bar{t} \in \{0,1\}$ における処置群・統制群の顕在結果の差 $\Delta_{\bar{t}}(\mathbf{W}_i)$ は、以下のような IPW 表現で書き換えられる。

$$\begin{aligned}
\Delta_{\bar{t}}(W_i) &\equiv \mathbb{E}\left[Y_{it} \mid T_t = \bar{t},\, G_i = 1,\, \mathbf{W}_i\right] - \mathbb{E}\left[Y_{it} \mid T_t = \bar{t},\, G_i = 0,\, \mathbf{W}_i\right] \\
&= \frac{\mathbb{E}\left[Y_{it}G_i \mid T_t = \bar{t},\, \mathbf{W}_i\right]}{q(\mathbf{W}_i)} - \frac{\mathbb{E}\left[Y_{it}(1-G_i) \mid T_t = \bar{t},\, \mathbf{W}_i\right]}{1 - q(\mathbf{W}_i)} \\
&= \frac{\mathbb{E}\left[Y_{it}G_i - Y_{it}G_i q(\mathbf{W}_i) - Y_{it}q(\mathbf{W}_i) + Y_{it}G_i q(\mathbf{W}_i) \mid T_t = \bar{t},\, \mathbf{W}_i\right]}{q(\mathbf{W}_i)(1 - q(\mathbf{W}_i))}
\end{aligned}$$

$$= \mathbb{E}\left[\frac{Y_{it}(G_i - q(\mathbf{W}_i))}{q(\mathbf{W}_i)(1 - q(\mathbf{W}_i))} \mid T_t = \bar{t}, \mathbf{W}_i\right].$$

ただし、$q(\mathbf{W}_i) = \mathbb{P}[G_i = 1 \mid \mathbf{W}_i]$ は 2 期間で共通の傾向スコアである。

ここで、条件付き平行トレンドの仮定のもとで、

$$\Delta_1(\mathbf{w}) - \Delta_0(\mathbf{w}) = \mathbb{E}[Y_{i1}^*(1) - Y_{i1}^*(0) \mid \mathbf{W}_i = \mathbf{w}, G_i = 1]$$

が成り立つことから、この差分の期待値を、$\mathbb{P}[\mathbf{W}_i = \mathbf{w} \mid G_i = 1]$ の分布に対してとれば、処置群平均処置効果が得られる。すなわち、

$$\int \Delta_1(\mathbf{w}) - \Delta_0(\mathbf{w}) d\,\mathbb{P}[\mathbf{W}_i = \mathbf{w} \mid G_i = 1] = \mathbb{E}[Y_{i1}^*(1) - Y_{i1}^*(0) \mid G_i = 1]$$

である。

このとき、左辺の表現を変換することによって、処置群平均処置効果を、$\mathbf{W}$ について条件付きでない期待値で表すことができる。

$$\int \Delta_1(\mathbf{w}) - \Delta_0(\mathbf{w}) d\,\mathbb{P}[\mathbf{W}_i = \mathbf{w} \mid G_i = 1]$$
$$= \int (\Delta_1(\mathbf{w}) - \Delta_0(\mathbf{w})) \frac{q(\mathbf{w})}{\mathbb{P}[G_i = 1]} d\,\mathbb{P}[\mathbf{W}_i = \mathbf{w}]$$
$$= \mathbb{E}\left[\frac{Y_{it}(G_i - q(\mathbf{W}_i))}{\mathbb{P}[G_i = 1](1 - q(\mathbf{W}_i))} \mid T_t = 1\right]$$
$$- \mathbb{E}\left[\frac{Y_{it}(G_i - q(\mathbf{W}_i))}{\mathbb{P}[G_i = 1](1 - q(\mathbf{W}_i))} \mid T_t = 0\right]$$

このパラメータは、$q(\mathbf{w})$ が既知であれば、$T_t = 1$ と $T_t = 0$ の部分標本についての (条件付きでない) 期待値の差分であり、容易にノンパラメトリック推定することができる。しかし、多くの実証研究では $q(\mathbf{w})$ は未知であるから、$q(\mathbf{w})$ にプロビットモデルなどのパラメトリックモデルを仮定することになる。

このように、IPW 表現を用いた代替案では、傾向スコアのパラメトリック推定が避けられない一方、傾向スコアを所与とすれば、処置群平均処置効果をノンパラメトリック推定することができる。このような、パラメータの一部のみをパラメトリックに推定し、それ以外をノンパラメトリック推定するような推定量は、**セミパラメトリック推定量** (semiparametric estimator) と呼ばれている。ここでは、興味のあるパラメータである潜在結果の条件付き期待値はノン

パラメトリックとしたまま、局外パラメータである傾向スコアのみをパラメトリック推定するものである。

ここで導出した差の差推定量の IPW 表現をもとに、9.4.2 項で見たような 2 重頑健推定量を構成することができる (Sant'Anna and Zhao, 2020)。この 2 重頑健推定量は、第 10 章で紹介する最新の実践手法の 1 つとなっているため、10.2 節で改めて解説することにする。

ここまで、共変量を伴う差の差法において、できる限りノンパラメトリックな推定に近付ける試みを紹介してきた。これは、共変量がない場合の差の差法のパラメータが、原理的にはノンパラメトリックに推定が可能な処置群・統制群それぞれの期待値の差分であることに由来する。

それでは、たとえば処置群が単一であり、処置群の期待値が適切に定義できない場合は、どうなるのだろうか?

9.5 処置群の数が限られる場合における手法: 合成コントロール法

研究デザインとして差の差法の適用を検討する状況では、特定の少ない地域において「偶然」処置が発生したことを疑似実験とするものが多い。そのため、処置群個体数の規模が小さくなりがちである。さらには、単一の個体で構成される処置群に対して、数えるほどの統制群しか得られないような疑似実験の例もまれではないだろう。たとえば、Magness and Makovi (2023) では、ロシア革命という「処置」が、その後のカール・マルクスの学界での地位に与えた因果効果を明らかにすることを分析の目的としている。このとき、1917 年に起きたロシア革命は歴史上一度きりの出来事であることから、問いの定義上、処置群は「マルクス」という単一の人物のみになってしまう。これまで扱ってきた差の差法は、処置群・統制群のそれぞれについて期待値が推定対象として定義できることを前提としていた。したがって、「マルクス」のように処置群が単一である場合、ここまで扱ってきた差の差法と異なり、標本サイズが十分に大きい処置群と統制群のときのように、それらのトレンドが平均的に一致するという平行トレンドの仮定をそのまま用いることができない。

一方で、単一個体で構成される処置群に対して少ない個体数の統制群しか構成

できなくとも、処置前の時系列方向に十分大きなデータがとれる場合がある。このようなときに適用できる推定方法が、**合成コントロール法** (synthetic control) である (Abadie and Gardeazabal, 2003)。

合成コントロール法では、複数の統制期間が必要になる。ここで、1より大きい整数 T_{pre}, T_{post} について、$t = 1, \ldots, T_{pre}$ を統制期間、$t = T_{pre}+1, \ldots, T_{post}$ を処置期間とする。

合成コントロール法とは、次の2段階を経る推定方法である。

(1) 処置群の統制期間における顕在結果の系列が、統制群の統制期間における顕在結果の系列の凸平均、すなわち足し上げて1となる非負のウェイトを付けた加重平均となるようなウェイトを求める。

(2) (1)で得られた統制期間の顕在結果の系列にフィットする凸平均のウェイトを用い、統制群の処置期間の凸平均を計算する。この凸平均を、処置群の処置がなかった場合の反実仮想的な潜在結果の系列とする。

合成コントロール法の手続きや仮定を説明するには、処置群の統制下における潜在結果が、統制群の潜在結果とどのように関係しているかを直接結び付ける必要がある。以下では、統制群における潜在結果が以下のようなモデルで決定されると考え、説明することにする。

$$Y_{it}^*(0) \equiv \theta_t + \boldsymbol{\gamma}_t' \mathbf{W}_i + \boldsymbol{\lambda}_t' \boldsymbol{\mu}_i + \epsilon_{it} \tag{9.7}$$

ここで、$\mathbf{W}_i$ は (時間を通じて不変の) 観測される変数 (共変量)、$\boldsymbol{\mu}_i$ は観測されない変数であり、その他は未知のパラメータである。

(9.7) 式は、差の差法における TWFE 回帰モデルと類似しているが、いくつかの点で異なっている。特に、TWFE 回帰モデルにもあるようなトレンド項 θ_t と平均 0 の i.i.d. である誤差項 ϵ_{it} に加え、個体間の観測可能な差異 $\mathbf{W}_i$ と観測不可能な差異 $\boldsymbol{\mu}_i$ がそれぞれ別の時間を通じて異なる効果 ($\boldsymbol{\gamma}_t, \boldsymbol{\lambda}_t$) を持つことを許している点で異なる。このように、個体間で共通の時間効果 (**ファクター**〔factor〕とも呼ぶ) $\boldsymbol{\gamma}_t$ や $\boldsymbol{\lambda}_t$ に対して、観測・非観測の時間を通じて一定な要素 ($\mathbf{W}_i$ や $\boldsymbol{\mu}_i$) の積で観測が決定されているとするモデルを、(線形) **ファクターモデル** (factor model) と呼ぶ。

上記のモデルにおいて、2段階の手続きを厳密に導入する。まず、I 個の統制

群 $i \in \{1, \ldots, I\}$（これらを「ドナー〔donor〕」とも呼ぶ）をもとに、単一の処置 $i = 0$ の統制期間の顕在結果と共変量を予測するような凸平均ウェイトを求める。すなわち、すべての統制期間 $t \leq T_{pre}$ について、

$$\sum_{i=1}^{I} \omega_i Y_{it} = Y_{0t}, \quad \sum_{i=1}^{I} \omega_i \mathbf{W}_i = \mathbf{W}_0$$

を満たすようなウェイトの列 $\boldsymbol{\omega} \equiv \{\omega_1, \ldots, \omega_I\}$ を求める。

ここで、$\mathbf{Y}_i = \{Y_{i1}, \ldots, Y_{iT_0}, \mathbf{W}_i\}$ および $\mathbf{Y}_0 = \{Y_{01}, \ldots, Y_{0T_0}, \mathbf{W}_0\}$ をそれぞれ統制群 i と処置群の観測系列のベクトルとすれば、このウェイトを求める問題は以下の制約付き最適化問題として表現できる。

$$\min_{\boldsymbol{\omega}} \left\| \mathbf{Y}_0 - \sum_{i=1}^{I} \omega_i \mathbf{Y}_i \right\|, \quad \omega_i \geq 0, \quad i \in \{1, \ldots, I\}, \quad \sum_{i=1}^{I} \omega_i = 1.$$

次に、ここで得られたウェイトの列 $\{\omega_1, \ldots, \omega_I\}$ を用いて、処置群 $i = 0$ にとっての統制下における潜在結果を

$$\widehat{Y}_{0t}^*(0) \equiv \sum_{i=1}^{I} \omega_i Y_{it}, \quad t \geq T_{pre} + 1$$

として予測する。この $\widehat{Y}_{0t}^*(0)$ を処置群処置期間における顕在結果 $Y_{0t} = Y_{0t}^*(1)$ から引いたものを、合成コントロール法における処置効果の推定量とする。

このとき、上記の最適化問題は 1 期から T_{pre} 期までの顕在結果ベクトルと共変量ベクトル $\mathbf{W}$ が、同じ程度処置期間の潜在結果の予測に寄与するという前提を置いている。実際には、ある期の観測や特定の共変量が他の期の観測や共変量に比べて分散が非常に大きいなど、観測系列のベクトルを標準化したい場合があるだろう。そのような場合、$\mathbf{Y}_i$ と同じ次元を持つ対称行列 $\mathbf{V}$ を用いて、以下のような最適化問題を考えればよい。

$$\min_{\boldsymbol{\omega}} \left| \left(\mathbf{Y}_0 - \sum_{i=1}^{I} \omega_i \mathbf{Y}_i \right)' \mathbf{V} \left(\mathbf{Y}_0 - \sum_{i=1}^{I} \omega_i \mathbf{Y}_i \right) \right|^{\frac{1}{2}}.$$

上の手続きを行うに当たって、何らかの方法で $\mathbf{V}$ を選ばなくてはならない。合成コントロール法は処置期間への予測を目的としていることから、統制期間

を学習期間・検証期間に分けて、検証期間での予測精度が高くなるような $\mathbf{V}$ を選ぶ**交差検証法** (cross-validation) が用いられる (Abadie et al., 2015)。たとえば、統制期間 T_{pre} が偶数であるとして、前半 $(1, \ldots, T_{pre}/2)$ を学習期間、後半 $(T_{pre}/2+1, \ldots, T_{pre})$ を検証期間とする。そのうえで、以下の入れ子型の最適化を行えばよい[4]。

(1) 各 $\mathbf{V}$ について、学習期間のデータのみを用いてウェイト $\boldsymbol{\omega}(\mathbf{V})$ を計算し、そのウェイトに基づいた検証期間の予測誤差 $\sum_{t=T_0/2+1}^{T_0}(Y_{0t} - \sum_i Y_{it})^2$ を得る

(2) $\mathbf{V}$ について、検証期間の予測誤差を最小化するものを探索し、$\mathbf{V}^*$ とする

(3) $\mathbf{V}^*$ をもとに、検証期間のデータのみを用いてウェイト $\boldsymbol{\omega}(\mathbf{V}^*)$ を推定する

ここまで、合成コントロール法の手続きについて説明してきたが、その手続きから得られる反実仮想予測はどのような性質を持っているだろうか。その評価のためには、上記のファクターモデル (9.7) 式が正しいとき、統制下の潜在結果は主に、観測可能なファクター効果 $\boldsymbol{\gamma}_t'\mathbf{W}_i$ と観測不可能なファクター効果 $\boldsymbol{\lambda}_t'\boldsymbol{\mu}_i$ によって構成されていることに留意が必要である。

合成コントロール法では、顕在結果の列だけではなく、$\mathbf{W}_0$ をよりよく予測するようなウェイトを選んでいる。そのため、合成コントロール法によって、観測可能なファクター効果 $\boldsymbol{\gamma}_t'\mathbf{W}_0$ についてはよい予測ができるだろう。一方で、観測不可能な要素 $\boldsymbol{\mu}_0$ については直接近似を行うことができない。

それでもなお、以下のように、すべての統制期間について観測結果・共変量を完全に予測するウェイトが存在するならば、合成コントロール法で求める推定量が、統制期間が大きくなるにつれて、$\boldsymbol{\mu}_0$ についてもよい近似を生成することが示されている (Abadie et al., 2010)。詳細はウェブ付録のテクニカルノートで解説するが、ここでは統制期間 t の顕在結果の予測誤差が

$$Y_{0t} - \sum_{i=1}^{I}\omega_i Y_{it} = \boldsymbol{\gamma}_t'\left(\mathbf{W}_0 - \sum_{i=1}^{I}\omega_i \mathbf{W}_i\right)$$

---

[4] ただし、この手順で決定されるウェイトは一般に、一意に定まるとは限らない (Klößner et al., 2018; Abadie, 2021)。同様の問題に対する対処法を 10.4 節で解説する。

$$+ \boldsymbol{\lambda}_t' \left(\boldsymbol{\mu}_0 - \sum_{i=1}^{I} \omega_i \boldsymbol{\mu}_i \right) + \sum_{i=1}^{I} \omega_i \left(\epsilon_{0t} - \epsilon_{it} \right)$$

で表されることに着目しよう。このとき、上記のような、Y_{0t} と $\mathbf{W}_0$ への予測誤差が 0 となるようなウェイトが存在するならば、

$$\boldsymbol{\lambda}_t' \left(\boldsymbol{\mu}_0 - \sum_{i=1}^{I} \omega_i \boldsymbol{\mu}_i \right) = - \sum_{i=1}^{I} \omega_i (\epsilon_{0t} - \epsilon_{it})$$

となる。この等式は、一定の条件を満たす観測不可能なファクター $\boldsymbol{\lambda}_t$ について[5]、$\boldsymbol{\mu}_0$ に関する予測誤差を、i.i.d. である誤差項 ϵ_{0t} の予測誤差で表すことができることを示している。したがって、誤差項の予測誤差が統制期間が長くなるにつれて改善するのであれば、この関係を用いて、観測できないファクターについても同様に、予測誤差が改善されるといえるのである。

このように、合成コントロール法は処置群・統制群の規模が非常に小さいけれども統制期間のデータは十分にとれるという、実際の政策実務で頻繁に生じうる状況において、処置群の統制下における潜在結果を、統制群の統制下における潜在結果の加重平均として予測する手法であると整理できる。

ただし、上記の議論には注意すべき点が 3 点存在する。1 つ目は、上記の議論は統制期間の観測列を完全に予測するようなウェイトが存在することを仮定しているが、そのようなウェイトの存在は一般に保証されていないという点である。2 つ目は、上記の議論が、統制下における潜在結果が特定の関数形を持つファクターモデルに従うときの予測性能を述べているにすぎず、合成コントロール法がどのような条件下で処置効果を識別するかを明らかにしたものではないという点である[6]。3 つ目は、この推定量に基づいて行われるべき仮説検定については、まだ一般に合意された手法が確立されていないという点である。

3 点目の問題について、ここでは、代表的な検定手法の 1 つである、フィッ

---

[5] 観測不可能なファクター $\boldsymbol{\lambda}_t$ は任意の次元をとることができるが、観測不可能なファクター $\boldsymbol{\lambda}_t$ の要素が線形従属であってはならない。具体的には、$\boldsymbol{\lambda}$ を $\boldsymbol{\lambda}_t$ の t に関して積み上げた行列とするとき、$\boldsymbol{\lambda}'\boldsymbol{\lambda}$ が非特異 (non-singular) でなくてはならない。

[6] ただし、ファクターモデルのもとで議論した合成コントロール法の推定量の性質は、潜在結果と共変量が自己相関しているような異なるモデルにおいても同様の性質が得られることが主張されており、Abadie et al. (2010) の議論は、必ずしもファクターモデルのみに依拠したものではない。

シャーの p 値に基づく検定を紹介する (Abadie et al., 2010)。2.3 節で紹介したように、明確な帰無仮説と呼ばれる帰無仮説のもとでは、処置ベクトルと顕在結果ベクトルの標本同時分布が既知であり、したがってそれらによって構成される統計量の分布も既知である。フィッシャーの p 値は、その統計量分布を用いた有限標本検定である。

合成コントロール法では、すべての個体にすべての期間において処置効果が存在しないという以下の帰無仮説が代表的である。すなわち、すべての個体 i と期間 $t \in \{T_{pre}+1, \ldots, T_{post}\}$ について、

$$H_0: Y_{it}^*(1) = Y_{it}^*(0)$$

が成り立つという帰無仮説である。この明確な帰無仮説のもとでは、たとえば $Y_{it}^*(0)$ が個体 i について i.i.d. ならば、合成コントロール法による 2 乗予測誤差 $(Y_{it} - \widehat{Y}_{it})^2$ は処置期間と統制期間のいずれにおいても処置群 $i=0$ を含むすべての個体について同じ分布に従うと考えられる。したがって、処置群への合成コントロール予測 $\{\widehat{Y}_{0t}\}_{t=T_{pre}+1,\ldots,T_{post}}$ に加えて統制群 $i \neq 0$ への合成コントロール予測 $\{\widehat{Y}_{it}\}_{t=T_{pre}+1,\ldots,T_{post}}$ を同じ手順で行えば、処置群の処置期間 t における 2 乗予測誤差 $(Y_{0t} - \widehat{Y}_{0t})^2$ が統制群の処置期間 t における 2 乗予測誤差 $\{(Y_{it} - \widehat{Y}_{it})^2\}_{i=1,\ldots,I}$ の分布と有意に異なるかを検定することができる。もし処置群の 2 乗予測誤差が統制群の 2 乗予測誤差に比べて異常に大きいのであれば、上記の明確な帰無仮説に誤りがあり、処置効果があったものと考えられるだろう。

具体的には、処置期間と統制期間の平均 2 乗予測誤差の比である統計量

$$R_i \equiv \frac{\sum_{t=T_{pre}+1}^{T_{post}} \left(Y_{it} - \widehat{Y}_{it}\right)^2 / (T_{post} - T_{pre})}{\sum_{t=1}^{T_{pre}} \left(Y_{it} - \widehat{Y}_{it}\right)^2 / T_{pre}}$$

を考える[7]。この統計量に基づいて p 値

$$\frac{\sum_{i=0}^{I} \mathbf{1}\{R_i \geq R_0\}}{I+1}$$

---

[7] 処置期間の平均 2 乗予測誤差を比較するのでなく比をとるのは、処置期間に明確な帰無仮説を違反して $Y_{it}^*(0)$ から乖離している個体と、単に合成コントロール法による予測誤差が大きい個体を区別するためである。

を構成すれば、この p 値が検定のサイズより小さいときに H_0 を棄却する検定を行うことができる。

ここまで、差の差法と合成コントロール法を紹介したが、いずれの手法も特定の期間に一斉に処置が割り当てられ、それが覆らないという比較的単純な割当メカニズムを前提としていた。しかし、実際に関心の対象となる処置は、より複雑な割当メカニズムに基づくことがある。第 10 章では、より複雑な割当メカニズムに対して、差の差法・合成コントロール法をどのように適用すべきかという、比較的新しいトピックについて議論を行う。

文献ガイド

差の差法は、最低賃金がファストフードチェーンの雇用に及ぼす影響を分析した Card and Krueger (1994) が代表的な古典であるが、差の差法による分析自体はそれ以前から用いられている。Angrist and Pischke (2009) では、19 世紀のロンドンにおけるコレラ流行を分析した Snow (1855) が差の差法のアイデアの初出であるとされている。Snow (1855) では、下水流入度の高い水源を用いていた 2 地域のうち、汚染度の低い水源に切り替えた地域の死亡率がそうでない地域よりも低くなったことを差の差法のアイデアで示している。最低賃金の分析においても、Obenauer and von der Nienburg (1915) が Card and Krueger (1994) に先んじて差の差法のアイデアに基づく推定を行っている (Kennan, 1995; Angrist and Pischke, 2009)。

特筆すべきは、差の差法が、1980 年代にはすでに批判的に評価されていることである。LaLonde (1986) は米国における職業訓練の RCT による評価を用いて、計量経済学的な観察データに基づく効果推定が RCT 推定と大きく乖離することを指摘しているが、この計量経済学的分析とはまさしく差の差法である。後にこの観察データ分析による結果と RCT の乖離が、共変量の分布の違い、特に分布のとりうる範囲 (サポート) の違いに起因することが明らかになっている (Heckman et al., 1996, 1998)。このように、差の差法は RCT に代わる手法ではなく、あくまでも条件付き独立仮定に関連した仮定に立脚した、疑似実験手法であることに注意が必要である。

第 10 章
差の差法とその周辺の発展的トピック

イントロダクション

　第 9 章では、処置として関心のある政策や制度変更が自己選択された特定の地域や集団のみに発生する状況を想定した因果推論の方法として、差の差法を導入した。差の差法は十分大きな処置群・統制群が構成できる場合を想定していること、処置群が単一で統制群も小さな規模でしか得られないような場合でも、処置割当前に十分長い期間の観測があるのであれば、合成コントロール法が適用できる可能性があることを紹介した。

　また、第 9 章の議論では、処置がすべての個体に一斉に与えられるような標準的な状況を前提としていた。しかし、実際の政策変更では、処置が異なるタイミングで徐々に与えられる状況が少なくない。たとえば、「ある地域で企業が合併し労働市場における賃金支配力が高まると、従業員の賃金は低下するか？」という問いを考える際にも、合併はすべての地域で一斉に生じるわけではなく、地域によってばらばらのタイミングで生じる場合が多いだろう。また、「Airbnb のような住宅シェアリングサービスに対する規制が緩い地域では、厳しい地域と比べて住宅供給がどの程度弾力的に増加するか？」という問題を考える際にも、規制導入が地域によって異なるタイミングで生じていることが少なくない。特に、米国のように州ごとに政策決定等の独立性が高い場合には、共通の政策であっても実施のタイミングが異なることが少なくない。日本においても、都道府県や市区町村などの地方自治体によって政策実施のタイミングが異なるケースがあるだろう。

　そこで本章では、差の差法の中でも処置群の中で処置割当のタイミングが異なるケースを取り上げて、そこで生じる分析上の問題と対処法について議論する。まずは、9.3 節で導入した 2 方向固定効果 (TWFE) 回帰による推定を処置のタイミングが個体によって異なる状況で適用すると重大な問題が生じてしまうことを説明する。次に、その対処法について解説する。

本章ではあわせて、合成コントロール法を処置群が複数存在する状況にも対応できるように拡張した合成差の差法や、処置の割当と受取が一致しない場合に遵守者の平均処置効果を検証するための差の差法についても解説する。

10.1 より複雑な処置タイミングを伴う差の差法

10.1.1 2方向固定効果回帰における処置群平均処置効果

ここまでの差の差法に関する議論では、処置は、処置群のすべての個体に対して同じ時点で一斉に生じると考えていた。もし、処置群の中で処置を受け始める時点が異なる個体が存在するならば、これまでの議論が通用しないことがある。特に、9.3節で導入したTWFE回帰による推定量が、処置群平均処置効果ではなくなる可能性が指摘されている。

2期間・2群比較の差の差法については9.3節において、TWFE回帰による係数が、処置群の2期間比較と統制群の2期間比較の差と一致することを確認した。2期間ではなく、処置群・統制群を複数期間にわたって観測する場合であっても、処置が各個体に対して同じ時点で生じている限りにおいて、同様の結果が成り立つ。

具体的には、$t = 1, \ldots, T_{pre}$ を統制期間、$t = T_{pre}+1, \ldots, T_{post}$ を処置期間としたとき、以下のTWFE回帰モデル

$$Y_{it} = \mu_i + \theta_t + \sum_{t'=T_{pre}+1}^{T_{post}} \tau_t Z_{it}^{t'} + \epsilon_{it}$$

の最小2乗推定量を計算し、係数 τ_t の推定量を t 期の処置群平均処置効果の推定量とすることを考える。ただし各 t' について、$T_t^{t'}$ を $t' = t$ となるときに1、それ以外で0をとる指示関数とし、$Z_{it}^{t'} = G_i T_t^{t'} \mathbf{1}\{t' > T_{pre}\}$ とする。このとき、各 t 期の $t-1$ 期からのトレンドに関する平行トレンドの仮定

$$\mathbb{E}\left[Y_{it}^*(0) - Y_{it-1}^*(0) \mid G_i = 1\right] = \mathbb{E}\left[Y_{it}^*(0) - Y_{it-1}^*(0) \mid G_i = 0\right]$$

が成り立つとする。

すると、各 t における係数 τ_t の最小2乗推定量は、t 期における処置群平均

処置効果 $E\left[Y_{it}^*(1) - Y_{it}^*(0) \mid G_i = 1\right]$ の不偏推定量である。

これを確かめるために、任意の $t > T_{pre}$ について $\mathbb{E}\left[Y_{it} \mid G_i\right]$ を展開すると、

$$\begin{aligned}\mathbb{E}\left[Y_{it} \mid G_i\right] &= \mathbb{E}\left[Y_{it}^*(0) \mid G_i\right] + G_i \mathbb{E}\left[Y_{it}^*(1) - Y_{it}^*(0) \mid G_i = 1\right] \\ &= \mathbb{E}\left[Y_{it}^*(0) \mid G_i = 0\right] + G_i \left(\mathbb{E}\left[Y_{it}^*(0) \mid G_i = 1\right] - \mathbb{E}\left[Y_{it}^*(0) \mid G_i = 0\right]\right) \\ &\quad + G_i \mathbb{E}\left[Y_{it}^*(1) - Y_{it}^*(0) \mid G_i = 1\right]\end{aligned}$$

が得られる。同様に、任意の $t \leq T_{pre}$ について

$$\begin{aligned}\mathbb{E}\left[Y_{it} \mid G_i\right] =& \mathbb{E}\left[Y_{it}^*(0) \mid G_i = 0\right] \\ &+ G_i \left(\mathbb{E}\left[Y_{it}^*(0) \mid G_i = 1\right] - \mathbb{E}\left[Y_{it}^*(0) \mid G_i = 0\right]\right)\end{aligned}$$

が得られる。したがって、処置時点 t 期と統制期間である $t = 1$ との差分をとれば、

$$\begin{aligned}&\mathbb{E}\left[Y_{it} \mid G_i\right] - \mathbb{E}\left[Y_{i1} \mid G_i\right] \\ =& \mathbb{E}\left[Y_{it}^*(0) \mid G_i = 0\right] + G_i \left(\mathbb{E}[Y_{it}^*(0) \mid G_i = 1] - \mathbb{E}\left[Y_{it}^*(0) \mid G_i = 0\right]\right) \\ &+ G_i \mathbb{E}\left[Y_{it}^*(1) - Y_{it}^*(0) \mid G_i = 1\right] \\ &- \mathbb{E}\left[Y_{i1}^*(0) \mid G_i = 0\right] - G_i \left(\mathbb{E}\left[Y_{i1}^*(0) \mid G_i = 1\right] - \mathbb{E}\left[Y_{i1}^*(0) \mid G_i = 0\right]\right) \\ =& \mathbb{E}\left[Y_{it}^*(0) \mid G_i = 0\right] - \mathbb{E}\left[Y_{i1}^*(0) \mid G_i = 0\right] \\ &+ G_i \left(\mathbb{E}\left[Y_{it}^*(0) \mid G_i = 1\right] - \mathbb{E}\left[Y_{it}^*(0) \mid G_i = 0\right]\right) \\ &- G_i \left(\mathbb{E}\left[Y_{i1}^*(0) \mid G_i = 1\right] - \mathbb{E}\left[Y_{i1}^*(0) \mid G_i = 0\right]\right) \\ &+ G_i \mathbb{E}\left[Y_{it}^*(1) - Y_{it}^*(0) \mid G_i = 1\right]\end{aligned}$$

が得られるが、平行トレンドの仮定より

$$\begin{aligned}&\mathbb{E}\left[Y_{it}^*(0) \mid G_i = 0\right] - \mathbb{E}\left[Y_{i1}^*(0) \mid G_i = 0\right] \\ &+ G_i \left(\mathbb{E}\left[Y_{it}^*(0) - Y_{i1}^*(0) \mid G_i = 1\right] - \mathbb{E}\left[Y_{it}^*(0) - Y_{i1}^*(0) \mid G_i = 0\right]\right) \\ &+ G_i \mathbb{E}\left[Y_{it}^*(1) - Y_{it}^*(0) \mid G_i = 1\right] \\ =& \mathbb{E}\left[Y_{it}^*(0) \mid G_i = 0\right] - \mathbb{E}\left[Y_{i1}^*(0) \mid G_i = 0\right] + G_i \mathbb{E}\left[Y_{it}^*(1) - Y_{it}^*(0) \mid G_i = 1\right]\end{aligned}$$

である。これより、$Z_{it}^{t'}$ の係数 $\tau_{t'}$ は t' 期における処置群平均処置効果に対応

していることがわかる。

10.1.2　2方向固定効果回帰の問題点

次に、複数ある期間のうち、処置群の中で処置を受ける時点が異なる場合を考える。このとき、処置を受ける時点が同じ場合と同様の議論は成り立たない。異なる時点で処置を受ける処置群が混在している場合に TWFE 回帰を適用すると、ある1つの処置群と統制群の比較だけでなく、異なる時点で処置を受ける処置群同士の比較も暗黙のうちに行ってしまうためである。

複数期間・複数クラスターのデータに対する TWFE 回帰による差の差推定量は、以下のようなダミー変数モデル

$$Y_{it} = \mu_i + \theta_t + \tau Z_{it} + \epsilon_{it}$$

の最小2乗推定量における τ の回帰係数として与えられることが多い (Goodman-Bacon, 2021)。ただし、Z_{it} は t 期に個体 i が処置を受けているときに 1、それ以外で 0 をとる指示関数であり、10.1.1 項における議論と異なり、異なる処置群個体が異なる時点で 1 をとる。

このとき、ある1つの処置群が $T_{pre}+1$ 時点で一斉に処置を受けるのではなく、$t_1, \ldots, t_K$ の K 時点にわたって各処置群が順番に処置を受けていくとしよう。図 10.1 は、縦軸に Y_{it} の平均、横軸に時点をとり、Y_{it} の平均の時間推移を示したイメージ図である。ここで、3 種類の線は処置を受けるタイミングごとに分けた 3 種類のグループを表しており、それぞれ上から「ある t_k ($k \in \{1, \ldots, K\}$) 期に処置を受け始める群」が▲印の付いた線で、「t_k 期より後の $t_l > t_k$ 期に処置を受け始める群」が〇印の付いた線、「一切処置を受けない統制群」が印なしの直線で示されている。

図 10.1 で最初に処置を受けるのは k 期に処置を受ける群である。このとき、$PRE(k)$ と示される t_k 期以前の期間では、いずれの個体も処置を受けていない。この期間において、3 本の直線は平行に描かれているが、これは平行トレンドの仮定のもとで 3 種類のトレンドが同一であることに対応している。次に、$MID(k,l)$ と示される期間では、▲印の t_k 期に処置を受け始める処置群のみが処置を受けている。最後に、$POST(l)$ と示される期間では、すでに処置を受けている▲印の t_k 期に処置を受け始める処置群に加え、〇印の t_l 期に処置を

図 10.1　異なる時点で処置を受け始める 2 つの処置群と統制群のトレンド

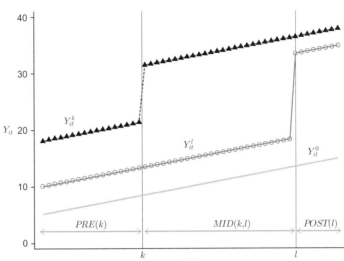

(出所) Goodman-Bacon (2021)、Figure 1 より作成。

受け始める処置群も処置を受けている。

以下の議論において、$k \in \{1, \ldots, K\}$ について、G_i^k を t_k 期に処置を受ける処置群の指示関数とし、G_i^0 を統制群の指示関数とする。このとき、本項で導入した TWFE 回帰のダミー変数モデルにおける係数 τ の最小 2 乗推定量 $\widehat{\tau}$ は、あるウェイト $s_{k0}, s_{kl}^k, s_{kl}^l$ が存在して、以下のように分解できる (Goodman-Bacon, 2021)。

$$\widehat{\tau} = \sum_{k \neq 0} s_{k0} \widehat{\tau}_{k0} + \sum_{k \neq 0} \sum_{l > k} \left[s_{kl}^k \, \widehat{\tau}_{kl}^k + s_{kl}^l \, \widehat{\tau}_{kl}^l \right].$$

ここで t_k 期、t_l 期に処置を受け始める処置群 $k, l \in \{1, \ldots, K\}$, $k < l$ について、$\bar{Y}_k^{POST(k)}, \bar{Y}_k^{MID(k,l)}, \bar{Y}_k^{PRE(k)}$ をそれぞれ、$G_i^k = 1$ となる個体のうち $1 \leq t \leq t_k - 1, t_k \leq t \leq t_l - 1, t_l \leq t \leq T_{post}$ の部分集合における Y_{it} の平均とすると、

$$\widehat{\tau}_{k0} \equiv \left(\bar{Y}_k^{POST(k)} - \bar{Y}_k^{PRE(k)} \right) - \left(\bar{Y}_0^{POST(k)} - \bar{Y}_0^{PRE(k)} \right)$$

$$\widehat{\tau}_{kl}^k \equiv \left(\bar{Y}_k^{MID(k,l)} - \bar{Y}_k^{PRE(k)} \right) - \left(\bar{Y}_l^{MID(k,l)} - \bar{Y}_l^{PRE(k)} \right)$$

図10.2 2つの処置群と統制群のケースにおける2期間平均差の差分の比較

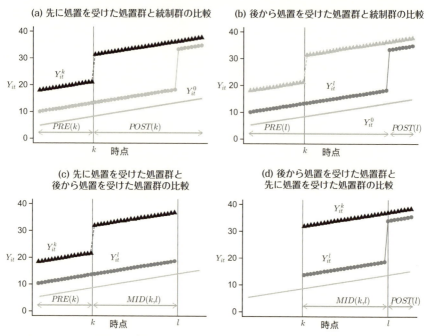

(出所) Goodman-Bacon (2021)、Figure 2 より作成。

$$\widehat{\tau}_{kl}^{l} \equiv \left(\bar{Y}_{l}^{POST(l)} - \bar{Y}_{l}^{MID(k,l)} \right) - \left(\bar{Y}_{k}^{POST(l)} - \bar{Y}_{k}^{MID(k,l)} \right)$$

である。

これらの $\widehat{\tau}_{k0}, \widehat{\tau}_{kl}^{k}$ および $\widehat{\tau}_{kl}^{l}$ を図示したものが図 10.2 である。図 10.2 のパネル (a) に図示しているのは $\widehat{\tau}_{k0}$ に対応した比較である。$\widehat{\tau}_{k0}$ は、t_k 期にすでに処置を受けている処置群 $G_i^k = 1$ とずっと処置を受けない (never treated) 統制群 $G_i^0 = 1$ について、統制期間 ($[1, t_k - 1]$) と処置期間 ($[t_k, T_{post}]$) の 2 期間に集計した差の差推定を行ったものである。パネル (b) も同様で、後から t_l 期に処置を受けた処置群 $G_i^l = 1$ とずっと処置を受けない統制群 $G_i^0 = 1$ について、統制期間 ($[1, t_l - 1]$) と処置期間 ($[l, T_{post}]$) の 2 期間に集計した差の差推定量である $\widehat{\tau}_{l0}$ に対応している。

一方で、パネル (c) は $\widehat{\tau}_{kl}^{k}$ の比較に対応している。これは、処置群 $G_i^k = 1$

と処置群 $G_i^l = 1$, $l > k$ を統制期間 ($[1, t_k - 1]$) と処置期間 ($[t_k, t_l - 1]$) の 2 期間に集計した差の差推定量であるが、これは期間 t_k から期間 t_l までの間において、すでに処置を受けている処置群 $G_i^k = 1$ を処置群、**まだ処置を受けていない** (not yet treated) 処置群 $G_i^l = 1$ を統制群とみなしたものである。これら3つの比較は、適切な平行トレンドの仮定のもとで、処置群 $G_i^k = 1$ における平均処置効果の加重平均および、処置群 $G_i^l = 1$ における平均処置効果の加重平均に対応する。

ここで、パネル (d) に対応する $\hat{\tau}_{kl}^l$ の比較は、処置群 $G_i^l = 1$ を処置群、すでに処置を受けている処置群 $G_i^k = 1$ を統制群とした統制期間 ($[t_k, t_l - 1]$) と ($[t_l, T_{post}]$) の 2 期間に集計した差の差推定量に対応している。この比較は、期間 t_k にすでに処置を受けている処置群 $G_i^k = 1$ をあたかも統制群であるかのように扱うものである。この差の差推定量は、他の比較に対応する推定量とは異なり、統制期間 ($[t_k, t_l - 1]$) において生じている処置群 G_i^k 平均処置効果が、処置期間 ($[t_l, T_{post}]$) に消える現象を捉えるものである。言い換えれば、$\hat{\tau}_{kl}^l$ は処置群平均処置効果の符号を反転させたものに対応するのである。

このように、複数期間にわたって処置が逐次的に割り当てられるにもかかわらず、各時点における処置を混在させたまま TWFE 回帰を適用すると、得られる推定量 $\hat{\tau}$ は必ずしも処置群平均処置効果の平均にならない。これは、TWFE 推定量が図 10.2 のパネル (a)、(b)、(c) に対応する比較のみならず、パネル (d) に対応するような、処置をすでに受けている処置群とこれから処置を受ける処置群の比較を暗黙裡に行っているためである。このとき、処置を受ける効果と、処置を受けなくなる効果が打ち消し合ってしまう。最悪の場合、全員の処置効果が正であっても、負の推定値を得る可能性さえある。

この問題は、処置群平均処置効果が時間と処置群グループによって異なることから生じている。もし、処置群平均処置効果が時間・グループを通じてすべて同じであれば、上記のような効果を打ち消し合う項が 0 となり、定数である処置群平均処置効果が推定できる。しかし、多くの実証例において、処置群平均処置効果は時間・グループによって異なることが予想されるだろう[1]。

---

1) Goodman-Bacon (2021) では、より細かく異質性の効果を分析し、この問題が主に時間を通じた処置群平均処置効果の異質性から生じていることを指摘している。実際、グループ間の効果に異質性があったとしても、時間を通じた変化がないならば、効果を打

同様の問題は、いわゆる**イベント分析** (event study) 形式の TWFE 回帰において、より深刻な形で生じる (Sun and Abraham, 2021)。E_{it}^l を処置時点から l 期経過したことを表すダミー変数とするとき、代表的なイベント分析形式は、TWFE 回帰の処置変数をこの E_{it}^l に置き換えた以下のような関数形で与えられる。

$$Y_{it} = \mu_i + \theta_t + \sum_{l=-K}^{-2} \tau_l^- E_{it}^l + \sum_{l=0}^{L} \tau_l^+ E_{it}^l + \epsilon_{it}.$$

ここで、τ_l^+ を処置時点から l 期経過した後の効果、τ_l^- を処置時点の l 期前の効果であると解釈し、τ_l^- が 0 であることを持って平行トレンドの仮定を正当化したいと考えるかもしれない。

しかし、処置時点が複数存在する場合、これらの係数 τ_l^+ や τ_l^- の最小 2 乗推定量は、上述のシンプルな TWFE 回帰と同様に、正負の符号が入り混じったウェイトを伴う処置効果の加重平均となる。したがって、その係数の推定値の解釈は、シンプルな TWFE 回帰と同様に困難である。

このように、異なる時点で処置を受ける処置群が混在している場合、TWFE 推定量には処置群平均処置効果の加重平均に必ずしも対応しないという問題がある。特に、処置群平均処置効果がすべて同じ符号を持っていたとしても、実際に得られる TWFE 推定量が同じ符号を保持するとは限らないという点は大きな問題である。なぜなら、本来は処置が正の処置群平均処置効果を持っているとしても、TWFE 推定量は 0 にも負にもなりうるためである。

ち消し合う項までは生じないことが示されている。特に、先に処置を受けるグループ k の、後から処置を受けるグループ l が処置を受ける前の期間 $MID(k,l)$ と受けた後の期間 $POST(l)$ で処置群平均処置効果が同じであるならば、上記のような効果の打ち消しがちょうど 0 となり、TWFE 推定量が処置群平均処置効果の加重平均になることが示されている。ただし、ウェイトは標本比率とは一般に異なるものとなり、加重平均の解釈に注意が必要である。いずれの場合においても、TWFE 回帰を行うならば、それがどのような $\hat{\tau}_{k0}, \hat{\tau}_{kl}^k, \hat{\tau}_{kl}^l$ の加重平均で生じているかを確かめることが重要であり、そのためのパッケージが提供されている (ウェブ付録のコードで使用例を紹介している)。

10.2 異なる時点に処置割当が生じる場合の分解・集計手法

10.1 節で議論した問題の原因は、異なる時点で処置を受ける処置群を異なる集団として扱うべきところを、それらを混在させたまま推定してしまっていることである。したがって、それぞれの処置時点に応じた処置群の部分集合をコホートとして、それぞれのコホートごとに推定を行えばよい。

ここで、以下の平行トレンドの仮定を考える。すなわち、各 k と各 $t \geq t_k > 1$ について、

$$\mathbb{E}\left[Y_{it}^*(0) - Y_{it_k-1}^*(0) \mid G_i^k = 1\right] = \mathbb{E}\left[Y_{it}^*(0) - Y_{it_k-1}^*(0) \mid G_i^0 = 1\right]$$

が成り立つとする。この、処置群の部分集合について条件付けた平行トレンドの仮定が成り立つならば、それぞれの処置群コホートを統制群と個別に比較することで、各コホート k と各時点 $t \geq t_k > 1$ についての処置群平均処置効果

$$ATT_t^k \equiv \mathbb{E}\left[Y_{it}^*(1) - Y_{it}^*(0) \mid G_i^k = 1\right]$$

が得られる。このパラメータは、処置群コホート k ごとに統制群との平均値の差をとることで推定できる。

共変量がない場合であれば、TWFE 回帰モデルをコホート G_i^k, $k \in \{1, \ldots, K\}$ について飽和させた、以下のような回帰モデルを推定すればよい (Callaway and Sant'Anna, 2021; Wooldridge, 2021)。

$$Y_{it} = \beta + \sum_{k=1}^{K} \mu_k G_i^k + \sum_{t'=2}^{T_{post}} \theta_{t'} T_t^{t'} + \sum_{t'=T_{pre}+1}^{T_{post}} \sum_{k=1}^{\bar{K}} \tau_t^k Z_{it}^{kt'} + \epsilon_{it},$$

$$Z_{it}^{kt'} \equiv G_i^k T_t^{t'}, \quad G_i^k \equiv \mathbf{1}\{G_i = k\}.$$

この回帰モデルは、10.1.2 項で見たような異なる処置期間ごとの分解に加え、異なる処置開始時点のコホートごとにも分解するものである。

このとき、各期 t についてすべてのコホート G_i^k が観測されるパネルデータ

ならば[2]、τ_t^k がコホート k の t 期においての平均処置効果として得られる。

共変量を入れたい場合、共変量が低次元の離散変数でない限りは、上記のように TWFE 回帰を飽和させることは困難である。したがって、2 期間・2 群の場合と同様に、条件付き期待値や傾向スコアを特徴付けることで対処する。具体的には、各 k について、処置群 k または統制群のうち処置群 k となる確率を傾向スコア $p_k(\mathbf{W}_i) = \mathbb{P}[G_i^k = 1 \mid \mathbf{W}_i, G_i^k = 1 \operatorname{or} G_i^0 = 1]$ として定義し、9.4.4 項の議論を一般化する。

まず処置群 k の処置群平均処置効果 ATT_t^k を G_i^k について逆確率重み付け (IPW) 表現に変換する。平行トレンドの仮定と繰り返し期待値の法則より、

$$
\begin{aligned}
ATT_t^k =& \mathbb{E}[(\mathbb{E}[Y_{it} - Y_{it_k-1} \mid \mathbf{W}_i, G_i^k = 1] \\
& - \mathbb{E}[Y_{it} - Y_{it_k-1} \mid \mathbf{W}_i, G_i^0 = 1]) \mid G_i^k = 1] \\
=& \mathbb{E}[Y_{it} - Y_{it_k-1} \mid G_i^k = 1] \\
& - \mathbb{E}[(\mathbb{E}[Y_{it} - Y_{it_k-1} \mid \mathbf{W}_i, G_i^0 = 1]) \mid G_i^k = 1] \\
=& \mathbb{E}\left[\frac{G_i^k}{\mathbb{E}[G_i^k]}(Y_{it} - Y_{it_k-1} - \mathbb{E}[Y_{it} - Y_{it_k-1} \mid \mathbf{W}_i, G_i^0 = 1])\right]
\end{aligned}
$$

と書ける。ここで上記表現の一部について、同様の手順を G_i^0 について適用すれば、繰り返し期待値の法則より、

$$
\begin{aligned}
& \mathbb{E}\left[G_i^k \mathbb{E}\left[Y_{it} - Y_{it_k-1} \mid \mathbf{W}_i, G_i^0 = 1\right]\right] \\
&= \mathbb{E}\left[\mathbb{E}\left[G_i^k \mid \mathbf{W}_i\right] \mathbb{E}\left[Y_{it} - Y_{it_k-1} \mid \mathbf{W}_i, G_i^0 = 1\right]\right] \\
&= \mathbb{E}\left[\frac{\mathbb{E}\left[G_i^k \mid \mathbf{W}_i\right] \mathbb{E}\left[G_i^0 (Y_{it} - Y_{it_k-1}) \mid \mathbf{W}_i\right]}{\mathbb{E}\left[G_i^0 \mid \mathbf{W}_i\right]}\right] \\
&= \mathbb{E}\left[\frac{\mathbb{E}\left[G_i^k \mid \mathbf{W}_i\right]}{\mathbb{E}\left[G_i^0 \mid \mathbf{W}_i\right]} G_i^0 (Y_{it} - Y_{it_k-1})\right]
\end{aligned}
$$

となる。さらに、

$$
\mathbb{E}\left[\frac{\mathbb{E}\left[G_i^k \mid \mathbf{W}_i\right]}{\mathbb{E}\left[G_i^0 \mid \mathbf{W}_i\right]} G_i^0\right] = \mathbb{E}\left[\mathbb{E}\left[\frac{\mathbb{E}\left[G_i^k \mid \mathbf{W}_i\right]}{\mathbb{E}\left[G_i^0 \mid \mathbf{W}_i\right]} G_i^0 \mid \mathbf{W}_i\right]\right]
$$

---

[2] パネルデータに欠損が含まれる場合、時間効果項を欠損が生じている期間の割合だけ修正する必要がある。詳しくは、Wooldridge (2021, Section 8.1) などを参照。

$$= \mathbb{E}\left[\frac{\mathbb{E}\left[G_i^k \mid \mathbf{W}_i\right]}{\mathbb{E}\left[G_i^0 \mid \mathbf{W}_i\right]} \mathbb{E}\left[G_i^0 \mid \mathbf{W}_i\right]\right]$$

$$= \mathbb{E}\left[\mathbb{E}\left[G_i^k \mid \mathbf{W}_i\right]\right] = \mathbb{E}\left[G_i^k\right]$$

を用いると、

$$ATT_t^k = \mathbb{E}\left[\frac{G_i^k}{\mathbb{E}\left[G_i^k\right]}(Y_{it} - Y_{i,t_k-1})\right] - \frac{\mathbb{E}\left[\frac{\mathbb{E}[G_i^k|\mathbf{W}_i]}{\mathbb{E}[G_i^0|\mathbf{W}_i]} G_i^0 (Y_{it} - Y_{it_k-1})\right]}{\mathbb{E}\left[G_i^k\right]}$$

$$= \mathbb{E}\left[\left(\frac{G_i^k}{\mathbb{E}\left[G_i^k\right]} - \frac{\frac{p_k(\mathbf{W}_i)G_i^0}{1-p_k(\mathbf{W}_i)}}{\mathbb{E}\left[\frac{p_k(\mathbf{W}_i)G_i^0}{1-p_k(\mathbf{W}_i)}\right]}\right)(Y_{it} - Y_{it_k-1})\right]$$

が得られる (Callaway and Sant'Anna, 2021)。これはコホート k についての処置群平均処置効果の IPW 表現である。特に複雑な表現をしている

$$\mathbb{E}\left[\left(\frac{\frac{p_k(\mathbf{W}_i)G_i^0}{1-p_k(\mathbf{W}_i)}}{\mathbb{E}\left[\frac{p_k(\mathbf{W}_i)G_i^0}{1-p_k(\mathbf{W}_i)}\right]}\right)(Y_{it} - Y_{it_k-1})\right]$$

は、統制群のトレンド $G_i^0(Y_{it} - Y_{i,t_k-1})$ を用いてコホート k に条件付けた期待値を計算するものであり、コホート k と統制群の傾向スコアの相対比 $p_k(\mathbf{W}_i)/(1-p_k(\mathbf{W}_i)) = \frac{\mathbb{E}[G_i^k|\mathbf{W}_i]}{\mathbb{E}[G_i^0|\mathbf{W}_i]}$ を用いて、統制群の期待トレンドをコホート k の期待トレンドへ変換する操作と、コホート k の期待トレンドをコホート k に条件付けた期待値に変換する操作を同時に行うものである。この IPW 表現は共変量 $\mathbf{W}_i$ を条件付けていない期待値であるため、(傾向スコアの推定を行ったうえで) 標本平均によって推定できる。

さらに、この表現において、観測トレンド $Y_{it} - Y_{it_k-1}$ からその統制群平均関数 $m_{k,t}(\mathbf{W}_i) = \mathbb{E}\left[Y_{it} - Y_{it_k-1} \mid \mathbf{W}_i, G_i^0 = 1\right]$ の推定量を引いたパラメータ

$$\mathbb{E}\left[\left(\frac{G_i^k}{\mathbb{E}\left[G_i^k\right]} - \frac{\frac{p_k(\mathbf{W}_i)G_i^0}{1-p_k(\mathbf{W}_i)}}{\mathbb{E}\left[\frac{p_k(\mathbf{W}_i)G_i^0}{1-p_k(\mathbf{W}_i)}\right]}\right)(Y_{it} - Y_{it_k-1} - m_{k,t}(\mathbf{W}_i))\right]$$

に対し、傾向スコア $p_k(\mathbf{W}_i)$ と条件付き期待値 $m_{k,t}(W_i)$ をそれらの推定量

$\widehat{p}_k(\mathbf{W}_i)$ と $\widehat{m}_{k,t}(\mathbf{W}_i)$ で置き換えた推定量を考えれば、2重頑健推定量とすることもできる[3]。すなわち、傾向スコア関数、または統制群平均関数のいずれかが一致推定できるならば、残る推定量が一致性を持たなくとも、興味のあるパラメータに対応する推定対象を一致推定できる。

10.3 差の差法の検証とその他の留意事項

10.3.1 事前トレンドの検定

差の差法における識別の仮定の妥当性チェックとして代表的なものは、統制時点における**事前トレンドの検定** (pre-trends test) である。統制期間では処置群・統制群ともに統制潜在結果 $Y^*(0)$ が観測されるため、平行トレンドの仮定が直接確認できる。そのため、処置割当時点が複数であろうとなかろうと、複数期間の観測があるとき、統制期間のトレンドを確認することが通例である。すなわち各コホート k について、その処置時点 $t \geq t_k$ 以後の平行トレンドの仮定

$$\mathbb{E}[Y_{it}^*(0) - Y_{it_k-1}^*(0) \mid G_i^k = 1] = \mathbb{E}[Y_{it}^*(0) - Y_{it_k-1}^*(0) \mid G_i^0 = 1]$$

を検証する目的で、処置時点以前 $t' < t_k$ の平行トレンドの成立

$$H_0 : \mathbb{E}[Y_{it'}^*(0) - Y_{it'-1}^*(0) \mid G_i^k = 1]$$
$$= \mathbb{E}[Y_{it'}^*(0) - Y_{it'-1}^*(0) \mid G_i^0 = 1], \quad \forall t' \in \{2, \ldots, t_k - 1\}$$

を帰無仮説、対立仮説をその不成立

$$H_1 : \mathbb{E}[Y_{it'}^*(0) - Y_{it'-1}^*(0) \mid G_i^k = 1]$$
$$\neq \mathbb{E}[Y_{it'}^*(0) - Y_{it'-1}^*(0) \mid G_i^0 = 1], \quad \exists t' \in \{2, \ldots, t_k - 1\}$$

として検定するものである。ただし、統制期間での平行トレンドの成立・不成

---

[3] この表現についての2重頑健性はウェブ付録のテクニカルノートで確かめている。実際の推定量の実装では、この表現のパラメータを推定量に置き換える Horvitz and Thompson (1952) タイプ量推定ではなく、Hájek (1971) タイプ推定量が用いられており、ウェイトが有限標本でも足し上げて1となることを保証している。

立は、実際に必要な処置期間での平行トレンドの成立・不成立とは直接関係しないことに注意が必要である。

それでもなお、処置期間での平行トレンドは、処置期間の前後に $Y^*(0)$ について共通したモデルを課すことにほかならない。したがって、そのモデルが処置期間の直前ではない統制期間についても、特段別の変化がない限りにおいて同様に成立しているというのは自然な発想であろう。

10.3.2 一様検定の必要性

複数期間にわたって差の差推定を行う場合、必然的に多重検定が生じることに注意が必要である。複数の処置期間について処置群平均処置効果を推定する場合、それらの信頼区間を構成することになる。このとき、各期間について別々に信頼区間を構成することは、それぞれの処置時点について別々の仮説検定を行っていることにほかならない。この場合、各処置時点で95%信頼区間を構成したとしても、複数期間にわたる帰無仮説の真の値のベクトルを含むような信頼区間の列が実現する確率は95%とは限らない。すなわち、各 $2 < t < T_{post}$ 期におけるトレンド

$$\Delta_t \equiv \mathbb{E}[Y_{it}^*(0) - Y_{it-1}^*(0) \mid G_i^k = 1] - \mathbb{E}[Y_{it}^*(0) - Y_{it-1}^*(0) \mid G_i^0 = 1]$$

に対し個別に構成した信頼区間 $\widehat{C}^t$ について、$\mathbb{P}[\Delta_t \in \widehat{C}^t]$ が95%に漸近的に一致するとしても、これらの信頼区間をすべての期間について同時に評価する場合、すべての期間においてトレンド Δ_t が信頼区間に収まる確率

$$\mathbb{P}[\Delta_t \in \widehat{C}^t, \forall t \in \{2, \ldots, T_{post}\}]$$

は必ずしも95%に近付かない。

この問題は、処置効果の評価、事前トレンドの検定のいずれにおいても生じる。3.2節では、検定の棄却域を調整することで多重検定に対応する手法を紹介した。差の差法の多重検定問題においては、ブートストラップ法によって複数期間の推定量の同時漸近分布を近似し、複数期間の推定に対する同時信頼集合を構成する方法が用いられる。Callaway and Sant'Anna (2021) の実装である

R の did パッケージでは、同時信頼集合の報告がデフォルトとなっている[4]。すなわち、デフォルトに従って複数期間の処置効果推定を行うと、複数期間にわたって多重検定を行っていることを前提にした信頼区間の列が生成される。この信頼区間は、どの期間を同時に推定するかによって、異なる区間を生成することに注意が必要である。

なお、これらのパッケージでは、同時信頼集合のみならず、事前トレンドが統制全期間で成立することを帰無仮説としたワルド検定の p 値もあわせて報告される。処置効果推定と異なり、事前トレンドの検定においては、その信頼区間の列自体に関心があるとは限らない。ワルド検定の p 値が小さくないということは、事前トレンドの検定結果の簡便な報告として有用である。

10.3.3　時間に応じて変化する共変量の扱い

ここまでは時間を通じて共変量が一定であると想定してきた。差の差法において時間を通じて変化する共変量を扱うためには、通常、追加的な制約を必要とする。

たとえば、時間を通じて変化する共変量のベクトル $\mathbf{W}_i \equiv (W_{i1}, \ldots, W_{iT})$ が、処置ベクトル $\mathbf{Z}_i \equiv (Z_{i1}, \ldots, Z_{iT})$ と統制下の $t-1$ 期から t 期のトレンド $Y_{it}^*(0) - Y_{it-1}^*(0)$ について、$\mathbf{W}^g \equiv \left(\frac{1}{\sum_i G_i^g}\right) \sum_{i:G_i^g=1} \mathbf{W}_i$ と $\mathbf{Z}^g \equiv \left(\frac{1}{\sum_i G_i^g}\right) \sum_{i:G_i^g=1} \mathbf{Z}_i$ を定義すれば、以下のパラメトリックなモデル

$$\mathbb{E}\left[\left(\frac{1}{\sum_i G_i^g}\right) \sum_{i:G_i^g=1} (Y_{it}^*(0) - Y_{it-1}^*(0)) \,\bigg|\, \mathbf{W}^g, \mathbf{Z}^g\right]$$
$$= \left(\frac{1}{\sum_i G_i^g}\right) \left(\sum_{i:G_i^g=1} (W_{it} - W_{it-1})\gamma\right) + \theta_t.$$

を満たすようなものであるとする。これは、比較しているトレンドとは異なる期間の共変量がトレンドに影響を与えないこと、トレンドに関する期間の共変

---

[4] 本書では基本的に R で実装されたパッケージに言及することとしている。同じ手法は Stata の csdid パッケージでも実装されているが、執筆時点での実装において、ブートストラップ推定のオプションを明示的に適用しないと同時信頼区間が報告されないこととなっており、注意が必要である。

量に条件付ければ平行トレンドが成り立っていること、さらに、そのトレンドを共変量についての線形モデルで書き表せることを要求している。そのような共変量の例としては、処置タイミンググループ g ごとに異なる線形トレンド項が挙げられる。

そのような、特定の条件を満たす共変量であれば、分析に用いることができる (de Chaisemartin and D'Haultfœuille, 2020)。特に、R の `DIDmultiplegt` パッケージがそのような共変量を扱うことができる。上記のパラメトリックモデルは、処置がなければ実現するべきだった統制下のトレンドが、実際に (処置期間を含めて) 観測された共変量で表現できることを仮定しており、当然、処置から影響を受けうるような変数を用いることはできない。

10.4 複数の処置群に対する合成コントロール法

10.4.1 処置群が複数の場合の合成コントロール法

9.5 節で解説した合成コントロール法は、単一個体で構成される処置群と複数の個体で構成される統制群に対して、統制期間の時系列の観測が得られる場合に利用できる推定手法だった。合成コントロール法では、処置群に属する単一個体に対して、その合成コントロールを統制群の凸平均として構成する。合成コントロールは、統制期間において処置群個体の顕在結果系列が近似できるように構成されている。そのうえで、合成コントロールの処置期間における顕在結果系列が処置群個体の処置がなかった場合の潜在結果系列を近似すると仮定して、処置群個体の処置効果を推定した。では、処置群が小規模であるが単一ではない個体数で構成される場合についてはどう考えればよいだろうか。

実は、処置群を構成する個体が単一でない場合でも、合成コントロール法の考え方自体はそのまま適用できる。処置群を構成する複数の個体それぞれについて、それぞれの統制下における反実仮想的な潜在結果を予測することさえできれば、その予測値と実現値の差をもって処置群の各個体にそれぞれの処置効果を推定することができる。

ただし、実際に推定を行う際にはいくつかの問題が生じる。たとえば、複数の処置個体が存在するうえで検定をどう行うべきか、複数の処置個体について

の処置効果推定をどのように集計するかという問題が議論されている[5]。ここでは、特に「処置群を構成する複数個体に対して同じドナーで分析を行う場合に、統制群から合成コントロールを生成するためのウェイトが一意に選択されない」という問題について解説する。ウェイトが一意に選択できない場合、そもそも推定量が決定できないという意味で最も深刻な問題だからである。

処置群に属する個体間でその統制期間における観測結果の系列が類似しているならば、統制群に同じようなウェイトを置くことがどの個体にとっても最適となる。しかし、処置群に属する個体間で観測結果の系列が大きく異なる場合、個体ごとに最適なウェイトが大きく異なってしまう。つまり、個体ごとにより大きなウェイトを与えるべきドナーの集合が大きく異なることになる。このように、処置群のある個体の系列をより高い精度で予測するドナー群が、処置群における他の個体の系列に対する予測に必ずしも寄与しない場合、どの個体を重視するかによって、全体として最適なウェイトが複数存在しうる[6]。

最適なウェイトが一意でない場合、何かしらの方法でウェイトを一意に決める必要がある。ここでは、その方法の中で類似度の低い統制群系列を予測に用いることに**罰則** (penalization) を与える手法 (Abadie and L'Hour, 2021) を紹介する[7]。

この手法では、処置群に属する個体 $j \in J$ に対してそれぞれ、ある正値のパラメータ $\eta > 0$ を設定し、処置群の個体 j について、以下の罰則付き予測誤差

$$\|\mathbf{Y}_j - \sum_{i=1}^{I} \omega_i \mathbf{Y}_i\|^2 + \eta \sum_{i=1}^{I} \omega_i \|\mathbf{Y}_j - \mathbf{Y}_i\|^2$$

の最小化によってウェイトを決定する。ただし、$\mathbf{Y}_i$ および $\mathbf{Y}_j$ はそれぞれ統制群に属する個体 $i \in \{1, \ldots, I\}$、処置群に属する個体 $j \in \{1, \ldots, J\}$ の統制期間における観測結果ベクトルである。追加された罰則項 $\sum_{i=1}^{I} \omega_i \|Y_{jt} - Y_{it}\|^2$

---

[5] これらの論点について、詳しくは Abadie (2021, Section 8) を参照されたい。

[6] 同様の一意性問題は処置群が単一の個体で構成されている場合においても生じうるが、その場合は処置群系列をより高い精度で予測するようなドナーに限って分析すればよいとされている (Abadie, 2021)。

[7] その他に、処置群に属する個体ごとに合成コントロール予測を行う代わりに、複数個体について集計した値について直接合成コントロール予測を行う手法などが提唱されている。詳しくは Abadie (2021, Section 8) を参照されたい。

は、予測に寄与する観測 (ω_i が大きい観測 i の $\mathbf{Y}_i$) が予測対象 $\mathbf{Y}_j$ と異なるときに大きくなる。したがって、そもそも類似していない系列に大きなウェイトが置かれることが排除され、処置群に属する個体 j ごとにそれぞれ観測系列が類似している少数のドナーに大きなウェイトを与えることが最適となる。

10.4.2 合成差の差法

ここまで合成コントロール法において処置群に属する個体数が小規模だが複数である場合の問題と対処法を議論してきたが、統制群の個体数・統制期間の数が十分に大きい場合には、より差の差法に近付けた手法を適用することもできる。そのような手法は、**合成差の差法** (synthetic difference-in-differences; Arkhangelsky et al., 2021) と呼ばれている。これは、統制群の個体数が十分に大きく、かつ統制期間が十分に長い場合に、合成コントロール法と差の差法を組み合わせる手法である。

合成コントロール法は、統制期間における処置群個体の時系列を高い精度で予測する合成コントロールを統制群個体の凸平均として構成し、その合成コントロールの処置期間における時系列を処置群個体の潜在結果として用いる手法だった。これは、統制期間の時系列変動を用いて処置期間の予測を行うものであるから、処置期間や処置群に属する個体数は単一でもよいが、統制期間が十分に長くなくてはならない。一方、差の差法は、統制期間の統制群における平均トレンドを推定し、それを処置期間の反実仮想平均トレンドとする手法だった。これは、処置群・統制群の平均をそれぞれ用いることから、処置群に属する個体数と統制群に属する個体数は、ともに十分に大きくなくてはならない一方、統制時点は単一でも分析が可能である。

合成差の差法は、合成コントロール法と異なり、処置期間と処置群に属する個体数は単一であってはならない。かつ、差の差法と異なり、統制期間が単一であってもならない。Arkhangelsky et al. (2021) で示された漸近理論によると、統制群については個体数・期間数ともに十分に大きいことが要求されており、合成コントロール法が使えるほど十分に長い期間を持つパネルデータのうち、処置群の観測数または処置期間が、統制群の観測数に比べて相対的に少ないものが想定されている。具体的な標本サイズのイメージとして、推定量のシミュレーション評価は、処置群観測が 10 に対して統制群観測が 101、統制期間

が38で処置期間が10といった標本で行われている。

合成差の差法では、以下のようなTWFE回帰モデル(9.4)式の一般化

$$\mathbf{Y} = \mathbf{L} + \tau\mathbf{Z} + \mathbf{E}$$

を考える。ただし、$\mathbf{Y}$ と $\mathbf{E}$ は Y_{it} と ϵ_{it} を個体 I と期間 T について積み上げた行列である。$\mathbf{Z}$ は $G_i T_t$ を個体と期間について積み上げた行列である。また、$I \times T$ 行列 $\mathbf{L}$ は、個体・期間効果 L_{it} を個体と期間について積み上げた行列である。この L_{it} は、TWFE回帰モデルの個体効果 μ_i と期間効果 θ_t を一般化したものであり、たとえば $L_{it} = \mu_i + \theta_t$ とすればTWFE回帰モデルと一致する。合成差の差法のモデルは、加法分離的な固定効果のみならず、固定効果の交差項などを含む $\mathbf{L}$[8)] を許すことができる。

合成差の差法は、この $\mathbf{L}$ によって生じるバイアスを、2つのウェイト $\widehat{\omega}_i$ と $\widehat{\lambda}_t$ を掛けたTWFE回帰モデル

$$\min_{\alpha,\beta,\mu,\tau} \sum_{i=1}^{I} \sum_{t=1}^{T} (Y_{it} - \mu - \alpha_i G_i - \beta_t T_t - Z_{it}\tau)^2 \widehat{\omega}_i \widehat{\lambda}_t \qquad (10.1)$$

の推定によって近似的に除去することを目指す。ここで、$\widehat{\omega}_i$ は合成コントロール法と同じ発想で得られるウェイトである。すなわちこのウェイト $\widehat{\omega}_i$ は、統制期間において、統制群の顕在結果の加重平均が処置群の顕在結果の近似になるように選ばれている[9)]。加えて、$\widehat{\lambda}_t$ は同様の近似を期間について行ったものである。すなわち、統制群において、統制期間の顕在結果の加重平均が、処置期間の顕在結果の近似になるように選ばれている。

標準的なTWFE推定量は(10.1)式の回帰モデルのウェイトが個体間、期間について共通な場合に対応し、平行トレンドの仮定を通じて個体と期間についての差分によって $L_{it} = \mu_i + \theta_i$ のバイアスが完全に取り除けることを前提と

---

8) 具体的には $\mathbf{L}$ の階数が、統制期間数または統制群観測数の小さいほうの2乗根より小さいことが一致推定の十分条件として挙げられている。加法分離的な固定効果は階数2であるから自明に成り立つが、Arkhangelsky et al. (2021) では具体的にどのような低階数行列が許されているかについては詳しく述べられていない。

9) ここでは処置群個体が複数の場合を考えていることから、処置群に属する個体が複数存在する場合の合成コントロールと同様の発想に基づいて、罰則付き最適化で決定されている。

している。合成差の差法は、L_{it} が加法分離的な固定効果でなく平行トレンドが完全には成立しない場合であっても、(特に期間について) より大きなパネルデータから処置期間の処置群平均顕在結果をよりよく予測する個体・期間を学習することで、平行トレンド、$\widehat{\omega}_i$ による予測、$\widehat{\lambda}_t$ による予測が近似的に成り立っているならば、処置群平均処置効果が一致推定できることを示している。

なお、合成差の差法の基本推定式は TWFE 回帰であることから、10.1 節で議論した問題点が当てはまる。すなわち、処置割当が複数タイミングにわたって生じるデザインにおいては、上記の推定量を直接用いてはならない。その場合は、共通タイミングでの割当となるように標本を分割したうえで上記の手法を適用すればよい (Arkhangelsky et al., 2021, Appendix)。

ここまでの議論で、差の差法、合成コントロール法、合成差の差法と、異なる標本サイズに対応した複数の手法を紹介してきた。ここで、どのようなデザインに対してどの手法を用いることが適切であるかを整理しておこう。まず、統制期間が短いデザインでは、差の差法しか用いることができない。次に、統制期間が十分に長く、合成コントロール法が適用可能なデザインを考えよう。第1に、処置群が単一の観測個体で構成され、かつ処置期間が1時点のみである場合を考える。この場合、用いることができるのは、合成コントロール法のみである。第2に、処置群が少数の観測個体から構成されている場合を考える。この場合に合成コントロール法を用いるためには、ウェイトが一意になるように罰則付き最適化などの修正を行う必要がある。第3に、処置群が複数の観測個体から構成されているとき、さらに統制群を構成する個体数が十分に大きいならば、合成差の差法を用いることができる。処置群が単一の観測個体から構成されていても、処置期間が複数あるならば同様である。ただし、合成差の差法の標準誤差は、最終的に処置期間数と処置群個体数の積に依存しており、処置群・統制群・処置期間・統制期間のすべてが十分に大きい (が相対的に大きさが異なることを許す) パネルデータを想定していることに注意が必要である。そのようなパネルデータにおいては、差の差法と合成差の差法の両方を用いることができる。合成差の差法は差の差法をより頑健に行うことを目指してはいるが、差の差法とは前提としている仮定や標本サイズへの要求が異なり、どちらかが優れているとは必ずしもいえない。特に、複数のタイミングにわたって処置割当が生じるデザインについては、Callaway and Sant'Anna (2021) などの

差の差法に基づく手法のほうがより柔軟な対応が整備されている。一方で、共通のタイミングでの処置割当かつ統制期間・処置期間ともに十分に長いのであれば、合成差の差法によってより柔軟な個体・時間効果に対応した推定を行うことができるだろう。

10.5 ファジー差の差法

10.1 節では、処置群に複数のタイミングで処置を受ける個体が混在する場合の差の差法を扱った。このとき、ある時点で処置割当を受けた処置群における個体は、その期間から観測期間の終了まで処置受取を続けているとみなされる。言い換えると、処置時点以降に処置群に与えられる処置の割当と、処置の受取は一致しなくてはならない。

しかし実際には、興味の対象である処置の受取と、疑似実験で生じた処置の割当が一致するとは限らない。たとえば、インドネシアにおいて就学率が低い地域を優先した学校建設政策の効果を疑似実験で検証した Duflo (2001) では、学校建設という処置の割当ではなく、それによって変化する就学を処置の受取として、就学が将来の賃金を引き上げる効果を推定することを目的としている。これは、教育という処置が学校建設により割り当てられたにもかかわらず、それを受け取らない (学校に通わない) という非遵守者が発生しているとみなすことができる。

第 4 章で見たような非遵守者の問題に対し、差の差法における疑似実験的に生じた処置の割当に対して、処置の受取の効果である遵守者の平均処置効果、すなわち局所平均処置効果の推定を目的とするデザインを、**ファジー差の差法** (fuzzy difference-in-differences) と呼ぶ (de Chaisemartin and D'Haultfœuille, 2018)。

ここでは、2 期間・2 群の場合を考える[10]。このとき、顕在結果 Y と処置受取 D のそれぞれについて、処置割当 $Z_{it} = \mathbf{1}\{G_i = 1, T_t = 1\}$ に対する、以下

---

[10] おおむね同様の議論を複数群・複数期間に拡張することができる。詳しくは、de Chaisemartin and D'Haultfœuille (2018, Section 3.2 および Supplementary Section 1.2) を参照されたい。

のような差の差法の推定対象を考える。

$$\tilde{\tau}_Y^{DID} \equiv (\mathbb{E}\left[Y_{it} \mid G_i = 1, T_t = 1\right] - \mathbb{E}\left[Y_{it} \mid G_i = 1, T_t = 0\right])$$
$$- (\mathbb{E}\left[Y_{it} \mid G_i = 0, T_t = 1\right] - \mathbb{E}\left[Y_{it} \mid G_i = 0, T_t = 0\right])$$
$$\tilde{\tau}_D^{DID} \equiv (\mathbb{E}\left[D_{it} \mid G_i = 1, T_t = 1\right] - \mathbb{E}\left[D_{it} \mid G_i = 1, T_t = 0\right])$$
$$- (\mathbb{E}\left[D_{it} \mid G_i = 0, T_t = 1\right] - \mathbb{E}\left[D_{it} \mid G_i = 0, T_t = 0\right])$$

これらの推定対象はいずれも、処置時点 $T_t = 1$ における処置群 $G_i = 1$ への平均効果であると解釈できる。すなわち、$\tilde{\tau}_Y^{DID}$ は処置群が割当を受けることによる結果 Y への効果 (処置割当効果) であり、$\tilde{\tau}_D^{DID}$ は処置群が処置を割り当てられることによる処置受取 D_{it} への効果である。

第 4 章では、遵守者の処置割当効果、および局所平均処置効果が、結果に対する処置割当効果 $\tilde{\tau}_Y$ を処置の受取に対する処置割当効果 $\tilde{\tau}_D$ で割ったもので表せることを示した。差の差法でも同様に、以下のような推定量を考えるのが自然であろう。

$$\tilde{\tau}_{Y,fuzzy}^{DID} \equiv \frac{\tilde{\tau}_Y^{DID}}{\tilde{\tau}_D^{DID}}.$$

結果に対する処置割当効果 $\tilde{\tau}_Y$ を処置の受取に対する処置割当効果 $\tilde{\tau}_D$ で割ったパラメータが局所平均処置効果と解釈できるためには、処置に対する割当の単調性を仮定して反抗者の存在を排除する必要があった。反抗者が排除されない場合、処置を受け取るようになる効果と処置を受け取らなくなるようになる効果が相殺されてしまう。

ファジー差の差法でも同様に、$\tilde{\tau}_{Y,fuzzy}^{DID}$ が局所平均処置効果と解釈されるためには、特定の処置受取行動を排除する必要がある。ここでは、以下の形式の単調性を考える。ここで、処置受取 D_{it} に対して、処置期間であるか否かを表すダミー変数 T_t を処置割当とみなそう。このとき、個体 i の、処置期間の前後で異なりうる処置受取を $D_i^*(\cdot)$ とすれば、$D_{it} = D_i^*(1)T_t + D_i^*(0)(1-T_t)$ となる。ファジー差の差法では、この $D_i^*(\cdot)$ について単調性が満たされる、特に、$G_i = 1$ と $G_i = 0$ のそれぞれについて、2 期間における処置状態の変化が単調であることを課して

いる[11]。すなわち、$G_i = 1$ と $G_i = 0$ のそれぞれが、「2 期間ともに処置を受け取る」「2 期間ともに処置を受け取らない」の 2 つの集団に加えて、「2 期間で統制下から処置下に変わる」または「処置下から統制下に変わる」のいずれかで構成される 3 つの集団に分けられるという仮定である。言い換えれば、「2 期間で統制下から処置下に変わる」遵守者と、「処置下から統制下に変わる」反抗者の両立を許さないことを要求する。

この単調性に加え、以下の仮定を置く。まず、処置群は割当によって処置を受け取りやすくなること ($\mathbb{E}[D_{it} \mid G_i = 1, T_t = 1] > \mathbb{E}[D_{it} \mid G_i = 1, T_t = 0]$)、および統制群は処置群よりも処置を受け取りやすくならないこと ($\mathbb{E}[D_{it} \mid G_i = 1, T_t = 1] - \mathbb{E}[D_{it} \mid G_i = 1, T_t = 0] > \mathbb{E}[D_{it} \mid G_i = 0, T_t = 1] - \mathbb{E}[D_{it} \mid G_i = 0, T_t = 0]$) を仮定する。このとき、統制群が処置を受け取りにくくなることを排除しない。この 2 つに加え、以下の平行トレンドの仮定

$$\mathbb{E}[Y_{it}^*(0) \mid G_i = 1, T_t = 1] - \mathbb{E}[Y_{it}^*(0) \mid G_i = 1, T_t = 0]$$
$$= \mathbb{E}[Y_{it}^*(0) \mid G_i = 0, T_t = 1] - \mathbb{E}[Y_{it}^*(0) \mid G_i = 0, T_t = 0]$$

と、以下のような処置効果の時間に関する同質性を仮定する：$g \in \{0,1\}$ について、

$$\mathbb{E}[Y_{it}^*(1) - Y_{it}^*(0) \mid G_i = g, \ T_t = 1, D_i^*(0) = 1]$$
$$= \mathbb{E}[Y_{it}^*(1) - Y_{it}^*(0) \mid G_i = g, \ T_t = 0, D_i^*(0) = 1].$$

この同質性の仮定は、事前に処置を選択する個人の処置効果が時間に応じて変化しないことを要求しており、常に成立するわけではないことに注意されたい。

これらの仮定のもとで、ファジー差の差法のパラメータとして

$$\widetilde{\tau}_{Y,fuzzy}^{DID} = \omega \widetilde{\tau}_{Y,co}^{DID} + (1-\omega) \widetilde{\tau}_{Y,switch}^{DID}$$

---

11) 単調性は具体的に、

$$D_i^*(T_t) = \mathbf{1}\{V_{it} \geq v_{G_i T_t}\}$$

というモデルを仮定することで表現されている。ここでは v_{gt} は、グループごと、期間ごとに異なる定数とし、V_{it} は観測不可能な処置受取の決定要因であり、$V_{it} \perp T_t \mid G_i$ を満たしているとする。これは、反抗者を排除する単調性仮定が、上のようなモデルの成立と同値であることによる表現である (Vytlacil, 2002)。本書では詳しく扱わないが、関心のある読者は Heckman and Vytlacil (2005, 2007a,b) などを参照されたい。

が成り立つ。ただし、

$$\omega \equiv \frac{\mathbb{E}\left[D_{it} \mid G_i = 1, T_t = 1\right] - \mathbb{E}\left[D_{it} \mid G_i = 1, T_t = 0\right]}{\widetilde{\tau}_D^{DID}}$$

$$\widetilde{\tau}_{Y,co}^{DID} \equiv \mathbb{E}\left[Y_{it}^*(1) - Y_{it}^*(0) \mid D_i^*(1) > D_i^*(0), G_i = 1\right]$$

$$\widetilde{\tau}_{Y,switch}^{DID} \equiv \mathbb{E}\left[Y_{it}^*(1) - Y_{it}^*(0) \mid D_i^*(1) \neq D_i^*(0), G_i = 0\right]$$

である。

このとき、$\widetilde{\tau}_D^{DID}$ は ω の分子

$$\mathbb{E}\left[D_{it} \mid G_i = 1, T_t = 1\right] - \mathbb{E}\left[D_{it} \mid G_i = 1, T_t = 0\right]$$

から

$$\mathbb{E}\left[D_{it} \mid G_i = 0, T_t = 1\right] - \mathbb{E}\left[D_{it} \mid G_i = 0, T_t = 0\right]$$

を引いたものである。ここで、後者の引いている項 $\mathbb{E}\left[D_{it} \mid G_i = 0, T_t = 1\right] - \mathbb{E}\left[D_{it} \mid G_i = 0, T_t = 0\right]$ が正であるとき、言い換えれば、統制群が 2 期間で平均的に処置を受けるようになるとき、$\omega > 1$ となり、$\widetilde{\tau}_{Y,switch}^{DID}$ のウェイトは負となってしまう。この負のウェイトは、これまでの差の差法の問題と異なり、統制群の処置状態が変化することから生じている。統制群の処置状態が時間に応じて変化するとき、処置群のみならず統制群にも処置効果が生じることになる。しかし、統制群が (疑似実験の割当にかかわらず) 時間を通じて処置を得るようになるならば、$\widetilde{\tau}_{Y,fuzzy}^{DID}$ は、処置群の処置効果から統制群の処置効果を引く操作が生じてしまうのである。

現時点で提示されている解決策は、統制群の処置割合が変化しないと仮定することである。言い換えれば、$0 < \mathbb{E}\left[D_{it} \mid G_i = 0, T_t = 0\right] = \mathbb{E}\left[D_{it} \mid G_i = 0, T_t = 1\right] < 1$ である。このとき、$\omega = 1$ となり、$\widetilde{\tau}_{Y,fuzzy}^{DID} = \widetilde{\tau}_{Y,co}^{DID}$ となる。この解決策の利点は、実際にデータで仮定を検証できることである。しかし、多くの差の差法によるデザインにおいてファジーな処置を考える場合、統制群の処置割合は完全に 0 となっているか、時間に応じて変化しているかという場合が多い。そのような場合にはこの解決策を適用することはできず、ファジー差の差法は現時点では発展途上である。

文献ガイド

　本書で紹介した Goodman-Bacon (2021) は TWFE 回帰の問題点を論じたものであるが、同時期に複数の文献が同様の問題を指摘している (Imai and Kim, 2019, など)。さらに、TWFE 回帰に代わる代替的推定方法は本書で扱ったもの以外にも提案されており (Borusyak et al., 2024, など) 近年も新たな手法が提案されている (Dube et al., 2023, など)。本書で扱わなかったトピックについては Roth et al. (2023) によるサーベイが詳しいが、TWFE 回帰の問題とその対処における基本思想は本書で扱った内容で十分であり、後は個別事例に基づいて議論されるべき論点である。

　近年研究が進められている興味深い分野は、平行トレンドの妥当性の取り扱いである。Manski and Pepper (2018) は平行トレンドの仮定を緩めた場合の部分識別 (partial identification) の手法を提案しており、Rambachan and Roth (2023) によって拡張されている。なお、部分識別とは、複数のパラメータが情報とモデルと整合的なときに、そのパラメータの集合全体を求めようとするアプローチのことである。どのような場合に平行トレンドが成り立つかという概念上の課題は大きな進展を得ているとは言い難いものの、Marx et al. (2024) や Ghanem et al. (2023) によって、どのようなモデルのもとで平行トレンドが成立するかについて、議論が進んでいる。

第11章
差の差法の実践

イントロダクション

　第 9 章、特に第 10 章で解説したように、差の差法の実践は近年大きく変化した。本章では、その現在進行中の変化に対応できるよう、最新の論文からできる限り理論的に正しい実践例を紹介したい。ただし、10.1 節で導入したような、線形 2 方向固定効果 (TWFE) モデルを複数期間・複数クラスターのデータに適用する方法を実践した論文のほとんどが未出版の段階にあり、本書執筆時点で紹介できる査読済み論文は多くない。

　そこで本章では、上記の問題に留意しつつ、頑健性チェックという形で最新の実践をいくつか取り入れている Prager and Schmitt (2021) と、Callaway and Sant'Anna (2021) の提案する推定方法に基づいた分析が展開されている Bekkerman et al. (2022) の 2 本の査読済み論文を紹介する。11.1 節で取り上げる前者は「病院の合併による雇用集中度の上昇は賃金の伸びを緩やかにしたか？」、11.2 節で取り上げる後者は「住宅シェアリングサービスの普及が不動産投資を促進したか？」という問いを検証した論文である。

　続いて 11.3 節で紹介する Magness and Makovi (2023) は、「カール・マルクスの理論の学界での地位は、ロシア革命が起きたことで高まったのではないか？」という問いに対して、歴史上一度しか観測されない「ロシア革命」という処置の因果効果を推定した論文である。この分析例を通じて、合成コントロール法の具体的な研究デザインとその留意点を解説する。

11.1 病院合併による雇用集中度上昇は賃金成長率を低下させるか？

11.1.1 研究の背景と目的

　製品市場における企業集中度の高まりによる独占の弊害に比べて、労働市場における雇用主としての企業集中度の上昇による弊害はあまり注目を浴びてこなかった。それは、製品市場と比べて労働市場は競争的であると考えられてきたこと、製品市場の統制は競争法による事後規制で行い労働市場の統制は労働法による事前規制で対応するという二分法が適用されてきたこと、前者の分析は産業組織論で行われ、後者の分析は労働経済学で取り組まれてきた、といった「分業」が半ば成立していたことなど、さまざまな要因による。

　しかし、2010年代後半以降、競争法分野でこの「分業」体制の見直しが進んでいる。企業の労働市場における寡占が、賃金成長率の上昇を妨げたり労働分配率を低下させたりしているのではないかという懸念が強くなってきたからである。そうした動きの一環として、米国では、バイデン政権のもと、米国の競争当局である連邦取引委員会 (Federal Trade Commission) と司法省 (Department of Justice) が水平的合併規制ガイドラインを見直して、合併による労働市場への弊害を審査することを明言した[1]。

　はたして、企業は労働市場において市場支配力を行使しているのだろうか？合併による労働市場の企業集中度の上昇は賃金成長率の低下を招いているのだろうか？ Prager and Schmitt (2021) は、米国で2000〜2010年の間に起こった病院の合併に注目することで、地域の特定セクターの労働市場における企業集中度の上昇が、その地域の当該セクターの労働者の賃金成長率を下げる効果を持つか否かを、差の差法で推定することによって、そうした問いに答えた研究である。

---

[1] 2023 Merger Guidelines (https://www.justice.gov/atr/2023-merger-guidelines).

11.1.2　研究デザインとデータ

　この研究は、2000～2010 年の通勤圏・年レベルの労働市場のデータを用いる。**通勤圏** (commuting zone) とは、一続きのいくつかの郡をまとめた概念である。ある通勤圏に居住する者は、基本的にはその通勤圏内にあるどの企業でも通勤できるが、原則としてその通勤圏外の企業には通勤できない、といった形で、各郡の居住者と勤務先の情報に基づいて設定される。さらにここでは、分析の対象を病院の雇用者に限定する。これは、病院の雇用者は医療関係の専門性を持つ比較的閉鎖的な労働者の一群を形成すると想定されるからである。つまり、病院の雇用者は他の病院に転職することはあっても、それ以外のセクターに転職することは比較的まれだと考えられるということである。

　このように、ある程度同質的な意思決定者を想定し、その意思決定者にとって代替的な選択肢の集合 (同一通勤圏の病院の職) と非代替的な選択肢 (異なる通勤圏の病院、あるいは病院以外の職) を認定することを、競争法分野では**市場の画定** (market definition) と呼ぶ。米国、EU、日本などの水平的合併の審査では、対象企業の直面する市場の画定を行ったうえで、その市場の企業集中度や合併による企業集中度の変化の影響を検討することが慣行となっている。この論文における分析単位の設定は、この慣行に則ったものである。ただし、頑健性チェックとして、地理的な市場の範囲を狭くとったり広くとったりした場合の分析も行っている。

　ついで、各通勤圏・年における、雇用主集中度を測定する。この雇用主集中度としては病院の労働者のフルタイム等量 (full-time equivalent) 雇用者数に基づいて計算された**ハーフィンダール゠ハーシュマン指数** (Herfindahl-Hirschman index: HHI) が用いられる。

　分析には差の差法が用いられる。ある通勤圏・年に合併があったときに、「その前後での賃金の変化を、合併のなかった通勤圏・年における賃金成長率の変化と比べる」というのが、分析の基本的な発想である。そのためにはある通勤圏・年における病院の合併というイベントの発生データを作成する必要がある。ここで、いくつかの分析デザイン上の検討事項が生じてくる。

　第 1 に、合併イベントに基づいて処置群をどう定義するかという問題がある。処置群は当然、2000～2010 年に少なくとも 1 回病院の合併があった通勤圏とい

うことになるが、その期間に複数回の合併があったときはどう処理すべきだろうか。この場合は2つの対応方法がある。1つ目は、この期間に病院の合併を一度しか経験しなかった通勤圏に対象を絞ることである。2つ目は、複数回の合併を経験した通勤圏も処置群に含め、複数回の合併に関わるデータ生成過程をモデル化することである。この論文では前者を本分析とし、付録で後者の分析を行っている。

　前者の利点はよりクリーンな分析ができる一方で、難点は分析対象が限られることである。後者の利点は分析対象を幅広くとれる一方で、難点は追加のモデル上の仮定が必要となることである。追加のモデル上の仮定としては、イベントが結果にどのように影響を与えるかという点に加え、複数回のイベントがそれぞれ対象の観測できない異質性とどのように関わっているかという点を明確にする必要がある。この論文の付録では、合併発生のダミーの代わりに合併回数を説明変数にして推定を行っているが、これはつまり、各合併の効果が同質であること、合併の回数が少なくとも多くとも統制群との間で平行トレンドなどの仮定が成立することなどを要求していることになる。合併を経験しなかった通勤圏と、合併を一度だけ経験した通勤圏の間での平行トレンド自体に疑義が生じうる場合、そのような仮定は、合併の回数が増えるほど正当化が難しくなる。

　第2に、合併の回数以外の合併の性質による異質性をどのように考えるかという問題がある。合併には、企業集中度を大きく変えるものと、そうでないものがある。それらの処置の性質（合併の規模など）の違いによる効果の異質性を考慮すべきだろうか、あるいは無視してもよいのだろうか。結論からいうと、無視をすること自体に問題はない。その場合は、合併の平均的な効果が測定されることになる。また、異質性を考慮するときには、その異質性をどうモデル化するかを検討しなければならない。この論文では、合併によるHHIの変化の四分位によって合併を4種類に分け、そのダミーを合併発生ダミーとの交差項を作る形で異質性を捉えようとしている。後で議論する通り、このモデル化の方法はやや制約が強すぎるかもしれない。

　第3に、統制群をどう定義するべきかという問題がある。Callaway and Sant'Anna (2021) では、統制群として「ずっと処置を受けない (never treated)」グループと「まだ処置を受けていない (not yet treated)」グループのどちらを

とってもよいとしている。前者には、観測期間の間に一切の処置を受けない統制群にのみ事前トレンドの制約を課せばよいという利点がある一方で、統制群が処置群と大きく性質を異にする対象に偏ってしまう可能性があるという弱点がある。後者には、処置群とより性質の近い対象である、後から処置を受ける個体を統制群にできるという利点があるが、後から処置を受ける処置群に関しても処置前の事前のトレンドがすべて平行であるという制約を置く必要があるという弱点がある。この論文では、「ずっと処置を受けない」グループを統制群として採用している。

厳密にいうと、ある通勤圏の中で合併がなくとも、その通勤圏に存在する病院の関連病院が他の通勤圏で合併しているということはありうる。この場合、その通勤圏での企業集中度は変化しないものの、合併による経営方針の変化などの影響を受けることがありうる。そのため、ベースラインモデルの分析では、そのような通勤圏外での関連病院の合併があるような通勤圏も統制群から除外している。

以上の検討の結果、処置群として84の通勤圏が、統制群として293の通勤圏が選ばれている。合併のあった通勤圏では、平均して8.2個の病院があり、HHIは平均的に合併前の3,135から920上昇して4,055になっている。ただし、HHIの上昇度には異質性があり、トップ25％に限れば平均4,580から2,764上昇して7,344となっている。処置群と統制群では共変量の平均値がやや異なり、統制群の通勤圏のほうがやや市場規模や病院規模が小さい傾向にある。

11.1.3 推定方法とその留意点

ベースラインとなる分析は、以下のような線形2方向固定効果モデルに基づいている。

$$\log(wage_{imt}) = \delta_i + \tau_t + \alpha\, post_{mt} + \mathbf{X}'_{imt}\boldsymbol{\beta} + \epsilon_{imt}.$$

$wage_{imt}$ が、病院 i、通勤圏 m、年 t における対象カテゴリーの賃金、δ_i、τ_t がそれぞれ病院、年固定効果、$post_{mt}$ がその通勤圏・年が合併を経験した後であることを示すダミー変数、$\mathbf{X}_{imt}$ が各種の共変量である。共変量には、その通勤圏・年の1人当たり所得、失業率などの経済状況を表す変数、ワンベッドルーム賃料などの生活費を表す変数、総人口、65歳以上人口などの医療需要を表す

変数、病院規模、入院患者比率、メディケア・メディケイドに加入する入院患者比率、症例に基づく患者の分類法であるケースミックスなどの病院経営を表す変数を含んでいる。標準誤差は病院単位でクラスター化されており、各観測値は病院の入院患者数で重み付けされている。

一見してわかる通り、この定式化は近年の差の差法の慣行に関する見直しをふまえていない。第1に、複数期間・複数クラスターの設定であるにもかかわらず、線形2方向固定効果モデルを仮定している。第2に、共変量は加法分離的かつ線形にしか統制されていない。この点について、著者たちは自覚しており、注で、(1) 処置タイミングに対するリードダミー、ラグダミーを飽和させるとともに処置群同士の比較が入り込まないようにする、(2) 処置タイミングのクラスター別に 2×2 の差の差法による分析を行ったうえでその推定結果を集計する、という2種類の分析に言及したうえで、それらを付録で行っている。このように、少なくとも頑健性チェックの一環として、複数期間・複数クラスター問題に対応した分析が求められている。

なお、10.3.3項でも述べたように、時間変化する共変量 $\mathbf{X}_{imt}$ を入れてよいか否かは難しい問題である。まず、この共変量自体が処置の影響を受ける場合は、処置を受けた後の共変量は入れるべきではない。次に、共変量が処置の影響を受けないと仮定できる場合でも、モデルが正しく特定化されていなければ推定量にバイアスがかかる可能性がある。こうした問題があるため、Callaway and Sant'Anna (2021) では、共変量は時間変化しないもののみに限定している。

以上のベースラインモデルに加えて、以下のようなモデルの推定も行っている。

$$\log(wage_{imt}) = \delta_i + \tau_t + \sum_{q=1}^{4} \alpha_q post_{mt} \mathbf{1}\{\Delta HHI = q\}_m \\ + \mathbf{X}'_{imt}\beta + \epsilon_{imt}.$$

ここで $\mathbf{1}\{\Delta HHI = q\}_m$ は、この通勤圏での合併による HHI の変化が $q-1$ から q 四分位の間にあることを表す指示関数である。この変数を入れる目的は、合併の規模による効果の異質性を捉えようというものである。ただし、この定式化にも若干の問題がある。具体的には、線形性の仮定によるバイアスを受けるという問題であり、それ避けるためには、処置タイミングのクラスターと同様、HHI の変化度によるクラスターでも標本を分け、それぞれのクラスターで

表 11.1　病院合併の賃金への影響

	非熟練	熟練	看護・薬学
合併後	0.005	−0.006	−0.007
	(0.005)	(0.008)	(0.006)
合併後 × 1QΔHHI	0.004	0.005	0.002
	(0.006)	(0.010)	(0.009)
合併後 × 2QΔHHI	0.007	−0.022	−0.001
	(0.009)	(0.016)	(0.010)
合併後 × 3QΔHHI	0.007	0.002	−0.019
	(0.008)	(0.021)	(0.014)
合併後 × 4QΔHHI	0.002	−0.041	−0.070
	(0.014)	(0.019)	(0.022)

(出所) Prager and Schmitt (2021)、Table 3 より作成。

2×2 の差の差法による推定を行ったうえで、推定値の集計を行うことが必要である。

以上のモデルを、看護・薬学関連労働者とそれ以外の非熟練労働者、熟練労働者に対象を分けたうえで推定する。これは、労働者のグループごとに直面する雇用先の選択肢や選好が異なり、病院の持つ労働市場支配力が異なる可能性が高いためである。

11.1.4　推定結果

表 11.1 が推定結果である。推定値と、( ) 内でクラスター頑健標準誤差が表示されている。

1 行目は、合併の規模による異質性を考慮しない場合の効果の推定値である。これによると、熟練労働者および看護・薬学関連労働者で係数が負になっているものの、統計的に有意ではない。つまり、平均的には合併による賃金の低下はみられないということである。

2 行目以下は、合併の規模による異質性を考慮した場合の推定結果である。ここからわかることは、どの労働者カテゴリーを見ても、合併による HHI の変化が第 3 四分位数に収まっているうちは、統計的に有意な賃金の低下は見られないということである。そして、合併による HHI の変化がそれよりも大きな合併

があった場合には、熟練労働者の賃金が 4.0 [= exp(−0.0041) − 1] %、看護・薬学関連労働者の賃金が 6.8 [= exp(−0.070) − 1] %下がることがわかる。

　以上の結果から、全体として、合併が賃金を押し下げる効果を持つためには、その規模が相当大きなものである必要があることがわかった。また、看護・薬学関連労働者や熟練労働者など、そのセクターに特殊的な人的資本投資が多く、他のセクターとの代替性が低い労働者ほどそうした影響を大きく受けることがわかった。

11.1.5　妥当性チェック

　この他にも著者たちはいくつかの妥当性チェックと頑健性チェックを行っている。まず妥当性チェックの内容を以下に挙げておこう。

(1) 処置タイミングの先行変数を導入して、処置群に事前のトレンドがないかを確認している
(2) 合併のタイミングとその通勤圏の経済状況が悪化するタイミングが重なっている可能性を考慮するために、結果変数を失業率、総人口、1人当たり所得などの変数に変えたうえで差の差法によって分析することで、合併タイミングとこれらの変数の間に統計的に有意な関係がないことを示している

　(1) は「事前トレンドがない」という帰無仮説が棄却されないということをいうための分析であるが、おそらく、個々の係数が 0 であるという単一の帰無仮説に対応した 95%信頼区間が計算されている。この場合、多重検定問題が懸念されるが、Callaway and Sant'Anna (2021) が提唱する一様信頼区間を用いればこの多重検定問題を回避することができる。

　(2) については、解釈が難しい。まず、通勤圏ごとに、時間変化する共変量がある場合、その共変量が介入による影響を受けない、すなわち、共変量の分布が介入があった場合も介入がなかった場合も等しいという仮定が成り立つのであれば、すべての期間の共変量を入れても問題はない。この場合は、そのような時間変化する共変量を含むすべての共変量条件付きで平行トレンドが成立していると仮定していることになる (Caetano et al., 2022)。時間変化する共変量が問題となるのは、それが介入によって影響を受ける場合である。この場合

は、処置群における介入後の共変量は処置群の反実仮想を計算するのに使うべきではない (Caetano et al., 2022)。

以上の議論を前提として、この妥当性チェックは2通りの解釈ができる。1つ目は、「合併と相関する見過ごされた変数があり、それによって賃金が影響を受けているのではないか」という平行トレンドの仮定への懸念に答えるという解釈である。これは、1人当たり所得などの、少なくとも観測できている変数との間で合併との相関が観測されなければ、そうした懸念も和らぐだろうという考え方である。ただし、これらの経済状況を表す変数を結果変数として利用するということは、条件付き平行トレンドの仮定からこれらの経済状況を表す変数を外して考えるということになる。そうであれば、賃金を結果変数としたもともとの差の差法の分析でも、時間変化する経済変数は共変量から落とし、条件付き平行トレンドの仮定もそれらの変数なしのものにすべきだったのではないだろうか。

2つ目の解釈は、この妥当性チェックは「通勤圏の各年の経済状況を表す変数が、介入の影響を受ける変数ではないか」という懸念に応えようとしているというものである。ただし、この場合も、これらの経済状況を表す変数を結果変数として利用するということは、条件付き平行トレンドの仮定からこれらの経済状況を表す変数を外して考えるということになる。

11.1.6　頑健性チェック

この他にも、以下のような頑健性チェックを行っている。

(1) 2008年の世界金融危機後の大不況による影響を排除するために、その時期を取り除いた標本での結果を確認している
(2) 統制群の定義をさまざまに変えて同様の分析を行っている
    (a) 通勤圏外で関連病院の合併があったような通勤圏も統制群に加える
    (b) この拡張された統制群の通勤圏の中から各処置群に属性上似通った通勤圏を選んで比較する
(3) 看護・薬学関連以外の労働者のカテゴリーを細分化したうえで再分析を行っている
(4) 通勤圏の定義を地理的に狭くしたり広くしたりして再分析を行っている

(5) 複数回の合併を経験した通勤圏も処置群に加えて、合併の回数を処置変数とする

通勤圏を広くとった場合などに推定される効果が小さくなり、統計的に有意な結果が得られないなどの点はあるものの、おおむねベースラインモデルによる分析と整合的な結果が得られている。

以上の結果に加えて、合併が賃金を低下させるメカニズムを検討するためのさまざまな示唆的な証拠を挙げているが、本節では割愛する。以上の通り、差の差法を用いて仮説を検証するためには、少なくとも妥当性・頑健性チェックの一環として線形2方向固定効果回帰に対して近年向けられた批判に応えることが求められる。

11.2 住宅シェアリングは不動産投資を促進するか？

11.2.1 研究の背景と目的

Airbnbに代表される住宅シェアリングの隆盛は経済にどのような影響を与えるだろうか？住宅シェアリングに対してしばしば向けられる批判は、「供給に限りのある住宅が地域住民の居住用途から非居住者の短期滞在向けに用途転換されることで、住宅不足になったり、賃料が上がったりする」というものである。しかし、この批判は住宅の供給が非弾力的であることを想定している。住宅シェアリングが地域の住宅市場に与える影響を評価するためには、住宅シェアリングがもたらす住宅需要の増加に対して、住宅市場の供給がどの程度弾力的か、すなわち「住宅シェアリングの可能性が広がることによってどの程度住宅供給が増えるか」を定量化する必要がある。

Bekkerman et al. (2022) は、2つの「補完的な (complementary)」識別戦略によってこの問いに答えた論文である。1つ目の識別戦略は、米国の20の都市における住宅シェアリング規制のタイミングの違いを利用した差の差法、2つ目の識別戦略は、ロサンゼルス市の郡ごとの規制の違いを利用して、群の境界からの距離をスコア変数とする地理的な回帰非連続デザインによる分析である。「補完的な」識別戦略というのは著者たちの言葉遣いだが、ほぼ同じ問いに

答えられる方法が複数あり、それらを1つの論文にまとめる際には便利な言葉である。本節では、前者の差の差法に絞って解説する。

11.2.2 研究デザインとデータ

著者たちはまず、対象とする米国の20の都市の住宅シェアリング規制に関するデータを自力で収集している (20の都市の選定基準は特に述べられていない)。そのうち17の都市で、対象となる2008年から2022年の間に何かしらの規制が実施されている。これらの規制に共通するのは、居住用途の住宅を非居住者の滞在向けに恒久的に転換することを防ぐために、住宅所有者が居住していない部屋を貸し出したり、棟を丸ごと貸し出したりするような行為に対する規制が含まれていることである。その他にも、総量規制や所有者1人当たりの数量規制を課しているところもある。

結果変数は、月次・郵便番号レベルのAirbnbへの掲載数と受理された居住用の建築確認申請数である。Airbnbへの掲載数は、ユーザーの評価がポストされた時点を起点として6カ月間は掲載が続いていたとみなして計算している。建築確認申請では居住用などの用途が区別されていないので、居住用の区分はデータ提供会社の区分に従っている。

識別方法は都市ごとの住宅シェアリング規制導入のタイミングの違いを生かした差の差法である。そのためには、住宅シェアリング規制が導入された都市で住宅シェアリング規制が導入されなかった場合の結果変数の期待値が、統制群の都市の結果変数の期待値と一致するという平行トレンドの仮定が必要になる。ここで、データ期間中一度も住宅シェアリング規制の導入がなかった都市 (ずっと処置を受けないグループ) を統制群とするのか、各時点でまだ住宅シェアリング規制の導入がない都市 (まだ処置を受けていないグループ) を統制群とするのかという選択肢がある。Callaway and Sant'Anna (2021) が議論しているように、ずっと処置を受けないグループを統制群として採用した場合は事前トレンドへの制約が発生しない一方で、まだ処置を受けていないグループを統制群として採用した場合には事前トレンドへの制約が発生する。そのため、処置群と十分似た性質を持ったずっと処置を受けない個体がたくさんあるのであれば、ずっと処置を受けないグループを統制群として採用したほうがよいとされている。しかし、著者が配布している再現用コードを見ると、まだ処置を受

けていない都市を統制群として採用しているようである。その理由については論文中では触れられていない。

共変量については論文中では触れられていないが、共変量なしの平行トレンドの仮定に基づく差の差法を採用しているということであろう。

11.2.3 推定方法

推定方法は全面的に Callaway and Sant'Anna (2021) の方法が採用されている。実装も彼らの R パッケージを用いている。すなわち、都市を住宅シェアリング規制が導入されたタイミングごとに群で分けて、群・月単位で平均処置効果を推定し、その平均値をとることで全体の平均処置効果を推定するということである。住宅シェアリング規制導入後の経過月ごとの効果が見たい場合には、同様に経過月ごとに平均をとる。

推測方法も、Callaway and Sant'Anna (2021) の提案する、ブートストラップを利用した一様信頼区間 (uniform confidence interval) を用いて行われている。信頼区間は特定のクラスの仮説検定に対応するものだが、ここでの一様信頼区間は、時点 t における平均処置効果を θ_t とすれば、$H_0 : \theta_t = \theta_{t0}, t = 1, \ldots, T$ というタイプの帰無仮説に対応する信頼区間になっている。つまり、すべての時点の信頼区間に含まれる平均処置効果の組からなる帰無仮説は棄却されないが、1 つの時点でも信頼区間からはみ出るような平均処置効果の組からなる帰無仮説は棄却されるということである。

11.2.4 推定結果

推定結果と一様信頼区間は図 11.1 の通りである。図の (a) が Airbnb 掲載数への効果、図の (b) が建築確認申請数への効果である。また、横軸は 0 が規制導入月で、数字が規制導入月からの経過月を表している。規制導入前の信頼区間が 0 を含んでいる一方、規制導入後の信頼区間の多くは 0 をまたいでいない。したがって、たとえば、すべての時点で平均処置効果が 0 という帰無仮説は棄却される。この結果を集計すると、規制導入で Airbnb への掲載数は 17.9% 下がり、建築確認申請数は 8.9% 下がるという計算になるようである。

規制導入前の信頼区間がすべて 0 をまたいでいることから、事前トレンドがないことと、導入前の予測による結果変数の変化が生じていないことが確認で

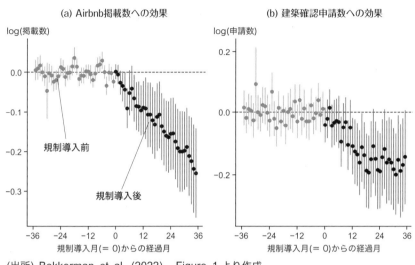

図 11.1 住宅シェアリング規制導入の効果

(出所) Bekkerman et al. (2022)、Figure 1 より作成。

きる。規制導入後の効果の検定と同時に、こうした妥当性チェックが同時に行えるところが、一様信頼区間のよいところである。導入前の予測による結果変数の変化が生じない理由として、著者は、規制に対する認知不足と規制の対象となるか否かについての不確実性を挙げている。

11.2.5 頑健性チェック

この他にも頑健性チェックとして、規制の実施時点ではなく、条例通過時点を用いた分析などを行っている。この場合は、Airbnb 掲載数への効果が遅れて現れるほか、建築確認申請数への効果が小さくなって統計的に有意でなくなるようである。これは、規制実施時点の分析で事前の予測による結果変数の変化が生じていないという結果と整合的である。

加えて、建築確認申請で用途の区分がある都市に限って、新しい建物の建設や拡張を伴う大規模な建築確認申請の数への効果を見たり、非居住用途の建設確認申請数への効果を確認したりしている。前者の効果は平均で −7.5％、後者の効果は統計的に有意ではないという結果になっている。

この論文は、複数期間・複数クラスターのもとでの差の差法を実施する際の参考例として使えるだろう。

11.3 マルクスの地位はロシア革命あってのものか？

11.3.1 研究の背景と目的

冷戦時代ほどの勢いは失ったとはいえ、学界でのカール・マルクスの重要性はいまだ健在である。先行研究によれば、35,000人の著者に基づくGoogle Scholarの分野補正済みh-indexでは2013年時点で1位、マルクスとエンゲルスが書いた『共産党宣言』が米国の大学のシラバスに登場する回数も2015年時点で3,856回と、最も指定されているテキストとなっている。

一方、19世紀後半の学界を眺めてみると、マルクスはそれほど重要な学者だとはみなされていなかったことがわかる。マルクスは「労働価値説」を通じて、物の価値はそれの生産に用いられた労働の価値で決まると主張したが、1871年にジェボンズとメンガーによる「限界革命」を経験した経済学の学界では、そうした主張は受け入れられなかった。また、経済学以外の学問分野で言及されることもごくまれだった。

マルクスを取り巻く状況は1917年に起きたロシア革命を境に一変した。西側の民主主義諸国のメディアは、ロシア革命を理解するためにマルクスの理論に注目した。レーニンがマルクス＝エンゲルス研究所を創設してマルクス＝エンゲルス全集の刊行を開始したことも、マルクスの理論の学術的研究に拍車をかけた。

マルクスが今日のように学術的に重要な地位を占めるようになったのは、ロシア革命という政治的な出来事があったためではないだろうか？ もしロシア革命がなければ、今はほぼ忘れられた他の社会主義的な経済学者たち（ヨハン・ロードベルトゥス、フェルディナント・ラッサールなど）のように、思想史上の一人物として言及されるにとどまっていたのではないか？ これが、本節で紹介する論文 Magness and Makovi (2023) が検証しようとする仮説である。

ここまで見てきた因果推論の議論では、複数の対象が処置を受ける状況が想定されていた。しかし、「マルクスの理論がロシア革命という処置を受ける」と

いう出来事は、歴史上一度しか観測されない。このような処置の因果効果を推定するために用いられるのが、この論文でも用いられる合成コントロール法である。

11.3.2 研究デザインとデータ

上記の仮説を分析に落とし込める形で定義するために、著者たちは、「Google Ngram Viewer」による文献上のマルクスの名前の登場回数の年次推移を用いる。それによって、「ロシア革命がなかった場合のマルクスの名前の登場回数と比較して、現実の登場回数はどれほど増えているのか」を測る。このサービスは、Googleが光学文字認識によって取得した書籍の文字情報における単語の登場回数を、単語の組み合わせごとに回答してくれる。難点としては、(1) 書籍のみが対象となっており、雑誌などの定期刊行物は対象となっていないこと、(2) 2012年時点で、歴史上刊行された書籍の6%ほどしか対象になっていないと推定されていること、(3) 測定できるのは単語の登場回数であって著者の引用回数ではないこと、などが挙げられる。

この論文では、主に英語で書かれた書籍での登場回数をベースラインの分析に用いている。それを補うために、ドイツ語、フランス語で書かれた書籍での登場回数や、定期刊行物について同様の情報を提供する「Newspapers.com」を利用した分析も行っている。

合成コントロール法では、結果変数の反実仮想予測を行うための「ドナー」の集団を設定する必要がある。処置前の結果変数 (ロシア革命前の文献上の名前の登場回数) と処置前の共変量の推移が、処置の対象となるマルクスのそれと同じになるようなウェイトを各ドナーについて求め、そのウェイトを用いて処置後の結果変数の反実仮想予測 (ロシア革命が発生しなかった場合の文献上の名前の登場回数) を計算することになる。

このとき、ドナーに求められる条件は、

(1) 処置 (ロシア革命) を受けない状況における文献上のマルクスの扱いに近い著者であること
(2) 処置の影響を受けない著者であること

の2つである。しかし、この2つの要請は多くの場合で矛盾する。たとえば、

冷戦終結後の東ドイツ経済への影響を分析するための「ドナー」として西欧諸国や東欧諸国を選ぶと、1つ目の要請には応えられるが、2つ目の要請には応えることができないかもしれない。西欧諸国や東欧諸国もまた、冷戦終結の影響を受けるからである。この論文の場合、1つ目の要請の観点からはロシア革命を経ても重要視されなかった社会主義的な経済学者などがドナーとしてふさわしいと考えられるが、彼らはマルクスがロシア革命をきっかけに有名になったことで急速に忘れ去られたという負の影響を受けているかもしれない。このようなケースでは、ロシア革命のマルクスへの影響は過大評価される可能性がある。

著者たちは、いくつかの段階を踏んでこの要請を考慮する形でドナーのリストを作成している。まず、マルクスの死の時点 (1883年) で同様の議論を展開していた経済学、政治経済学、社会主義の学者、思想家のリストを選定する。次に、政治思想の古典、辞典などから系統的に抽出した著者のリストを作成する。その結果、著者たちは 227 人の著者からなるリストを作成し、これを「合成マルクス (synthetic Marx)」と呼んでいる。

合成マルクスを構築するためのウェイトの計算に用いられる変数は、(1) 文献上の名前の登場回数の 3 年間の移動平均、(2) その著者の重要著作の出版年、(3) その著者が英語、ドイツ語、フランス語、ギリシャ語、ラテン語、スペイン語、イタリア語のうちどの言語で著作を書いたか、(4) 著作の英語への翻訳年、(5) 著者が社会主義者か否か、(6) 著者が「政治的」か否か、である。「政治的」ダミーはその政治思想との関連で引用されているような著者に割り振ったものだとされる。これらの変数の選択の妥当性については、後ほど結果を見たうえで議論する。

統計的推測は、プラセボ分析によって行う。これは、処置を受けていないドナー、すなわちマルクス以外の著者を、仮想的に処置を受ける対象とみなして、合成マルクスと同様の手続きでウェイトの計算、結果変数の反実仮想予測、現実の結果変数との差を比較するものである。この結果変数の差の分布と比較してマルクスの場合の結果変数の差が極端な値をとっているのであれば、ロシア革命のマルクスへの効果は統計的に有意であると判断する。ただし、Abadie et al. (2010) の提案に従って、著者たちは「処置後の予測 2 乗誤差」/「処置前の予測 2 乗誤差」の比に基づいて p 値を計算している。これは、(1) 処置に効果があるのであれば、処置後の予測 2 乗誤差は大きくなり、分子が大きくなる、(2) 結

果変数のスケールを標準化できる、(3) 処置前の予測誤差が大きく精度の低いプラセボ分析のウェイトを小さくできるという理由に基づく対応である。

処置後の結果変数の差は年次ごとに計算できる。したがって、原理的には各年の p 値の計算ができる。しかし、各年で単純に上記の方法で p 値を計算すると、多重検定の問題が生じる。そこで、著者たちは Wilson (2019) の方法や Simes (1986) の方法で補正した p 値を各年で示している。

11.3.3 推定結果

合成マルクスを構築するためのウェイトの配分は、フェルディナント・ラッサールが 52.0%、ヨハン・ロードベルトゥスが 28.8%、オスカー・ワイルドが 12%、ピエール・プルードンとその他の著者たちが 0.2% となっている。社会主義的な経済学者であるフェルディナント・ラッサールとヨハン・ロードベルトゥスが大半の割合を占める形となっている。著者たちはこれを妥当性の証拠としているが、この結果は先ほど述べたウェイトの計算のためにマッチングするために用いる 6 つの変数の中に社会主義者ダミーが含まれていたからではないかと考えられる。この点を検証するためにも、ロシア革命前の文献登場回数だけをマッチしたときのウェイトの計算結果がどのようになるかを確認してみたいところである。

このウェイトからわかるように、この分析は実質的にはほぼマルクスと、フェルディナント・ラッサールおよびヨハン・ロードベルトゥスの比較となっている。合成コントロール法という枠組みは、こうした比較を正当化するための形式的な手続きにすぎない。そもそも、合成コントロール法は事例研究を形式化するという発想から生まれた手法である。したがって、この手法を用いる場合は、あるドナーに高いウェイトが割り振られた根拠について、通常の事例研究と同程度に厚みのある解釈が提示できることが望ましい。

社会主義的な経済学者のドナーは、マルクスに十分近しいドナーであるという第 1 の要請は満たすものの、ロシア革命の影響を受けないドナーであるという第 2 の要請は満たさないかもしれない。著者たちも述べるように、ロシア革命はマルクスを一躍有名にするとともに、それ以外の社会主義の思想家を急速に忘れさせる効果を持った可能性がある。その場合は、先にも述べた通り、現実のマルクスと合成マルクスの比較から計算されるロシア革命の効果は過大評

図 11.2　マルクスの登場回数

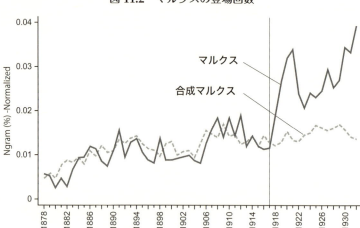

(出所) Magness and Makovi (2023)、Figure 1 より作成。

価されることになる。ただし、その場合でも、推定している効果の解釈が変化するだけで、社会主義者の思想家の中でのマルクスの相対的な重要性がロシア革命で高まったという本論文が検証しようとしている仮説とは整合的な結果である。また、次に見るように、ロシア革命後に合成マルクスの登場回数が低下していないことから、ここで述べたような心配は無用だと判断できるかもしれない。このあたりの判断は何が本当に検証したい仮説だったのかということに依存する。

また、この問題に答えるために、付録において、社会主義者のみをドナーとした場合の分析と、社会主義者以外のみをドナーとした場合の分析を行い、結果に変化がないことを示している。合成コントロール法におけるドナーの選択と結果の解釈については、この程度の周到さが要求される。

現実のマルクスと合成マルクスの書籍への登場回数の比較は図 11.2 の通りである。この図から、現実のマルクスの書籍への登場回数がロシア革命のあった 1917 年の後に跳ね上がっていること、合成マルクスの登場回数はロシア革命以前には現実のマルクスの登場回数をうまく予測できていること、ロシア革命後には合成マルクスの登場回数は変化せず、現実のマルクスの登場回数との乖離

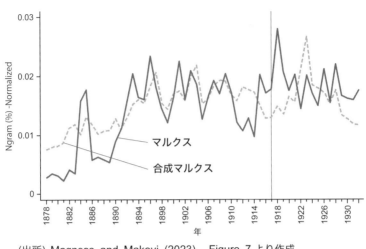

図 11.3　フランス語文献へのマルクスの登場回数

(出所) Magness and Makovi (2023)、Figure 7 より作成。

が広がることがわかる。また、プラセボ分析による処置後全期間の p 値は 0、すなわち、どのドナーを処置対象とみなして同様の分析をしても、現実のマルクスと合成マルクスほどの差は見られないということである。

11.3.4　頑健性チェック

以上のベースラインの分析に加えて、いくつかの頑健性チェックを行っている。第 1 に、定期刊行物を含む「Newspapers.com」の同様のデータを用いた分析によって、ベースラインの分析と同じ結論を得ている。第 2 に、ドイツ語文献とフランス語文献でも同様の分析を行っている。ドイツ語文献についてはベースラインの分析と同じ結果となっているものの、フランス語文献については図 11.3 の通り、現実のマルクスと合成マルクスでロシア革命後に目立った差がみられないという結果になっている。この点について、著者たちは、フランスにはロシア革命以前から社会主義思想の隆盛があったからではないかと解釈している。第 3 に、検索する名前を「Karl Marx」から「Marx」に変更する、処置直前の値を 1 とするように著者名の登場回数を標準化する、などの処理によっても結果が変わらないことを確認している。加えて、付録でも複数の頑健

性チェックが行われている。

11.3.5 妥当性チェック

妥当性チェックとして、第1に、1889年を処置年としたプラセボ分析を行い統計的に有意な結果が得られないことを確認している。ただし、1905年を処置年としたときには、効果は小さいものの統計的に有意な効果を見出している。これは、1905年にロシア第一革命があったからだというのが著者たちの解釈である。この結果は、「1917年のロシア革命のみがマルクスを有名にした」という主張には反するものの、政治的な出来事がきっかけとなってマルクスの学界内での重要度が上がったとする著者たちの主張とは整合的だといえる。第2に、ロシア革命以前の期間を学習データと検証データに分けて交差検証を行うことによって得たウェイトをもって合成マルクスを構築した場合の結果を示し、結果に大きな変化はないことを議論している。

以上のように、合成コントロール法を利用するのは、この論文で扱っているような、歴史上1回しか観測されず、他に分析のしようがない仮説を検証する場合のみとしたほうがよいと考えられる。また、その際も、もともとケーススタディの形式化という関心から発展してきた手法であることをふまえ、ドナーとウェイトに関して、通常のケーススタディと同程度の厚みのある解釈を提示することが望ましい。そのうえで、考えうる限りの頑健性チェックと妥当性チェックを行うことが求められるだろう。

 文献ガイド

差の差法については、Goodman-Bacon (2021) らの批判以降、急速に分析方法が洗練されて、既存の分析手法をそのまま適用するだけでは不十分であるという認識が研究者の間で広まった。しかし、処置効果の異質性を捉えるための適切な方法を用いた論文は、いまだワーキングペーパーにとどまるものが多く、トップジャーナルに公刊済みのものは数が少ない。

Braghieri et al. (2022) は、米国の大学で Facebook が逐次的に利用可能になったという歴史を生かして、ソーシャルメディアが学生のメンタルヘルスに与えた影響を、差の差法を用いて分析したものである。ベンチマークモデルは古典的な TWFE 推定量になっており、そこから各種の手法を用いて「頑健性チェック」をいろいろと行っ

ている。Alexander and Karger (2023) は、コロナ禍中の米国で、群単位で別々に外出禁止 (stay-at-home) 令が出された経緯を利用して、小規模企業の日時売上への影響などを分析しており、主に Callaway and Sant'Anna (2021) の手法を用いている。Kim (2022) は、戦後の米国で、連邦通信委員会が新規テレビ局の免許の発行を停止した時期があったことを利用して、テレビを通じた広告が小売の売上に与えた影響を分析している。メインの分析は古典的な TWFE 推定量によるものだが、「TV 広告の広がりが車を持つ郊外生活のスタイルの人気を上昇させた」という説の傍証として、高速道路延長への影響を見るために、Callaway and Sant'Anna (2021) の手法を用いている。

　合成コントロール法の応用例としては、まずは有名な Abadie et al. (2010) を参照するのがよいだろう。ここでは、タバコ規制が導入されたカリフォルニアに対して、その規制が導入されなかったときの合成カリフォルニアを考えて、タバコ規制のタバコ売上への影響を推定している。Andersson (2019) は、炭素税が導入されたスウェーデンに対して、炭素税が導入されなかった合成スウェーデンを考えて、炭素税導入の二酸化炭素排出量への影響を分析している。Cavallo et al. (2013) は、破壊的な自然災害がその後の経済成長に与える影響を分析するために合成コントロール法を用いており、多くの国にまたがるさまざまな自然災害の影響を合成コントロール法で推定してからその総和をとるなどの複雑な処理を行っている。

参考文献

Abadie, Alberto (2005) "Semiparametric Difference-in-Differences Estimators," *Review of Economic Studies*, 72 (1), 1–19.

―――― (2021) "Using Synthetic Controls: Feasibility, Data Requirements, and Methodological Aspects," *Journal of Economic Literature*, 59 (2), 391–425.

Abadie, Alberto, Susan Athey, Guido W. Imbens, and Jeffrey M. Wooldridge (2023) "When Should You Adjust Standard Errors for Clustering?" *Quarterly Journal of Economics*, 138 (1), 1–35.

Abadie, Alberto, Alexis Diamond, and Jens Hainmueller (2010) "Synthetic Control Methods for Comparative Case Studies: Estimating the Effect of California's Tobacco Control Program," *Journal of the American Statistical Association*, 105 (490), 493–505.

―――― (2015) "Comparative Politics and the Synthetic Control Method," *American Journal of Political Science*, 59 (2), 495–510.

Abadie, Alberto and Javier Gardeazabal (2003) "The Economic Costs of Conflict: A Case Study of the Basque Country," *American Economic Review*, 93 (1), 113–132.

Abadie, Alberto and Guido W. Imbens (2006) "Large Sample Properties of Matching Estimators for Average Treatment Effects," *Econometrica*, 74 (1), 235–267.

―――― (2008) "On the Failure of the Bootstrap for Matching Estimators," *Econometrica*, 76 (6), 1537–1557.

Abadie, Alberto and Jérémy L'Hour (2021) "A Penalized Synthetic Control Estimator for Disaggregated Data," *Journal of the American Statistical Association*, 116 (536), 1817–1834.

Abdulkadiroğlu, Atila, Parag A. Pathak, and Christopher R. Walters (2018) "Free to Choose: Can School Choice Reduce Student Achievement?" *American Economic Journal: Applied Economics*, 10 (1), 175–206.

Afridi, Farzana, Sisir Debnath, and Eswaran Somanathan (2021) "A Breath of Fresh Air: Raising Awareness for Clean Fuel Adoption," *Journal of Development Economics*, 151, 102674.

Alexander, Diane and Ezra Karger (2023) "Do Stay-at-Home Orders Cause People to Stay at Home? Effects of Stay-at-Home Orders on Consumer Behavior," *Review of Economics and Statistics*, 105 (4), 1017–1027.

Altindag, Onur, Bilge Erten, and Pinar Keskin (2022) "Mental Health Costs of

Lockdowns: Evidence from Age-Specific Curfews in Turkey," *American Economic Journal: Applied Economics*, 14 (2), 320–343.

Andersson, Julius J. (2019) "Carbon Taxes and CO2 Emissions: Sweden as a Case Study," *American Economic Journal: Economic Policy*, 11 (4), 1–30.

Andrews, Donald W. K. (1993) "Tests for Parameter Instability and Structural Change with Unknown Change Point," *Econometrica*, 61 (4), 821–856.

Angrist, Joshua D., Guido W. Imbens, and Donald B. Rubin (1996) "Identification of Causal Effects Using Instrumental Variables," *Journal of the American Statistical Association*, 91 (434), 444–455.

Angrist, Joshua D. and Victor Lavy (1999) "Using Maimonides' Rule to Estimate the Effect of Class Size on Scholastic Achievement," *Quarterly Journal of Economics*, 114 (2), 533–575.

Angrist, Joshua D., Victor Lavy, Jetson Leder-Luis, and Adi Shany (2019) "Maimonides' Rule Redux," *American Economic Review: Insights*, 1 (3), 309–324.

Angrist, Joahua D. and Jörn-Steffen Pischke (2009) *Mostly Harmless Econometrics: An Empiricist's Companion*: Princeton University Press (大森義明・小原美紀・田中隆一・野口晴子訳『「ほとんど無害」な計量経済学――応用経済学のための実証分析ガイド』NTT 出版、2013 年).

―――― (2010) "The Credibility Revolution in Empirical Economics: How Better Research Design Is Taking the Con out of Econometrics," *Journal of Economic Perspectives*, 24 (2), 3–30.

Aragón, Fernando M., Alexander Karaivanov, and Karuna Krishnaswamy (2020) "Credit Lines in Microcredit: Short-term Evidence from a Randomized Controlled Trial in India," *Journal of Development Economics*, 146, 102497.

Arai, Yoichi, Yu-Chin Hsu, Toru Kitagawa, Ismael Mourifié, and Yuanyuan Wan (2022) "Testing Identifying Assumptions in Fuzzy Regression Discontinuity Designs," *Quantitative Economics*, 13 (1), 1–28.

Arai, Yoichi and Hidehiko Ichimura (2018) "Simultaneous Selection of Optimal Bandwidths for the Sharp Regression Discontinuity Estimator," *Quantitative Economics*, 9 (1), 441–482.

Arellano, Manuel (1987) "PRACTITIONERS' CORNER: Computing Robust Standard Errors for Within-groups Estimators," *Oxford Bulletin of Economics and Statistics*, 49 (4), 431–434.

Arkhangelsky, Dmitry, Susan Athey, David A. Hirshberg, Guido W. Imbens, and Stefan Wager (2021) "Synthetic Difference-in-Differences," *American Economic Review*, 111 (12), 4088–4118.

Athey, Susan and Guido W. Imbens (2017) "The Econometrics of Randomized Experiments," in Banerjee, Abhijit V. and Esther Duflo eds. *Handbook of Economic Field Experiments*, 1, 73–140: Elsevier.

Baird, Matthew D., John Engberg, and Italo A. Gutierrez (2022) "RCT Evidence on Differential Impact of US Job Training Programmes by Pre-Training Employment Status," *Labour Economics*, 75, 102140.

Behaghel, Luc, Bruno Crépon, and Marc Gurgand (2014) "Private and Public Provision of Counseling to Job Seekers: Evidence from a Large Controlled Experiment," *American Economic Journal: Applied Economics*, 6 (4), 142–174.

Bekkerman, Ron, Maxime C. Cohen, Edward Kung, John Maiden, and Davide Proserpio (2022) "The Effect of Short-Term Rentals on Residential Investment," *Marketing Science*, 42 (4), 819–834.

Benjamini, Yoav and Yosef Hochberg (1995) "Controlling the False Discovery Rate: A Practical and Powerful Approach to Multiple Testing," *Journal of the Royal Statistical Society: Series B (Methodological)*, 57 (1), 289–300.

Benjamini, Yoav and Daniel Yekutieli (2001) "The Control of the False Discovery Rate in Multiple Testing under Dependency," *Annals of Statistics*, 29 (4), 1165–1188.

Bleemer, Zachary and Aashish Mehta (2022) "Will Studying Economics Make You Rich? A Regression Discontinuity Analysis of the Returns to College Major," *American Economic Journal: Applied Economics*, 14 (2), 1–22.

Bonferroni, C. E. (1935) "Il Calcolo Delle Assicurazioni Su Gruppi Di Teste," *Studi in Onore del Professore Salvatore Ortu Carboni*, 13–60.

Borusyak, Kirill, Xavier Jaravel, and Jann Spiess (2024) "Revisiting Event-Study Designs: Robust and Efficient Estimation," *Review of Economic Studies*, rdae007.

Braghieri, Luca, Ro'ee Levy, and Alexey Makarin (2022) "Social Media and Mental Health," *American Economic Review*, 112 (11), 3660–3693.

Caetano, Carolina, Brantly Callaway, Stroud Payne, and Hugo Sant'Anna Rodrigues (2022) "Difference in Differences with Time-Varying Covariates," arXiv.2202.02903.

Callaway, Brantly and Pedro H. C. Sant'Anna (2021) "Difference-in-Differences with Multiple Time Periods," *Journal of Econometrics*, 225 (2), 200–230.

Calonico, Sebastian, Matias D. Cattaneo, and Max H. Farrell (2020) "Optimal Bandwidth Choice for Robust Bias-Corrected Inference in Regression Discontinuity Designs," *Econometrics Journal*, 23 (2), 192–210.

—— (2022) "Coverage Error Optimal Confidence Intervals for Local Polynomial Regression," *Bernoulli*, 28 (4), 2998–3022.

Calonico, Sebastian, Matias D. Cattaneo, and Rocio Titiunik (2014) "Robust Nonparametric Confidence Intervals for Regression-Discontinuity Designs," *Econometrica*, 82 (6), 2295–2326.

—— (2015) "Optimal Data-Driven Regression Discontinuity Plots," *Journal of the American Statistical Association*, 110 (512), 1753–1769.

Cameron, A. Colin and Douglas L. Miller (2015) "A Practitioner's Guide to Cluster-Robust Inference," *Journal of Human Resources*, 50 (2), 317–372.

Canay, Ivan A. and Vishal Kamat (2018) "Approximate Permutation Tests and Induced Order Statistics in the Regression Discontinuity Design," *Review of Economic Studies*, 85 (3), 1577–1608.

Card, David, Andrew Johnston, Pauline Leung, Alexandre Mas, and Zhuan Pei (2015) "The Effect of Unemployment Benefits on the Duration of Unemployment Insurance Receipt: New Evidence from a Regression Kink Design in Missouri, 2003-2013," *American Economic Review*, 105 (5), 126–130.

Card, David and Alan Krueger (1994) "Minimum Wages and Employment: A Case Study of the Fast-Food Industry in New Jersey and Pennsylvania," *American Economic Review*, 84 (4), 772–793.

Cassel, Claes M., Carl E. Särndal, and Jan H. Wretman (1976) "Some Results on Generalized Difference Estimation and Generalized Regression Estimation for Finite Populations," *Biometrika*, 63 (3), 615–620.

Cattaneo, Matias D., Brigham R. Frandsen, and Rocío Titiunik (2015) "Randomization Inference in the Regression Discontinuity Design: An Application to Party Advantages in the U.S. Senate," *Journal of Causal Inference*, 3 (1), 1–24.

Cattaneo, Matias D., Nicolás Idrobo, and Rocío Titiunik (2024) *A Practical Introduction to Regression Discontinuity Designs*, Cambridge University Press.

Cattaneo, Matias D., Michael Jansson, and Xinwei Ma (2020) "Simple Local Polynomial Density Estimators," *Journal of the American Statistical Association*, 115 (531), 1449–1455.

Cavallo, Eduardo, Sebastian Galiani, Ilan Noy, and Juan Pantano (2013) "Catastrophic Natural Disasters and Economic Growth," *Review of Economics and Statistics*, 95 (5), 1549–1561.

Chen, Xiaohong (2007) "Large Sample Sieve Estimation of Semi-Nonparametric Models," in Heckman, James J. and Edward E. Leamer eds. *Handbook of Econometrics*, 6, Part B, 5549–5632: Elsevier.

Cheng, Ming-Yen, Jianqing Fan, and J. S. Marron (1997) "On Automatic Boundary Corrections," *Annals of Statistics*, 25 (4), 1691–1708.

Cox, David R. (1958) *Planning of Experiments*: Wiley.

Cunningham, Scott (2021) *Causal Inference: The Mixtape*: Yale University Press (加藤真大他訳『因果推論入門ミックステープ——基礎から現代的アプローチまで』技術評論社、2023 年).

de Chaisemartin, Clément and Xavier D'Haultfœuille (2018) "Fuzzy Differences-in-Differences," *Review of Economic Studies*, 85 (2), 999–1028.

―――― (2020) "Two-Way Fixed Effects Estimators with Heterogeneous Treatment Effects," *American Economic Review*, 110 (9), 2964–2996.

Deming, David J., Justine S. Hastings, Thomas J. Kane, and Douglas O. Staiger (2014) "School Choice, School Quality, and Postsecondary Attainment," *American Economic Review*, 104 (3), 991–1013.

Dobbie, Will, Jacob Goldin, and Crystal S. Yang (2018) "The Effects of Pretrial Detention on Conviction, Future Crime, and Employment: Evidence from Randomly Assigned Judges," *American Economic Review*, 108 (2), 201–240.

Dube, Arindrajit, Daniele Girardi, Òscar Jordà, and Alan M. Taylor (2023) "A Local Projections Approach to Difference-in-Differences Event Studies," NBER Working Paper, 31184.

Duflo, Esther (2001) "Schooling and Labor Market Consequences of School Construction in Indonesia: Evidence from an Unusual Policy Experiment," *American Economic Review*, 91 (4), 795–813.

Dunn, Olive Jean (1961) "Multiple Comparisons among Means," *Journal of the American Statistical Association*, 56 (293), 52–64.

Fan, Jianqing and Irene Gijbels (1992) "Variable Bandwidth and Local Linear Regression Smoothers," *Annals of Statistics*, 20 (4), 2008–2036.

Flores, Carlos A. and Alfonso Flores-Lagunes (2013) "Partial Identification of Local Average Treatment Effects with an Invalid Instrument," *Journal of Business & Economic Statistics*, 31 (4), 534–545.

Fort, Margherita, Andrea Ichino, and Giulio Zanella (2020) "Cognitive and Noncognitive Costs of Day Care at Age 0–2 for Children in Advantaged Families," *Journal of Political Economy*, 128 (1), 158–205.

Fusejima, Koki, Takuya Ishihara, and Masayuki Sawada (2024) "A Unified Diagnostic Test for Regression Discontinuity Designs," arXiv:2205.04345.

Ganong, Peter and Pascal Noel (2020) "Liquidity versus Wealth in Household Debt Obligations: Evidence from Housing Policy in the Great Recession," *American Economic Review*, 110 (10), 3100–3138.

Gelber, Alexander, Timothy J. Moore, and Alexander Strand (2017) "The Effect of Disability Insurance Payments on Beneficiaries' Earnings," *American Economic Journal: Economic Policy*, 9 (3), 229–261.

Gelman, Andrew and Guido Imbens (2019) "Why High-Order Polynomials Should Not Be Used in Regression Discontinuity Designs," *Journal of Business & Economic Statistics*, 37 (3), 447–456.

Gerard, François, Miikka Rokkanen, and Christoph Rothe (2020) "Bounds on Treatment Effects in Regression Discontinuity Designs with a Manipulated Running Variable," *Quantitative Economics*, 11 (3), 839–870.

Ghanem, Dalia, Pedro H. C. Sant'Anna, and Kaspar Wüthrich (2023) "Selection and Parallel Trends," arXiv:2203.09001.

Goodman-Bacon, Andrew (2021) "Difference-in-Differences with Variation in Treatment Timing," *Journal of Econometrics*, 225 (2), 254–277.

Haavelmo, Trygve (1943) "The Statistical Implications of a System of Simultaneous Equations," *Econometrica*, 11 (1), 1–12.

Hahn, Jinyong, Petra Todd, and Wilbert Van der Klaauw (2001) "Identification and Estimation of Treatment Effects with a Regression-Discontinuity Design," *Econometrica*, 69 (1), 201–209.

Hájek, Jaroslav (1971) "Comment of an Essay on the Logical Foundations of Survey Sampling, Part One by D. Basu," in Godambe, Vidyadhar P. and David A. Sprott eds. *Foundations of Statistical Inference*, 236: Holt, Rinehart, Winston of Canada.

Hansen, Bruce E. (2022) *Econometrics*: Princeton University Press.

Heckman, James J., Hidehiko Ichimura, Jeffrey Smith, and Petra Todd (1996) "Sources of Selection Bias in Evaluating Social Programs: An Interpretation of Conventional Measures and Evidence on the Effectiveness of Matching as a Program Evaluation Method," *Proceedings of the National Academy of Sciences*, 93 (23), 13416–13420.

——— (1998) "Characterizing Selection Bias Using Experimental Data," *Econometrica*, 66 (5), 1017–1098.

Heckman, James J. and Edward J. Vytlacil (2005) "Structural Equations, Treatment Effects, and Econometric Policy Evaluation," *Econometrica*, 73 (3), 669–738.

——— (2007a) "Econometric Evaluation of Social Programs, Part I: Causal Models, Structural Models and Econometric Policy Evaluation," in Heckman, James J. and Edward E. Leamer eds. *Handbook of Econometrics*, 6, Part B, 4779–4874: Elsevier.

——— (2007b) "Econometric Evaluation of Social Programs, Part II: Using the Marginal Treatment Effect to Organize Alternative Econometric Estimators to Evaluate Social Programs, and to Forecast Their Effects in New Environments," in Heckman, James J. and Edward E. Leamer eds. *Handbook of Econometrics*, 6, Part B, 4875–5143: Elsevier.

Hernán, Miguel A. and James M. Robins (2023) *Causal Inference: What If*: Routridge.

Holland, Paul W. (1986) "Statistics and Causal Inference," *Journal of the American Statistical Association*, 81 (396), 945–960.

Holm, Sture (1979) "A Simple Sequentially Rejective Multiple Test Procedure," *Scandinavian Journal of Statistics*, 6 (2), 65–70.

Horvitz, Daniel G. and Donovan J. Thompson (1952) "A Generalization of Sampling without Replacement from a Finite Universe," *Journal of the American Statistical Association*, 47 (260), 663–685.

Hsiao, Cheng (1983) "Identification," in Griliches, Zvi and Michael D. Intriligator eds. *Handbook of Econometrics*, 1, 223–283: Elsevier.

Huber, Martin (2020) "Mediation Analysis," in Zimmermann, Klaus F. ed. *Handbook of Labor, Human Resources and Population Economics*, 1–38, Cham: Springer International Publishing.

Imai, Kosuke, Luke Keele, and Teppei Yamamoto (2010) "Identification, Inference and Sensitivity Analysis for Causal Mediation Effects," *Statistical Science*, 25 (1), 51–71.

Imai, Kosuke and In Song Kim (2019) "When Should We Use Unit Fixed Effects

Regression Models for Causal Inference with Longitudinal Data?" *American Journal of Political Science*, 63 (2), 467–490.

Imbens, Guido W. and Joshua D. Angrist (1994) "Identification and Estimation of Local Average Treatment Effects," *Econometrica*, 62 (2), 467–475.

Imbens, Guido W. and Karthik Kalyanaraman (2012) "Optimal Bandwidth Choice for the Regression Discontinuity Estimator," *Review of Economic Studies*, 79 (3), 933–959.

Imbens, Guido W. and Donald B. Rubin (2015) *Causal Inference for Statistics, Social, and Biomedical Sciences*: Cambridge University Press (星野崇宏・繁桝算男監訳『統計的因果推論 (上・下)』朝倉書店、2023 年).

Ishihara, Takuya and Masayuki Sawada (2023) "Manipulation-Robust Regression Discontinuity Designs," arXiv:2009.07551.

Jacob, Brian A. and Lars Lefgren (2004) "Remedial Education and Student Achievement: A Regression-Discontinuity Analysis," *Review of Economics and Statistics*, 86 (1), 226–244.

Jacob, Brian A. and Jens Ludwig (2012) "The Effects of Housing Assistance on Labor Supply: Evidence from a Voucher Lottery," *American Economic Review*, 102 (1), 272–304.

Kasahara, Hiroyuki and Katsumi Shimotsu (2009) "Nonparametric Identification of Finite Mixture Models of Dynamic Discrete Choices," *Econometrica*, 77 (1), 135–175.

Kennan, John (1995) "The Elusive Effects of Minimum Wages," *Journal of Economic Literature*, 33 (4), 1950–1965.

Kim, Woojin (2022) "Television and American Consumerism," *Journal of Public Economics*, 208, 104609.

北川 透・木戸大道 (2024)「証拠に基づく政策立案のための計量経済学」『数理科学』62 (4)、31–38.

Kitagawa, Toru and Aleksey Tetenov (2018) "Who Should Be Treated? Empirical Welfare Maximization Methods for Treatment Choice," *Econometrica*, 86 (2), 591–626.

Klößner, Stefan, Ashok Kaul, Gregor Pfeifer, and Manuel Schieler (2018) "Comparative Politics and the Synthetic Control Method Revisited: A Note on Abadie et al. (2015)," *Swiss Journal of Economics and Statistics*, 154 (1), 11.

Kolesár, Michal and Christoph Rothe (2018) "Inference in Regression Discontinuity Designs with a Discrete Running Variable," *American Economic Review*, 108 (8), 2277–2304.

LaLonde, Robert J. (1986) "Evaluating the Econometric Evaluations of Training Programs with Experimental Data," *American Economic Review*, 76 (4), 604–620.

Lee, David S. (2008) "Randomized Experiments from Non-Random Selection in U.S. House Elections," *Journal of Econometrics*, 142 (2), 675–697.

Lee, David S. and David Card (2004) "Regression Discontinuity Inference with Specification Error," University of California, Berkeley, Center for Labor Economics Working Paper, No. 74.

――― (2008) "Regression Discontinuity Inference with Specification Error," *Journal of Econometrics*, 142 (2), 655–674.

Lewbel, Arthur (2019) "The Identification Zoo: Meanings of Identification in Econometrics," *Journal of Economic Literature*, 57 (4), 835–903.

Li, Han, Jiangyi Li, Yi Lu, and Huihua Xie (2020) "Housing Wealth and Labor Supply: Evidence from a Regression Discontinuity Design," *Journal of Public Economics*, 183, 104139.

Liang, Kung-Yee and Scott L. Zeger (1986) "Longitudinal Data Analysis Using Generalized Linear Models," *Biometrika*, 73 (1), 13–22.

Lin, Winston (2013) "Agnostic Notes on Regression Adjustments to Experimental Data: Reexamining Freedman's Critique," *Annals of Applied Statistics*, 7 (1), 295–318.

List, John A., Azeem M. Shaikh, and Yang Xu (2019) "Multiple Hypothesis Testing in Experimental Economics," *Experimental Economics*, 22 (4), 773–793.

MacKinnon, James G. (2016) "Inference with Large Clustered Datasets," *L'Actualité économique*, 92 (4), 649–665.

MacKinnon, James G., Morten Ørregaard Nielsen, and Matthew D. Webb (2023) "Cluster-Robust Inference: A Guide to Empirical Practice," *Journal of Econometrics*, 232 (2), 272–299.

MacKinnon, James G. and Matthew D. Webb (2017) "Wild Bootstrap Inference for Wildly Different Cluster Sizes," *Journal of Applied Econometrics*, 32 (2), 233–254.

Maestas, Nicole, Kathleen J. Mullen, and Alexander Strand (2013) "Does Disability Insurance Receipt Discourage Work? Using Examiner Assignment to Estimate Causal Effects of SSDI Receipt," *American Economic Review*, 103 (5), 1797–1829.

Magness, Phillip W. and Michael Makovi (2023) "The Mainstreaming of Marx: Measuring the Effect of the Russian Revolution on Karl Marx's Influence," *Journal of Political Economy*, 131 (6), 1507–1545.

Manoli, Day and Nicholas Turner (2018) "Cash-on-Hand and College Enrollment: Evidence from Population Tax Data and the Earned Income Tax Credit," *American Economic Journal: Economic Policy*, 10 (2), 242–271.

Manski, Charles F. (2004) "Statistical Treatment Rules for Heterogeneous Populations," *Econometrica*, 74 (2), 1221–1246.

Manski, Charles F. and John V. Pepper (2018) "How Do Right-to-Carry Laws Affect Crime Rates? Coping with Ambiguity Using Bounded-Variation Assumptions," *Review of Economics and Statistics*, 100 (2), 232–244.

Marx, Philip, Elie Tamer, and Xun Tang (2024) "Parallel Trends and Dynamic

Choices," *Journal of Political Economy Microeconomics*, 2 (1), 129–171.

Matsudaira, Jordan D. (2008) "Mandatory Summer School and Student Achievement," *Journal of Econometrics*, 142 (2), 829–850.

Matzkin, Rosa L. (2007) "Nonparametric Survey Response Errors," *International Economic Review*, 48 (4), 1411–1427.

McCrary, Justin (2008) "Manipulation of the Running Variable in the Regression Discontinuity Design: A Density Test," *Journal of Econometrics*, 142 (2), 698–714.

Mogstad, Magne, Alexander Torgovitsky, and Christopher Walters (2021) "The Causal Interpretation of Two-Stage Least Squares with Multiple Instrumental Variables," *American Economic Review*, 111 (11), 3663–3698.

Morgan, Stephen L. and Christopher Winship (2014) *Counterfactuals and Causal Inference: Methods and Principles for Social Research, 2nd ed.*: Cambridge University Press (落海浩訳『反事実と因果推論』朝倉書店、2024 年).

Moulton, Brent R. (1986) "Random Group Effects and the Precision of Regression Estimates," *Journal of Econometrics*, 32 (3), 385–397.

Nakano, Yuko and Eustadius F. Magezi (2020) "The Impact of Microcredit on Agricultural Technology Adoption and Productivity: Evidence from Randomized Control Trial in Tanzania," *World Development*, 133, 104997.

Neyman, Jerzy (1923) "Sur les Applications de la Théorie des Probabilités aux Experiences Agricoles: Essai des Principes," Master's thesis.

Obenauer, Marie Louise and Bertha von der Nienburg (1915) "Effect of Minimum-wage Determinations in Oregon," *Bulletin of the US Bureau of Labor Statistics*, 176.

Oreopoulos, Philip (2006) "Estimating Average and Local Average Treatment Effects of Education when Compulsory Schooling Laws Really Matter," *American Economic Review*, 96 (1), 152–175.

――― (2008) "Internet-Only Corrigendum: Estimating Average and Local Average Treatment Effects of Education when Compulsory Schooling Laws Really Matter," *American Economic Review*.

Otsu, Taisuke, Ke-Li Xu, and Yukitoshi Matsushita (2013) "Estimation and Inference of Discontinuity in Density," *Journal of Business & Economic Statistics*, 31 (4), 507–524.

Pearl, Judea (2001) *Causality: Models, Reasoning, and Inference*: Cambridge University Press (黒木学訳『統計的因果推論――モデル・推論・推測』共立出版、2009 年).

Peck, Jennifer R. (2017) "Can Hiring Quotas Work? The Effect of the Nitaqat Program on the Saudi Private Sector," *American Economic Journal: Economic Policy*, 9 (2), 316–347.

Pinotti, Paolo (2017) "Clicking on Heaven's Door: The Effect of Immigrant Legalization on Crime," *American Economic Review*, 107 (1), 138–168.

Porter, Jack and Ping Yu (2015) "Regression Discontinuity Designs with Unknown

Discontinuity Points: Testing and Estimation," *Journal of Econometrics*, 189 (1), 132–147.

Prager, Elena and Matt Schmitt (2021) "Employer Consolidation and Wages: Evidence from Hospitals," *American Economic Review*, 111 (2), 397–427.

Rambachan, Ashesh and Jonathan Roth (2023) "A More Credible Approach to Parallel Trends," *Review of Economic Studies*, 90 (5), 2555–2591.

Robins, James M., Andrea Rotnitzky, and Lue Ping Zhao (1994) "Estimation of Regression Coefficients When Some Regressors Are Not Always Observed," *Journal of the American Statistical Association*, 89 (427), 846–866.

Romano, Joseph P., Azeem Shaikh, and Michael Wolf (2008) "Control of the False Discovery Rate under Dependence Using the Bootstrap and Subsampling," *Test*, 17, 417–442.

Romano, Joseph P. and Michael Wolf (2010) "Balanced Control of Generalized Error Rates," *Annals of Statistics*, 38 (1), 598–633.

Rosenbaum, Paul (2017) *Observation and Experiment: An Introduction to Causal Inference*: Harvard University Press (阿部貴行・岩崎学訳『ローゼンバウム統計的因果推論入門——観察研究とランダム化実験』共立出版、2021 年).

Roth, Jonathan, Pedro H. C. Sant'Anna, Alyssa Bilinski, and John Poe (2023) "What's Trending in Difference-in-Differences? A Synthesis of the Recent Econometrics Literature," *Journal of Econometrics*, 235 (2), 2218–2244.

Rubin, Donald B. (1974) "Estimating Causal Effects of Treatments in Randomized and Nonrandomized Studies," *Journal of Educational Psychology*, 66 (5), 688–701.

―――― (1980) "Randomization Analysis of Experimental Data: The Fisher Randomization Test Comment," *Journal of the American Statistical Association*, 75 (371), 591–593.

―――― (1990) "On the Application of Probability Theory to Agricultural Experiments. Essay on Principles. Section 9. Comment: Neyman (1923) and Causal Inference in Experiments and Observational Studies," *Statistical Science*, 5 (4), 472–480.

―――― (2005) "Causal Inference Using Potential Outcomes: Design, Modeling, Decisions," *Journal of the American Statistical Association*, 100 (469), 322–331.

Sant'Anna, Pedro H. C. and Jun Zhao (2020) "Doubly Robust Difference-in-Differences Estimators," *Journal of Econometrics*, 219 (1), 101–122.

Simes, R. John (1986) "An Improved Bonferroni Procedure for Multiple Tests of Significance," *Biometrika*, 73 (3), 751–754.

Snow, John (1855) *On the Mode of Communication of Cholera, 2nd ed.*: John Churchill.

Splawa-Neyman, Jerzy (1990) "On the Application of Probability Theory to Agricultural Experiments. Essay on Principles. Section 9, Translated from the 1923 Polish Original and Edited by Dabrowska, D. M. and Speed, T. P.," *Statistical*

Science, 5 (4), 465–472.

Sun, Liyang and Sarah Abraham (2021) "Estimating Dynamic Treatment Effects in Event Studies with Heterogeneous Treatment Effects," *Journal of Econometrics*, 225 (2), 175–199.

Takaku, Reo and Izumi Yokoyama (2021) "What the COVID-19 School Closure Left in Its Wake: Evidence from a Regression Discontinuity Analysis in Japan," *Journal of Public Economics*, 195, 104364.

Thistlethwaite, Donald L. and Donald T. Campbell (1960) "Regression-Discontinuity Analysis: An Alternative to the Ex Post Facto Experiment," *Journal of Educational Psychology*, 51 (6), 309–317.

Tinbergen, Jan (1930) "Bestimmung und Deutung von Angebotskurven: ein Beispiel," *Zietschrift für Nationalökonomie*, 1 (5), 669–679.

van der Klaauw, Wilbert (1997) "A Regression-Discontinuity Evaluation of the Effect of Financial Aid Offers on College Enrollment," Working Papers, 97-10, C.V. Starr Center for Applied Economics, New York University.

Vytlacil, Edward (2002) "Independence, Monotonicity, and Latent Index Models: An Equivalence Result," *Econometrica*, 70 (1), 331–341.

Wald, Abraham (1950) *Statistical Decision Functions*: Wiley.

White, Halbert (1984) "Estimating Asymptotic Covariance Matrices," in White, Halbert ed. *Asymptotic Theory for Econometricians*, 132–161: Academic Press.

Wilson, Daniel J. (2019) "The Harmonic Mean p-Value for Combining Dependent Tests," *Proceedings of the National Academy of Sciences*, 116 (4), 1195–1200.

Wooldridge, Jeffrey M. (2010) *Econometric Analysis of Cross Section and Panel Data, 2nd ed.*: MIT Press.

―――― (2021) "Two-Way Fixed Effects, the Two-Way Mundlak Regression, and Difference-in-Differences Estimators," Working Paper.

索引

英語索引

AEA RCT Registry 126, 134
always taker (常時参加者) 104
approximate permutation test (近似並べ替え検定) 174
assignment (割当) 16, 92, 103, 262
assignment variable 143
assignment-based uncertainty (割当に起因する不確実性) 24, 44, 46
asymptotic bias (漸近バイアス) 161
asymptotic normality (漸近正規性) 54
average treatment effect (ATE: 平均処置効果) 26, 44, 94
average treatment effect on treated (ATT: 処置群平均処置効果) 27, 220, 223, 225, 244, 251, 252

bandwidth (バンド幅) 156
Benjamini-Hochberg test (ベンジャミン=ホッシュバーグ検定) 89
Bernoulli experiment (ベルヌーイ実験) 53
bias (バイアス) 158
binary treatment model (2項処置モデル) 20, 28
binned scatter plot (ビン分割散布図) 196
Bonferroni test (ボンフェローニ検定) 82, 83, 90
Bonferroni-Holm test (ボンフェローニ=ホルム検定) 85, 86
bootstrap (ブートストラップ) 71, 72, 255
boundary effect (端点効果) 158
boundary point (端点) 158

causality (因果関係) 15
classical randomized experiment (古典的な無作為化実験) 38
cluster (クラスター) 40, 41, 63, 64
cluster-robust (クラスター頑健) 65, 68–70, 76, 90, 116
clustered randomized experiment (クラスター化無作為化実験) 40, 63, 68, 129
completely randomized experiment (完全無作為化実験) 20, 38, 147
complier (遵守者) 98, 104, 178
conditional average treatment effect (条件付き平均処置効果) 66
conditional parallel trends assumption (条件付き平行トレンドの仮定) 226–228
conditionally independent assignment (条件付き独立割当) 23, 100
consistency (一致性) 53
control (統制) 49
control group (統制群) 20, 219
counterfactual (反実仮想) 4
covariate (共変量) 16, 56, 59, 228, 229
covariates-balance test (共変量バランス

検定) 173
credibility revolution (信頼性革命) 5
cross-validation (交差検証法) 238, 286
CV_3 71

defier (反抗者) 104, 106
density test (密度検定) 171
difference in differences (DID: 差の差法) 2, 222, 225, 241, 286
difference in means (平均値の差) 42, 52
directed acyclic graph (DAG: 有向非巡回グラフ) 3
donor (ドナー) 237, 281
double blind test (2 重盲検法) 101
doubly-robust estimator (2 重頑健推定量) 231, 235

empirical welfare maximization (経験的厚生最大化) 66
endogenous variable (内生変数) 7
Epanechnikov kernel (エパネチニコフカーネル) 163
estimand (推定対象) 31
event study (イベント分析) 250
exclusion restriction for always taker and never taker (常時参加者と常時不参加者に関する除外制約) 105
exclusion restriction for complier (遵守者に関する除外制約) 102
exclusion restriction for noncomplier (非遵守者に関する除外制約) 100, 101
exogenous variable (外生変数) 7
experimental data (実験データ) 36
external validity (外的妥当性) 95

factor (ファクター) 236
factor model (ファクターモデル) 236
false discovery proportion (FDP: 偽検出比率) 88
false discovery rate (FDR: 偽検出率) 88, 89
false negative (偽陰性) 79
false positive (偽陽性) 79
family-wise error rate (FWER: 族過誤率) 80–82, 87, 88
file-drawer problem (お蔵入り問題) 125
Fisher's p-values (フィッシャーの p 値) 42–44, 240
Frisch-Waugh-Lovell 定理 58
fundamental problem of causal inference (因果推論の根本問題) 17, 18, 144
fuzzy difference-in-differences (ファジー差の差法) 262
fuzzy regression discontinuity design (ファジー回帰非連続デザイン) 176, 181, 215

global approximation (大域的近似) 154
global identification (グローバルな識別) 31, 33

heteroskedasticity-robust (不均一分散頑健) 55, 59, 68
honest confidence interval (正直な信頼区間) 187, 214

identification (識別) 4, 27, 31, 33, 46
individual assignment (個別割当) 22
instrumental variable (IV: 操作変数) 107, 110, 135
integrated mean squared error (IMSE: 積分平均 2 乗誤差) 157
intention-to-treat effect (ITT: 処置割当効果) 95, 98, 99, 263
interior point (内点) 158

inverse probability weighting (IPW: 逆確率重み付け)　230, 233, 253

jackknife variance estimator (ジャックナイフ分散推定量)　71
JDE Preresults Review　126, 134

kernel estimator (カーネル推定量)　156
kernel function (カーネル関数)　156

linear regression model (線形回帰モデル)　50, 51
Lipschitz continuous (リプシッツ連続)　162, 163
local approximation (局所近似)　154
local average treatment effect (LATE: 局所平均処置効果)　102, 107, 109, 110, 135, 176, 262
local linear estimator (局所線形推定量)　159–161
local quadratic estimator (局所2次推定量)　165
local randomization (近傍無作為化)　143, 147, 149, 150

manipulation (操作)　151
marginal treatment effect (限界処置効果)　212
McCrary test (McCrary 検定)　171
mean squared error (MSE: 平均2乗誤差)　157
mediation analysis (媒介分析)　94
monotonicity (単調性)　106, 263, 264
Moulton factor (Moulton ファクター)　70
multiple testing (多重検定)　79, 80, 173, 255

Nadaraya-Watson estimator (Nadaraya-Watson 推定量)　156

natural experiment (自然実験)　5, 36
nearest-neighbor estimator (近傍推定量)　188
nearest-neighbor matching (最近傍マッチング)　73
never taker (常時不参加者)　104
never treated group (ずっと処置を受けないグループ)　248, 270, 277
no anticipation assumption (予測欠如の仮定)　220
noncomplier (非遵守者)　2, 92, 98, 110, 262
not yet treated group (まだ処置を受けていないグループ)　249, 270, 277
nuisance parameter (局外パラメータ)　26

observational data (観察データ)　36
observationally equivalent (観測上同値)　4, 29, 33
observed outcome (顕在結果)　16
one-sided noncomplier (片側非遵守者)　97, 102
ordinary least squares estimator (OLS: 最小2乗推定量)　50–53

p-hacking (p-ハッキング)　126
p-value (p 値)　84
paired randomized experiment (対応化無作為化実験)　39
parallel trends assumption (平行トレンドの仮定)　222, 223, 251, 266
parameter of interest (興味のあるパラメータ)　26
penalization (罰則)　258
pilot bandwidth (パイロットバンド幅)　164
placebo test (プラセボ検定)　173
plug-in method (プラグイン法)　164
population (母集団)　24
potential conditional independence (潜

在的な条件付き独立) 100
potential outcome (潜在結果) 14, 93
potential outcome model (潜在結果モデル) 1, 8, 17, 33, 220
potential treatment receipt (潜在処置受取) 92
power (検出力) 79
pre-trends test (事前トレンドの検定) 254
pre-registration (事前登録制度) 125, 127, 133
preresults review (事前査読制度) 126, 127, 133
probabilistic assignment (確率割当) 23
propensity score (傾向スコア) 22, 230
publication bias (出版バイアス) 126

quasi experiment (疑似実験) 2, 5, 36, 143

Rademacher ウェイト 75
randomized experiment (無作為化実験) 1, 34, 38, 91
receipt (受取) 92, 103, 262
reduced form (誘導型) 7, 9
regression discontinuity design (RDD: 回帰非連続デザイン) 2, 143, 174
regression kink design (回帰屈折デザイン) 182, 184, 207, 215
regular treatment assignment mechanism (正規処置割当メカニズム) 23
robustness check (頑健性チェック) 196, 199, 275, 279, 285
running variable 143

sample (標本) 24
sampling-based uncertainty (抽出に起因する不確実性) 24, 44, 47

sanity check (健全性チェック) 202
saturation (飽和) 62, 251
score (スコア) 143
second-order Hölder〔continuous〕class (2 階ヘルダー〔連続〕クラス) 187
semiparametric estimator (セミパラメトリック推定量) 234
sharp null hypothesis (明確な帰無仮説) 41, 43, 60, 240
sharp regression discontinuity design (シャープ回帰非連続デザイン) 144, 175, 181, 214
significance level (有意水準) 43
size of a test (検定のサイズ) 79
spillover effect (スピルオーバー効果) 63, 64
spline (区分多項式) 154
strata (層) 21
stratified randomized experiment (層化無作為化実験) 21, 39, 59, 121, 129
structural estimation (構造推定) 3, 4, 7, 8
structural form (構造型) 7
structure (構造) 29, 33
suggestive evidence (示唆的証拠) 122
support (サポート) 148
SUTVA (stable unit treatment value assumption) 19, 34
synthetic control (合成コントロール法) 236, 240, 257, 286, 287
synthetic difference-in-differences (合成差の差法) 259
synthetic Marx (合成マルクス) 282

treatment (処置) 14
treatment assignment mechanism (処置割当メカニズム) 21, 36, 37
treatment group (処置群) 20, 219
triangular kernel (三角カーネル) 162
two-sided noncomplier (両側非遵守者)

97, 103
two-stage cluster bootstrap (2段階クラスターブートストラップ)　77
two-stage least-squares estimator (TSLS: 2段階最小2乗推定量)　108, 110, 135
two-way clustering (2方向クラスタリング)　78
two-way fixed effect (TWFE: 2方向固定効果)　224, 225, 244
type (タイプ)　14
type 1 error (第1種の過誤)　79
type 2 error (第2種の過誤)　79

unbiased estimator (不偏推定量)　45
unit (個体)　14
unit treatment assignment probability (個体処置割当確率)　22
unit treatment effect (UTE: 個体処置効果)　26

validation check (妥当性チェック)　196, 200, 254, 274, 286

wild bootstrap (ワイルドブートストラップ)　74

日本語索引

■ あ 行

一致性 (consistency)　53
イベント分析 (event study)　250
因果関係 (causality)　15
因果推論の根本問題 (fundamental problem of causal inference)　17, 18, 144
受取 (receipt)　92, 103, 262
エパネチニコフカーネル (Epanechnikov kernel)　163
お蔵入り問題 (file-drawer problem)　125

■ か 行

カーネル関数 (kernel function)　156
カーネル推定量 (kernel estimator)　156
回帰屈折デザイン (regression kink design)　182, 184, 207, 215
回帰非連続デザイン (regression discontinuity design: RDD)　2, 143, 174
　　シャープ——(sharp regression discontinuity design)　144, 175, 181, 214
　　ファジー——(fuzzy regression discontinuity design)　176, 181, 215
外生変数 (exogenous variable)　7
外的妥当性 (external validity)　95
確率割当 (probabilistic assignment)　23
頑健性チェック (robustness check)　196, 199, 275, 279, 285
観察データ (observational data)　36
観測上同値 (observationally equivalent)　4, 29, 33
偽陰性 (false negative)　79
偽検出比率 (false discovery proportion: FDP)　88
偽検出率 (false discovery rate: FDR)　88, 89
疑似実験 (quasi experiment)　2, 5, 36, 143
逆確率重み付け (inverse probability weighting: IPW) 表現　230, 233, 253
偽陽性 (false positive)　79
共変量 (covariate)　16, 56, 59, 228, 229
　　——バランス検定 (covariates-balance test)　173
興味のあるパラメータ (parameter of interest)　26

局外パラメータ (nuisance parameter) 26
局所近似 (local approximation) 154
局所線形推定量 (local linear estimator) 159–161
局所 2 次推定量 (local quadratic estimator) 165
近似並べ替え検定 (approximate permutation test) 174
近傍推定量 (nearest-neighbor estimator) 188
近傍無作為化 (local randomization) 143, 147, 150
　——の帰結　149
　——の識別　150
区分多項式 (spline) 154
クラスター (cluster) 40, 41, 63, 64
クラスター頑健 (cluster-robust) 65, 68–70, 76, 90, 116
経験的厚生最大化 (empirical welfare maximization) 66
傾向スコア (propensity score) 22, 230
限界処置効果 (marginal treatment effect) 212
顕在結果 (observed outcome) 16
　——の観測手段　16, 20
検出力 (power) 79
健全性チェック (sanity check) 202
検定のサイズ (size of a test) 79
交差検証法 (cross-validation) 238, 286
合成コントロール法 (synthetic control) 236, 240, 257, 286, 287
合成マルクス (synthetic Marx) 282
構造 (structure) 29, 33
構造型 (structural form) 7
構造推定 (structural estimation) 3, 4, 7, 8
個体 (unit) 14
個体処置効果 (unit treatment effect: UTE) 26
個体処置割当確率 (unit treatment assignment probability) 22
個別割当 (individual assignment) 22

■ さ　行

最近傍マッチング (nearest-neighbor matching) 73
最小 2 乗推定量 (ordinary least squares estimator: OLS) 50–53
差の差法 (difference in differences: DID) 2, 222, 225, 241, 286
　合成——(synthetic difference-in-differences) 259
　——における共変量の役割　228
　——の推定対象　223, 224
　ファジー——(fuzzy difference-in-differences) 262
サポート (support) 148
三角カーネル (triangular kernel) 162
識別 (identification) 4, 27, 31, 33, 46
　グローバルな——(global identification) 31, 33
　——の一般的な定義　33
　——の構成的な証明　31
示唆的証拠 (suggestive evidence) 122
事前査読制度 (preresults review) 126, 127, 133
自然実験 (natural experiment) 5, 36
事前登録制度 (pre-registration) 125, 127, 133
事前トレンドの検定 (pre-trends test) 254
実験データ (experimental data) 36
ジャックナイフ分散推定量 (jackknife variance estimator) 71
出版バイアス (publication bias) 126
遵守者 (complier) 98, 104, 178
　——に関する除外制約 (exclusion

restriction for complier) 102
条件付き独立割当 (conditionally independent assignment) 23, 100
正直な信頼区間 (honest confidence interval) 187, 214
常時参加者 (always taker) 104
――と常時不参加者に関する除外制約 (exclusion restriction for always taker and never taker) 105
常時不参加者 (never taker) 104
処置 (treatment) 14
処置群 (treatment group) 20, 219
処置割当効果 (intention-to-treat effect: ITT) 95, 98, 99, 263
処置割当メカニズム (treatment assignment mechanism) 21, 36, 37
　完全無作為化実験の―― 38
　クラスター化無作為化実験の―― 40
　正規――(regular treatment assignment mechanism) 23
　層化無作為化実験の―― 39
　対応化無作為化実験の―― 39
　非遵守者がいる場合の―― 96
信頼性革命 (credibility revolution) 5
推定対象 (estimand) 31
スコア (score; running variable; assignment variable) 143
　離散―― 185, 189, 211
ずっと処置を受けないグループ (never treated group) 248, 270, 277
スピルオーバー効果 (spillover effect) 63, 64
積分平均2乗誤差 (integrated mean squared error: IMSE) 157
セミパラメトリック推定量 (semiparametric estimator) 234
漸近正規性 (asymptotic normality) 54
漸近バイアス (asymptotic bias) 161

線形回帰モデル (linear regression model) 50, 51
潜在結果 (potential outcome) 14, 93
――モデル (potential outcome model) 1, 8, 17, 33, 220
潜在処置受取 (potential treatment receipt) 92
潜在的な条件付き独立 (potential conditional independence) 100
層 (strata) 21
操作 (manipulation) 151
操作変数 (instrumental variable: IV) 107, 110, 135
族過誤率 (family-wise error rate: FWER) 80–82, 87, 88

■ た 行
大域的近似 (global approximation) 154
第1種の過誤 (type 1 error) 79
第2種の過誤 (type 2 error) 79
タイプ (type) 14
多重検定 (multiple testing) 79, 80, 173, 255
妥当性チェック (validation check) 196, 200, 254, 274, 286
単調性 (monotonicity) 106, 263, 264
端点 (boundary point) 158
端点効果 (boundary effect; edge effect) 158
抽出に起因する不確実性 (sampling-based uncertainty) 24, 44, 47
統制 (control) 49
統制群 (control group) 20, 219
ドナー (donor) 237, 281

■ な 行
内生変数 (endogenous variable) 7
内点 (interior point) 158
NadarayaWatson 推定量 (Nadaraya-Watson estimator)

156
2 階ヘルダー（連続）クラス (second-order Hölder [continuous] class)　187
2 項処置モデル (binary treatment model)　20, 28
2 重頑健推定量 (doubly-robust estimator)　231, 235
2 重盲検法 (double blind test)　101
2 段階最小 2 乗推定量 (two-stage least-squares estimator: TSLS)　108, 110, 135
2 方向クラスタリング (two-way clustering)　78
2 方向固定効果 (two-way fixed effect: TWFE)　224, 225, 244
　——回帰の問題点　246, 249, 266

■は　行
バイアス (bias)　158
媒介分析 (mediation analysis)　94
パイロットバンド幅 (pilot bandwidth)　164
罰則 (penalization)　258
反抗者 (defier)　104, 106
反実仮想 (counterfactual)　4
バンド幅 (bandwidth)　156
p 値 (p-value)　84
p-ハッキング (p-hacking)　126
非順守者 (noncomplier)　2, 92, 98, 110, 262
　片側——(one-sided noncomplier)　97, 102
　——に関する除外制約 (exclusion restriction for noncomplier)　100, 101
　両側——(two-sided noncomplier)　97, 103
標本 (sample)　24
ビン分割散布図 (binned scatter plot)　196
ファクター (factor)　236

ファクターモデル (factor model)　236
フィッシャーの p 値 (Fisher's p-values)　42–44, 240
ブートストラップ (bootstrap)　71, 72, 255
　2 段階クラスター——(two-stage cluster bootstrap)　77
　ワイルド——(wild bootstrap)　74
不均一分散頑健 (heteroskedasticity-robust)　55, 59, 68
不偏推定量 (unbiased estimator)　45
プラグイン法 (plug-in method)　164
プラセボ検定 (placebo test)　173
平均処置効果 (average treatment effect: ATE)　26, 44, 94
　局所——(local average treatment effect: LATE)　102, 107, 109, 110, 135, 176, 262
　クラスターごとの——　64
　条件付き——(conditional average treatment effect)　66
　処置群——(average treatment effect on treated: ATT)　27, 220, 223, 225, 244, 251, 252
　層ごとの——　60
平均値の差 (difference in means)　42, 52
平均 2 乗誤差 (mean squared error: MSE)　157
平行トレンドの仮定 (parallel trends assumption)　222, 223, 251, 266
　条件付き——(conditional parallel trends assumption)　226–228
ベルヌーイ実験 (Bernoulli experiment)　53
ベンジャミン＝ホッシュバーグ検定 (Benjamini-Hochberg test)　89
飽和 (saturation)　62, 251
母集団 (population)　24
ボンフェローニ検定 (Bonferroni test)

82, 83, 90
ボンフェローニ＝ホルム検定
  (Bonferroni-Holm test)   85, 86

■ ま 行
McCrary 検定 (McCrary test)   171
まだ処置を受けていないグループ (not yet
  treated group)   249, 270, 277
密度検定 (density test)   171
無作為化実験 (randomized experiment)
  1, 34, 38, 91
  完全——(completely randomized
    experiment)   20, 38, 147
  クラスター化——(clustered
    randomized experiment)   40,
    63, 68, 129
  古典的な——(classical randomized
    experiment)   38
  層化——(stratified randomized
    experiment)   21, 39, 59, 121,
    129
  対応化——(paired randomized
    experiment)   39
明確な帰無仮説 (sharp null hypothesis)
  41, 43, 60, 240
Moulton ファクター   70

■ や 行
有意水準 (significance level)   43
有向非巡回グラフ (directed acyclic
  graph: DAG)   3
誘導型 (reduced form)   7, 9
予測欠如の仮定 (no anticipation
  assumption)   220

■ ら 行
リプシッツ連続 (Lipschitz continuous)
  162, 163

■ わ 行
割当 (assignment)   16, 92, 103, 262
割当に起因する不確実性
  (assignment-based uncertainty)
  24, 44, 46

■著者紹介

川口 康平（かわぐち・こうへい）
香港科技大学商学院経済学部助理教授
2015年、ロンドン・スクール・オブ・エコノミクス経済学部にて Ph.D. を取得。一橋大学大学院経済学研究科専任講師等を経て、2017年より現職。東京大学エコノミックコンサルティング株式会社アドバイザーも務める。
専門は、実証産業組織論、計量マーケティング、ミクロ計量経済学で、ビジネスや政策の意思決定に関する問題について、フィールドでの無作為化実験、実務データを用いた構造推定から、オンラインサーベイ実験まで、さまざまな手法を用いた実証分析を幅広く手掛ける。
主著：" When Will Workers Follow an Algorithm?: A Field Experiment with a Retail Business," *Management Science*, 67(3), 2021, pp.1670–1695, "Designing Context-Based Marketing: Product Recommendations Under Time Pressure,"（共著）*Management Science*, 67(9), 2021, pp.5642–5659.

澤田 真行（さわだ・まさゆき）
一橋大学経済研究所講師
2019年、イェール大学経済学部にて Ph.D. を取得。2019年より現職。
専門は、計量経済学。なかでも、因果推論と、産業組織論や労働経済学などの応用ミクロ経済学において、手法開発と実証分析を行っている。学生時代に識別の概念に触れてからというもの、識別の面白さと奥深さに魅了されて今に至る。
主著："Privatization and Productivity in China,"（共著）*RAND Journal of Economics*, 52 (4), 2021, pp.884–916, "Win/Loss Data and Consumer Switching Costs: Measuring Diversion Ratios and the Impact of Mergers,"（共著）*Journal of Industrial Economics*, 72 (1), 2024, pp.327–355.

因果推論の計量経済学
（いんがすいろん　けいりょうけいざいがく）

2024年9月20日　第1版第1刷発行
2024年11月25日　第1版第2刷発行

著　者――――川口康平・澤田真行
発行所――――株式会社日本評論社
　　　　　　〒170-8474 東京都豊島区南大塚3-12-4
電　話――――(03)3987-8621［販売］
　　　　　　(03)3987-8595［編集］
印　刷――――藤原印刷
製　本――――難波製本
装　幀――――図工ファイブ

JCOPY《(社)出版者著作権管理機構委託出版物》
本書の無断複写は著作権法上での例外を除き禁じられています。
複写される場合は，そのつど事前に，(社)出版者著作権管理機構（電話03-5244-5088, FAX 03-5244-5089, e-mail: info@jcopy.or.jp）の許諾を得てください。また，本書を代行業者等の第三者に依頼してスキャニング等の行為によりデジタル化することは，個人の家庭内の利用であっても，一切認められておりません。
©Kohei Kawaguchi, Masayuki Sawada 2024　Printed in Japan
ISBN978-4-535-54043-9